CHEFS-D'ŒUVRE DES THÉATRES ÉTRANGERS

OEHLENSCHLÆGER

ET

HOLBERG

THÉATRE CHOISI

DE

ŒHLENSCHLÆGER

ET DE

HOLBERG

TRADUCTION

DE

MM. XAVIER MARMIER ET DAVID SOLDI

PARIS

LIBRAIRIE ACADÉMIQUE

DIDIER ET Cie, LIBRAIRES-ÉDITEURS

35, QUAI DES AUGUSTINS, 35

1881

Tous droits réservés.

THÉATRE CHOISI

DE

OEHLENSCHLAGER

NOTICE
SUR
ŒHLENSCHLÄGER
Par XAVIER MARMIER

L'un des plus grands poètes du Nord et l'un des hommes les plus distingués de la littérature moderne, Adam Œhlenschläger, est né le 16 novembre 1779. Son père était un organiste honnête et intelligent. Il fut nommé, en 1780, maître de chapelle et gardien du château royal de Frederiksberg; mais ces deux fonctions étaient mal rétribuées, et il resta pauvre comme auparavant. N'étant ainsi ni en état de prendre un précepteur pour son fils, ni même de le mettre en pension à Copenhague, il l'envoya à l'école chez une vieille femme, qui lui enseigna d'une rude façon le premier élément de la science, c'est-à-dire, l'alphabet. Quand Œhlenschläger avait souffert tout le jour les mauvais traitements de sa rude institutrice, c'était pour lui une grande joie de s'en revenir par les longues avenues de Frederiksberg, et de retrouver les caresses de sa jeune sœur, le regard affectueux de sa mère, et la douce vie de famille dans le royal château.

Il y avait deux époques de l'année où ce château changeait complètement d'aspect. Avec les rayons du soleil, avec la verdure et les fleurs du mois de mai, on voyait arriver les équipages du prince, les chars dorés; et, pendant toute la belle saison, ce n'étaient que fêtes et chasses dans le parc, et tout le bruit, l'éclat, les caprices d'une cour. Une fois l'hiver venu, tout disparaissait comme par enchantement. « Alors, dit OEhlenschläger, nous restions seuls dans le vaste château, avec deux gardiens et deux grands chiens jaunes. Toute la maison nous appartenait, et je m'en allais de chambre en chambre regardant les tableaux, et m'abandonnant à mon imagination. Si le temps était beau, mon père m'envoyait à la ville chercher des livres au cabinet de lecture. Je revenais le soir, et je rapportais au bout d'un bâton mes six volumes enveloppés dans un mouchoir. Quand nous avions pris le thé, quand la lumière était sur la table, nous ne nous inquiétions plus ni de l'orage, ni de la pluie, ni de la neige. Mon père, assis dans son fauteuil, enveloppé dans sa robe de chambre, avec un petit chien sur ses genoux, lisait à haute voix. Quelquefois je lisais de mon côté, et je suivais Albert Julius [1] et Robinson dans leur île ; je m'égarais avec Aladdin dans le pays des fées, et mes heures se passaient joyeusement avec Tom Jones, avec Siegfried de Lindenberg [2]. »

A l'âge de neuf ans, dans ses heures de solitude, il sentit s'éveiller en lui l'instinct poétique. Il composa un psaume. Les rimes de ce premier poëme n'étaient pas des mieux assorties, les vers n'avaient pas tous la mesure exacte. Il manquait çà et là une syllabe, une césure ; mais, sans avoir encore lu ni Horace ni Boileau, le jeune poète suivit leurs préceptes. Il remit l'œuvre sur le métier, et parvint à la rajuster assez bien. Cet essai l'enhardit ; il lisait Holberg. Il voulut, comme lui, écrire des pièces de théâtre. Le sujet en était pris dans toutes les histoires de voyages et tous les contes de brigands ou de sorciers qu'il entendait raconter. L'une des grandes salles du château lui servait de théâtre ; un canapé représentait une montagne, un poêle en faïence était une maison isolée sur une grande route ; et quand on avait posé un fagot au milieu de la salle, on devait le regarder comme une vaste et profonde forêt, dangereuse à traverser. Sa sœur jouait tous

---

1. Roman allemand du xviiie siècle.
2. Roman allemand.

les rôles de mère éperdue, d'amante trahie ; et un de ses camarades d'école avait un merveilleux talent pour représenter les traîtres de mélodrames et les empereurs romains. Le répertoire ne se composait que de pièces à trois rôles. Mais que d'événements se passaient entre ces trois rôles ! Combien de cris d'alarmes ! combien de coups d'épée ! Les murs de Frederiksberg doivent en avoir conservé le souvenir.

Pour compléter le succès du poète, ou plutôt pour le sanctionner, il ne lui manquait plus que des spectateurs. Son fidèle Achate parvint à en amener un. C'était un joli enfant, modeste et timide, qui donnait les meilleures espérances. L'auteur de tant de drames, de tant de comédies, alla au-devant de lui comme un candidat à la députation va au-devant de l'électeur dont il bride le suffrage, comme un écrivain au-devant du critique, comme un professeur abandonné au-devant de l'unique auditeur qui persiste à suivre ses cours. Il le fit asseoir à la place d'honneur ; il l'embrassa sur les deux joues, et lui mit une orange à la main. Puis il commença son rôle avec une verve qu'il ne s'était jamais sentie jusque-là. Mais, hélas ! le spectateur mangea l'orange, s'endormit, et ne se réveilla qu'à la dernière scène, au moment où les trois acteurs gisaient sur le parquet, égorgés l'un par l'autre.

Cette injure faite à son talent ne découragea point le poète. Il se remit à écrire, et il s'appliqua à perfectionner l'art de la représentation. Il était tout à la fois poète, acteur, régisseur, directeur et souffleur. Il enfantait chaque matin un drame, et chaque soir il le portait sur la scène. Son maître d'école lui disait en riant : « Œhlenschläger, tu es un plus grand poète que Molière. Il lui fallait au moins six semaines pour composer une pièce, et toi tu peux, en vingt-quatre heures, en composer une, la faire apprendre, la mettre en répétition, et la jouer. »

Cependant il avait quitté son école d'enfant pour entrer à la *Realskole*. Le temps vint où il dut se déterminer à faire choix d'une carrière. Il avait conservé ses goûts de théâtre : il se fit acteur ; mais il ne tarda pas à comprendre que cette vie d'acteur n'était ni aussi riante ni aussi poétique qu'il se l'était imaginé, et il la quitta pour étudier le droit. Son maître était M. OErsted, qui est devenu l'un des jurisconsultes les plus célèbres du Danemark. Avec un tel homme pour guide, OEhlenschläger n'aurait pas manqué de faire de grands progrès, si son âme n'avait pas toujours été plus dévouée à la muse de la poésie qu'à la muse de la science. Il déroulait d'une main nonchalante les recueils d'ordonnances; et si, au milieu de ses recherches, le souvenir d'un drame lui revenait à l'esprit, si l'harmonie d'un vers résonnait à son oreille, adieu les articles de lois, adieu le vieux *Codex*. La balance de l'imagination l'emportait; l'étudiant secouait ses ailes, le jurisconsulte redevenait poète.

Ce fut après avoir tenté quelques essais poétiques qu'il tourna ses regards vers l'ancienne Scandinavie. Il comprit qu'il y avait là une mine féconde, une mine nationale à exploiter. Il prit des livres islandais, et cette fois il étudia avec ardeur. Il avait pour maître un homme singulier, qui rappelle l'*Antiquaire* de Walter Scott.

« Le vieux Arndt était, dit-il, l'une des plus curieuses caricatures des temps modernes. Je le vois toujours avec ses bottes crottées, sa jaquette bleue et ses grands cheveux blonds qui lui tombaient jusque sur les reins. Il était né à Altona, et n'avait fait que voyager à travers l'antiquité, ne se souciant pas le moins du monde de son époque. D'abord il avait étudié la botanique; mais bientôt les inscriptions des sépulcres, les ruines, remplacèrent pour lui les plantes et les fleurs. C'était un antiquaire de la première espèce. Tout ce qui vivait encore ne lui inspirait qu'un profond dédain; mais il aimait les vieux monuments enfouis dans la terre, les traditions écrites dans les langues mortes et à moitié oubliées. Il regardait l'Europe comme un grand cabinet d'étude, où il s'en allait de long en large chercher des citations. Une fois il pénétra au fond de la Finlande pour y dessiner quelques pierres runiques. Une autre fois il arrivait aux portes de Paris; il se rappela qu'il avait laissé un manuscrit sous un monceau de pierres près de Lubeck : il partit aussitôt pour aller le chercher; puis il prit la route de Venise pour y copier une inscription grecque. Toute idée de progrès littéraire, toute discussion politique, lui étaient complétement étrangères ; et s'il en parlait quelquefois, c'était avec un mépris bien prononcé. Dans ses voyages, il allait tranquillement s'installer chez le prêtre ou le paysan. Il s'asseyait à leur table, dormait dans leur lit, et souvent il ne récompensait leur hospitalité que par des reproches. Il avait l'intime persuasion que leur devoir était de prendre soin d'un homme comme lui, qui, pour se dévouer à l'étude de l'antiquité, renonçait aux jouissances habituelles de la vie. Un jour il se mit en colère contre une domestique, parce qu'elle avait nettoyé ses bottes. « Quand mes bottes sont sales, s'écria-t-il, je passe dans le ruisseau, et tout est dit. » Souvent les gens à qui il s'adressait le mirent à la porte, souvent même il fut battu ; mais il allait toujours son chemin, sans se décourager. Il n'avait point d'ami et point de foyer. Il portait ses manuscrits dans ses poches, jusqu'à ce qu'elles fussent pleines. Alors il les prenait l'un après l'autre, et les cachait sous une pierre au milieu des champs, ou au milieu de quelques vieilles ruines. »

Œhlenschläger ne tarda pas à pénétrer très avant dans l'esprit des traditions du Nord. La plupart des ballades qu'il composa à cette époque sont autant d'indices certains des conquêtes qu'il faisait chaque jour dans le domaine de la mythologie scandinave. En 1803, il publia un recueil de poésies qui obtint du succès. Ce sont des contes de superstitions populaires, des romances de guerre et d'amour, quelques traditions, et une sorte de comédie satirique intitulée *la Nuit de Saint-Jean*. Dans ce recueil, le poète parle peu en son nom. Il se transporte dans d'autres temps, il se fait l'interprète des hommes et des idées qu'il a étudiés. Il annonçait par là qu'il devait être ce que les Allemands appellent un poète *objectif*. Une seule élégie, jetée au milieu des histoires de *trolles* [1] et

---

1. Esprits mystérieux, génies domestiques, lutins, koboldes.

des ballades de *Kämpeviser*, est une émanation directe de sa pensée intime, un reflet d'une des situations par lesquelles son âme a passé. Nous la citons ici comme une page de biographie. Elle a pour titre *Den brustne Harpe* (la Harpe brisée) :

> O toi dont les cordes plaintives
> Ont souvent, au sein des forêts,
> Répété mes douleurs craintives,
> Mes espérances, mes regrets !
>
> Ma harpe, ta voix est muette,
> Et tes chants bien-aimés sont morts.
> Chaque jour mon âme inquiète
> En vain rappelle tes accords.
>
> La nuit est froide et le ciel sombre :
> Le doux rayon qui m'avait lui,
> Qui jadis m'éclairait dans l'ombre,
> Avec tes accents s'est enfui.
>
> Toute joie est pour moi tarie,
> Et mon cœur longtemps oppressé,
> Bientôt, ô ma harpe chérie !
> Ainsi que toi sera brisé.

En 1804, Œhlenschläger fit paraître un nouveau recueil, qu'il dédia au prince royal ; et le prince ne crut pouvoir mieux récompenser l'hommage du poète qu'en lui accordant un traitement annuel qui lui permit de voyager. Voilà donc Œhlenschläger qui se met en route, tout jeune, plein d'ardeur, heureux de voir un monde nouveau, et d'ouvrir sa pensée à de nouvelles émotions. Il traverse la Prusse, la Saxe ; il visite ses frères les poètes d'Allemagne, et Weimar leur sanctuaire, et Gœthe leur patriarche ; puis il vient à Paris. La Bibliothèque royale possède une nombreuse collection d'ouvrages du Nord. Œhlenschläger y puisa souvent ; et, dans la modeste chambre de voyageur qu'il occupait à l'hôtel de Hollande, rue des Bons-Enfants, il écrivit une de ses meilleures tragédies : *Palnatoke*.

« J'ai gardé un tendre souvenir de Paris, me disait-il un jour. C'est là que j'ai trouvé la vie, le mouvement de l'intelligence; et c'est, après ma ville natale, la ville que j'aime le mieux au monde. » Il n'y fut cependant pas constamment calme et heureux. Tandis qu'il s'en allait chaque matin dans la rue Richelieu étudier les sagas, la guerre était en Danemark; les Anglais bombardaient Copenhague. Il ne recevait point de nouvelles de son pays; ou, s'il en recevait, c'étaient des lambeaux de bulletins politiques qui ne pouvaient que l'alarmer. Dans cet état de crise, les employés du ministère des finances se souvenaient fort peu du poète. Il attendit en vain le mandat qui lui était promis. Il épuisa peu à peu son trésor de pèlerin, qui n'était pas grand, et il se trouva seul en pays étranger, sans appui et sans ressource. Par mesure d'économie, il avait déjà changé de demeure; il habitait une mansarde au septième étage, à l'hôtel des *Quinze-Vingts*. La maîtresse d'hôtel, Mme Gauthier, devina sa position, et lui dit : « Monsieur Ohlens (car il était impossible à la bonne femme de prononcer ce long nom d'Œhlenschläger), ne vous inquiétez pas; restez chez moi. Quand vous recevrez de l'argent, vous me payerez, et jusque-là je ne vous demande rien. »

Le mandat tant désiré arriva enfin; mais le compte de l'hôtel en absorba la plus grande part. Le pauvre voyageur, trompé par la fortune, se confia aux Muses. Il réunit ses poésies inédites, *Hakon Jarl*, *Palnatoke*, prit le chemin de Stuttgard, et s'en alla tout droit chez Cotta, l'éditeur de Gœthe et le Mécène des jeunes poètes. Hélas! le Mécène était absent. Il fallut rester à l'hôtel et attendre.

Trois semaines après, Cotta revint, paya richement les œuvres qui lui furent présentées; et Œhlenschläger partit pour l'Italie, bénissant les libraires qui savent user noblement de leur fortune. Il passa par la Suisse, et s'arrêta plusieurs mois chez Mme de Staël. Il trouva chez elle cet intérieur, poétique, si bien décrit par M. Sainte-Beuve dans la *Revue des Deux Mondes*. Là étaient W. Schlegel, Benjamin Constant,

Simonde de Sismondi, Bonstetten, Tieck le scupliteur, Zacharie Werner. L'auteur de *Corinne* apparaissait au milieu de ces poètes comme une reine au milieu de ses sujets. Malheureusement la plus parfaite union ne régnait pas toujours autour d'elle. Benjamin Constant et Schlegel étaient parfois, à l'égard l'un de l'autre, dans un état de susceptibilité inquiétant; et Zacharie Werner avait des élans d'excentricité qui dérangeaient tout l'équilibre de cette république littéraire. Il ne fallait rien moins que l'ascendant de Mme de Staël pour rapprocher des esprits qui tendaient sans cesse à se disjoindre, et rallier des éléments souvent fort disparates. « Elle écrivait alors, dit Œhlenschläger, son livre sur l'Allemagne, et lisait chaque jour un volume allemand. On l'a accusée de n'avoir pas étudié elle-même les ouvrages dont elle parle, et d'avoir formulé tous ses jugements d'après W. Schlegel. Cette assertion est fausse. Elle lisait l'allemand avec la plus grande facilité; seulement elle avait de la peine à le prononcer; et, quand elle voulait me faire connaître quelques poésies écrites dans cette langue, elle les traduisait aussitôt en français. Schlegel a eu sans doute quelque influence sur ses études; il est le premier qui lui ait appris à connaître la littérature germanique; mais, sur plusieurs points essentiels, elle était d'un avis complètement opposé au sien. Elle aimait à discuter avec lui, car elle se sentait forte. Elle le plaisantait aussi parfois, et l'appelait *Tête lente!* »

Au commencement du printemps, Œhlenschläger passa les Alpes, visita Turin, Parme, Florence, Rome, Bologne. Ce voyage sur la terre classique, cette étude de l'Italie, devaient avoir de l'influence sur un esprit aussi impressionnable que le sien. Elle en eut une grande : elle tempéra ce qu'il y aurait peut-être eu de trop âpre dans sa nature d'homme du Nord; elle fortifia en lui l'amour de la forme, et lui découvrit de nouveaux points de vue qu'il a su depuis habilement employer.

En 1809, il reprit avec joie le chemin de Copenhague. Il avait passé près de cinq années loin de son pays, mais pendant ce temps-là sa réputation avait grandi. Ses poëmes étaient venus, à différentes reprises, surprendre le public. *Hakon Jarl* avait été lu, relu et vanté par la critique. *Axel et Valborg* n'était pas encore imprimé, mais il en circulait des copies dans toutes les familles. Il rentra dans sa ville natale avec une auréole de gloire; ses amis l'attendaient sur le rivage, et un noble cœur de jeune fille battait pour lui. En 1810, il fut nommé professeur à l'université. Il épousa celle qu'il aimait depuis longtemps, et se reposa, comme un homme du Nord, dans la vie de famille.

Quelques années après, il eut, comme Pétrarque, son jour au Capitole. Les étudiants suédois chantèrent ses louanges, et, dans la cathédrale de Lund, Tegner lui posa sur le front la couronne de poète scandinave.

La littérature danoise, comme nous l'avons vu dans les chapitres précédents, fut longtemps stérile et ignorée. Elle se forma après les autres, et, se sentant faible et peu propre à prendre son essor d'elle-même, elle chercha un soutien autour d'elle, et s'appuya tantôt sur l'Allemagne, tantôt sur la France; mais au XVIIIe siècle elle grandit tout à coup. C'est alors qu'on voit apparaître Holberg, cet homme de génie, puis Ewald, puis Wessel et Baggesen. Tous avaient apporté à cette littérature le tribut d'un esprit joyeux ou d'une poésie sévère, la chanson insouciante ou l'élégie, la comédie ou le drame. Il manquait encore à cette littérature la tragédie nationale : Œhlenschläger la lui donna. Dès ses premières productions, il prit place à côté de Holberg, et laissa derrière lui les autres poètes.

Peu d'hommes ont été doués d'un génie aussi fécond, aussi facile qu'Œhlenschläger : aussi s'est-il exercé dans tous les genres, et presque toujours avec succès. Il a composé des drames, des comédies, des opéras, des romans, des poëmes lyriques et des poëmes mystiques. Comme il trouvait son public danois trop restreint, il s'est lui-même traduit en allemand, et il a traduit dans la même langue toutes les œuvres de Holberg. Jamais il n'a connu ni l'effort ni la fatigue du travail; les vers tombent de sa plume comme l'eau coule d'une source; il se suivent, se succèdent et se renouvellent sans cesse. De là vient qu'il a un style charmant de grâce, de flexibilité, d'abandon, mais souvent très négligé; de là vient aussi qu'il entremêle à ses plus belles compositions des pages inégales qu'un goût plus sévère aurait corrigées ou fait disparaître; car c'est un enfant de génie qui s'ignore lui-même; c'est un musicien que le charme de l'inspiration entraîne, et qui chante parfois sans s'apercevoir que les cordes de sa harpe sont détendues, et que l'instrument a baissé de ton.

Sa vraie gloire n'est donc pas d'avoir été plus fécond que Gœthe et plus varié que Schiller, d'avoir promené sa fantaisie du nord au sud, et d'avoir su trouver sur sa palette des couleurs pour peindre les féeries de l'Orient et les sombres paysages scandinaves. Sa vraie gloire, c'est d'avoir produit quelques œuvres fermes et fortes, qui ont pris racine parmi le peuple et qui resteront; c'est d'avoir compris la poésie du Nord, la poésie nationale, qu'Ewald avait simplement indiquée dans *Rolf Krage* et *Balders Död*.

On sait que toute l'histoire ancienne du Danemark est dans les sagas islandaises, et toute sa mythologie dans l'Edda. Œhlenschläger a étudié à fond ces traditions primitives de son pays, et se les est appropriées. Il a reproduit tous ces mythes, tous ces récits héroïques, avec une fidélité rare et une complète originalité. Souvent il n'a trouvé, dans ces landes mythologiques, qu'un monument informe, inachevé, et il a fait de quelques strophes éparses un poëme, d'une esquisse un tableau, d'un marbre brut un groupe animé. Il a rajeuni et rapproché de son temps toutes ces figures entourées de nuages, et les a fait aimer au peuple en les revêtant de son manteau poétique. Les vieux héros scandinaves sont entrés dans la demeure du paysan, et le Valhalla s'est ouvert aux regards de la foule avec ses combats éternels et ses Valkyries. Quelques-unes de ses compositions, comme par exemple, *les Dieux du Nord* (*Nordens Guder*), ont une majesté homérique. Quelques autres, comme la saga de Hroar, et celle de Valundur, sont le récit exact et suivi de plusieurs faits décousus, et racontés en divers lieux. Presque toutes peuvent être regardées comme des documents authentiques qu'il est permis de citer [1].

C'est dans ces drames surtout qu'il a dépeint le caractère audacieux, la vie aventureuse des anciens hommes du Nord C'est là qu'on voit reparaitre tous ces guerriers avides de combats, tous ces rois de la mer qui embrassent leur épée avec amour, et divinisent le courage et la force physique. Là on entend résonner, comme dans les sagas, les paroles de sang, les cris de vengeances de ces hommes qui se font une gloire de ne rien craindre, et qui auraient honte de pardonner. Les femmes sont, comme eux, courageuses et fières, enthousiastes des combats, et méprisant celui qui redoute les périls. Œhlenschläger a pourtant dessiné de temps à autre, dans ses drames, quelques caractères de jeunes filles tendres et mélancoliques, qui apparaissent, au milieu de ces cohortes de Vikings, comme un doux rayon de crépuscule au milieu d'une contrée sauvage. Le caractère de Valborg est le type de cette nature délicate de femme, qui a tout le parfum d'une plante méridionale et toute la grâce suave d'une pâle fleur du Nord. Le rôle de Ragnhild dans les *Fastbrædrene*, et celui de Signe, sont tracés avec les mêmes touches légères de pinceau, et appartiennent au même ordre d'idées.

Dans cette pièce de Hagbarth et Signe, le poète a réuni les principaux traits de la vie guerrière et des mœurs scandinaves. Hagbarth est un jeune roi courageux et plein de force, qui a longtemps navigué sur les côtes étrangères, et qui cherche la mort dans les entreprises glorieuses. « Notre vie, dit-il, n'est qu'une préparation à la fête du Valhalla : plus elle est courte, mieux elle vaut. Heureux le guerrier qui meurt jeune ! Il prend place à la table hospitalière des dieux, et les Valkyries le préfèrent au vieillard qui n'abandonne la terre qu'avec des cheveux blancs. »

---

1. Le professeur Heiberg, de Copenhague, a publié un livre intitulé *Mythologie du Nord, d'après l'Edda et les poésies d'Œhlenschlæger*.

Hagbarth vient à Lund, avec son compagnon d'armes, défier deux jeunes guerriers, Alf et Alger, célèbres par leur courage. Leur mère Bera tremble de les voir succomber dans cette lutte, et cependant elle accueille Hagbarth selon les lois de l'hospitalité. Elle vient elle-même sur le rivage lui présenter la coupe de *möid*; puis, au moment de s'éloigner, elle dit à ses fils :

« Ce n'est pas la première fois que vous abandonnez votre mère pour vous élancer avec des cris de joie au-devant des dangers. Thor vous appelle; allez, suivez le dieu de la force. Souvenez-vous que la vieille Seeland est pleine de monuments de gloire. Que la tempête qui gronde autour de ces tombeaux anime votre courage. Mon cœur tremble; c'est une faiblesse. Je suis femme; je suis mère. Mais l'ombre majestueuse de votre père plane sur vous. Montez au Valhalla. Puisse un de vous cependant revenir ici pour prendre possession du royaume! (Puis se tournant vers Hagbarth :) N'est-il pas vrai, dit-elle, c'est une jouissance pour le guerrier de faire fléchir l'orgueil d'une femme! Mais les Ases écouteront les prières de Bera; tu tomberas sous l'épée de mes fils; tu tomberas, dans les ombres du soir, sur le gazon obscur. Les corbeaux voltigeront autour de toi, effrayés à l'aspect de ton cadavre, mais avides de dévorer ton cœur. Viens, ma fille. Alf, Alger, adieu. J'ai retenu mes larmes, j'ai dompté ma douleur : domptez aussi votre ennemi. »

Le combat s'engage. Alger succombe. Bera, en apprenant la mort de son fils, rugit de colère comme une tigresse. Elle a promis de laisser Hagbarth retourner librement dans son pays; elle est fidèle à sa promesse, mais elle jure de se venger.

Hagbarth revient. Il a vu Signe, la fille de Bera; il l'aime et il en est aimé. Bera le surprend au moment où il est seul avec la jeune fille. Elle appelle ses guerriers, et le fait charger de chaînes. Mais Hagbarth rompt ses chaînes, tire son glaive, et se prépare à combattre. « Attendez, dit Bera; je connais un lien qu'il ne brisera pas. » Elle coupe une tresse de cheveux de Signe, et la donne à ses satellites. Hagbarth ne leur oppose plus aucune résistance. Il tend lui-même les mains à ce lien d'amour, et le couvre de baisers. On le condamne à mort. Il se tue. Signe prend sa robe de noce, met une couronne de fleurs sur sa tête et s'empoisonne, pour suivre au tombeau celui qu'elle a aimé.

Palnatoke et Stärkodder sont deux autres types, plus énergiques encore et plus vrais peut-être, de l'intrépide courage du Viking et de la loyauté chevaleresque du soldat scandinave. Dans *Palnatoke*, il n'y a point de rôle de femme. Tout le drame se passe entre des hommes qui se disputent la royauté et qui s'égorgent, et toutes les scènes qui y sont tracées causent une impression de douleur et d'effroi. C'est une plaine sauvage sans verdure, c'est un ciel sans étoiles.

Mais le chef-d'œuvre de tous ces drames scandinaves, c'est *Hakon Jarl*. Œhlenschläger l'écrivit très-jeune, et jamais, dans aucune de ses pièces, il n'a mis plus de sève, plus de force, plus de chaleur. Ce drame représente une des grandes phases historiques du Nord. Deux personnages mémorables en sont les héros, deux grandes idées y luttent l'une contre l'autre : d'un côté, Hakon Jarl, qui d'une main affaiblie par l'âge cherche à soutenir encore l'autel chancelant des dieux scandinaves ; de l'autre, Olaf, qui s'avance avec tous les prestiges d'une royauté naissante, pour renverser les vieilles idoles et propager le christianisme. C'est un monde ancien qui s'en va, c'est une ère nouvelle qui commence. Chacun court au-devant du jeune roi, et Hakon est abandonné par ses amis, trompé par ses confidents, trahi par ses esclaves. Une femme lui reste fidèle : c'est la femme qu'il a maltraitée et chassée de chez lui. Quand il a combattu contre Olaf et perdu la bataille, il est seul sans force, sans espoir, obligé de fuir. Il s'en va chez Thora, et Thora l'accueille, l'embrasse et oublie toutes ses injustices d'autrefois, pour ne songer qu'à son amour. Olaf est proclamé roi ; Hakon est tué par un de ses esclaves dans la caverne où il a cherché un refuge, et

Thora vient s'enfermer avec lui; elle pose une épée à ses côtés, une couronne sur sa tête

« Oh! je t'aime, lui dit-elle, je t'aime dans la mort comme dans la vie. Naguère encore, tu étais semblable au soleil, qui prête sa lumière à tout ce qui l'entoure. Maintenant le peuple t'a abandonné pour rendre hommage à un autre soleil. Auprès de toi, il n'y a plus qu'une pauvre femme qui te regarde avec douleur. C'est elle qui te rendra les honneurs que les autres ont oublié de te rendre. Reçois cette couronne funèbre des mains de Thora, et puis dors bien, Hakon Jarl, dors bien. Je fermerai moi-même cette porte; et quand on viendra l'ouvrir, on emportera le corps de Thora pour le placer auprès du tien. »

Œhlenschläger a écrit sur saint Olaf une autre tragédie, dont il a bien voulu nous communiquer le manuscrit. C'est le tableau d'une époque de troubles religieux et d'agitations politiques dans le Nord. Hakon est mort; Olaf est roi. Le paganisme est aboli, et l'autel du Christ s'élève sur les débris du temple d'Odin. Mais des hommes inquiets se révoltent contre le nouveau culte et contre le nouveau roi. Olaf engage avec eux le combat; il est tué. Sa mort réconcilie les partis, apaise les dissensions, et ceux qui avaient pris plaisir à le braver l'invoquent sous le nom de saint Olaf. Cette tragédie forme le complément du cycle historique dont le poète a retracé les principales phases. Les critiques qui en ont entendu la lecture lui prédisent un beau et durable succès.

Œhlenschläger, dans ses travaux dramatiques, ne s'est pas arrêté exclusivement aux anciennes traditions scandinaves: il a écrit une tragédie sur Charlemagne, une autre sur un chevalier allemand, Hugo de Rheinberg, une autre sur la mort de Corrège, et sur deux princes de Danemark, Erik et Abel, et sur Tordenskiold, cet homme d'audace et de génie, qui, du rang de simple matelot, s'éleva en peu de temps au grade d'amiral, et fut tué, à trente-cinq ans, dans un duel.

Ces tragédies sont parfois un peu longues et un peu froides. Le public, en France, aurait de la peine à admettre tant de conversations sentencieuses, tant de scènes élégamment tracées, mais dépourvues d'action. Il lui faut, dans un drame, du mouvement, de la vie. Les hommes du Nord sont d'une autre trempe; ils aiment ces longs discours qui ressemblent à des dissertations de professeur. Il vont au théâtre comme à un cours d'esthétique, et peu leur importe quand le drame arrive et comment il arrive, pourvu qu'ils y trouvent une portion suffisante de maximes philosophiques et de poésie. Mais les pièces d'Œhlenschläger sont écrites d'un style simple, vrai, montant sans effort du ton habituel de la conversation à la période majestueuse : Œhlenschläger a un grand art pour disposer les diverses péripéties de ses drames, pour faire mouvoir ses personnages; et il entremêle habilement des scènes de bonne comédie à des situations tragiques. Bien entendu qu'il est de la nouvelle école, et qu'il se soucie fort peu des trois unités.

Ses poëmes sont devenus populaires comme ses tragédies. Celui qui porte le titre de *Helge* est une histoire empruntée aux sagas, l'histoire d'une nymphe des eaux, d'un guerrier, d'une femme qui le trompe, et d'une jeune fille qu'il épouse sans savoir que c'est sa fille. Le poëme se compose d'une suite de chants irréguliers, tantôt lyriques, tantôt épiques. Il y a là plusieurs tableaux d'une grâce charmante, et des scènes de voyage, d'amour, de douleur, racontées avec un rare talent. Cette œuvre d'Œhlenschläger est, sans contredit, l'une de ses meilleures. Beaucoup de personnes la préfèrent à la *Frithiofs-saga* de Tegner. Mais les Latins le disaient avant nous : *Habent sua fata libelli*. La *Frithiofs-saga* a été traduite dans toutes les langues, et Helge n'est encore connu qu'en Danemark.

Aladdin est le conte des *Mille et une Nuits* développé et embelli par le poëte. Cette fois Œhlenschläger a renié son ciel du Nord. Il a voyagé sur les ailes de cette déesse capricieuse qu'on appelle *Fantaisie*, et, avec sa faculté puissante d'intuition, il a compris, comme un homme de l'Orient, la couleur, la vie, le prestige de l'Orient. Un rayon de soleil a éclairé sa palette, et le génie des contes l'a guidé dans son excursion. A travers ces images demi-factices, demi-réelles qu'il représente, il y a plusieurs situations qui rentrent dans le domaine de la vie journalière, et plusieurs caractères vrais et habilement peints. Celui de Morgiane, entre autres, est très-bien senti et très-comique. La pauvre femme, qui a toujours vécu dans son humble retraite, filant sa quenouille ou causant avec son brutal mari, ne comprend rien aux merveilles produites par la lampe de son fils Aladdin. La première fois que le génie mystérieux apparaît, l'effroi s'empare d'elle, et elle tombe la face contre terre. Plus tard elle s'habitue à le voir venir quand Aladdin l'évoque; mais ce sont pour elle autant de sorcelleries qu'elle déplore, et qu'elle tolère par nécessité. Il arrive dans la maison du tailleur d'Ispahan ce qui est arrivé plus d'une fois dans la demeure de l'homme visité par le génie de la science ou de la poésie : Aladdin s'est tout d'un coup séparé de la foule; son esprit s'est élevé, ses désirs ont grandi avec le pouvoir de les satisfaire, et sa mère est restée la même. Sa parole est plus puissante que celle d'un roi. Il fait un signe, et les génies apparaissent; il commande, et les génies obéissent. Il tient entre ses mains un instrument magique dont le vulgaire ignore la valeur; et quand il y pose le doigt, tous les trésors enfouis dans les entrailles de la terre lui appartiennent. Pendant ce temps sa bonne mère calcule encore ce qu'elle pourra gagner en filant du matin au soir, et se demande comment elle pourra acheter une nouvelle robe. Elle rencontre son fils magnifiquement vêtu, et elle ne sait comment cela s'est fait. Elle le voit absorbé dans ses pensées, et elle se dit avec douleur qu'il ne travaille pas. Elle remarque qu'il est soucieux et triste, et elle se demande d'où lui vient cette tristesse; car elle n'a pas vu le char doré, le char céleste sur lequel il pris l'essor; elle ne voit pas non plus les épines qui y sont attachées. Un jour il lui avoue qu'il est amoureux de la fille du sultan ; et Morgiane se met à pleurer, car elle le croit fou. Il veut envoyer à sa bien-aimée les diamants que les génies lui ont apportés ; mais Morgiane prend ces diamants pour du verre.

Nous sommes souvent en ce monde comme Morgiane : le génie est près de nous, et nous ne le reconnaissons pas ; il éclate, et il nous fait peur ; il parle de ses espérances, et nous rions de sa folie ; s'il veut jouir des dons mystérieux que les génies aériens lui apportent, il faut qu'il se bâtisse, comme Aladdin, une retraite à l'écart, qu'il se retire derrière ses murailles de marbre, pour échapper à la moquerie ou à l'incrédulité.

Œhlenschläger a publié trois volumes de poésies lyriques. J'y ai cherché vainement ce caractère de panthéisme rêveur, de mélancolie religieuse, que l'on trouve habituellement dans le Nord, ou ces nuances délicates de poésie intime qui nous charment chez les lakistes. Le poète fait rarement un retour sur lui-même ; il prononce rarement une parole de douleur, ou, s'il touche cette corde flexible, il en tire aussitôt des sons harmonieux qui le séduisent. La cadence du rythme assoupit sa tristesse ; il écoute le retentissement de ses rimes sonores, la marche régulière de ses strophes, et il oublie de pleurer.

La plus belle partie de ces poésies lyriques est celle qui renferme les anciennes ballades. Ce que Uhland a fait pour quelques chants traditionnels de l'Allemagne, Œhlenschläger l'a fait pour le Danemark : il s'est emparé des histoires poétiques conservées parmi le peuple, et les a reproduites avec une grâce, une verve et une vérité de ton qui n'avaient pas encore eu d'exemple. Ainsi il a chanté tour à tour et l'homme de mer, avec sa barbe verte, qui enlève les jeunes filles, et le *Valravn*, qui se bat contre les sorciers, et les *trolles*, qui dansent le soir sur les montagnes, et la cigogne du foyer, qui apporte à une pauvre mère des nouvelles de son fils.

Plusieurs de ces ballades ont toute la naïveté et tout le charme des chants du *Kämpe-Viser*. C'est comme le retentissement d'une musique lointaine, comme la vibration d'une corde qui s'est ébranlée sous la main du peuple. Plusieurs peuvent être regardées comme des modèles de style poétique, et celle d'*Uffe le Taciturne* est peut-être la plus belle romance qui ait jamais été écrite en Danemark.

Uffe est le fils d'un vieux roi aveugle, Vermund. Il passe la plus grande partie de ses jours tout seul, à l'écart, ne disant rien, et ne se livrant à aucun des exercices où les jeunes hommes de son âge aiment à montrer leur adresse ou leur audace. Les chevaliers le regardent comme un être à demi dénué d'intelligence, et le vieux roi s'afflige de n'avoir pas un autre fils. Un jour, le roi de Saxe envoie sommer Vermund de lui céder son royaume, ou de se préparer au combat. Uffe assiste à l'audience de l'envoyé saxon ; il l'écoute en silence, puis se lève avec orgueil, et accepte le combat. Le chevalier de Saxe, qui ne voyait en lui qu'un homme sans énergie et sans volonté, se met à rire ; mais Uffe se connaît, et il demande des armes. On lui apporte une cuirasse de fer, et en respirant il la brise ; une autre plus forte, et elle se brise encore. On lui donne les glaives d'acier les plus lourds, et il les rompt d'un seul coup en les balançant dans sa main. Son père envoie chercher sa vieille armure, la plus belle, la plus large qu'il ait jamais vue. Uffe la pose sur sa poitrine : elle est trop étroite, et elle éclate. Enfin, on lui en fabrique une assez grande pour ses épaules de géant, et il marche au combat. Son père se fait conduire sur le champ de bataille. Il entend le cliquetis du glaive, les lances qui se brisent, et il tremble pour son fils. Il entend des cris de mort, et son cœur se serre ; mais un héraut lui dit que son fils a vaincu, et le vieillard verse des larmes de joie.

La ballade d'Agnète est le récit d'une tradition répandue dans tout le Nord. On la raconte encore à la veillée, on la chante dans les familles. Je l'ai entendu chanter un soir sur une mélodie ancienne. C'était tout à la fois tendre comme un soupir d'amour, et triste comme un accent de deuil [1].

---

1. Andersen a écrit un poëme sur le même sujet ; plusieurs autres poètes danois et suédois l'ont aussi reproduit avec des variantes.

Agnète est assise toute seule sur le bord de la mer, et les vagues tombent mollement sur le rivage.

Tout à coup l'onde écume, se soulève, et le *trolle* de mer apparait.

Il porte une cuirasse d'écaille, qui reluit au soleil comme de l'argent.

Il a pour lance une rame, et son bouclier est fait avec une écaille de tortue.

Une coquille d'escargot lui sert de casque. Ses cheveux sont verts comme les roseaux, et sa voix ressemble au chant de la mouette.

— Oh! dis-moi, s'écrie la jeune fille, dis-moi, homme de mer, quand viendra le beau jeune homme qui doit me prendre pour fiancée.

— Écoute, Agnète, répond le *trolle* de mer, c'est moi qu'il faut prendre pour ton fiancé.

J'ai dans la mer un grand palais dont les murailles sont de cristal.

A mon service, j'ai sept cents jeunes filles moitié femme, moitié poisson.

Je te donnerai un traîneau en nacre de perles, et le phoque t'emportera avec la rapidité du renne sur l'espace des eaux.

Dans ma retraite tapissée de verdure, de grandes fleurs s'élèvent au milieu de l'onde, comme celles de la terre sous le ciel bleu...

— Si ce que tu dis est vrai, répond Agnète, si ce que tu dis est vrai, je te prends pour mon fiancé.

Agnète s'élance dans les vagues; l'homme de mer lui attache un lien de roseau au pied, et l'emmène avec lui.

Elle vécut avec lui huit années, et enfanta sept fils.

Un jour, elle était assise sous sa tente de verdure; elle entend la vibration des cloches qui sonnent sur la terre.

Elle s'approche de son mari, et lui dit : « Permets-moi d'aller à l'église, et de communier.

— Oui, lui dit-il, Agnète, j'y consens. Dans vingt-quatre heures tu peux partir. »

Agnète embrasse cordialement ses fils, et leur souhaite mille fois bonne nuit.

Mais les aînés pleurent en la voyant partir, et les petits pleurent dans leur berceau.

Agnète monte à la surface de l'onde. Depuis huit ans, elle n'avait pas vu le soleil.

Elle s'en va auprès de ses amies; mais ses amies lui disent : « Vilain *trolle*, nous ne te reconnaissons plus. »

Elle entre dans l'église au moment où les cloches sonnent; mais toutes les images des saints se tournent contre la muraille.

Le soir, quand l'obscurité enveloppe la terre, elle retourne sur le rivage.

Elle joint les mains, la malheureuse, et s'écrie : « Que Dieu ait pitié de moi, et me rappelle bientôt à lui ! »

Elle tombe sur le gazon, au milieu des tiges de violettes. Le pinson chante sur les rameaux verts, et dit : « Tu vas mourir, Agnète, je le sais. »

A l'heure où le soleil abandonne l'horizon, elle sent son cœur frémir, elle ferme sa paupière.

Les vagues s'approchent en gémissant, et emportent son corps au fond de l'abîme.

Elle resta trois jours au sein de la mer, puis elle reparut à la surface de l'eau.

Un enfant qui gardait les chèvres trouva un matin le corps d'Agnète au bord de la grève.

Elle fut enterrée dans le sable, derrière un roc couvert de mousse qui la protège.

Chaque matin et chaque soir ce roc est humide. Les enfants du pays disent que le *trolle* de mer y vient pleurer.

Pour ceux qui veulent avoir le portrait de l'homme avec celui du poète, j'ajouterai quelques mots à cette esquisse littéraire. Œhlenschläger est grand et fort; il a le front élevé, la figure noble et expressive. Il m'a rappelé, par la douceur de son regard et par le charme de sa parole, Tieck le poète allemand. Dans le monde il cause peu, il hait les entretiens bruyants, et redoute surtout la discussion ; mais, s'il est seul dans sa famille, ou au milieu d'un cercle d'amis, il parle avec cordialité et abandon. Il est gai comme un enfant. Quoiqu'il touche presque à sa soixantième année, il travaille encore avec l'ardeur de la jeunesse. Mme de Staël disait de lui : « C'est un arbre sur lequel il croît des tragédies. » L'arbre a gardé toute sa force, et nous espérons y voir mûrir encore plus d'un fruit poétique.

Œhlenschläger est mort en 1850. Copenhague lui a fait des funérailles royales.

HAKON JARL

TRAGÉDIE EN CINQ ACTES

NOTICE
SUR
HAKON JARL

Il est avéré qu'avant Œhlenschlæger on ne trouve, en Danemark, aucune tragédie, où la noblesse, l'élévation des idées, la pureté de la forme, révèlent une expérience suffisante des lois scéniques.

Le Danemark a possédé de bonne heure quelques écrivains de talent qui ont su donner à leurs travaux de la couleur et une certaine grâce; mais, lorsqu'il a fallu s'élever à un style soutenu, au style propre aux grands sujets, tous les essais tentés n'ont pas réussi. On reconnaît le véritable talent d'un auteur, son vrai génie au choix élevé des sujets, au bonheur avec lequel sont tracés les caractères, à l'élégance des termes; l'harmonie de son style sait corriger, adoucir tout ce qui rend une langue dure; toutes ces qualités, Œhlenschlæger se les est appropriées en franchissant un abime. Aussi cet auteur est-il, en Scandinavie, un génie marquant et unique.

Nous nous abstiendrons ici de toute critique détaillée sur les ouvrages et la vie de notre auteur; une fine et spirituelle plume, beaucoup plus autorisée que la notre, celle d'un éminent écrivain, M. Xavier Marmier, a enrichi ce volume d'une notice biographique sur l'œuvre d'Œhlenschlæger; nous y trouvons une appréciation de son œuvre, basée sur des connaissances spéciales, rares et distinguées. Nous nous bornerons donc à quelques observations particulières au drame de *Hakon Jarl*.

Œhlenschlæger partageait en 1804, dans la ville de Halle, un appartement avec le philosophe Steffens; il se plaignait d'une foule d'ennuis et exprimait le désir de retourner à Copenhague. « Mais heureusement, dit-il, dans ses Mémoires, je trouvai à la bibliothèque de l'Université un exemplaire in-folio du Heimskringla de Snorro Sturleson [1]. Cette œuvre eut pour moi l'attrait d'une ancienne et chère correspondance, perdue depuis longtemps et tout-à-coup retrouvée. J'eus à peine lu l'histoire de Harald aux beaux cheveux (sujet qui, quelques années auparavant, avait arrêté mon attention), que je trouvai tout-à-coup, dans Hakon, l'étoffe d'une excellente tragédie. J'avais déjà traité cette donnée en romance, il me sembla qu'une plus noble destinée pouvait lui être réservée. Nous nous mîmes à la besogne, Steffens et moi, tous deux dans la même chambre, auprès du poêle, lui à un ouvrage de philosophie, moi à ma tragédie. Chaque fois qu'il avait fini un paragraphe, il m'en faisait la lecture; aussitôt que j'avais écrit une scène, je la soumettais à son jugement; c'est ainsi que Hakon Jarl fut terminé au bout de six semaines. »

Certes, il fallait tout le talent, tout le génie d'un homme tel que Œhlenschlæger pour composer, en six semaines, une œuvre de cette importance; si l'on considère surtout que cette pièce était son premier essai. Le poète s'est tellement identifié avec son sujet, qu'en lisant son poëme, on se croit presque transporté dans quelque antique et druidique forêt. La donnée est en effet grandiose, il s'agit de la lutte entre le paganisme et le christianisme.

Hakon Jarl est une grande figure norvégienne, symbolisant la farouche résistance d'Odin, à l'approche du Christ : la sanguinaire férocité du culte ancien qui s'écroule, contraste fortement avec la persuasive douceur de l'Evangile; toute cette sauvage barbarie laisse percer comme une sorte de pressentiment de la fin prochaine du Walhalla; Hakon Jarl le soutient encore sur ses gigantesques épaules, mais l'heure de la chute va sonner.

Quelques détails historiques sur les événements qui, en Norvège, précédèrent l'entrée en scène de notre héros, ne seront peut-être pas ici sans intérêt.

Hakon Ier, dit le Bon, avait essayé déjà d'introduire l'Evangile en Norvège, en 941, mais le peuple, fidèle à ses dieux, résista énergiquement. Le roi dut même prendre part aux sacrifices; on le contraignit à vider la coupe de Thor et à manger de la chair de cheval; puis, l'on détruisit les églises et l'on en massacra les prêtres. Hakon se serait vengé sans doute de ces violences; mais il était menacé, à cette époque, par les fils du roi Erik Blodœxe (hache de sang), lesquels, avec le secours d'Harald Blaatand (dent bleue), roi de Danemark, essayèrent d'o-

---

1. Chroniqueur islandais, fort estimé au XIIIe siècle. Son œuvre principale est le *Heimskringla* (cercle du monde), recueil de traditions de tous les pays.

pérer une descente en Norvège. Après la mort de Hakon, les fils de son frère, Eric, s'emparèrent simultanément du pouvoir, quoique l'aîné Harald Graafeld (peau grise) dût seul porter le titre de roi. Ils attirèrent près d'eux le puissant Sigurd Jarl, qui possédait, à titre de fief, toute la partie septentrionale de la Norvège, et le firent périr dans un incendie allumé par leurs mains; mais aussitôt que cet assassinat fut connu, tout le peuple de Drontheim se souleva : à sa tête se mit le héros de notre pièce, Hakon, fils de Sigurd. Après une guerre de trois ans, Hakon obligea les rois à lui rendre la dignité de son père. Puis il sut, par des manœuvres perfides, amener le roi de Danemark à attirer Harald Graafeld auprès de lui afin de le faire assassiner. Les autres frères se retirèrent dans les Orcades. C'est ainsi que Hakon Jarl devint maître absolu de la Norvège, où, malgré les promesses qu'il avait faites au roi de Danemark, et quoiqu'il se fût fait baptiser, il se mit aussitôt à persécuter les chrétiens et à rétablir partout le paganisme. Mais bientôt il donna un libre cours à la violence de ses passions et exaspéra les Norvégiens qui trouvèrent un chef dans Olaf, fils du roi Tryggve. Ce dernier avait été tué par les Jarls; Astrid, sa veuve, s'était enfuie en Suède avec le petit Olaf, qui, après plusieurs années d'une existence fort aventureuse, retourna en Norvège où il fut reçu à bras ouverts par le peuple mécontent. C'est à cet instant que débute le drame d'Œhlenschlæger.

Le Jarl, informé de l'arrivée d'Olaf, a donné rendez-vous dans le bocage aux Sacrifices, à trois de ses amis, afin de délibérer avec eux sur les mesures à prendre. Il y fait la rencontre de Gudrun, la fille du forgeron Bergthor ; par sa grâce et sa beauté, cette jeune fille lui fait oublier un moment les dangers qu'il court ; mais elle ne s'échappe pas de ses mains sans peine. Hakon prend, pour son malheur, la résolution de l'enlever. En attendant, il convient avec ses amis qu'ils se rendront auprès d'Olaf sous quelque prétexte, afin de sonder ses intentions. Il leur fait prêter le serment de fidélité. Tous trois jurent, et en ce moment la statue d'Odin se brise en morceaux. Cet incident est bien amené et ne manque jamais de produire son effet. Hakon n'en cherche pas moins à dissiper la mauvaise impression causée par la chute d'Odin sur l'esprit de ses amis; mais, dès qu'il est seul, lui-même se trouve en proie aux plus sombres pressentiments ; il cherche à se concilier la faveur des dieux en leur promettant des sacrifices et du sang en abondance. Puis, s'étant calmé, il va voir Bergthor qu'il a chargé du soin de lui forger une couronne. En même temps, il espère revoir la belle Gudrun. Il ne garde aucun ménagement auprès du vieux forgeron ; il lui fait sentir qu'il veut que Gudrun soit sa maîtresse. Bergthor, froissé dans ce qu'il a de plus cher, devient le mortel ennemi de Hakon. A l'ordre impérieux de terminer, sous trois jours, la couronne, Bergthor s'écrie : « Plutôt que de refaire la couronne de Norvège, Bergthor se percerait de sa propre épée. Que celui-là dont la tête est assez forte pour cette couronne, s'en pare le front. » Ces paroles ne caractérisent-elles pas splendidement ce personnage, et le rôle n'est-il pas parfaitement tracé par l'auteur ?

Au second acte, nous faisons la connaissance d'Olaf; voyant le triste état dans lequel se trouve la Norvège, et apprenant le mécontentement du peuple, il conçoit le projet de monter sur le trône auquel il a droit par sa naissance; il veut chasser Hakon Jarl et faire écrouler les derniers débris du paganisme qu'il remplacera par l'Evangile. Saisi d'enthousiasme, il a comme le pressentiment de la future gloire de son pays, et fait entendre ces magnifiques et éloquentes paroles : « Là où, sombre et menaçant, s'élevait le temple d'Odin, là où coulait souvent le sang de l'innocence, on ne respirera désormais que l'encens et la myrrhe. Le prêtre ne teindra plus son idole de sang, l'air ne sera plus frappé par les cris des victimes, non plus que par les chants sauvages des prêtres d'Odin autour du pâle cadavre; on entendra des chants pieux, les sons édifiants des harpes, qui s'élèveront vers le trône de l'Eternel; on se rassemblera, en sainte dévotion, pour ne voir que toi, là haut, Christ glorifié! Les besoins de la terre seront oubliés, ton temple ne sera plus profané par les festins. Le grand repas silencieux seul annoncera que tout vit en Dieu. Plus de haines, plus de violences, plus de meurtres, plus de hordes barbares; l'amour et l'innocence triompheront. » Cependant l'imprudent Hakon continue à se créer partout des ennemis. Thora, à laquelle il avait promis sa main et qui appartient à une des premières familles du pays, reçoit tous ses mépris, tous ses dédains, dans une scène fort bien développée, et habilement traitée. Le Jarl obstiné pousse ensuite l'insolence et la hauteur jusqu'à envoyer chez Bergthor une foule de serfs qui ont l'ordre d'enlever Gudrun ; ceux-ci tombent chez le forgeron, au milieu du repas des fiançailles de sa fille ; d'où un désordre général et une irritation fort bien rendue par l'auteur. Les serfs sont repoussés et, sous l'influence de l'indignation du vieux Bergthor, la mort de Hakon est jurée par tous les vassaux.

Une scène originale, et dont le ton cavalier tranche agréablement sur le sombre tissu de ce drame, est celle où le jeune Einar, vient faire ses offres de service à Hakon. Ce jeune archer est un type des mieux réussis, et sa gaîté forme un heureux contraste avec les farouches tableaux que la suite de la tragédie offre au spectateur. Au premier aspect, ce personnage semble épisodique; mais l'auteur a tenu essentiellement à présenter dans son drame, à l'une des époques critiques de l'histoire scandinave, un héros qui fixa plus tard, d'une façon extraordinaire, l'attention de ses contemporains par des exploits de toute nature.

Au troisième acte, Hakon est forcé, par les événements, de surveiller avec attention le soulèvement très sérieux de ses vassaux; les progrès d'Olaf l'inquiètent, et il prend la résolution de se débarrasser de son rival par trahison. Il charge Thorer, un de ses favoris, de mettre son projet à exécution. Ce dernier, aussi lâche que corrompu, choisit pour l'action, un jeune serf nommé Grib, et lui donne un poignard empoisonné pour le plonger dans le sein d'Olaf. Mais Grib qui, sous sa condition de serf, cache une nature élevée et généreuse, tourne le poignard contre Thorer, et va rendre compte à Olaf de toutes ces machinations. Hakon est stupéfait lorsqu'Olaf, qui se donne pour un envoyé de Thorer, chargé de lui apporter la tête de la victime, se fait tout-à-coup connaître et montre en effet sa tête, solidement assise sur ses épaules. « Ma tête, elle est là sur mes épaules, seigneur, pardonne-moi de te l'apporter ainsi, mais cela m'était plus commode. » L'entrevue d'Hakon et d'Olaf est une inspiration des plus élevées. Le paganisme et l'Evangile sont en présence : malgré tout, on se sent comme attiré vers Hakon, dont le caractère se développe dans cette scène d'une façon grandiose. En dépit de l'influence du christianisme, le farouche cortège des anciens dieux scandinaves est revêtu là d'un prestige tel, que l'on éprouve presque comme un triste regret de sa chute prévue et prochaine. Cette scène qui termine le troisième acte est sublime d'un bout à l'autre, et nous ne saurions trop la recommander à l'attention du lecteur.

Au quatrième acte, une bataille va être livrée; Hakon apprend qu'Olaf a tué son fils aîné; c'est pour lui un sinistre présage que le règne d'Odin touche à sa fin. Au lieu de désespérer, sa foi dans ses dieux n'en devient que plus forte; il jure de tout leur immoler. Un serviteur lui apporte une corne sur laquelle on a découvert une inscription qu'il prend pour un ordre de ses farouches divinités; ce qu'il a de plus cher, son dernier fils, Erling, il se décide à le sacrifier à Odin.

Ce caractère de Hakon est tracé avec une vigueur étonnante; on pourrait le comparer à l'un de ces puissants sapins du nord, bravant toutes les rafales et toutes les injures du temps. Le pieux Olaf forme avec lui un contraste remarquable; il a, au contraire, tout le calme, toute la douceur d'un véritable apôtre.

Une scène saisissante est à coup sûr celle où, au lever du soleil, le Jarl a décidé la mort du petit Erling dont l'innocent babil contraste sinistrement avec la férocité de son père; il a si naïvement peur de la grande barbe d'Odin, et des sombres figures des Ases! Malgré tout, Hakon l'entraîne dans le bocage sacré et l'immole sans pitié. Le combat tourne à l'avantage d'Olaf; Hakon, vaincu, ne trouve son salut que dans la fuite; au dernier acte, un asile s'ouvre à lui chez Thora, son ancienne maîtresse, qui, en échange de son amour, n'a reçu de lui que mépris et ingratitude.

Hakon qui, dans le combat, a tué les deux frères de cette femme, est pris en pitié cependant par elle; elle lui prodigue les consolations et cherche à l'encourager. Cette entrevue, dans ces circonstances, est vraiment émouvante, et cette scène est à la hauteur des plus belles pages de Shakespeare. Hakon et le seul serf qui lui reste, trouvent, grâce à Thora, un refuge dans un souterrain; ils sont traqués par les soldats d'Olaf, et le serf entend mettre à prix la tête de son maître. Ce misérable est tenté par les promesses d'Olaf. Hakon, que le sommeil a vaincu, s'endort; il a une hallucination; les ombres de ses victimes lui apparaissent; ses remords l'éveillent; il se croit indigne de vivre plus longtemps et commande à son serf de lui donner la mort. L'esclave trouve bon d'accommoder ses désirs secrets avec l'obéisssance qu'il doit à son maître; il exécute l'ordre de Hakon et le Jarl tombe. Le meurtrier court livrer le cadavre à Olaf. Mais le pieux roi envoie à Thora le corps de celui qu'elle a tant aimé et il fait pendre le serf qui a trahi son Jarl. On replace donc Hakon dans le souterrain. Thora s'approche tristement du cercueil; elle rapporte au guerrier inanimé son épée, et place sur sa tête une couronne de pins, emblème de sa résistance héroïque.

Œhlenschlæger rapporte, dans ses Mémoires, qu'il attendait avec une grande anxiété la réponse de la direction du théâtre royal de Copenhague à laquelle il avait envoyé son œuvre. Enfin cette réponse arriva, elle lui annonçait, à sa grande satisfaction, que Hakon Jarl était accepté et que l'on procéderait le plus tôt possible aux répétitions. Cependant le directeur manifesta le désir de supprimer plusieurs scènes, notamment celle qui, de l'avis de tous, était une des plus belles, celle où Hakon conduit son fils Erling au bocage sacré pour l'immoler à ses dieux, puis la rencontre du Jarl avec le jeune Einar, la scène entre Olaf et Auden, et enfin le monologue de Thora auprès du cercueil de Hakon. La direction avait trouvé la première trop exagérée et craignait qu'elle produisît un mauvais effet sur le public; la seconde était trop longue, trop étrangère à l'action principale et d'une mise en scène difficile à cause du coup de flèche; la troisième, était taxée d'invraisemblance et jugée inutile; quant à la dernière on la trouvait sans intérêt pour le dénoûment. Nous ignorons si l'auteur a jamais consenti à ces modifications; mais, en tous cas, la pièce, depuis bon nombre d'années, a toujours été jouée en entier et dans sa forme primitive.

Quelques critiques ont fait à Œhlenschlæger un reproche que nous croyons plus fondé, celui d'avoir traité les rôles de femmes avec trop d'indifférence. En effet, celui de Gudrun est insignifiant et celui de Thora se déroule seulement dans trois scènes au deuxième et au cinquième acte. Mélange de tendresse, de fierté, d'enthousiasme et d'amour, ce rôle est cependant une des plus belles créations qui existent au théâtre; Sophocle, Euripide et tous les modernes, n'ont jamais exprimé d'une façon plus pathétique les mille contradictions, les faiblesses, et les héroïsmes que renferment les replis du cœur féminin. Cependant, si l'on accorde que les rôles de femmes ne sont ici que faiblement esquissés, que dira-t-on d'une autre tragédie d'Œhlenschlæger, *Palnatoke*, dont le succès fut presque égal à celui de Hakon, et dans laquelle il n'est question ni de femmes ni d'amour?

La traduction de Hakon Jarl nous a présenté de grandes difficultés dont nous espérons que le lecteur nous tiendra compte; d'abord parce qu'il s'agissait de traduire de la poésie, ensuite parce que l'auteur, pour conserver à chaque personnage son caractère et sa couleur originale, avait apporté un soin particulier à faire parler à chacun un langage qui, sans être précisément l'ancien danois, est cependant loin d'être la langue moderne.

Nous nous sommes appliqué à user du système de traduction qui prévaut aujourd'hui et qui consiste à se tenir le plus près possible du texte, à tâcher de le reproduire exactement avec ses qualités et ses défauts, à conserver la physionomie de l'original, autant du moins que le comporte le génie de la langue française.

Nous avons été assez heureux pour voir notre traduction de la pièce de Hakon Jarl jouée, l'année dernière, avec grand succès au théâtre de la Gaîté, dans les matinées artistiques fondées par Mlle Marie Dumas. Malheureusement on avait jugé à propos d'y faire adjoindre, par un auteur français, quelques scènes épisodiques, et ce dernier avait même changé et dramatisé à excès la fin du troisième acte. Les seuls changements que nous avons pu approuver, ce sont quelques suppressions.

Nous connaissons parfaitement les exigences de la scène française. Aussi admettons-nous que la pièce de Hakon Jarl ne pourrait être représentée devant un public français sous sa forme originale;

pour ce public, il y a là trop de monologues, trop de longueurs ; l'action est souvent languissante, et il comprendrait mieux Olaf en chaire qu'au théâtre ; les femmes aussi sont trop sacrifiées. Dans le Nord, on a à faire à de toute autres impressions. Ses calmes habitants aiment qu'on fasse vibrer les sentiments les plus cachés du cœur ; ils jouissent de la nuance la plus inaperçue avec infiniment plus de charme que ne leur en offrirait l'action la plus poignante, et tel monologue, insupportable en France, leur plaira infiniment plus que certains mélodrames échevelés qui obtiennent des succès d'enthousiasme à Paris et dont les habitants du Nord ne sauraient s'empêcher de rire.

Il faut considérer aussi que le traducteur est lui-même d'origine scandinave ; comme ses compatriotes, il a, dès son enfance, goûté tous les charmes, toutes les ravissantes naïvetés que contiennent les sagas et les traditions du Nord, lorsqu'on les lit dans le texte original ; ces impressions sont impossibles à ressentir par ceux qui n'ont pu faire cette lecture.

Il est donc nécessaire pour le théâtre scandinave, plus peut-être que pour tout autre théâtre étranger, que le lecteur tienne un large compte de la différence du caractère, de l'éducation nationale et du génie si particulier de la langue danoise, et nous devons nous en remettre à son intuition et à sa bonne volonté pour sentir toutes les finesses, la souplesse et les beautés de la poésie originale, qu'une traduction en prose française n'a souvent et forcément que bien imparfaitement reproduites.

DAVID SOLDI.

HAKON JARL

TRAGÉDIE

PERSONNAGES

OLAF TRYGVESON, roi de Dublin.
HAKON JARL, dit le Riche, souverain de la Norvège.
ERLING, son fils.
THORER KLAKER, son affidé.
BERGTHOR, forgeron, doyen des vassaux.
EINAR TAMBESKJŒLVER, jeune archer.
ORM, THORVALD, } gendres de Bergthor.
CARLSHOVED, JOSTEIN, } parents d'Olaf.
TANGBRAND, prêtre.
AUDEN, vieillard borgne.
GRIB, serf de Thorer.
KARKER, STEIN, LEIF, } serfs de Hakon.
UN MESSAGER.
THORA, fiancée du Jarl.
GUDRUN, ASTRID, } filles de Bergthor.
INGER, servante de Thora.
PRÊTRES, SOLDATS, VASSAUX, SERFS.

ACTE PREMIER

SCÈNE I

Une place plantée d'arbres; au fond le château de Hakon; la plupart des fenêtres ouvertes. Karker et Grib, assis sous un arbre, boivent de la bière et mangent. On entend du bruit et des rires dans le château.

KARKER, GRIB.

KARKER. — Écoute, comme ils font du bruit! Quelle gaîté! J'entends la voix de Thorer Klaker, ton maître; il parle de son voyage à l'étranger.

GRIB. — Et il fait bien; il est amusant de l'entendre raconter comment il a malicieusement échangé ses marchandises sur toutes les côtes et dans toutes les villes, contre quantité d'or et d'argent. C'est une tête rusée et intelligente, que celle de mon maître ! Il eût dû vivre sous Harald Graafeld [1].

KARKER. — Et pourquoi précisément sous ce règne ?

GRIB. — C'était un roi qui se plaisait à encourager le commerce et à travailler au bien du pays ; un roi qui, pour être utile à sa patrie, déposa le manteau de pourpre brodé d'or et s'enveloppa d'une vile peau de mouton.

KARKER. — Et c'est pourquoi on l'a appelé Harald Graafeld ?

GRIB. — Oui, à son éternel honneur, naturellement. C'était un roi marchand ; sa flotte ne se composait que d'un tas de petits bateaux ; son sceptre était une aune. Quel superbe héros !

KARKER. — Prends garde de trop le louer ; c'est le Jarl [2] aujourd'hui qui gouverne et il n'aime pas que l'on parle trop des autres.

GRIB. — Merci de ton conseil, mon rusé ami !

KARKER. — Je te remercie également. Mais raconte-moi aussi quelque chose ; car on bâille dans notre solitude sans rien apprendre de nouveau.

GRIB. — Ah ! quel bonheur de pouvoir entrer, s'asseoir à la table, et de saisir avec des mains sans chaînes la corne d'or comme les autres hommes libres !

KARKER. — Bons dieux ! quelles paroles téméraires ! Tâche de te taire et contente-toi de ton sort. Nous ne sommes nés que pour être serfs.

GRIB. — Et c'est ainsi que tu laisses s'assoupir ton âme.

KARKER. — Pourquoi pas ? Ce qu'on ne peut pas changer doit rester tel quel.

GRIB. — Certainement.

KARKER. — Qu'est-ce qui nous manque ? Ne sommes-nous pas déjà assez parvenus ? Thorer Klaker m'aime comme Hakon t'aime, avec cette différence, bien entendu, que je suis un peu plus heureux que toi ; ton maître n'est que marchand, le mien est Jarl, même le plus puissant Jarl du pays, il en a seize autres au-dessous de lui ; oui,

---

1. Surnom qui signifie peau grise.
2. Titre viager équivalant à celui de comte.

il est presque roi. Pourquoi ne serais-je pas content de mon sort ? Autrefois, j'étais obligé de conduire la charrue, d'entasser le fumier et de passer maintes nuits à l'étable des porcs. Aujourd'hui, j'ai de bons vêtements, du bon manger, peu de besogne, du feu dans l'hiver, et des coups, pas trop souvent.

GRIB. — Tu es né pour ce que tu es.

KARKER. — C'est ce que Hakon, mon maître m'a dit. Il a cherché longtemps avant de trouver un gars comme moi. Vois-tu, il a des caprices à lui. Il dit, et il a raison, qu'un serf doit savoir obéir et servir avec fidélité, qu'il doit être fort et combattre pour son maître sans éprouver aucune fierté.

GRIB. — Bref, faire tout ce qu'on demande à un chien.

KARKER. — La première fois que Hakon Jarl me vit, il me trouva à son gré ; il remarqua mon front large et bas, mes doigts courts et gros, mon nez plat, mon attitude soumise ; tout en moi lui convint. Maintenant je suis tous les jours auprès de lui, et il y a peu de personnes qui connaissent aussi bien que moi ce qui occupe sans cesse son esprit.

GRIB. — Chut ! silence ! je les entends parler encore d'Olaf Trygvesön.

KARKER. — Quel est cet Olaf ?

GRIB. — Un héros admirable ! Autrefois serf comme moi, aujourd'hui roi et beau-frère du roi de Dublin.

KARKER. — Un serf de naissance ?

GRIB, *en soupirant*. — Pas de naissance, il était fils du roi.

KARKER. — S'il en est ainsi, ce n'est point difficile de devenir roi.

GRIB. — Cependant, pour Olaf, ce ne fut pas affaire facile ; le sort lui était hostile, avant qu'il eût même vu la lumière du jour.

KARKER. — Ils se lèvent de table ; debout, ami ! Voilà le Jarl qui arrive avec ses guerriers.

GRIB. — Quel superbe vieux héros que Hakon Jarl ! Il se dresse puissamment comme un chêne noueux au milieu des mauvaises herbes.

(Hakon passe sur la scène avec sa suite.)

KARKER. — Il va faire sa promenade ordinaire. Il faut

que j'aille desservir les tables et surveiller les autres serfs. Viens-tu avec moi ?

GRIB. — Non, je reste ici dans cette grande et vaste salle qui a le ciel pour voûte et qui a été construite pour moi aussi bien que pour le premier des héros.

(Il passe sous les arbres.)

KARKER. — Quelle grandeur ! Va humer l'air, moi je vais lécher les assiettes et Thor [1] jugera qui de nous deux est le plus raisonnable.

(Il entre.)

SCÈNE II

Changement de décor. Un bocage servant aux sacrifices avec les statues des douze grands dieux, celle d'Odin [2] au milieu. Le soleil se couche en éclairant la scène de ses derniers rayons. Gudrun et Astrid entrent dans le taillis, la première portant une guirlande.

ASTRID, GUDRUN.

ASTRID. — Gudrun ! Gudrun ! où me conduis-tu ? Quelle témérité ! Aucun pied profane ne doit franchir le bocage des grands dieux.

GUDRUN. — Celle dont l'amour est fidèle et sincère est assurément invitée ; tu l'es comme moi.

ASTRID. — Mon cœur bat violemment. Ma sœur, ne vois-tu pas le regard sévère et plein de menaces que les dieux puissants jettent sur nous. N'offense pas les dieux, viens !

GUDRUN. — Est-ce qu'ils ont tous l'air si sévère ? La Frigga [3] ne montre-t-elle pas un sourire maternel, et la svelte et belle Freia [4], ne la vois-tu pas jeter à ses jeunes filles un sourire à la fois maternel et plein d'amour ?

ASTRID. — Elle se réjouit de sa rare beauté. Gudrun,

---

1. Dieu de la foudre ; ses exploits peuvent le faire passer pour l'Hercule du Nord.
2. Dieu principal des païens scandinaves ; son épithète ordinaire est Alfader, Père universel.
3. Femme d'Odin.
4. Déesse de l'amour.

elle sait, comme chaque jeune homme de Norvège, que tu es le soleil des bois.

GUDRUN. — Ma bonne Astrid, retourne à la maison et prépare le souper à notre père. Il forge avec ardeur la couronne royale de Hakon Jarl, et, lorsqu'il cesse son travail, il ressent la fatigue et la faim, comme le meilleur des travailleurs. Pars, ma sœur, je te rejoindrai dès que j'aurai terminé cette guirlande.

ASTRID. — Travail inutile ; à quoi servira cette parure ? Tu sais qu'Orm ne viendra pas ce soir; demain, elle sera fanée.

GUDRUN. — Je t'en prie, laisse-moi seule.

ASTRID. — Enfin, tu es amoureuse, et les amoureux aiment la solitude, c'est tout naturel. Regarde, comme le soleil est magnifique en son couchant, comme sa flamme pourpre se glisse dans les buissons noirs ! C'est ainsi qu'un soleil des bois sourit à l'autre.

(Elle sort.)

GUDRUN. — Je suis donc seule ! Grands dieux sacrés ! ne vous irritez pas de ce qu'une jeune fille innocente ose fouler de son pied timide votre sombre et mystérieux séjour. Oh! dis, belle Freia, ma déesse! dois-je m'approcher? J'ai tressé une couronne de tes belles fleurs ; elles jouaient comme de beaux Alfes gracieusement à la rougeur du crépuscule. Freia, pardonne à la jeune fille qui dirige ses pas craintifs vers ta haute statue, et dépose légèrement sa guirlande sur tes blanches boucles.

(Elle monte sur le socle de la statue et dépose la couronne sur la tête de Freia. En ce moment entrent Hakon Jarl et Thorer Klaker. Gudrun se tient immobile et timide près de la statue.)

SCÈNE III

HAKON JARL, THORER KLAKER, GUDRUN *près de la statue de Freia*.

HAKON. — Ici nous sommes seuls ; personne ne peut pénétrer dans ce bocage, excepté les prêtres d'Odin et moi, Hakon.

THORER. — Noble seigneur Jarl, ta confiance me rend fier.

HAKON. — Tu as donc cru, Thorer, que ce que l'on a raconté à table d'Olaf Trugvesön arrivait à mes oreilles pour la première fois ?

THORER. — Si je dois en juger d'après ton étonnement et ton attention, et si je dois m'en rapporter à l'expression de ta figure, c'était pour toi une grande nouvelle.

HAKON. — Ne te fie pas à ma figure; elle est à moi, et il faut qu'elle obéisse à son maître; la mine que j'ai faite, je l'ai faite exprès ; j'y ai été contraint en présence de la foule. Mais ici, nous sommes seuls. Sache donc que j'ai connu Trugvesön, avant que tu aies appelé mon attention sur lui.

THORER. — Il est tout naturel que le bruit des exploits de ce héros soit aussi parvenu jusqu'à toi, seigneur. Mais il me semble qu'aujourd'hui cette affaire te préoccupe gravement.

HAKON. — Donne-moi ta main comme marque de ta fidélité !

THORER. — Ma fidélité ! Tu n'en peux douter, seigneur; toute ma fortune, c'est à toi que je la dois; tu m'as fait don de mes navires; à toi seul je dois rendre grâces du bonheur dont je jouis.

HAKON. — Tu es des miens, mon bon Thorer; il m'a tardé de te voir. Tu sais habilement mettre en œuvre ce que tu médites et, s'il se présente quelque obstacle sérieux et inattendu, tu sais user de ton épée et de ta hache avec autant de valeur que de ton esprit. Il en doit être ainsi.

THORER. — Odin nous a doués de différentes facultés; on doit les employer toutes sans négliger l'une pour l'autre.

HAKON. — L'homme seul sent le but pour lequel il est né; l'instinct naturel développe en lui la force native, lui fait exécuter ce dont il est capable, et ses exploits n'ont pas besoin d'un autre mobile.

THORER. — Tes paroles sont belles et habiles, mon cher seigneur.

HAKON. — J'ai toujours eu le désir de régner. Le gouvernement de la vieille Norvège ! voilà ma pensée la plus grande, la plus élevée.

THORER. — Et cette pensée est digne de toi; aussi as-tu atteint le but que tu t'es proposé.

HAKON. — Pas tout à fait, cher ami, pas tout à fait. Jusqu'aujourd'hui on ne m'appelle que Hakon Jarl; je suis Jarl, par droit de naissance; je n'ai pas eu besoin de combattre pour obtenir cette dignité.

THORER. — Mais si tu veux, et cela ne dépend que de toi, tout le monde te nommera roi.

HAKON. — Oui, j'espère que mes Norvégiens si fiers sentiront qu'il est plus digne d'eux d'être gouvernés par un roi que par un Jarl. Au premier Thing [1] que je convoquerai, je ferai connaître mon ambitieux désir. Bergthor, le forgeron, ce brave guerrier, travaille avec ardeur à ma couronne de roi; quand elle sera achevée, le jour du Thing sera fixé.

THORER. — Quoi qu'il arrive, tu seras toujours roi.

HAKON. — Toi, tu n'en comprends l'avantage qu'en marchand, cependant il ne faut pas mépriser l'éclat extérieur. Pour m'en parer, j'ai combattu avec autant de ruse que de force. Le baiser d'une vierge ne saurait produire l'enivrement qu'on ressent au contact de la couronne royale sur le front. Oui, j'ai presque atteint mon but; mais, comme le dit, dans une de ses chansons, Eivind le Skalde [2], le jour s'assombrit et l'herbe se plie sous la rosée. Mes cheveux noirs sont déjà parsemés de quelques fils d'argent. Donne-moi un peu ta main *(Thorer lui tend la main, Hakon la serre fortement, et d'un air sombre.)* Autrefois je savais serrer si bien que le sang sortait des ongles comme le jus d'un fruit. Dis-moi franchement, as-tu senti ma force ?

THORER. — Un homme ne doit jamais plier sous une poignée de main, si forte qu'elle soit.

HAKON. — La mienne était faible, tu ne me désillusionneras pas. Regarde comme mon front est sillonné de rides.

THORER. — Les rides sont la parure du front d'un homme.

HAKON. — Mais les vierges de Norvège ne les aiment point. En un mot, ami, je me sens vieillir et c'est pourquoi je veux jouir de mon automne. Je veux que mon soleil

1. Assemblée publique.
2. Poète scandinave. Les skaldes étaient souvent des guerriers qui chantaient les exploits des chefs célèbres et excitaient les soldats au combat.

descende dans une pourpre calme et magnifique ; malheur au nuage qui cherchera à l'obscurcir !

THORER. — Très-bien, mon souverain. Mais où se trouverait un tel nuage ?

HAKON. — A l'ouest naturellement, là où il ne devrait pas être.

THORER. — Tu penses à Olaf de Dublin.

HAKON. — Il descend en ligne droite de Harald Haarfager [1]. Ami, tu connais les vassaux [2] de Norvège, peuple guerrier, fidèle et vaillant, mais rempli de superstitions et de préjugés. Je gage qu'ils oublieraient toute ma valeur, toute ma puissance pour l'origine royale d'Olaf, s'ils savaient qu'il existe encore.

THORER. — Tu ne fais que le croire.

HAKON. — Le croire ? seulement croire ? Thorer Klaker, je connais mes gens. Et voir ce fanatique sauvage, ce traître monter sur le trône !

THORER. — Traître, seigneur ?

HAKON. — Je me trouvais avec mes hommes à Danevirke [3], tous étaient des Norvégiens, nous accourûmes au secours de Harald Gormsön. Olaf combattait du côté de l'ennemi ; il aidait Othon le chrétien à brûler la forteresse du Nord. Traître ! cela t'étonne ? et comment appelles-tu celui qui abandonne les dieux de ses ancêtres ?

THORER. — Trygvesön n'a pas trahi ; il n'a jamais cru aux dieux du Nord.

HAKON. — Enfin, un blasphémateur doit-il occuper le trône de Norvège ?

THORER. — Qui pense à cela ?

HAKON. — Moi, ami, et peut-être Olaf aussi ; toute la race de Harald est éteinte, lui seul reste. Ma race de Jarl est grande et ancienne comme la sienne. Depuis les temps reculés, le Jarl de Hlade a été le plus puissant après le roi, le plus rapproché de la couronne. Aujourd'hui il n'y a

---

1. Surnom qui signifie aux beaux cheveux.
2. Le mot *Bonde* qui dans les langues scandinaves modernes veut dire paysan, s'appliquait autrefois aux vassaux d'une condition inférieure.
3. Ligne fortifiée qui forme la frontière sud du Danemark.

plus de roi, il n'y a plus qu'un fanatique qui a renié la croyance et les mœurs du Nord, un serf racheté, né dans un voyage au milieu d'une forêt après la mort de son père; enfant venu au monde dans un lieu désert; de cette façon, on pourrait, ma foi, devenir trop facilement fils de roi. De par les dieux du Valhalla [1] il ne m'entravera pas! Grands Asès [2], il ne bravera pas effrontément votre puissance; ni toi, sage Odin, ni toi, vaillant Aukathor, ni toi, belle Freia! *(Il se dirige vers la statue de la déesse et aperçoit Gudrun.)* Ah! qu'est-ce que je vois? qu'est-ce que cela signifie?

GUDRUN. — Noble seigneur, pardonnez-moi; je me sens mourir de honte et de terreur; je sais qu'il est défendu de s'approcher du sombre sanctuaire des grands dieux; seigneur, pardonnez-moi!

HAKON, *étonné.* — Belle jeune fille, que fais-tu dans ce bocage? Es-tu venue pour écouter mes paroles? Horreur! Serais-tu chargée de m'espionner?

GUDRUN. — Je jure par Freia et par mon innocence que je n'ai pas entendu une seule de vos paroles. Je me serais sauvée depuis longtemps, mais la crainte de tomber, de me trahir...

HAKON. — Que venais-tu faire ici?

GUDRUN. — Le danger me force à tout avouer. Je suis la fille de votre forgeron, le vieux Bergthor, la fiancée d'Orm Lyrgia : j'avais tressé une guirlande pour Freia, seigneur, et je me suis risquée dans le bocage. Pardonnez-moi, j'ai voulu parer le front de ma déesse.

HAKON. — Ah! quelle bonne et heureuse rencontre! Tu es donc la plus belle des vierges du pays? celle à qui les jeunes gens amoureux ont donné le nom de soleil des bois.

GUDRUN. — Seigneur, laissez-moi descendre; je promets solennellement que jamais je ne remettrai le pied dans ce lieu sacré.

HAKON, *à Thorer.* — Par Freia de Folkvangur [3], elle est

---

1. Résidence des dieux.
2. Les dieux du Nord païens, dans les anciennes langues scandinaves, sont appelés Ases.
3. Résidence particulière de Freia.

bien belle! Viens, ma belle enfant, que je t'aide. *(Il la soulève sur son bras et la porte ainsi sur le devant de la scène.)* Légère comme une plume! cependant une plante bien riche, fleur de lis nouvellement épanoui. Dis-moi, charmante enfant, comment te trouves-tu sur les rudes bras de Hakon Jarl?

GUDRUN. — Pour tout au monde, noble seigneur, laissez-moi, ne déshonorez pas le sanctuaire de vos dieux.

HAKON, *la dépose en jetant un regard troublé sur les dieux.* — Déshonorer! dis-moi, belle fille, comment tes douces lèvres peuvent-elles parler si follement? Oh! les belles et blanches mains.
(Il baise les mains de Gudrun.)

GUDRUN. — Par tout ce qu'il y a de sacré, laissez-moi partir!

HAKON, *l'entourant de son bras.* — C'est donc toi que le vieux Bergthor a si habilement cachée? Lorsque je voulais te voir, Thor le sait, tu étais toujours allée rendre visite à ta marraine dans la vallée de Guldbrund.

GUDRUN. — Pourquoi jeter vos yeux sur la fiancée d'un pauvre vassal? Ah! il est jaloux, seigneur! S'il venait? — Oh! laissez-moi!

HAKON. — S'il venait, oh! quel malheur! Je m'inviterais de suite à votre noce, et certes je n'oublierais pas d'apporter mon cadeau.

GUDRUN. — Laissez-moi partir!

HAKON. — Tu ne sortiras pas du bocage de Freia avant de m'avoir accordé un doux baiser.

GUDRUN. — Oh! ciel!

HAKON. — Oh! ciel! Quoi? Comment? Tu refuses un baiser au fier Hakon, bientôt roi de Norvège? Faut-il qu'il te supplie longtemps encore?

GUDRUN. — Je me sens mourir.
(Hakon l'embrasse de force, et elle s'enfuit.)

HAKON. Tu t'enfuis, biche légère! Le vieil ours ne saurait plus te poursuivre et te saisir dans ta course rapide. Mais attends! attends!

THORER. — Hakon Jarl!

HAKON. — Quelle beauté! As-tu vu ses longs cheveux

blonds tournés en grosses tresses avec des rubans rouges ? As-tu vu ses bras si ronds? Ses yeux bleus et célestes, brillants d'amour ? Ce sein si blanc, si riche qui menaçait de briser la chaîne d'argent?

THORER. — Cher maître!

HAKON. — Qu'est-ce que la beauté de Berglioth [1]? Qu'est-ce que la beauté même de Thora de Rimol en comparaison de la sienne ?

THORER. — Par Odin! elle est belle! Mais, noble seigneur, songe à ce qui nous amène ici? Rappelle-toi que tu avais des choses de la plus haute importance à confier à ton serviteur.

HAKON. — D'importance! Glaçon endurci! L'amour ne peut-il donc plus échauffer ton cœur? Sens le mien, il bat encore avec toute la force de la jeunesse. Pourquoi souhaiterais-je être le maître d'un vaste pays, si le désir de cueillir la fleur là où elle pousse ne pouvait devenir un droit pour moi?

THORER. — Mais Olaf, cher seigneur....?

HAKON. — C'est vrai. Heureusement j'ai aperçu Gudrun à temps, et elle m'a juré qu'elle n'a rien entendu. Je la crois, car elle est innocente et ne saurait mentir. Mais voici Jostein et Carlshoved qui viennent : je les attendais.

(Jostein et Carlshoved arrivent, Hakon va à leur rencontre.)

SCÈNE IV

HAKON, THORER, JOSTEIN, CARLSHOVED.

HAKON. — Soyez les bienvenus. Me voilà donc près de trois de mes meilleurs amis; je voudrais pouvoir vous tendre à chacun une main à la fois.

CARLSHOVED. — Noble Jarl, ton affection pour nous fait toute notre fierté.

HAKON. — Vous savez ce que j'ai à cœur depuis si longtemps et pourquoi je vous ai donné rendez-vous dans ce

---

1. La fille d'Hakon.

lieu solitaire? L'habile Thorer, que j'ai attendu pour exécuter mes projets, n'est instruit qu'à moitié? Ecoutez-moi donc : Ma vie s'est passée dans les troubles et dans les combats; bien des pierres, bien des ronces ont dû être franchies, coupées et arrachées avant que le puissant pin pût pousser avec la force dont le Père éternel l'avait doué. Vous êtes mes amis, je puis avec sûreté vous confier mes intentions secrètes. Mon nom est estimé dans tout le Nord ; mes exploits m'ont fait le premier de Norvège; mes ennemis seuls pourraient me méconnaître. Le faible Harald Graafeld et ses frères avaient perdu le pays; sans forces et sans courage, aucun d'eux ne possédait la puissance nécessaire pour revendiquer le droit qui lui revenait de par sa naissance. Semblables à des Trolds [1] qui jouent, ils se ruaient les uns sur les autres, et s'entre-tuaient. Harald Graafeld resta pour moi l'unique obstacle. Je l'avoue, je me servis de la ruse pour contrebalancer la chance que le sort lui avait donnée. On m'accuse d'avoir mal agi envers le frère du roi. Et pourquoi cela? Ce vil marchand, gorgé d'or, conçut le projet de s'attribuer une part du royaume de son frère. Il se confia à moi. Je trahis sa lâche intimité et l'attirai ici par la promesse d'un large gain. Lui, comme Guldharald, ne méritait point de porter la couronne royale ; ils tombèrent tous deux, près du Lümfjord, et Halse devint le tombeau de leur basse cupidité. Harald Blaatand [2] reçut de moi son royaume intact; et certes nul en Norvège ne peut me faire un crime de l'avoir renié quand il voulut exiger de moi hommage, tribut et obéissance. Ma vie tout entière a démontré que je possède autant de force que de sagacité. On doit surtout garder le souvenir de mon dernier exploit à Hjöringsvaag [3], où j'anéantis la puissance de Jomsborg après avoir contraint Buë désespéré à se précipiter dans la mer en tenant suspendu à son bras mutilé le coffre qui renfermait

---

1. Esprits malfaisants.
2. Surnom qui signifie dent bleue.
3. Ville sur la côte allemande de la Baltique, qui servait de refuge aux Vikings, pirates redoutés.

ses richesses. Maintenant mon soleil est à son déclin, il ne me reste encore que quelques moments de crépuscule; ils ne doivent pas être obscurcis. Trygvesön est seul debout de l'ancienne race. Tu penses qu'il est assis tranquillement dans Bretland[1]? Mais que dirais-tu, rusé Thorer, si je t'apprenais qu'il est ici?

THORER. — Ici?

CARLSHOVED. — Ici en Norvège?

JOSTEIN. — Olaf! est-ce possible?

HAKON. — Je ne pus m'empêcher de rire lorsqu'à table, Thorer, d'un air grave et important, tu voulais donner des nouvelles de ton royal ami de Dublin, le pieux Olaf. Comme si je n'avais pas eu constamment les yeux sur lui! Cependant je me tus, mais à présent il faut parler. Sache-le donc: ce matin, j'ai reçu un message d'un des navires qui, jour et nuit, surveillent les côtes. Olaf se rend avec une flotte auprès du roi Valdemar de Russie. Chemin faisant, il s'est arrêté à Moster, pour visiter sa brave patrie, comme il dit.

THORER. — Le roi Olaf! Et cette nouvelle est certaine?

HAKON. — En vrai fanatique, s'est-il, en effet, arrêté au milieu de sa route, pour remplir ses poumons de quelques bouffées de l'air des rochers? Je l'ignore, et peu m'importe d'en être instruit. Mais ce qu'il faut que je sache, c'est, tu dois le comprendre, si, sous cette visite innocente, il ne cache pas quelque projet. J'ai l'œil sur lui. Tu es son hôte, quoi de plus naturel que de lui présenter tes hommages en apprenant son arrivée? Le vent est excellent, tu l'auras rejoint demain au point du jour. Sans doute tu me donneras cette marque d'amitié et tu te rendras auprès de lui sans retard. Pendant qu'en qualité d'ami tu lui raconteras tout ce que tu jugeras à propos, tu auras soin de ne laisser parvenir à lui aucun bruit nuisible à mes desseins.

THORER. — Quels sont donc tes projets, seigneur?

HAKON. — Je veux connaître ceux d'Olaf; le poursuivre de près partout. Tu es intelligent et rusé, habitué au commerce des hommes; il te sera bien facile de le retenir jus-

---

1. La Grande-Bretagne.

qu'à ce que j'arrive moi-même avec mes navires. Comme moi, il a une flotte ; force contre force ! C'est ainsi que cela s'est toujours passé dans notre vieux Nord. Je pense que personne ne m'en blâmera.

CARLSHOVED. — Personne assurément !

THORER. — Et comment veux-tu que je fasse pour retarder son départ ?

HAKON. — Fais vibrer la corde dont le son lui plaît le mieux ; chante-lui la chanson qu'il préfère entre toutes ; raconte-lui, en t'y prenant comme tu le sais si bien faire, cher Thorer, que le pays n'est nullement content de Hakon, que par ci, par là on entend des murmures traverser l'air ; que, dans maints endroits, le vassal n'attend qu'un signe, qu'un chef. Tâche de lui faire mettre pied à terre : c'est là que je préfère le rencontrer. Je commence à vieillir et la mer m'est contraire. Mais, s'il part, comme d'abord il en avait l'intention, s'il part, quoique la couronne lui envoie ses sourires, je le déclarerai bon et brave, je me serai trompé sur son compte. Il prendra le large et je serai tranquille.

THORER. — Tu parles avec sagesse, mon Jarl ! J'obéirai à ta volonté en m'acquittant de ma mission le mieux possible.

HAKON. — Et tu ne m'auras point servi pour rien, mon cher ami.

THORER. — Je le sais, seigneur ! Hakon Jarl récompense toujours en roi ; du reste, tu connais ma fidélité.

HAKON, *lui prenant la main*. — Brave Thorer !

CARLSHOVED. — Si Olaf est venu, et cela se peut, pour dévaster les côtes, il trouvera immédiatement résistance partout ; s'il est venu pour espionner le pays, il sera pris dans son propre piège.

HAKON. — Consentirez-vous à confirmer les paroles de Thorer en le suivant, vous les parents d'Olaf ?

JOSTEIN. — Il n'est que notre parent, Hakon ! mais toi, tu es notre maître, notre ami. Notre ruse n'aura pour but que de mettre à l'épreuve l'innocence d'Olaf.

THORER. — Tu dis la vérité, Jostein.

HAKON, *tirant son épée*. — Jurez donc sur cette épée,

ici, dans le bocage d'Odin et des grands dieux, que vous remplirez fidèlement votre mission.

TOUS LES TROIS. — Nous le jurons! par Odin, Thor et Freir!
(En ce moment la statue d'Odin qui se trouve au fond tombe à terre.)

JOSTEIN. — Ah! qu'est-ce cela?

CARLSHOVED. — L'image d'Odin est tombée.

THORER. — Elle s'est brisée en mille morceaux!

HAKON, *se remettant de son trouble, se dirige vers l'endroit où la statue s'est brisée.* — Depuis longtemps il existait une fente profonde dans cette pierre fragile. Venez voir, quoiqu'il fasse déjà sombre; la cassure est vieille, cela ne tenait à presque rien; il ne fallait qu'un faible vent pour faire tomber l'image. Séparons-nous maintenant; ce soir, à table, nous nous concerterons mieux. Allez chacun chez vous et laissez-moi seul. Nous nous reverrons avant le départ, au repas du soir.

(Thorer, Carlshoved et Jostein se retirent.)

SCÈNE V

HAKON JARL, *seul.*

HAKON, *regardant les fragments, après un moment de silence.* — Non, cette félure n'est pas vieille, elle est toute récente! Odin sacré! pourquoi ton image est-elle tombée? Est-ce de mécontentement? Serait-ce pour moi un avertissement? Te voilà réduit en poussière tandis que Freia reste debout en souriant, parée de fleurs fraîches. Cela signifie-t-il que l'amour tendre du Sud domptera la force de l'homme du Nord? Odin! ne nous abandonne pas! Aide-moi à détruire bientôt l'ennemi qui te hait et raille ta puissance, qui, semblable au téméraire Jothun[1], veut te précipiter en bas de Hlidskjalf, de ton siège si élevé, si antique! Odin, ne t'irrite point, (*il s'agenouille*) je te promets un grand et magnifique sacrifice: je t'immolerai quatre-vingt-dix-neuf bêtes à cornes, noires et tous mes

1. Géant; Jothunheim est le pays des géants.

ennemis si tu m'accordes la belle couronne d'or acquise à si haut prix. Les coupes pleines de sang chaud fumeront en ton honneur, ta maison sera humectée d'une rosée de sang, les seuils seront couverts de sang rouge et encore tiède. Moi-même, j'enfoncerai l'épée dans la poitrine d'Olaf. Taillée en marbre dur de Dovre [1], ton image se redressera de nouveau, et elle bravera l'éternité (*il se relève*). Les ténèbres couvrent la terre de leur voile noir. (*Il reste quelques instants plongé dans un profond silence.*) Je vais aller voir Bergthor et ma couronne.

SCÈNE VI

La forge de Bergthor. — Bergthor entre tenant une couronne et un marteau à la main; il est suivi de Grib qui porte une lumière.

BERGTHOR, GRIB.

BERGTHOR. — Pose la lumière là et apporte-moi mon enclume. Quoique les jours s'allongent, il fait bien sombre ce soir. J'ai cependant encore un travail à terminer.

GRIB. — Comme vous savez employer vos mains !

BERGTHOR. — Si, comme je te l'ai dit, cela t'amuse, tu pourras venir ici le jour pour faire marcher le soufflet et me donner un coup de main tandis que ton maître reste à Hlade.

GRIB. — Je n'ai pas autre chose à faire, cher maître ; le temps souvent me paraît beaucoup trop long. Je ne me plais point dans la société des autres serfs, et cependant il n'y en a pas d'autre pour moi. Que Thor en Thrudvang [2], vous bénisse ! car vous ne méprisez pas un pauvre serf ! Faut-il que je fasse marcher le soufflet ?

BERGTHOR. — Non, laisse-le, mon garçon. Donne-moi ma lime.

GRIB. — Comme cela marche vite !

BERGTHOR. — Tu appelles ça, vite ? Tu ne t'y connais

---

1. Grande chaîne de montagnes qui sépare la Norvège de la Suède.
2. Royaume de Thor.

pas. Il fallait voir lorsque, dans ma jeunesse, je forgeais l'épée Qvœrnbider [1] pour le roi Hakon Athelstein, cela marchait vite ! C'était une épée qui mordait dans la pierre comme dans la chair. Mais cette couronne s'achève trop lentement, — assez tôt pourtant !

GRIB. — Il me semble qu'elle est presque terminée, mon maître.

BERGTHOR. — Terminée ! c'est mon oie qui parle ! D'abord, il faut y enchâsser ces pierres précieuses.

(Gudrun entre en courant.)

SCÈNE VII

BERGTHOR, GRIB, GUDRUN.

BERGTHOR. — Quoi ! ma fille Gudrun ! Pourquoi si essoufflée ?

GUDRUN. — Hélas ! cher père, Hakon Jarl m'a vue.

BERGTHOR. — Où donc ?

GUDRUN. — Au bocage.

BERGTHOR. — Ne t'ai-je pas dit que je n'aimais pas ces courses dans le bocage pour chercher des plantes, des fleurs ? Les bons Dieux soient bénis qu'enfin tu te maries ; je n'aurai donc plus la peine de te surveiller sans cesse. (*Il frappe sur la couronne.*) Crois-moi, mon garçon, j'aimerais mieux forger dix couronnes que surveiller deux filles. C'est un métal trop fragile à manier.

GUDRUN. — Hélas ! mon père, je crains qu'il ne me suive. Que dira Orm, mon fiancé ?

BERGTHOR. — Te suivre ? Non, mon bon Jarl, tu te trompes, je te connais. Viens, ma fille, descends dans la cave.

GUDRUN. — Hélas ! faut-il que je sois enfermée de nouveau ?

BERGTHOR. — Préférerais-tu être enfermée dans les bras de Hakon ?

GUDRUN. — Ciel ! mon père !

---

1. Coupe-meule.

BERGTHOR. — Je le connais ; il ne respecte ni femme, ni fille, ni sœur, ni mère, ni grand'mère ! Descends dans la cave, te dis-je ! je ne serai tranquille que lorsque tu seras gardée par une serrure bien fermée ; allons ! où est ta sœur ?

GUDRUN. — Astrid met le couvert.

BERGTHOR. — Je saurai faire cela moi-même, mais défendre votre honneur contre Hakon Jarl, pour cela il n'y a ni serrure, ni fer trop fort. Allons ! demain je vous ferai partir, toi auprès d'Orm, l'autre auprès de Thorvald. Si alors il vous arrivait quelque malheur, ils pourront s'en prendre à eux-mêmes.

(Ils sortent.)

SCÈNE VIII

GRIB, puis HAKON JARL.

GRIB, *regarde d'un air étonné la couronne sur l'enclume.* — Voilà donc une couronne ! Voilà donc comment on fait une couronne ! Et lorsqu'elle sera finie, Hakon Jarl la mettra sur sa tête. Puis le peuple lui prêtera serment, et il sera roi. Comme c'est étrange ! (*il prend la couronne dans ses mains*). Comme elle est rouge ! c'est de l'or fin, quelle pesanteur ! Combien de livres peut-elle bien peser ? Est-ce qu'elle m'irait ? (*il la pose sur sa tête*) Elle est trop grande ! Cependant je peux la porter, en la faisant glisser un peu sur la nuque. Voilà ce que c'est. Une couronne n'est pas aussi facile à porter que je le pensais ; je sens plier ma tête (*il va de long en large*). Me voilà roi ! (*il prend la lime*). Voilà mon sceptre ! (*il s'assied sur l'enclume*) voilà mon trône royal ! Je suis assis au milieu de mes hommes au Thing.

(Hakon Jarl entre inaperçu, il se tient au fond et regarde attentivement Grib.)

GRIB. — Oui ! je vous le promets, mes fiers Norvégiens, je serai pour vous un doux, gracieux seigneur, si vous consentez à me choisir pour votre roi. Mais si, ayant recours à l'émeute et à la violence, vous résistez à mes justes demandes, honte et malheur à vous !

(Il aperçoit Hakon et reste muet de terreur.)

HAKON, *avec calme.* — Cela ne va pas mal !

GRIB. — Puissant seigneur, ayez pitié de moi !

HAKON. — Comment, mon garçon ! tu trembles sur le trône ? Jamais roi n'y doit trembler ! Même lorsque l'orage gronde autour de lui de tous côtés, le menaçant de mort et de ruine, il doit rester calme, un sceptre à la main, le regard fier, digne, royal ; alors l'orage s'apaise, le ciel s'éclaircit et les rayons du soleil font briller sa couronne d'un éclat nouveau.

GRIB. — Oui, vous avez raison. Je sens bien que je ne suis pas fait pour de tels honneurs.

SCÈNE IX

Bergthor entre un trousseau de clefs à la main, il les cache en apercevant Hakon.

HAKON, GRIB, BERGTHOR

HAKON. — Bonsoir, vieillard !

BERGTHOR. — Je te salue, mon Jarl (*il aperçoit Grib qui n'ose pas bouger*). Que Vaulund [1] nous vienne en aide ! Qu'est-ce que cela veut dire ?

HAKON. — Il joue au roi.

BERGTHOR, *à part.* — Il paraît qu'on s'y habitue dans le pays ! (*haut*) Ote-la ! as-tu perdu la tête ?

HAKON. — Je suis venu trop tôt, je n'ai appris qu'à moitié les promesses qu'il faisait au Thing. Est-ce ton valet ?

BERGTHOR. — C'est mon apprenti, un serf de Thorer Klaker.

HAKON — Et tu confies à un serf la couronne de Hakon ?

BERGTHOR. — Une affaire imprévue ! il me fallait quitter mon travail un instant pour enfermer mes filles dans la cave. En attendant, ce gars a osé.....

HAKON. — Comment, ami, tes filles ?

BERGTHOR. — Oui, seigneur ! Vous venez de voir l'une d'elles, et, comme moi, elle craint que l'envie ne vous

1. Forgeron des dieux.

prenne de la revoir. Maintenant elle est sous clé. Demain j'enverrai chercher son fiancé, afin de célébrer immédiatement la noce. Puis ce sera à lui de veiller sur son bien.

HAKON. — Quels sont donc ces caprices, père Bergthor ? Sais-tu que tu m'offenses ?

BERGTHOR. — Silence, seigneur ! c'est bien là votre faible, vous le savez, ne touchons plus à cette corde. Voulez-vous essayer la couronne ? J'ai trouvé un vieil anneau de fer qui a été déterré près du temple à Medelhuns ; c'est un héritage de père en fils. Autour de cet anneau mon grand-père a forgé la couronne d'Halfdan Svarte. Quoiqu'il soit couvert de rouille, il est précieux, car c'est l'ancienne mesure de la couronne.

(Hakon met la couronne, elle lui tombe sur les yeux.)

BERGTHOR. — Elle est trop grande ! En la mettant, vous couvrez vos yeux, vous ne voyez plus clair.

HAKON, *en colère*. — Vieux sot ! ne t'ai-je pas donné la mesure ? Qu'en as-tu fait ?

BERGTHOR. — Thor le sait ! je l'aurai perdue. Je pensais que la couronne d'Halfdan t'irait.

HAKON. — Bergthor, tu es vieux, intelligent, habile, honnête et brave ; je te ménage, mais n'abuse pas de ma bonté ! Refais-moi cette couronne ; elle ne doit pas aller à une race éteinte, mais à moi. Je te donne trois jours. Malheur à toi, Bergthor, si la couronne ne va pas alors à la tête de Hakon !

(Il sort.)

BERGTHOR, *ému en regardant du côté par où Hakon est sorti*. — Que me feras-tu ? Mes cheveux sont blancs, il ne me reste que trois ou quatre heures. Tu me les prendrais ? Ce n'est pas cela qui me ferait trembler devant ta colère. Non ! plutôt que de refaire la couronne de Norvège, Bergthor se percera de sa propre épée ! Que celui-là qui a la tête assez forte pour cette couronne, s'en pare le front !

FIN DU PREMIER ACTE.

ACTE DEUXIÈME

SCÈNE I

L'île de Moster, au fond la mer.

OLAF *accompagné de* TANGBRAND *et de sa suite viennent de la rive avec* THORER KLAKER, JOSTEIN *et* CARLSHOVED.

OLAF. — Oui, Thorer, voilà ce que j'appelle une preuve d'amitié, l'acte d'un compatriote. S'embarquer la nuit pour me venir trouver ! Tu avais raison, une heure plus tard je serais parti. Un vent favorable souffle maintenant, il a tourné à minuit. Comment, Thorer, as-tu appris que j'étais ici ?

THORER. — Par hasard, seigneur. Un marin apporta hier cette nouvelle à la table du Jarl... Par ta douceur et ton hospitalité, roi Olaf, tu sais gagner tous les cœurs. Je me souviens de ta bonté à Dublin, lorsque mon navire fut entr'ouvert par la tempête. La nuit était belle et claire, le vent propice ; j'eusse été indigne de ton amitié, seigneur, si je ne fusse pas accouru pour te saluer sur le sol de la Norvège. Lorsque le vent tourna, je ne regrettai point qu'il nous fallût croiser, mais je me sentis contrarié à la pensée que ce même vent pourrait te faire quitter la côte.

OLAF. — Je pense que Hakon Jarl ne m'en veut pas, parce que je visite ma patrie. Mon navire seul est entré dans le Fjord, les autres croisent au large. J'ai craint un soupçon, certes, mal fondé, et j'ai voulu que tout doute fût écarté. Mais quels sont ces hommes qui t'accompagnent ?

THORER. — Ce sont de tes parents, seigneur. L'un se nomme Carlshoved, l'autre, Jostein ; ils sont tes cousins du côté de ta mère, et, en cette qualité, ils ont voulu saluer leur parent inconnu.

OLAF. — Des parents? Soyez donc doublement chers et bienvenus!

JOSTEIN. — Salut à toi, Ola!

OLAF. — Ola! de la façon dont tu prononces l'F, j'entends que tu es un vrai enfant du pays. Hélas! je ne saurais parler ainsi; je n'étais qu'un tout petit enfant lorsque je fus obligé de fuir ma patrie avec ma mère. Donc, vous êtes de la famille d'Astrid?

CARLSHOVED. — Ta mère, Astrid, était notre tante, seigneur; notre père Halfdan était son frère aîné.

JOSTEIN. — Ce qui est bien exact.

OLAF. — Cousins germains, en conséquence? Oui, vous ressemblez à Astride. Hélas! je m'en aperçois, quoique de bonne heure je perdis ma mère. Toi, Jostein, tu as, comme elle, une fossette dans la joue; toi, Carlshoved, tu as, comme elle, de belles boucles blondes.

CARLSHOVED. — Nous ne pouvons que nous réjouir de cette ressemblance.

OLAF. — Eh bien! dites-moi, mes chers amis, quel est maintenant le sort de la Norvège? Je suis parti, comme vous l'avez appris d'Irlande pour me rendre en Russie. Valdemar, mon père nourricier, est mort, des troubles agitent son pays. Ivan, son fils, mon ami, est chrétien; j'accours pour le secourir de mon bouclier, de mon bras, de mes conseils, et lui offrir des guerriers et des prêtres. J'allais longer ces côtes, je ne pensais point m'arrêter en Norvège, lorsque de loin j'aperçus les pins au sommet des rochers. Alors mon cœur se gonfla, je me sentis en proie à une étrange émotion; je croyais me rappeler un ancien chant bizarre, presque oublié, des jours de mon enfance. Des larmes brûlaient mes joues, les voiles qui devaient m'emmener au loin se relâchèrent. Le pavillon, semblable à un oiseau, déploya son aile rouge, comme s'il voulait s'arracher du mât et voler à terre. Alors il me fut impossible de passer. Quel est le fils qui pourrait froidement tourner le dos à sa mère lorsqu'elle étend avec amour vers lui ses tendres bras. Pour éviter la méfiance, j'abordai à l'extrémité de cette presqu'île inhabitée, où quelques chaumières seules et solitaires se montrent derrière les rochers. Je voudrais bien entendre parler un peu de la vieille Norvège avant d'aller plus loin. Qui sait si je reverrai jamais ma chère patrie? Dis-moi donc, Thorer, qu'est-ce qui s'y passe? Cela va-t-il bien ou mal?

THORER. — La Norvège, seigneur, repose toujours sur des rochers solides, sur un fond dur et ferme qui ne remue pas facilement.

OLAF. — Je te crois! Odin, à la barbe blanche, lui-même, ne peut, malgré toute sa puissance, parvenir à faire craquer vos montagnes. Cependant, il en a fait l'essai pendant de longues années.

THORER. — C'est vrai, seigneur! Le pays même reste inébranlable; les bouleaux se mêlent joyeusement aux pins, tandis que les rayons brûlants du soleil se brisent sur les rochers et font mûrir le blé de la vallée! En vain les vagues se heurtent, comme autrefois, contre le socle de marbre. Tandis que la nature fleurit avec calme, douceur et silence, un poison fort et violent ronge tous les jours, de plus en plus, les entrailles du pays.

OLAF. — Que veux-tu dire? Hakon Jarl n'est-il pas assis paisiblement sur son siège à Trondelagen?

THORER. — Oui! et il est resté ainsi longtemps déjà, seigneur! Mais les vassaux sentent qu'il est indigne d'eux d'obéir à un Jarl.

OLAF. — Pourquoi ne lui donnent-ils pas le titre de roi?

THORER. — Et c'est un fils de Halfdan Svarte qui fait cette question?

OLAF. — Les vassaux de Norvège ne pensent guère à Halfdan Svarte.

THORER. — Plus que tu ne le crois. Les braves Norvégiens ont toujours ressenti une profonde affection pour leur vrai, leur légitime roi.

OLAF. — Le Jarl de Hlade gouverne le royaume depuis dix-huit ans déjà.

THORER. — Oui! mais tu sais, aussi bien que nous, par quelle ruse et quelle violence il est arrivé au pouvoir? On sait apprécier la valeur de Hakon, son esprit et son habileté;

tu dois connaître ce qui s'est passé, comment les fils de Gunehild s'entre-tuaient en dévastant le pays et comment, par leur vile faiblesse, ils perdirent jusqu'aux derniers vestiges de respect et de considération. Hakon Jarl les vainquit bravement; en outre, il sut tirer parti de l'amitié qu'il avait liée avec le roi Harald de Danemark. Bien instruit de tout, comme il faut l'être pour réussir, Hakon sut, en marchand habile et sans jamais se trahir, tourner tout à son profit. Voilà comment la Norvège tomba dans ses mains. Las du combat, le vassal voulait la paix, le Jarl pouvait régner tranquillement. Et ce qui l'affermit plus encore sur son siège, c'était l'expédition de Jomsborg, lorsque, à l'honneur de la Norvège, il abattit cette insolente jeunesse qui avait rempli, même au loin, les pays de terreur.

OLAF. — Et maintenant qu'il est au sommet de sa splendeur, est-ce qu'on le méprise?

THORER. — Peut-il en être autrement, seigneur? Autrefois Hakon était sage, il savait que la sagesse seule pouvait maintenir son pouvoir; son nom était connu, partout on l'admirait. Hakon Jarl, disait-on, est un héros, il a détruit Jomsborg à Hjöringswaag, rien ne lui résiste, rien ne peut ébranler sa puissance. Mais ces louanges, cette réputation, cette renommée, lui donnèrent le vertige. Il oublia sa sagesse, il oublia que l'amour des sujets est le premier soutien du trône. Fier de son pouvoir, il brava tout, pensant que la prudence n'était plus nécessaire. Il lâcha la bride à toutes ses passions, et s'y abandonna sans réserve. Alors il n'était plus ami de la paix, la fierté et l'ambition le dominaient. Il ne respectait plus la propriété de ses sujets, il empiétait de plus en plus sur les droits des vassaux; il s'emparait de leur bien, de leur héritage, et même de leurs femmes et de leurs filles qu'il sacrifiait à sa volupté. Que dire de plus? Insensiblement le feu de la révolte se répandit; Hakon, qui ne craignait point l'ennemi étranger, ne s'aperçut pas que l'ennemi était dans le pays même, que la gangrène avait atteint le cœur. Aujourd'hui son existence n'est qu'une lutte continuelle; on le renie, tantôt dans un endroit, tantôt dans un autre. Bref, la Norvège impatiente n'attend qu'un souverain vaillant et légitime pour précipiter Hakon de son siège.

olaf. — Ah! Thorer, dis-tu vrai?

thorer. — Voilà tes propres parents, qui confirmeront ce que je viens de dire.

olaf. — Mon cher Jostein, pourquoi es-tu si sérieux? Qu'est devenue la fossette souriante de tes joues? N'approuves-tu pas la Norvège, lorsqu'elle veut se débarrasser de ses chaînes?

jostein, *troublé*. — Je suis trop jeune pour juger ce qui touche au vrai bien du pays, seigneur. Cependant je reconnais que Thorer a dit la vérité.

thorer. — Faut-il que je te dise, roi Olaf, quelle était mon émotion lorsque j'appris ton arrivée? Je pensais alors qu'instruit de l'état du pays, tu avais profité du moment propice. Mais, à présent que je t'ai entendu parler, je reconnais avec étonnement dans ce hasard un signe du ciel.

olaf. — Thorer, sais-tu que tu remplis mon âme d'inquiétude?

thorer. — Comme le grain, qui fermente dans la terre pour pousser des fleurs au printemps, j'espère que tu n'as pas oublié ton origine, la race dont tu descends.

olaf, *réfléchissant profondément*. — N'est-ce pas de Harald Haarfager?

thorer. — En ligne droite du côté de l'épée!

olaf. — Et dont la mère Ragnhild eut un songe bizarre touchant un arbre. En se reposant dans un jardin, elle sortit de sa poche un frais bourgeon qu'elle plaça dans sa main droite. Le bourgeon poussa, devint une branche dont un bout descendit dans la terre pour y prendre racine, tandis que le vert sommet monta au ciel, si haut, si haut, qu'à la fin elle ne put presque plus le voir. Le tronc en était rond et gros; du côté de la terre, rouge comme du sang; vers le ciel, vert et bien uni, garni de bourgeons blancs qui étendaient leurs bras sur toute la Norvège. N'était-ce pas ce qu'elle rêvait?

thorer. — C'est la tradition, seigneur!

OLAF. — N'était-ce pas Harald, aux beaux cheveux, qui fit un songe bizarre, touchant ses boucles ? Quelques-unes roulaient à terre, d'autres sur ses genoux, une seule sur ses épaules, enfin plusieurs se frisaient gracieusement autour des tempes du héros !

THORER. — C'est juste, seigneur. Et tous les sages du pays prédirent que ce songe indiquait que son trône passerait à toute sa postérité.

(Olaf est plongé dans de profondes méditations.)

THORER. — Quelles sont les pensées nouvelles qui se reveillent dans ton âme ?

OLAF. — De nouvelles pensées? Non, Thorer, ce sont de vieilles pensées, des rêves de jeunesse, des exploits virils.

THORER. — Et qui sont dignes de ta naissance. Mais pardonne-moi, cher seigneur, pourquoi, jusqu'à ce jour, n'as-tu pas manifesté tes désirs, tes droits à la couronne de Norvège ?

OLAF. — Elle était trop éloignée, Thorer ; elle était occupée, et d'autres pensées dominaient alors mon esprit. La douce paix de l'âme vaut mieux que tous les trônes de la terre. Jusqu'à présent, mes désirs m'ont attiré au Sud, aux endroits où l'on enseignait la foi chrétienne ; cependant, le bonheur ne m'a point suivi. Déjà deux fois j'ai régné ; mais dans le pays des Vendes [1] l'amour me fit déposer le sceptre ; en Irlande, l'amour me le rendit. Néanmoins, jamais pendant mes voyages, ma vie errante et mon séjour à l'étranger, je n'ai oublié ma naissance ni ma qualité de fils de roi de Norvège. Souvent, j'ai été inspiré par une pensée qui me dit : prends l'épée et revendique tes droits ! Mais, partout, j'appris que les vassaux de Norvège se sentaient heureux d'être gouvernés par Hakon Jarl. D'ailleurs, quelle était ma force ? Il faut des forces puissantes pour pénétrer dans un royaume étranger, et je n'avais point d'envie, aucun désir d'aller troubler la paix de Norvège sans avoir l'assurance d'en devenir roi !

THORER. — Aujourd'hui, tout est changé. Dès que les

---

1. La Poméranie

Drontheimois auront appris qu'un descendant en ligne directe de Harald Haarfager vit encore, rien ne pourra les empêcher, à ton entrée dans le Fjord de Drontheim, d'accourir en foule auprès de toi pour te rendre hommage. Tu ne peux douter du dévouement de tes cousins, ni du mien, et je puis t'assurer, par ce qu'il y de plus sacré, que plusieurs hommes puissants du pays attendent avec impatience le moment de te prouver leur amitié. Le désir de te porter ce bon message est le véritable motif de notre présence ici. Donc, si tu veux suivre les conseils de la véritable amitié, ne t'embarque plus pour des aventures lointaines; ta route est tracée par ton heureux destin, il ne t'a pas amené ici en vain.

OLAF, *après un moment de silence.* — Ta nouvelle me surprend ; laissez-moi un instant, mes amis ; là-bas, sous un grand arbre, on a dressé une tente où vous pourrez vous reposer des fatigues du voyage. Je vous rejoindrai bientôt. Guerriers, suivez-les !

(Thorer, Carlshoved sortent suivis des guerriers d'Olaf; Olaf et Tangbrand restent.)

SCÈNE II

OLAF, TANGBRAND.

OLAF. — Eh bien ! Tangbrand, tu es resté silencieux ?

TANGBRAND. — Je me suis réjoui de ta fortune, seigneur, tu seras roi d'un pays superbe !

OLAF. — Oui ! mais de païens qui raillent notre Dieu !

TANGBRAND. — Ta gloire sera d'autant plus grande, seigneur, lorsque tu les auras fait entrer dans la bonne voie.

OLAF. — Oui ! Tangbrand, j'obéirai à l'appel du ciel ; cependant, j'avais résolu d'abord de me rendre en Garderike [1].

TANGBRAND. — Tu n'as rien promis, et la nouvelle qui t'a poussé à entreprendre cette expédition n'est pas fondée sur

---

1. Russie.

des faits certains. Habitué aux exploits, la tranquillité te devient une fatigue, et, tel qu'il convient à un bon chrétien, tu as cherché des œuvres vaillantes et pieuses. Tu as senti dans ton âme un élan qui te pousse à affermir sur la terre la puissance du ciel.

OLAF. — Et dans ma patrie, Tangbrand, quelle pensée ?

TANGBRAND. — Comme roi de Norvège, tu pourras encore mieux secourir Ivan de Garderike s'il a besoin de ton aide.

OLAF. — Notre devoir est de secourir d'abord nos parents et nos amis. Rendre la Norvège chrétienne, quelle belle, quelle grande pensée !

TANGBRAND. — La Norvège l'emporte sur Garderike.

OLAF. — Mais, Tangbrand, car à toi je ne veux rien cacher, mon cœur se réjouit non seulement de cette pieuse œuvre, mais il se dilate aussi à l'idée si noble et si souriante de pouvoir revendiquer ses droits. Par ma naissance, la couronne de Norvège est à moi. Dis, Olaf est-il coupable d'aspirer au bonheur pour lequel il est né ?

TANGBRAND. — Aussi vrai que Dieu est un père qui aime ses enfants, non, Olaf, non ! Jouir de la vie dans toute son abondance, en jouir innocemment et pieusement, c'est apprécier la bonté du Seigneur. Honneur à celui qui, dans les réjouissances de la vie, ne voit qu'un reflet de la magnificence céleste ; honneur à toi, si tu réussis à conduire en pasteur et en père ton troupeau chrétien !

OLAF. — Pardonne-moi, pieux ami, mais laisse-moi seul ; il me faut la solitude.

TANGBRAND. — Que le Christ te soutienne, noble et jeune héros !

(Il sort.)

SCÈNE III

OLAF, *seul*.

OLAF, *les larmes aux yeux, s'agenouille en pliant les mains*. — Mon cœur tressaille à cette grande pensée. O bon Dieu ! suis-je donc le faible instrument que tu as choisi pour répandre sur la terre ta sublime splendeur ? Mon Père !

je suis dans tes mains, que ta volonté soit! (*il se lève enthousiasmé.*) Oui, je le sens, mon bras est fort, mon cœur est plein d'énergie. Oui, je serai ton apôtre, Seigneur. Avec cette épée, cette épée taillée en croix, je combattrai la puissance du téméraire qui oserait résister à ta magnificence. Olaf sera le pasteur qui, dans son nord bien-aimé, conduira le troupeau qui lui a été confié. Là où s'élevait, sombre et menaçant, le temple d'Odin, là où coulait souvent le sang de l'innocence, on ne respirera désormais que l'encens et la myrrhe. Le prêtre ne teindra plus de sang son idole ; l'air ne sera plus frappé par les cris de la victime, non plus que par les chants sauvages des prêtres d'Odin autour du pâle cadavre ; on entendra des chants pieux, les sons édifiants des harpes qui s'élèveront vers le trône de l'Éternel. On se rassemblera en sainte dévotion pour ne voir que toi là-haut, Christ glorifié ! Les besoins de la terre seront oubliés, ton temple ne sera plus profané par les festins. Le grand repas silencieux seul annoncera que tout vit en Dieu ! Plus de haines, plus de violences, plus de meurtres, plus de hordes barbares, l'amour et l'innocence triompheront.

(Il sort.)

SCÈNE IV

Hlade. Route passant par la forêt. Hakon arrive armé de son épée, d'un bouclier et d'un arc. Thora vient à sa rencontre.

HAKON, THORA.

HAKON, *embarrassé, s'arrête.* — Que vois-je ? Ma Thora ! La belle journée d'été t'a-t-elle aussi attirée dans la verte forêt ?

THORA. — Ce qui t'attire ici n'est certes point Thora. Allais-tu me voir ? Non, tu es trop bien armé.

HAKON. — Il s'agit d'un combat naval ; je suis sur le point de m'embarquer avec mes hommes ; nous devons combattre un brigand qui ose dévaster les côtes.

THORA. — Et à quel hasard dois-je le bonheur de te voir encore une fois avant ton départ ?

HAKON. — J'avais confié à Karker un message pour toi.

THORA. — Ton serf ?

HAKON. — Mon temps était précieux, je ne pus venir moi-même.

THORA. — O Hakon, Hakon!

HAKON. — Ne me tourmente pas de tes soupçons.

THORA. — Tu ne m'aimes plus.

HAKON. — Et s'il en était ainsi, penses-tu que tes reproches pourraient rallumer ma flamme éteinte?

THORA. — Et voilà comment tu me parles? A moi que tu aimais pardessus tout au monde. Perfide! les belles paroles flatteuses que ta langue savait trouver! Moi seule pouvais faire aimer la vie à Hakon! Moi seule étais capable d'attendrir ce cœur endurci, moi seule pouvais l'habituer à la constance! Ah! folle que j'étais! j'ai ajouté foi à tes paroles pour te suivre et me sacrifier; j'ai souffert avec dedain le mépris du monde. Et maintenant... Ah! je mérite cette honte!

HAKON. — Quelle honte? Thora, parmi les charmes, parmi les mérites qui te distinguaient, tu avais surtout celui d'être intelligente et exempte de préjugés. Tu parles de mon inconstance et tu te rends coupable du même défaut. Que sont devenues tes conceptions sur l'existence, autrefois si grandioses et si indépendantes? Tu t'es sacrifiée, me dis-tu? Cela est vrai; tu m'as rendu heureux. Mais après? Était-ce un jeune amoureux semblable à ceux dont le cœur fond au clair de la lune qui sut gagner ton amour? Ne m'as-tu point dit toi-même que tu m'aimais, parce que j'étais un homme, le premier de tous les hommes que tu avais jamais connus? Quelles sont les actions d'un homme? Doit-il constamment soupirer dans les bras de sa bien-aimée? Certes, tu étais une veuve charmante, mais tu languissais dans une vie pleine d'ennui. Qu'as-tu sacrifié? Riche, indépendante, de bonne naissance, tu peux, si tu le veux, mépriser toute médisance. Pendant deux mois, nous avons goûté au salon de Freia le bonheur du couple le plus heureux. Aujourd'hui une nouvelle passion a fixé l'attention du héros. Des vassaux téméraires osent murmurer et élever la voix; des pirates ont l'audace de s'arrêter sur les côtes; on les traite en hôtes. Il faut mettre un terme à ces abus. Le premier des hommes de Norvège doit prendre ses précautions à temps. Il ne lui restera guère, pendant quelques semaines, de moments vacants à sacrifier aux doux sentiments de l'amour. Radoucis-toi, ma chère Thora, retourne à ta maison pour peu de temps. L'absence ne fait que renforcer l'amour affaibli ; nous nous reverrons, et Hakon t'aimera plus que jamais !

THORA. — Et voilà donc comme tout finira ! On veut payer la foi et l'amour de Thora d'un torrent de paroles faibles et misérables ? Oui, de par Asa Loke [1], je l'ai bien mérité ! j'ai mérité ta lâche perfidie ! Tu dis que je suis sage, intelligente ? Oui, assez intelligente pour comprendre que nulle protestation ne pourrait faire revivre dans ton cœur froid et cruel l'amour disparu ! Mais, entendre tes paroles artificieuses et effrontées, être la dupe de l'habileté que tu dois à tes nombreuses trahisons, voir ton impudence sans ménagements, sans égards pour ma douleur, voilà ce qui m'écrase, voilà ce qui me tue.

(Elle éclate en sanglots.)

HAKON. — Par Freia ! je t'aime encore, ma Thora ; si mon intention était, comme tu le penses, de te trahir, je ne serais pas venu te manifester mes désirs avec ce calme que tu me connais.

THORA, *en colère*. — Tu mens, libertin ! Oui, par Syn [2], tu mens. Tu prends Freia pour témoin ! Ah ! ne jure pas par Freia ! Elle détourne ses regards de ta face hypocritement contractée. Jarl débauché ! comment ai-je pu t'aimer ? car, je l'avoue, je t'aimais ! Nulle autre que Thora n'a éprouvé pour toi l'attachement que produit le véritable amour. Est-ce que je me suis souciée de ta puissance ? Ma race est aussi ancienne que la tienne. L'esprit égaré, je m'imaginais pouvoir faire entrer dans ton cœur la pureté et la fidélité. Odin ! quand Loke a-t-il été fidèle ? Non, tu ne sais pas apprécier une rare beauté ! Poussé par un penchant vil et bestial, tu ne cherches que la jouissance, ton cœur ne désire que le changement. Peut-être

---

1. Principe du mal.
2. Gardienne du Valhalla.

une grosse fille aux joues rouges, aux membres forts et virils, peut-être une de mes suivantes t'a charmé et séduit? Niais, tu veux m'oublier? Mais je saurai me venger! j'ai des frères et des parents guerriers plus respectables que toi! Par Odin! ils me vengeront!

HAKON, *cherchant à contenir sa colère*. — Tu perds l'haleine, Thora! prends le temps de respirer.

(Il appelle, Karker arrive.)

HAKON. — Si tu as encore quelque chose à dire, voilà mon serf, raconte-lui le reste. Il est indigne de Hakon Jarl de prêter l'oreille aux faibles injures d'une femme en fureur.

(Il sort.)

SCÈNE V

THORA, KARKER.

THORA. — Que veux-tu, misérable esclave?

KARKER. — Des injures! Tu as bien entendu que mon maître l'a ordonné.

THORA, *le repousse*. — Va-t-en! serf insolent!

KARKER. — Ménage-toi, noble dame, ta fine main se blesserait en me battant.

THORA. — Ah! Thora, tu t'abaisses! Qu'est devenue ta fierté, ton dédain? Serf! laisse-moi!

KARKER. — Mon maître ne me l'a point ordonné.

THORA. — Et que t'a-t il donc ordonné!

KARKER. — De vous prévenir, noble dame, que le char qui doit vous conduire à Rimol vous attend.

THORA. — Voilà donc le message dont il t'avait chargé et qu'il ne pouvait porter lui-même. Bien, Karker! Il est notre maître à tous les deux, j'obéis en partant sans délai.

(Elle sort.)

SCÈNE VI

KARKER, LEIF *et autres serfs*.

KARKER, *appelant les autres serfs qui arrivent*. — Mme Thora retourne chez elle, c'est tout un déménagement à faire. Tâchez de ne pas être trop maladroits, car elle est un peu fâchée. Si vous cassez quelque chose, il se pourrait qu'elle vous frappât au nez, à la figure, comme elle vient de le faire sur mon dos; cela me chatouillait le cœur, elle a de blanches mains, si belles, si tendres; il me semblait qu'elle pressait un coussin de soie sur mon visage.

LEIF. — Ah!

KARKER. — Elle aurait voulu rester ici plus longtemps, mais il est clair que cela ne se peut; il faut que Hakon donne des preuves de son amour aux autres aussi. Une foule de serfs sont allés chercher la fille de Bergthor, Gudrun; elle prendra la place de Thora.

LEIF. — Quoi! déjà une autre?

KARKER. — Déjà? on voit bien que tu n'es pas depuis longtemps au service, sans cela tu aurais dit : pourquoi pas plus tôt? Thora a déjà passé ici deux longs mois; tu comprends, c'est trop long, s'il faut faire le tour du pays entier?

LEIF. — Du pays entier?

KARKER. — Oui, et c'est tout simple; vois-tu, notre Jarl a tant de choses dans la tête? Il doit faire attention à tout, il doit se montrer partout où il y a du grabuge, et, vois-tu, un homme qui a tant de choses dans la tête, un homme qui doit faire attention à tout, on ne peut pas lui en vouloir parce que, ayant toujours la tête pleine....., étant toujours au milieu du grabuge..., il... il.

LEIF. — Oui, je te comprends.... à peu près!

KARKER. — Et puis dis-moi, mon bon Leif, dis-moi consciencieusement, si tu étais Jarl, toi, et que tu pusses faire toutes tes volontés, est-ce que tu ne ferais pas ce que bon te semblerait?

LEIF. — Si! ce qui me semblerait bon, mais pas précisément ce qui me semblerait mauvais!

KARKER. — Grand Thor! mauvais! On voit bien que tu n'es qu'un nouveau venu, et que tu n'as pas entendu parler nos bons et sages maîtres; sans quoi tu saurais qu'un homme comme Hakon Jarl, qui a tant de choses dans la tête, qui doit faire attention à tout, qui est toujours là où il y a du grabuge.... qu'un tel homme...

LEIF. — Oui, Karker, je comprends fort bien.

KARKER, *fâché d'être interrompu.* — Voyons que comprends-tu ?

LEIF. — Tu veux dire qu'il est tout naturel qu'un si superbe héros, qui veille sur les hommes de tout le pays, se repose aussi chez les femmes de tout le pays.

KARKER. — Ce n'est que du bon sens !

(Ils sortent.)

SCÈNE VII

Einar Tambeskiœlver est entré vers la fin de la scène précédente. Il s'est assis sur un tronc d'arbre, au fond, pour arranger son arc. Au moment où les serfs sortent, il se lève et regarde du côté opposé.

EINAR, *puis* HAKON.

EINAR. — Qui est-ce qui vient sur cette route ? Ah ! c'est notre maître, Hakon Jarl, qui vient de faire la visite des navires. Je veux lui faire un tour de ma façon. On dit que rien ne l'effraie (*il vise et lance une flèche hors de la scène*). Ah ! ah ! j'ai enlevé le plumet de son casque.

HAKON, *furieux, accourt l'épée nue sur Einar et le saisit à la poitrine.* — Ah ! brigand corrompu ! A l'instant, avoue la vérité ! Que t'a-t-on promis pour la vie de Hakon ?

EINAR, *calme.* — Rien du tout, seigneur ! Je n'ai besoin de rien. Je ne suis pas brigand, mais de noble origine ; tu connais mes parents.

HAKON. — Qui es-tu lâche ? et quelle est ta famille ?

EINAR. — Mon père s'appelle valeur, seigneur Jarl ! Tu le connais. C'est un vieux gars fort dans sa vieillesse, la barbe grosse, le bras rude. Depuis longtemps il habite les rochers de Norvège.

HAKON. — Ne parle pas de valeur, misérable, tu vas mourir !

EINAR, *retenant le bras de Hakon.* — Loués soient les dieux qui m'ont donné la force de retenir le bras de Hakon ! Sans cela je serais mort.

HAKON. — Quelle chétive et méchante sorcière t'a prêté sa force magique pour retenir ce bras de géant ?

EINAR. — Quelle sorcière ? Ma mère, seigneur ! C'est elle

qui m'a instruit. Oui, comme tu dis, c'est une vraie sorcière; mais, loin d'être chétive, elle est rouge et blanche comme du lait et du sang. Elle s'appelle santé, et, comme toi, elle est d'une vieille race de Norvège.

HAKON. — Tu mourras!

EINAR. — C'est trop tôt, seigneur! Je n'ai guère que vingt ans. Que t'en arriverait-il, si tu tuais les meilleurs gars de Norvège.

HAKON. — N'en voulais-tu pas à ma vie, misérable?

EINAR. — Par Odin et par Freia! non! Je voulais enlever le plumet de ton casque, et rien que cela.

HAKON. — Et pour cible tu as choisi la tête de Hakon?

EINAR. — Son plumet, seigneur! Rien que son plumet. Cela m'a amusé de faire peur à Hakon, que, m'a-t-on dit, rien ne peut effrayer. La perte de ton plumet n'est qu'une légère blessure. Tu pourras bientôt la guérir; au prix d'une queue de coq tout au plus. D'ailleurs, prends dans ta main une pièce d'argent; si je ne l'enlève pas sans faire le moindre mal à tes doigts, je te permets de me traiter de fanfaron [1] et de me faire pendre au premier arbre venu.

HAKON. — Je te crois, jeune homme, ta physionomie ne semble pas mentir. Tiens, regarde là-bas sur ce vert bouleau une petite tache noire, si tu peux y enfoncer ta flèche, j'ajouterai foi à tes paroles.

EINAR *vise et tire*. — Tu me crois donc maintenant!

HAKON. — Vraiment! tu es un superbe tireur. Tu ne me quitteras plus, je suis heureux de t'avoir rencontré. On parle dans le pays d'un jeune homme qui passe pour être le premier des archers : je l'ai fait appeler à mon château. Il verra que nous avons aussi de bons archers ici à Hlade.

EINAR. — Qu'il vienne! Nous nous disputerons le prix. Quel est son nom?

HAKON. — Einar Tambeskiœlver.

EINAR. — C'est le mien aussi. Qu'il vienne! Je vois que je pourrai lui tout disputer, même le nom.

HAKON. — Comment? Tu serais Einar?

---

1. Le mot danois est *Mareminde* qui signifie cauchemar.

EINAR. — L'un des deux, seigneur! conduis-moi bien vite auprès de l'autre et nous verrons qui tiendra le premier rang.

HAKON. — Ah! brave et joyeuse jeune barbe! te voilà donc à la cour de Hakon! (*il le prend par le menton*) jeune, beau, fort et orgueilleux! Tels sont les gens que j'aime. Dis, as-tu envie de servir Hakon Jarl?

EINAR. — Si je peux t'être utile, j'en serais bien aise; mais, ici, en Norvège, tout est tranquille comme au coin du poêle d'une vieille femme!

HAKON. — Tout n'est pas aussi tranquille que tu le penses. J'ai besoin d'hommes forts, fidèles et braves. Aujourd'hui même, je pars avec ma flotte pour défendre la côte sud-ouest de mon pays, contre un ennemi étranger, peut-être dangereux. Veux-tu me suivre et tendre ton arc dans mon intérêt et à ton honneur?

EINAR. — Oui, seigneur, volontiers! Mais, par Thor de Thrudvang, tu as là un arc magnifique, puissant maître, incrusté d'or et d'argent. Le mien, comme tu vois, n'est que de racine de sapin et de nerfs d'ours.

HAKON, *lui donne son arc*. — Prends-le, Einar, et garde-le comme gage de l'amitié de Hakon.

EINAR *essaie la corde de l'arc*. — Reprends ton arc, seigneur; il est trop faible et trop lourd; le mien vaut bien mieux.

HAKON. — Comment, jeune arrogant, tu méprises mon présent?

EINAR. — Hakon Jarl possède quelque chose qu'Einar ne mépriserait pas, si on le lui offrait.

HAKON. — Et qu'est-ce?

EINAR. — Tu as une fille; une rose dans un bouquet de lis ne serait pas plus charmante; mais nous en parlerons plus tard.

HAKON. — Alors tu penses?...

EINAR. — Je pense que je serai bientôt digne de la main de Berglioth.

HAKON. — Tu vises loin et haut!

EINAR. — C'est ce qui convient à un vaillant tireur; tu sais bien que ma flèche sait atteindre le but éloigné, mais les tendres regards des yeux envoient aussi des flèches !

HAKON. — L'archer a donc été touché ?

EINAR. — C'est ce qu'il te dira lorsqu'il aura tué bon nombre de tes ennemis. Allons au rivage, seigneur.

HAKON. — Tu es déjà tout prêt ?

EINAR, *frappant sur son carquois*. — Je porte sur mon dos tout mon bagage. Au rivage, seigneur, partons vite !

HAKON. — Brave jeune homme, je t'aime presque comme si tu étais une femme.

EINAR. — Ce serait la dernière des choses que je voudrais être !

(Ils sortent.)

SCÈNE VIII

Grande salle.

ORM *est assis au bout de la table, à côté de* GUDRUN, *sa fiancée;* BERGTHOR *auprès de sa fille. Du côté opposé,* ASTRID *avec son fiancé,* THORVALD; *plusieurs paysans.*

BERGTHOR. — Allons, gai ! Enfants ! faites circuler la corne, n'épargnez pas l'hydromel, il est bon et vieux. Lors de mon mariage avec Gundlode, j'ai descendu moi-même le tonneau dans la cave, et je jurai qu'on ne l'ouvrirait pas avant la noce de ma fille aînée ! Vous voyez, j'ai tenu mon serment ; je suis heureux dans ma vieillesse. C'est une bonne fille, cher Orm ! Elle a neuf mois de moins que l'hydromel ; c'est juste le temps qu'il fallait à Gundlode pour me donner une fille ! Je me souviens encore que la première fois que je la vis, je fus pris de colère, je l'aurais presque maudite. Je grondai fort Gundlode dans sa couche : femme, lui dis-je, que signifient ces farces ? Que veux-tu que je fasse de filles ? Donne-moi des fils auxquels je pourrai apprendre à manier la lance et le bouclier. Et là dessus, je rejetai l'enfant dans son berceau.

ORM. — Mais plus tard, père Bergthor, elle te devint de plus en plus chère.

BERGTHOR. — Lorsqu'elle grandit, j'ignore comment cela se fit, elle se traînait, puis sautillait autour de moi ; et lorsque ces diables de fillettes arrivent à quinze ou seize ans, on les aime bon gré, malgré! On y est obligé.

ORM. — Comme il est joyeux ce soir! Va, Thorvald, passe donc vite la corne, on ne boit guère.

THORVALD. — On ne boit guère? que veux-tu dire, ami? Voudrais-tu que je me noie dans un baquet d'hydromel, comme le roi Fjölner[1]?

BERGTHOR. — Silence, enfants! Que signifie ce bruit?

THORVALD. — Probablement des amis qui viennent pour prendre part au festin.

(Il va ouvrir la porte. Stein entre suivi d'une foule de serfs armés.)

SCÈNE IX

LES PRÉCÉDENTS, STEIN et serfs.

THORVALD. — Que voulez-vous? Que venez-vous faire ici?

STEIN. — Nous sommes les serfs de Hakon. Nous sommes venus vous annoncer les ordres du maître.

ORM. — Le Jarl a-t-il appris que nous sommes réunis ici et veut-il profiter de cette assemblée? Parle, nous t'écoutons.

STEIN. — Le Jarl ne supposait pas précisément que vous fussiez si nombreux; cependant il savait qu'on célébrait des noces.

ORM. — Enfin! quelle est la cause qui vous amène? parle!

STEIN. — Bref! notre Jarl nous a envoyés ici pour te porter ses amitiés, Orm-Lyrgia. Il te connaît et sait que tu gardes fidélité et obéissance à ton maître. Hakon a vu ta belle fiancée; elle a enflammé son cœur, il ne peut vivre sans la posséder. En vain a-t-il cherché à combattre ses désirs; la pensée de voir un de ses sujets lui enlever celle qui le fait languir, lui est insupportable. Il espère donc que tu lui céderas ta fiancée.

BERGTHOR *se lève*. — Quoi?

ORM. — Vous êtes venus pour me ravir Gudrun?

---

1. Ce roi appartient aux temps fabuleux. S'étant enivré à table, il se précipita dans un vase d'hydromel et mourut, comme le dit un ancien poète, dans cette mer pacifique.

STEIN. — Non pour la ravir, bien entendu, si tu nous la livres bénévolement, et le Jarl n'en doute point. Attends seulement un peu, il te la renverra comblée d'or et de présents.

ORM. — Et tu oses, serf insolent, me tenir un pareil langage? Le Jarl ose faire une pareille demande à de fiers et libres Norvégiens!

STEIN. — Maint époux fier et libre comme toi a regardé comme un bonheur une telle demande du Jarl. Nous pensions te trouver seul ici avec quelques bons amis; deux motifs nous ont forcés à accomplir brusquement notre mission. D'abord, le Jarl s'est déjà embarqué et vient de quitter Hlade; puis, tu as trop hâté les noces, ce qui force le Jarl, comme tu dois bien le comprendre, à prendre des mesures promptes et énergiques. Il nous a sévèrement ordonné d'emmener Gudrun et de la garder dans son château jusqu'à son retour. Aucun de nous n'ose juger ses actions, il est au-dessus de tout blâme. (Tumulte général.)

BERGTHOR. — Non! c'est trop fort! Retirez-vous à l'instant, arrière, serfs insolents!

THORVALD *saisit une corne à boire*. — Salut à votre Jarl! Dites-lui que Thorvald a vidé à son intention la coupe funèbre!

PLUSIEURS VOIX. — Arrière, serfs de Hakon, arrière!

STEIN. — Aux armes, camarades!

THORVALD. — Vous osez nous opposer votre faiblesse?

VOIX NOMBREUSES. — Tuons-les!

BERGTHOR. — Regardez ce marteau que je viens de forger du meilleur fer; chaque fois qu'il tombera, il abattra quatre serfs!

STEIN. — En avant, camarades, en avant!

LES PAYSANS. — A bas cette race de vipères!

(Combat. Après une courte résistance, les serfs de Hakon s'enfuient; les vassaux les poursuivent. Gudrun qui s'est évanouie est entourée de femmes qui cherchent à lui faire reprendre connaissance.)

ASTRID. — Ma sœur! ma chère Gudrun! Reviens à toi. Ils sont battus, il n'en reste plus ici. Regarde par la fenêtre comme ils s'enfuient!

(Les hommes reviennent; Orm, s'apercevant de l'état de sa fiancée, tombe à ses genoux.)

4

orm. — Rendez-lui la vie. Femmes, ne savez-vous que vous lamenter? Vous ne connaissez donc aucun remède pour me rendre ma fiancée?

thorvald. — De par le grand Odin de Hlidskjalf qui voit tout! je lève ici mon épée sanglante, teinte du sang des serfs, du sang des amis de Hakon! Je le renie! Par Odin, Vil et Vee! Par tout ce qu'il y a de plus sacré! Je ne serai tranquille que lorsque j'aurai mêlé son sang à celui des serfs, lorsque j'aurai vengé l'affront fait à mon frère!

bergthor. — Et moi, quoique vieux, usé et plein de rides, je jure, par le bec rouge de ce marteau, que je vengerai une telle insulte. Ah! il veut que sur l'enclume je frappe sa couronne! C'est lui que nous frapperons! Je suis le plus âgé ici, le père de cette jeune fille étendue là, pauvre fiancée, comme une fleur fanée, dans les bras de son époux. Vassaux, rassemblez-vous autour de moi, jurez, par ce grand et lourd marteau, la perte de Hakon le scélérat.

orm. — Gudrun, ma bien-aimée, tu ouvres les yeux!

les paysans, *étendant leurs mains sur le marteau.* — Hakon Jarl mourra!

FIN DU DEUXIÈME ACTE.

ACTE TROISIÈME

SCÈNE Ire

L'île de Moster.

CARLSHOVED, JOSTEIN, GRIB.

GRIB. — C'est comme je vous le dis, chers seigneurs; Hakon Jarl a abordé ici à Moster, il a mouillé avec sa flotte dans le Fjord, au delà de la forêt.

CARLSHOVED. — Et il n'a pas rencontré Olaf, cherchant ses navires dans le port? C'est étrange! Dans un instant, le roi sera de retour ici.

GRIB. — Hakon Jarl est rusé, et la nuit lui a été favorable.

JOSTEIN. — Donc, le souverain de Norvège se tient prêt à recevoir Olaf d'une manière convenable dès qu'il tentera le débarquement. Magnifique champ de bataille d'ailleurs pour une telle lutte!

GRIB. — Oui, on a préparé à Olaf un rude accueil; mais pour le genre de lutte qu'on a choisi, une île aussi grande est inutile. Une place de combat ouverte ne faisait pas notre affaire : il nous faut un bois sombre et touffu, semblable à celui qui nous borde des deux côtés.

CARLSHOVED. — Explique-toi plus clairement! que veux-tu dire?

GRIB. — La sainte volonté des dieux a changé en vérités tous les mensonges de mon maître; et naturellement ces vérités ont changé tant ses propres projets que ceux du Jarl.

JOSTEIN. — Serf téméraire! comment oses-tu tenir un pareil langage?

GRIB. — Je pense que vous tiendrez le même langage hardi, lorsque vous connaîtrez au juste les détails de ce qui s'est passé.

CARLSHOVED. — Ne parle plus obscurément!

GRIB. — Sachez donc que, dès que Hakon Jarl se fut éloigné d'Hlade, un bateau le rejoignit à toute vitesse; plus tard le Jarl devait croiser autour des îles. Ce bateau lui portait un message l'informant que les vassaux de Norvège s'étaient conjurés et avaient fait une émeute à cause d'une jeune fille dont il avait, suivant son habitude, ordonné l'enlèvement. La violence avec lequel ce soulèvement éclata fit voir que depuis longtemps déjà l'étincelle couvait sous les cendres. Qu'y avait-il à faire? Vous savez que le Jarl est prompt à se résoudre; après avoir réfléchi un moment, il jugea l'expédition contre un puissant roi ennemi plus importante à tenter que la répression d'une bande de vassaux. Il pensa que le succès ajouterait à sa gloire, et ferait reculer les paysans. Mais, une fois en mer, lorsqu'il eut envoyé ses espions, il apprit avec grande émotion que la flotte d'Olaf était bien plus considérable qu'on ne le lui avait annoncé à Hlade. Que faire? Il se rendit à Moster afin de rejoindre immédiatement Thorer, sa main droite. Chacun sait que le Jarl ne désespère pas facilement; si une chose ne réussit pas, il en tente une autre. Mon noble maître fit une proposition qui fut agréée par Hakon. « La nécessité me force, répondit le Jarl, et il s'agit des grands dieux! » Mais certes il s'agissait bien un peu de lui aussi et il lui importait surtout de se débarrasser de son nouvel hôte. Le Jarl eût été dans une position bien critique si le bruit du débarquement d'Olaf Trygvesön se fût répandu dans le pays. L'affection pour l'ancienne race royale et la haine envers Hakon auraient rendu le péril encore plus grand. Sans rien faire connaître de ses projets, il fit camper à l'instant tous ses hommes. Les laissant ignorants de ce qui se passait, il leur fit accroire qu'il donnait la chasse à un brigand.

JOSTEIN. — Et quel est maintenant son projet?

GRIB. — Maintes nuits que j'ai passées sans sommeil, les larmes aux yeux, j'ai demandé aux grands dieux pourquoi ils avaient voulu me faire passer ma vie dans l'état misérable de serf? Les grands dieux soient loués! car sans cela le projet de Thorer eût été dénoncé trop tard, et Olaf baignerait maintenant dans son noble sang!

JOSTEIN. — Ne nous fais plus souffrir d'impatience et parle!

GRIB. — J'ai tout entendu, car j'étais présent. Je suis son serf, un pauvre vil serf, qui l'accompagne presque sans être aperçu, comme la queue de sa robe écarlate. On ne cache rien à un misérable comme moi! Bref, Olaf sera attiré dans ce bois par Thorer Klaker sous toutes les apparences de l'amitié, et on l'assassinera. Hakon Jarl attendra dans une chaumière que Thorer lui apporte la pâle tête du jeune héros; ensuite il retournera sur le continent. Rogaland lui reste encore fidèle, il y rassemblera une armée et il dispersera les Irlandais s'ils osent mettre pied à terre pour venger la mort de leur roi?

JOSTEIN. — Et tu as été témoin de tout cela?

GRIB. — Oui, par le pieux Baldur [1]. Je parle avec un cœur sincère et innocent.

JOSTEIN. — Et nous prêterions nos mains à un tel méfait?

CARLSHOVED. — Et dire que ce crime les a déjà presque souillées.

JOSTEIN. — Ah! Grib, j'ai honte de moi-même, tu me fais rougir.

GRIB. — Cela ne signifie rien, seigneur. Lorsqu'on est arrivé au point d'avoir honte, on n'a plus besoin d'être honteux! Qui est-ce qui aurait pu s'attendre à un tel acte de la part d'un héros comme Hakon? Le Jarl a des yeux flamboyants qui vous fascinent; il vous en a imposé, et vous avez obéi. C'est beau d'être guerriers de Hakon et de pouvoir se dire : ce héros, ce grand homme, nous l'avons fait monter sur le trône! C'est ce qui vous poussait, n'est-ce pas, seigneurs?

JOSTEIN. — Il descendra du trône!

---

1. Fils d'Odin, le meilleur et le plus beau des Ases.

CARLSHOVED. — Oui, aussi vrai que Olaf est un digne héros et fils d'Astrid, Hakon Jarl sera détrôné!

GRIB. — Je vois bien que vous avez le cœur bien placé. Mais silence! Le navire approche du rivage. Le roi va débarquer. Il faudra faire vite ce qui doit être fait. Vous serez seuls avec Olaf, dites-lui tout. Mon maître est dans le bois avec le Jarl; que Olaf s'y presse avec ses guerriers, il les prendra facilement tous deux dans la cage. Quoi qu'il en arrive, le pouvoir lui appartient, et il aura déjà fait un grand pas en avant. Entendez-vous le chant pieux, les sons mélodieux, qui nous arrivent de son navire par dessus les vagues? N'est-ce pas que c'est bien beau? Adieu, il faut que je coure auprès de mon maître dans la forêt. N'oubliez pas vos promesses.

(Il sort.)

JOSTEIN. — Non, certes non!

CARLSHOVED. — Le bâtiment s'arrête. Regarde, le roi débarque avec ses hommes et ses moines. On lui présente la bannière rouge à la croix blanche.

JOSTEIN. — Le rouge est symbole de la valeur, le blanc signifie la paix et l'innocence du christianisme. Ils s'approchent, éloignons-nous.

(Le roi Olaf arrive, la bannière à la main, suivi de ses hommes et de ses moines. Ces derniers chantent :)

SCÈNE II

OLAF, *et ses hommes.*

Chœur.

Cœli Deus sanctissime,
Quid lucidas mundi plagas
Candore pingis igneo,
Augens decoro lumine!

Infunde nunc piissime!
Donum perennis gratiæ,
Fraudis novæ ne casibus
Nos error alterat vetus.

Expelle noctem cordium !
Absterge sordes mentium !
Resolve culpæ vinculum !
Everte moles criminum !

O tu sole serenior,
Et balsamo suavior,
Veni, veni, rex optime
Pater immensæ gloriæ ? [1]

OLAF, *élevant sa bannière et la plantant avec force dans la terre*. — Ici je plante la bannière chrétienne profondément dans le sol de Norvège ! A travers les pierres des rochers elle étendra, semblable à un arbre, ses fortes racines, elle fleurira et portera des fruits, des fruits sept fois salutaires ! Ses racines seront arrosées des larmes du désir et de la pénitence, des soupirs pieux viendront, ondulant comme un souffle chaud, mûrir le jus de la coupe remplie. La voix des fidèles montera comme le chant des oiseaux dans la vaste voûte des airs, et l'arbre étendra, comme un vieux chêne centenaire, ses vigoureuses branches sur la patrie. A leur ombre habiteront l'amitié, la pitié et l'amour ; ils fixeront le crépuscule de leurs regards pieux. Et les rois de Norvège graveront leur nom dans le liège pur et saint. Les fleurs de l'innocence, semblables à de petits anges lumineux, garderont de tout côté cet arbre, et en repousseront les spectres de la nuit. Odin, avec son œil unique et méchant, s'enfuira de l'arbre du Christianisme dans les déserts, dans les rochers stériles. Là il fera des tentatives inutiles pour s'emparer de la puissance perdue. Là il hurlera comme un loup blessé, mais les feuilles de l'arbre saint éloigneront par leur souffle les imprécations horribles du sorcier, afin qu'elles n'effraient pas le pieux fils du

---

1. Ce chant est remplacé sur la scène par les strophes danoises suivantes :

« La sombre nuit, ô ciel ! sera chassée par ton lumineux rayon. Le dernier nuage noir du crépuscule de la voûte, dissipé par le tonnerre.

« Le Nord froid sera animé par la chaleur et la force de ta parole ! O Tout-Puissant ! Tu as prêté la force de ton épée au jeune héros pour qu'il détruise l'armée inspirée des ténèbres. »

pays qui sommeille avec confiance à l'abri du feuillage!

CHOEUR. — Amen!

OLAF. — Merci, mes bons frères, de ce que vous confirmez pieusement mes paroles, merci! Vous rappelez-vous que le navire vient de passer l'île de Stord! C'était là où était assis à un repas mon prédécesseur Hakon Athelstein lorsqu'il fut appelé au combat où il trouva la mort d'un héros. O Hakon! noble et pieux Hakon! parents d'Athelstein! bon et doux aïeul! Tu es mort, semblable à une fleur prématurée qui s'est fanée à la gelée; la pieuse racine n'était pas assez puissante pour percer les froids et fiers rochers du Nord; mais toi, tu as semé le premier germe. Sois béni au ciel! Tu dois l'être, quoique tu n'aies pu parvenir à vaincre le paganisme! Ils t'ont forcé à manger du foie de cheval; ils ont forcé tes lèvres, qui voulaient se coller au calice du pacte sacré, à toucher le bord de leur coupe à sacrifice. Le temps n'était pas encore venu, noble Hakon! Maintenant tu fais descendre du ciel un sourire à Olaf qui cherche courageusement à suivre tes pieuses traces.

CHOEUR. — Amen!

OLAF. — Merci, frères, merci! Et maintenant retournez vous reposer du voyage; nos marins ont déjà dressé la tente sur le navire. Vos cantiques ont déjà initié le pays au Christianisme; allez, pieux frères, et que le ciel soit avec vous!

(Les moines sortent; Olaf reste avec ses guerriers.)

SCÈNE III

OLAF, CARLSHOVED, JOSTEIN.

OLAF *à Carlshoved et à Jostein qui s'approchent.* — Eh bien! mes chers parents et gentils frères! voulez-vous m'assister en véritables amis?

JOSTEIN. — Noble seigneur!

CARLSHOVED. — Roi Olaf!

OLAF. — Qu'avez-vous, mes amis?

JOSTEIN, *en s'agenouillant.* — Prenez nos têtes!

ACTE III, SCÈNE III.

CARLSHOVED, *de même*. — Nous sommes coupables, seigneur !

OLAF. — Vous m'étonnez, qu'y a-t-il ?

JOSTEIN. — Nous t'avons trompé !

CARLSHOVED. — Honteusement trompé !

OLAF. — Impossible, quoi vous m'auriez trahi ? Par de vils mensonges vous m'auriez attiré dans le piège du Jarl ?

CARLSHOVED. — Non ! ne crains pas cela, seigneur !

OLAF. — Je ne crains pas l'enfer, encore moins Hakon Jarl. Relevez-vous ! pourquoi vous agenouiller ? Prosternez-vous devant Dieu, si vous avez péché, et tremblez en pensant au bras de la justice !

CARLSHOVED. — Noble maître, Thorer Klaker a menti et cependant tout ce qu'il t'a raconté est devenu vérité.

JOSTEIN. — Oui, la tyrannie de Hakon a fait parler vrai à Thorer.

OLAF. — Le pays s'est donc soulevé ?

CARLSHOVED. — Oui, seigneur !

OLAF. — Et Hakon ?

JOSTEIN. — Il est ici !

OLAF. — Ici.

CARLSHOVED. — Avec un petit nombre de bâtiments, rien en comparaison de ta flotte.

OLAF. — Que veut-il ?

JOSTEIN. — Faire par trahison ce qu'il avait espéré faire ouvertement. Thorer est un traître ; il doit t'attirer dans la forêt, sous les arbres, et t'assassiner.

OLAF. — Hakon l'accompagnera-t-il, ou Thorer viendra-t-il seul ? Quelles sont les forces du Jarl ?

JOSTEIN. — Inférieures aux tiennes. Tout doit se passer dans un profond silence, car Hakon craint presque plus ses propres guerriers que les tiens. Les Norvégiens doivent ignorer que tu as débarqué ; cette nouvelle ne ferait qu'accroître l'irritation. Hakon est seul dans une chaumière ; tu trouveras Thorer Klaker dans la forêt, et, pour agir à coup sûr, fais-toi accompagner par tes guerriers. De cette manière tu auras assez de forces pour combattre celles de Hakon.

OLAF. — Quel événement obscur ! Qui est-ce qui me garantit votre bonne foi? N'avez-vous pas tout à l'heure avoué que vous vouliez me trahir?

JOSTEIN. — Notre aveu même doit te prouver que nous n'avons pas pris part au méfait. Hakon Jarl voulait te combattre; il nous engagea à accompagner Thorer pour te retenir ici jusqu'à ce qu'il arrivât avec ses forces. Chercher la lutte et le combat, c'est la coutume des gens du Nord. Il était notre maître; par sa ruse et ses paroles amicales, il a su profiter de notre jeunesse pour nous séduire. Tu es notre parent, nous seuls savions que tu pouvais mettre le pouvoir de Hakon en danger. Donc, nous sommes partis. Cependant tout a changé, et Hakon Jarl a conçu d'autres projets. Tu les connais par nous, notre silence t'aurait facilement trahi. Les mensonges que nous t'avons faits, notre confiance en un lâche méritent une peine. Je t'ai offert ma tête, prends-la, mais ne me soupçonne pas!

OLAF. — Qu'en ferais-je? Brave garçon! garde ta tête, tu en as besoin et je ne saurais qu'en faire.

CARLSHOVED. — Noble Olaf!

JOSTEIN. — Crois-nous donc sur parole, et suis-nous immédiatement; sinon, retourne à tes navires. Mais n'est-ce pas Thorer que je vois se glisser avec Grib à travers les arbres vers ce lieu?

OLAF. — J'aperçois là-bas la seconde troupe de mes guerriers qui débarque. Je veux leur donner mes ordres pour qu'ils entourent l'île; dans peu j'aurai pris Hakon et toute son engeance. *(A ses guerriers.)* Suivez-moi les sabres nus, dans la forêt; nous allons faire la chasse aux lynx.

(Ils sortent.)

SCÈNE IV

Thorer Klaker et Grib entrent vivement de l'autre côté; le premier tient à la main un panier et un poignard.

THORER KLAKER, GRIB.

THORER. — Le voilà parti! Lui et sa suite sont allés se reposer sur le vert gazon de Norvège. Ah! Olaf! ne te presse pas tant, tu te reposeras longuement plus tôt que tu ne t'y attends. Eh bien! Grib, as-tu bien compris tout ce que je t'ai dit?

Grib. — Oui, chaque mot, noble seigneur; j'ai bien compris.

Thorer. — Tu accourras, et, pendant que nous nous parlerons, l'un assis à côté de l'autre, tu lui enfonceras le fer dans le cœur.

Grib. — Fort bien, seigneur.

Thorer. — Lorsqu'il sera mort, tu couperas sa tête, tu la mettras dans ce panier, et tu me suivras à la chaumière où Hakon nous attend. Il te donnera la liberté et attachera une épée à ton côté.

Grib. — Merci, mon bon maître.

Thorer. — Tâche de bien comprendre, Grib, l'honneur qui t'en reviendra? Tu seras l'homme qui aura tué Olaf, tu auras donné la mort à celui qui voulait détruire la religion d'Odin. Dans plusieurs siècles on lira ton nom dans les chroniques et l'on dira : l'auteur de cet exploit fut Grib!

Grib. — Ah! qu'il me tarde d'agir, mon noble maître! Depuis longtemps déjà, j'attendais l'occasion d'accomplir quelque exploit qui pût me faire sortir de la servitude.

Thorer. — Je le sais; et cette occasion se présente maintenant, Grib. Regarde ce beau poignard effilé; il brille comme la lumière de la nuit dans l'eau. Regarde quelle pointe, quel tranchant!

Grib. — Quelle superbe arme!

Thorer. — Cependant cela ne suffit point; tu n'aperçois que la moitié de ses qualités. Vois-tu dans l'acier ce tube qui s'étend jusqu'à la pointe?

Grib. — Oui, seigneur, je le vois.

Thorer, *souriant méchamment*. — Si petit qu'il soit, c'est le chemin de Niflheim, Grib! *(Il se retourne.)* J'espère qu'il n'y a personne ici?

Grib. — Personne. C'était un corbeau affamé qui croassait sur le rocher.

Thorer. — C'était pour avoir sa proie, Grib! Donc ce

tube qui descend de la poignée est creuse, et puis ce ressort.... me comprends-tu, Grib?

GRIB. — Non, maître.

THORER. — C'est vrai, on connaît peu dans le Nord grossier ces belles choses artistement travaillées. J'ai acheté ce poignard dans mon voyage en Italie, pensant — et j'avais raison — que le moment viendrait peut-être où il me serait utile.

GRIB. — C'est juste!

THORER. — N'as-tu pas souvent vu, Grib, un guerrier blessé guérir lorsque la blessure est refermée?

GRIB. — Souvent, seigneur.

THORER. — Donc, tu vois que, lorsqu'un coup doit être sûr et certain, on ne peut pas compter beaucoup sur la force du bras.

GRIB. — Cependant il me semble que lorsque le bras est fort.....

THORER. — Quoi fort? Qu'est-ce que la force de l'homme? Non, vois-tu, la poignée de cette arme est remplie d'un suc rare et énergique qui coule à l'instant dans la blessure, se mêle au sang et le fait se figer.

GRIB. — Ah! maintenant je comprends, c'est du poison!

THORER. — Chut! ne parle donc pas si haut. Voilà le poignard. Prends-t'y avec sagesse et précaution; tu n'as pas l'habitude des armes.

GRIB, *berçant le poignard dans sa main.* — Il me vient une étrange envie, seigneur! Devinez un peu laquelle?

THORER. — Comme tes yeux étincellent, Grib? et bien, laquelle?

GRIB. — Celle de l'enfoncer dans votre cœur, mon maître!

THORER. — Serf, quelle fureur te prend?

GRIB. — Calmez-vous, seigneur, ce n'était qu'une plaisanterie.

THORER. — Une telle plaisanterie!

GRIB. — Vous l'avez trouvée trop forte?

THORER. — Oui, Grib, trop forte! Et comme nous n'avons pas le temps de plaisanter...

GRIB. — Il faut agir sérieusement. Tu croasses encore, corbeau! Allons prends ta proie!
(Il lui enfonce le poignard dans la poitrine.)
THORER, *en tombant*. — Traître! tu m'as percé le cœur!
GRIB. — Ce n'est pas vrai. Qu'appelles-tu ton cœur? Je pense que tu ne veux pas donner ce nom glorieux à ce morceau de chair froide que tu portes du côté gauche? Il n'a jamais rien senti, il n'a donc pu sentir ce coup; c'est impossible, Thorer!
THORER. — Traître!
GRIB. — Tu t'es nommé par ton propre nom.
THORER, *en expirant*. — Ah! c'est vrai!
GRIB. — C'est ce que tu aurais dû reconnaître un peu plus tôt, maintenant c'est trop tard. *(Le regardant.)* Le voilà qui nage dans son sang! Où est maintenant ta ruse et ton astuce? Cherche donc une bonne idée pour arrêter le sang. Quel air niais! il est étendu là, le nez en haut comme une brute! Toutes les malices de sa vie ne sauront l'empêcher de partir pour Nastrond [1].
(Olaf, Carlshoved et Jostein entrent avec leur suite.)

SCÈNE V

OLAF, GRIB, CARLSHOVED, JOSTEIN.

OLAF *à Grib, l'épée levée*. — Où est ton maître, serf?
GRIB, *montrant tranquillement le cadavre*. — Le voilà!
OLAF. — Quoi! Thorer Klaker étendu sans vie?
GRIB. — Les flots d'Elivaga le portent à Niflheim. [2]
OLAF. — Qui l'a tué?
GRIB. — Grand roi, il s'est tué lui-même par sa lâcheté.
OLAF. — Explique-toi.
GRIB. — Il voulait me pousser à enfoncer ce poignard dans votre cœur, Thor sait pourquoi. Probablement il a senti du dégout pour teindre lui-même ses mains de sang.

---

1. L'enfer.
2. Le monde des ténèbres; l'on y arrivait par douze rivières nommées Elivagas.

OLAF. — Ensuite?

GRIB. — Je reçus le poignard empoisonné pour tuer Olaf Trygvesön, mais je me trompai et je tuai Thorer. Le voilà étendu sur la terre, entêté, sans vouloir dire une parole. Autrefois sa langue marchait toujours, et ses petits yeux rouges et hypocrites regardaient en errant, tantôt par ci, tantôt par là, jamais avec calme et franchise. A présent son regard est calme, mais morne et stupide, comme à travers une corne! Ah! seigneur, vous ne croiriez pas comme mon maître a changé promptement de nature?

OLAF. — Serf, tu es un brave!

GRIB. — Si Thorer pouvait parler encore, il confirmerait, certes, mes paroles; il me promit pour récompense, si je m'acquittais bien de ma besogne, le droit de porter la lance et le bouclier au service de Hakon, et de boire l'hydromel dans la salle des guerriers. Mais, hélas! seigneur, il me semblait que c'était trop cher d'acheter l'hydromel de Hakon avec le sang d'Olaf!

OLAF. — Digne jeune homme! Dis, veux-tu être l'homme d'Olaf? Veux-tu combattre toujours fidèlement pour lui comme pour ton roi et prendre place, comme marque de son amitié, au milieu de ses meilleurs guerriers?

GRIB, *les larmes aux yeux*. — Seigneur, roi! votre bonté dissipe ma fierté. L'heure est donc venue où je pourrai briser mes chaînes de serf?... Ah! cela me fait pleurer comme un enfant. Pardon!

OLAF. — Ton Jarl t'avait déjà promis la liberté?

GRIB. — Oui, la liberté! mais quelle liberté, seigneur? Je devais acquérir la misérable liberté du corps en sacrifiant celle de l'âme; je ne portais plus le nom de serf, mais je devenais le plus vil de tous.

OLAF. — Païen!... Chrétien, viens, donne-moi ta main, quel est ton nom?

GRIB. — Grib, était mon nom de serf.

OLAF. — Dès ce moment tu t'appelleras Grif, et tu feras peindre sur ton bouclier un vigoureux griffon qui tue une vipère.

GRIF. — Ah! je comprends! La vipère est Thorer Klaker

Odin! comme c'est superbe! Seigneur, vous récompensez en vrai roi.

OLAF. — N'invoque plus Odin, sa puissance est nulle et tu vois son esprit dans ses adorateurs. Où est Hakon?

GRIF. — Dans la forêt, seigneur, caché avec un serf dans une chaumière. Là il attend que Thorer lui apporte votre tête. Mais moi, je veux couper la tête de Thorer et la mettre dans ce panier; ainsi vous pourrez livrer à Hakon la tête de Thorer, le traître, qui devait apporter la vôtre.

OLAF. — Non, Grif, non! Celui qui est mort est mort! Allez, mes hommes, et enterrez ce corps sans vie.

GRIF. — Sous les orties dans le fossé.

OLAF. — Enterrez-le là-bas sous ce bosquet de sureaux qui sèmera sur la tombe ses blanches fleurs funèbres. Grif, il ne faut pas être cruel, point de haine après la mort!

GRIF. — Si vous voulez me dire, seigneur, ce qu'il faut faire pour bien agir, vous verrez que bientôt je serai digne de vos bienfaits.

OLAF. — Suis-moi sans bruit auprès de Hakon Jarl.

GRIF. — Prenons cette route, mon noble roi.

(Ils sortent.)

SCÈNE VI

Une chaumière.

HAKON JARL, KARKER.

HAKON. — As-tu fait ce que je t'ai dit?

KARKER. — Oui, seigneur Jarl. J'ai été leur dire sur le navire que tu avais mis pied à terre pour respirer un peu la fraîcheur des arbres. A l'heure de midi, sur la mer, il fait trop chaud, car le soleil darde ses rayons sur l'eau qui ensuite les réfléchit. A terre, on n'est tourmenté que par un soleil; sur la mer, il faut en supporter deux. C'est la raison que j'ai donnée de ton débarquement.

HAKON. — As-tu ajouté que je ferai ici mon repas?

KARKER. — Sans doute, mon Jarl; je n'ai jamais oublié le manger, ni ce qui concerne le manger, car c'est ce qu'il y a de mieux au monde! Cependant, d'un autre côté, il y a encore le boire qui a bien ses avantages aussi, bien entendu. J'ai dit : le Jarl, fera là son repas du matin; sur l'eau, tantôt le navire monte, tantôt il descend, de sorte qu'on peut facilement avaler de travers; et c'est ce qu'il faut éviter.

HAKON. — Bien, Karker! Tu es un habile garçon, va maintenant aider Kisping à faire la cuisine; je veux être seul. Quand Thorer viendra, lui ou son suivant, amène-les tout de suite auprès de moi.

KARKER. — Tu seras obéi en tout, seigneur Jarl!

(Il sort.)

HAKON. — Si j'avais beaucoup de serfs semblables à celui-là, je serais en sûreté partout. Un chien n'est pas plus fort, ni plus fidèle! Lui possède, en outre, la parole, arme et instrument indispensable. Je ne le changerais pas contre la meilleure épée. *(Il s'asseoit.)* Les autres avec leur regard perçant et leurs discours sagaces m'inspirent peu de confiance. Cependant Thorer..... Thorer! as-tu présenté tes compliments à Olaf? L'as-tu envoyé rejoindre ses dieux là-haut au ciel! *(Il appuie sa tête sur sa main et médite.)* D'abord, je n'avais pas ce projet; il vient de Thorer; Thorer se défendra devant Odin qui n'en sera certes pas fâché. Quoi! ne devais-je pas empêcher cette démence qui menace de renverser les dieux de leur siège sacré? Olaf voulait non-seulement usurper mon pouvoir royal, mais plus que cela, celui de Valfaudur [1]. Qu'il périsse! Il faut que tout soit promptement changé, pour que le résultat soit bon et complet. Il est temps d'arrêter la tempête, oui, il est temps! Mes cheveux grisonnent, mes boucles blanchissent! Patience, bientôt elles seront jaunes! Autrefois les filles malignes me raillaient parce que ma chevelure était noire au lieu d'être blonde; patience, enfants! elle sera jaune, jaune d'or! Elle sera dorée par l'anneau de la couronne. Qui vient là? Ah! c'est Thorer

---

1. Père des batailles; surnom d'Odin.

Klaker qui m'a promis la tête d'Olaf! Malgré moi, mon regard se détourne de lui.

(Il reste toujours dans la même attitude. Olaf entre ; il est enveloppé d'un manteau gris et porte un chapeau à larges bords.)

SCÈNE VII

HAKON, OLAF.

HAKON, *sans se retourner*. — Mon fidèle Thorer, est-ce toi ? As-tu réussi, et m'apportes-tu ce que tu m'as promis ? Réponds.

OLAF. — Tout s'est passé comme on l'avait prévu, seigneur. Excuse Thorer s'il ne vient pas lui-même t'apporter la tête du roi Olaf, cela lui eût été trop difficile, Thor le sait ; il avait une sorte de répugnance à venir lui-même. Je le remplace.

HAKON. — Bien, va enterrer cette tête dans la terre noire, je ne veux pas la regarder. Mes yeux ne sauraient supporter un tel spectacle, je la verrais en songe. Enterre le cadavre, serf, et va dire à ton maître qu'il se rende tout de suite auprès de moi.

OLAF. — Thorer Klaker dort.

HAKON. — Il dort ?

OLAF. — Il fait sa sieste de midi ; il s'est étendu là-bas, sous un sombre bosquet de sureaux.

HAKON. — Réveille-le. (*A part.*) Dormir après un tel acte ! En vérité, Thorer, je t'admire ; tu as un rare courage. (*Haut.*) Va, serf, va le réveiller.

OLAF. — Tu ne veux donc pas d'abord voir la tête d'Olaf ?

HAKON. — Non, je t'ai dit non !

OLAF. — Seigneur Jarl, tu crois peut-être qu'elle est laide et affreuse, détrompe-toi ; la tête d'Olaf a aussi bonne mine que n'importe quelle tête du pays.

HAKON. — Va-t'en, te dis-je.

OLAF. — Non, vraiment, c'est incroyable ; on raconte que le Jarl est un héros comme il y en a peu au Nord, et dire qu'il a peur de regarder une tête coupée, inanimée. Comme tu tremblerais, seigneur, si tu la voyais sur ses épaules!

HAKON, *se retournant en colère.* — Serf! tu oses.... Où est la tête?

OLAF, *ôtant son chapeau et écartant le manteau.* — Là, sur mes épaules, seigneur, pardonne si je te l'apporte ainsi. Cela m'était plus commode.

HAKON. — Quoi! Olaf! ah! trahison!

OLAF. — Vieillard! épargne ton courage, ne risque pas la lutte avec Olaf, Souviens-toi qu'il porte encore sa tête saine et sauve; ta faible force n'irait qu'à Olaf sans tête.

HAKON. — Ah! Niflheim!

(Il se précipite sur Olaf.)

OLAF, *écartant l'épée de Hakon et d'une voix forte.* — Paix! te dis-je. Remets l'épée au fourreau! Mes hommes entourent la chaumière; mes navires égalent en nombre les tiens. Je suis venu pour prendre possession du pays en combattant loyalement; toi-même m'y as poussé par tes artifices. Te voilà devant moi semblable à un serf, méprisable, pris dans ton propre piège. Je ne veux pas profiter de cet avantage que le destin m'accorde. Je compte pouvoir te combattre hardiment dans une lutte égale. Ton projet, comme tu le vois, a échoué. Thorer nage dans son sang. Il me serait facile de te saisir et de t'abattre, mais j'appartiens aux enfants du Christ et je méprise l'avantage que j'ai sur toi. Choisis donc entre ces deux offres : reste Jarl à Hlade, comme tu l'étais, et jure-moi fidélité; sinon, enfuis-toi! Là où nous nous reverrons, il y aura du sang versé, combat à mort.

HAKON, *fier et calme.* — Je choisis ta dernière offre, Olaf; tu m'as appelé serf et lâche, cela ne fait que provoquer un sourire sur mes lèvres. On voit que tu es bien jeune encore, Olaf, ton âge se trahit par ton orgueil, ton insolence. Regarde-moi bien dans l'œil, regarde mon front et dis si, chez un serf, tu as jamais rencontré un tel regard! Trouves-tu que la lâcheté et la trahison ont formé les rides de ce front? Je t'ai attiré ici, c'est tout naturel, je savais qu'il ne fallait qu'un signe pour te faire mordre bientôt à l'appât; je savais qu'avec la prudence de ton âge, tu mettais ta parenté avec une race éteinte au-dessus des grands exploits de Hakon Jarl! Tu n'as attendu qu'une bonne occasion pour troubler la paix du vieillard. Et tu t'étonnes que j'aie voulu un dénouement le plus tôt possible? Tu t'étonnes que j'aie trompé un fanatique qui méprise les grands dieux? Tu t'étonnes que j'aie accepté le projet de mon guerrier, lorsqu'un destin hostile semblait vouloir renverser, non-seulement moi-même, mais encore tous les dieux du Valhalla?

OLAF. — Te rappelles-tu, Hakon, que tu as été chrétien? Que tu t'es fait baptiser par l'évêque Popo, et que tu as trahi ton serment? Combien de serments as-tu trahis depuis?

HAKON. — Maudit soit l'instant où je fus trompé par l'astucieux moine; j'ai été dupé par un misérable artifice. Oui, il savait porter un fer ardent à la main lorsqu'elle avait été enduite d'un onguent magique.

OLAF. — Vieillard aveugle, j'ai pitié de tes cheveux argentés.

HAKON. — Garde ta pitié pour toi! Comme tu me vois ici, tu vois la dernière étincelle de l'ancienne vigueur et de la vie des héros du Nord. Tu ne les éteindras point, jeune barbe, de tes rêves fiévreux. Je sais que les chrétiens ont pour habitude de plaindre, de convertir, d'améliorer. Nous, au contraire, avons pour principe de vous mépriser profondément, de méditer votre perte et votre mort comme ennemis des dieux et de la vie des héros! C'est ce que fait Hakon. Voilà en quoi consiste sa lâcheté! Par Odin et par Thor! tes rêves pieux et nébuleux n'éteindront pas le gigantesque feu de la Norvège.

OLAF. — Bien! c'est ce que nous verrons. Séparons-nous maintenant et malheur à toi la prochaine fois que je te rencontrerai!

HAKON. — Malheur à moi, si alors je ne t'écrase pas!

OLAF. — Les flammes du ciel t'atteindront.

HAKON. — Non, Thor avec son marteau broiera la croix!

(Chacun sort de son côté.)

FIN DE L'ACTE TROISIÈME.

ACTE QUATRIÈME

SCÈNE I

Hlade. Le bocage aux sacrifices.

HAKON, UN MESSAGER.

HAKON. — Annonce-moi ton message sans crainte et sans réserve. Que se passe-t-il? L'armée des vassaux s'est-elle rassemblée?

LE MESSAGER. — Oui, seigneur, l'acharnement les a réunis en masse. Orm a envoyé Haerorf dans toutes les directions pour engager tous et chacun à le rejoindre les armes à la main, afin de te tuer. Il a envoyé chercher Haldor à Skierdingstad et son message a été porté plus loin encore. A Orm se sont joints Sigurd, l'époux de la belle Bryniolf, ton ancienne maîtresse; Alf et Skialm de Rimol qui viennent venger leur sœur. Ils commandent, avec Orm et Haldor, l'armée qui se rassemble dans la vallée d'Orkedal.

HAKON. — Je compte sur mes braves guerriers. Avec un petit nombre d'hommes vaillants et bien armés, il me sera facile de disperser une troupe de paysans.

LE MESSAGER. — Mais, seigneur, cette troupe est déjà grande et elle s'agrandit tous les jours. L'indignation les a bien armés.

HAKON. — Lorsque j'arriverai avec mon épée, ce courage momentané se dissipera bien vite. Quoi de nouveau encore? Olaf s'est-il approché avec sa flotte?

LE MESSAGER. — Oui, il est entré dans la rivière de Drontheim.

HAKON. — Comment, dans cette rivière? sans résistance?

Est-ce que mon fils, Erland, n'est point allé à sa rencontre pour le repousser?

LE MESSAGER. — Hélas! seigneur Jarl!

HAKON. — Pourquoi soupires-tu? Parle, et dis-moi ce qui est arrivé?

LE MESSAGER. — Ce matin, Olaf est entré dans le Fiord avec cinq longs navires garnis de boucliers. Ton fils Erland y était déjà avec trois, les autres stationnaient au fond du golfe. Le temps était nébuleux, de sorte qu'Erland ne put leur faire des signaux. Il supposa d'abord que les bâtiments ennemis étaient les tiens; mais, en s'approchant, il s'aperçut de son erreur et voulut s'en retourner à terre. Malheur! il était trop tard! Olaf, avec sa suite, avançait promptement, à toutes rames, dans le Fiord, pensant que tu étais près d'Erland. Lorsque ton fils se fut approché du rivage, son navire toucha, et lui et ses guerriers se jetèrent à l'eau. Que pouvait-il faire avec trois petits bateaux, pourvus d'un faible équipage, contre cinq bâtiments remplis d'hommes cuirassés? Il nageait sous l'eau, cherchant ainsi à mettre pied à terre. Mais Olaf ne l'avait point perdu de vue; il aperçut sa blanche armure et son bouclier qui, par son éclat, se distinguait de tous les autres. Croyant que c'était toi, il s'écria : « Hakon, cette fois, n'évitera pas la mort! Te rappelles-tu qu'à notre dernière entrevue nous jurâmes qu'il y aurait du sang versé? » A ces mots, le roi saisit une rame et la lança. Oh! seigneur, épargne-moi le reste, épargne tes propres oreilles!

HAKON. — Parle, parle! Il lança la rame?

LE MESSAGER. — Et atteignit ton fils au cerveau; ses tempes se brisèrent, la mer se teignit de son sang.

HAKON, *dissimulant sa douleur*. — Qu'y a-t-il encore?

LE MESSAGER. — Olaf regretta que tu ne fusses pas atteint toi-même; ses guerriers tuèrent bon nombre des nôtres; cependant plusieurs furent épargnés. Le roi apprit de ces derniers la formation de l'armée des vassaux et l'esprit qui les anime contre toi.

HAKON. — C'est tout?

LE MESSAGER. — Oui, seigneur Jarl.

HAKON. — Alors, retire-toi. *(Le messager sort.)* Ainsi

tu t'es irrité, Olaf, de ce que tu ne m'avais pas frappé ? Ah! cependant, tu ne pouvais mieux frapper! Ce n'est pas lui, mon Erland, que tu as atteint. Ran a pris dans ses bras maternels le gentil garçon et s'est élevée avec lui à Valhalla. Mais tu as frappé son père, tu as frappé Hakon au fond du cœur. O Erland! Erland! ô mon fils! Comment, tu es ému, Hakon? Tu pleures? Il y a longtemps que les larmes n'avaient coulé sur tes joues. Hakon Jarl! tu vieillis, tu pleures comme une femme..... Il m'était bien cher. Il était l'espoir de ma vieillesse..... Eric court insoucieusement les plaisirs. J'avais choisi Erland pour mon successeur ; tous mes beaux rêves se sont évanouis. *(Il médite un instant, puis continue avec terreur.)* Je marche à ma ruine, oui, à ma ruine! Quoi? Le Valhalla se couvre-t-il de brouillards? Le siège d'or d'Odin à Hlidskjalf [1] s'est-il rouillé? A-t-il perdu toute sa splendeur? Et toi, verte Frigga? Ah! t'es-tu fanée rapidement, ma mère, comme un bouleau à l'automne? Est-ce que Loke t'a de nouveau ravi ton vase d'or avec le rouge fruit, Ydun? [2] Où est ton marteau, Thor? Où est ta formidable main gauche, Asatyr [3]? Dites, assemblée céleste, vous êtes-vous enveloppée de ténèbres pour suivre le pieux Baldur aux enfers [4]? Debout, Hakon Jarl! Debout, vieux géant de Norvège! On t'appelle païen? Nom glorieux! Oui, Hakon, tu es païen, car tu combats pour les temps antiques. Aux armes, et à la victoire! Pardonnez Hakon, grands, puissants dieux! Il a oublié le Valhalla au-dessus de lui. Ecoutez-moi bien : dès ce moment ma vie tout entière, je vous la sacrifie. Le beau rêve qui me fit penser que le soleil couchant, avant de disparaître, dorerait mes tempes, s'est évanoui ; une tempête

---

1. Trône d'Odin.
2. Femme de Brage, dieu des Skaldes et fils d'Odin. Ydun gardait les pommes dont mangeaient les dieux pour rajeunir. Un jour Loke enleva traîtreusement Ydun et son vase d'or qui contenait les pommes.
3. Dieu de la guerre, fils d'Odin. Il avait perdu sa main droite en liant le Fenris, loup gigantesque.
4. Dans le texte se trouve le mot Hel, nom de la fille de Loke, déesse de l'enfer. Loke fit assassiner Baldur, dont la mort jeta tous les dieux dans une profonde désolation *(Myth. scand.).*

a éclaté hurlant et tourbillonnant ; elle a enveloppé le soleil, et, avant que le ciel ne soit éclairci, les étoiles brilleront sur la tombe de Hakon. Ran a pris mon fils, mon Erland ; il est vrai que l'autre, Erling, me reste ; mais puis-je espérer que ce faible germe osera braver la puissance de l'ouragan ? Non, je jure par les joyaux de ta couronne, par les blanches étoiles, par ton char, Aukathor [1], dont le timon luisant descend vers nous à minuit ; dès à présent, je ne veux vivre que pour les dieux du Valhalla ; si la fierté m'a séduit, pardonne-moi, belle Saga [2], tu m'avais enchanté. Si ma conduite, Odin, t'a fait froncer les sourcils avec mécontentement, demande-moi un sacrifice, celui que tu voudras, et je te l'offrirai !

(Stein arrive avec une grande corne d'or.)

SCÈNE II

HAKON, STEIN.

HAKON. — Qu'apportes-tu ?

STEIN. — Un butin de ton ennemi, seigneur Jarl. Tu sais qu'Olaf avait envoyé à terre plusieurs constructeurs pour bâtir dans la forêt, près du rivage, une maison ou, comme il l'appelle, une église pour leur nouveau Dieu. Dans ta justice, tu ordonnas à un certain nombre de tes guerriers de se rendre en ce lieu pour s'opposer à la construction. Tes ordres ont été exécutés. Mais, avant notre arrivée, les hommes d'Olaf, en creusant la terre, avaient trouvé cette corne. Nous la leur avons prise, seigneur, et je te l'apporte.

HAKON. — Bien, Stein, es-tu venu avec d'autres ?

STEIN. — Nous sommes toute une troupe.

HAKON. — Entrez tous dans la salle du château, chacun

---

1. Lorsqu'il tonne, Thor passe par le ciel dans un char attelé de deux boucs. De là le surnom d'Aukathor.
2. Déesse de l'histoire et des chansons héroïques.

de vous aura une corne pleine d'hydromel de la grandeur de celle-ci.

STEIN. — Nous la viderons à ta santé, seigneur.

(Il sort.)

SCÈNE III

HAKON, seul.

HAKON. — Une superbe corne ancienne à sacrifices en or, en or repoussé; elle est d'une grande rareté. Sans doute, il s'est trouvé autrefois à cette place un temple élevé en l'honneur des puissants dieux. Et c'est là où tu voudrais construire maintenant, Olaf, tes églises et tes sombres cellules de moines? Non, mes hommes! vous avez bien fait de les chasser et de m'apporter ce trésor antique, si beau, si sacré. Il y a des runes au bord, voyons ce qui est écrit :

> Vassal, si tes crimes ont entraîné ta ruine,
> Rends-toi auprès des grands dieux,
> Et sacrifie leur ce que tu as de plus cher.

(Hakon reste quelque temps frappé et étonné; puis il répète encore une fois ces mêmes paroles avec beaucoup plus de force.) Offre-leur ce que tu as de plus cher. Voilà ce que vous voulez, enfants de Bur et de Böre [1], ce qu'il y a de plus cher, cela vous apaisera? Ah! je comprends ton désir, puissante Skuld [2]! Je te vois enveloppée, dans ton blanc linceul, assise sous le frêne Ygdrasil [3]; tu regardes fixément la source d'Urdur [4]. Dis, l'eau

---

1. Bur était le grand-père d'Odin. Son fils, Bor ou Bore, épousa Besla, fille d'un géant, qui lui donna trois fils : Odin, Vile et Vé. *(Myth. scand.)*
2. Vidande, Urd et Skuld (le présent, le passé et l'avenir), étaient trois vierges, appelées Nornes, qui présidaient à la vie et réglaient les destinées des hommes comme les Parques des Romains.
3. Frêne gigantesque dont les branches s'étendaient sur l'univers tout entier. (Pour les détails, v. *Myth. scand.*)
4. Source coulant au pied d'Ygdrasil et près de laquelle étaient assises les trois Nornes. Elles puisaient l'eau de cette source pour arroser le frêne.

est-elle rouge? Les flots demandent-ils du sang?... Ce qu'il y a de plus cher? Mais vous l'avez déjà? Mon Erland est tombé!... Oui, mais Hakon ne vous l'a pas sacrifié. Il doit vous offrir ce qu'il a de plus cher pour reconquérir la fortune perdue, la fortune que lui enleva le crime d'avoir oublié le Valhalla. Offre-leur ce que tu as de plus cher!... Il me reste encore un gentil enfant aux cheveux blonds, aux yeux bleus comme le Gimle [1], adroit et intrépide comme le bouc du rocher ; la dernière goutte de mon sang viril. Serait-ce lui que vous me demandez? Non, charmante Freia, tu ne peux demander ce que tu as toi-même donné. *(En méditant.)* Les puissants Ases exigent deux espèces de sacrifices : l'un rend hommage à leur pompe, à leur puissance, alors, ce sont les bêtes à cornes, les ennemis prisonniers qui tombent ; des flammes de joie s'élèvent de la terre et font sourire Odin sur son siège. L'autre fume pour la réconciliation ; ses flammes ne font qu'apaiser la colère du Valhalla. Alors le cœur saigne en même temps que coule le sang de la victime. C'est un sacrifice silencieux ; point de sons mélodieux, point de chants, c'est une expiation qui appelle la miséricorde des dieux lorsqu'ils nous ont abandonnés..... *(Il regarde la corne.)* Oui, c'est gravé ici dans l'or, avec des traits distincts : « Offre-leur ce que tu as de plus cher ». Et comment se fait-il qu'on me l'a apportée au moment même où je faisais à Valfadur le serment de ne vivre que pour lui? Au moment où j'avouais..... allons, Hakon ! Point de faiblesse. Thorgierdur Horgabrud, intrépide Valkyrie, toi qui, sur ton coursier blanc, un drap teint de sang encore fumant autour de tes larges épaules, le glaive de la mort dans ta forte main, accompagnes les guerriers au combat! Tes yeux noirs étincellent, ils demandent une proie, tu étends la main, ton poignard brille...... bien ! Hakon obéit, Hakon ne tremble pas.

(Il sort.)

---

1. Paradis, demeure des dieux.

SCÈNE IV

Forêt.

TANGBRAND, GRIF.

TANGBRAND. — Je suis heureux de te rencontrer, ami Grif. Où est le roi Olaf? Que veut dire cette aventure? Où est-il allé avec le vieillard?

GRIF. — Ils se promènent toujours ensemble dans la forêt, parlant tantôt de ceci, tantôt de cela. Le vieux s'exprime souvent d'une façon étrange et mystérieuse sur les exploits d'Olaf.

TANGBRAND. — J'étais absent. Ce vieillard, qu'a-t-il dit? Comment est-il venu?

GRIF. — Nous étions assis, contents et joyeux, autour de la table de chêne pour célébrer la veille de la Pentecôte. Le roi Olaf, lui-même, était on ne peut plus gai. Soudain, un vieillard qui n'a qu'un œil entre à pas lents dans la salle. Il s'assied près de la porte, mais le roi Olaf, toujours affable et hospitalier, l'invite à s'asseoir à côté de lui. Puis tous deux commencent un entretien long et calme. Le vieillard savait parler de tout et donna des nouvelles de tout le pays. Il plaisantait, mais d'une façon bizarre, qui ne convenait pas trop aux idées d'Olaf. « Je vois, dit-il, que vous célébrez ici la fête des troubles; vous vous rappelez la soirée où les saints apôtres eurent envie de causer chacun à sa façon, en ouvrant tous la bouche à la fois. Penses-tu que, depuis ce temps, ils se sont compris l'un l'autre? » Enfin, le vieillard, ayant trop chaud dans la salle, la nuit étant belle et claire, pria Olaf de faire avec lui une promenade dans la forêt. Le roi céda à sa prière et moi je les suivis toujours à distance. Ah! seigneur évêque, vous ne croiriez pas quelle promenade ils firent? Quelquefois le vieillard faisait monter le roi sur les bords des rochers, montrait de la main le pays en faisant des discours. Il faisait un clair de lune superbe. Vraiment c'était bizarre; à quelques pas de là, le vieillard enveloppé dans son manteau noir avait l'air d'un sorcier. Je voudrais que le roi retournât maintenant se coucher, car il est tard et la rosée tombe.

TANGBRAND. — Où est-il ? Conduis-moi auprès du roi, Grif. Le soleil s'est déjà couché à l'occident, demain il se lèvera, en jetant un pieux sourire à la fête de la Pentecôte. On n'a pas encore chanté le salut, je ne comprends pas la conduite d'Olaf. Jamais il ne lui arrive d'oublier ce pieux devoir. Allons à sa recherche.

(Ils sortent. — Olaf arrive de l'autre côté avec Auden, qui porte un manteau noir avec un capuchon sur la tête.)

SCÈNE V

OLAF, AUDEN.

AUDEN. — Oui, je te comprends, jeune homme. Le beau chant sous les voûtes des églises a touché ton cœur, et les belles images ont charmé ton regard. Tu crois, sans doute, que tout ce que tu éprouves doit être la vérité, et tu voudrais que tous les pays du Nord ressentissent la même impression ? Au cas où ils s'y refuseraient, tu leur ferais sentir la force de ton épée, n'est-ce pas ?

OLAF. — Vieillard aux cheveux d'argent, tu as vieilli dans ta croyance ; je ne puis t'en vouloir si tu qualifies mes exploits d'égarements.

AUDEN. — Tu dis que j'ai vieilli dans ma croyance ; l'expression est bonne et bien placée. Mais dis-moi, Olaf, ce que tu penses ainsi de moi, ne pourrais-tu également le penser de tout ce qui existe ? La foi n'est guère qu'un penchant unique et bizarre, un instinct qui dirige les forces de notre âme vers la grande origine inconnue, qui diffère suivant les êtres sur lesquels il agit, suivant les époques où il agit ; il varie comme la nature. Vois, Olaf, les efforts de ces sapins, de ce haut rocher. La façon si intrépide dont ils s'élèvent en haut est, pour ainsi dire, leur foi. Tu vois qu'ils ont tous la même foi, car tu dois concevoir que ce n'est pas en vain que partout, aussi loin que peut s'étendre ton regard, sur le libre Nord, tout porte l'empreinte d'un esprit, d'un être particulier. Dans la vallée du Midi, il en est autrement ; là, les arbres élancés et svelts se chargent de feuilles rondes et molles. Le tronc ne s'élève pas de terre si hardi et si droit ; il ondule en de pieuses courbures, au-dessous de la grande voûte ; il a le sombre aspect de moines disant la messe.

OLAF. — Etrange vieillard !

AUDEN. — Là où le ciel est toujours bleu, où le soleil tous les soirs descend dans la pourpre, où les bocages pleins de volupté invitent à l'amour et aux sons harmonieux, là se réveille l'art de la musique et du chant ; on saisit les couleurs pour imiter cette charmante splendeur et cette multitude de fleurs ; et l'amour, qui voltige partout, met son empreinte sur tout cela. Là au contraire, où la nature est plus sévère, où elle montre plus de pierres que de fleurs ; là où la neige étend ses draps blancs sur la moitié de l'année, mais où, par contre, les nerfs vigoureux se raidissent toujours avec plus de force ; là enfin, où la frugalité, la lutte énergique pour la défense de jouissances restreintes et modestes, deviennent des vertus enseignées par la nature ; là ne résonne aucun chant, là ne brillent point de belles images, mais, par les longues nuits d'hiver, l'âme s'ouvre silencieusement pleine de pensées viriles et élevées. C'est là que pousse la fleur intérieure, qui, semblable à une rose, se referme autour du cœur de la femme, et, pareille à un beau lis pur et hardi, entoure le cerveau de l'homme. Ce n'est pas sur une toile étendue, couverte de couleurs ombrées et fugitives, non, c'est du rocher même, du rocher indestructible, que les dieux s'élèvent du sein de la terre, dominant les vallées d'un regard calme et pensif. La force naturelle est poussée aux exercices virils, par un besoin inné ; la vigueur rencontre la vigueur, la valeur et la virilité deviennent le caractère du Nord, comme l'amour reste celui du Midi.

OLAF. — Comme c'est bizarre.

AUDEN. — Si maintenant un adolescent, jeté par hasard dans le midi, revenait avec une corbeille remplie de frêles fleurs d'Italie, et qu'il eût le caprice de vouloir les planter dans les fentes de la Norvège ; si, pour faire pousser ses roses, le sapin et le bouleau lui résistant partout, il abattait intrépidement les grandes et anciennes forêts sans ménager les meilleurs et les plus puissants arbres... alors, Olaf, si tu étais témoin de son œuvre, comment l'appellerais-tu ?

OLAF. — Retire-toi !

AUDEN. — Tu l'appellerais un héros, n'est-ce pas ? le défenseur d'une belle et bonne cause. Et le vieillard qui dirait : Enfant, laisse mes sapins, ta tendre plante ne fleurira pas sur mon rocher, comment l'appellerais-tu ?

OLAF. — Je l'appellerais comme toi.

AUDEN, *le regardant fixement*. — Et qui suis-je ?

OLAF. — Auden, dis-tu, est ton nom ? Qui es-tu ?

AUDEN. — Sage jeune homme, toi qui sais tout, tu dois sans doute me connaître ?

OLAF. — Tu n'as qu'un œil.

AUDEN. — La lumière en a-t-elle davantage ? La nuit brille d'un œil, demain le jour brillera de l'autre. Souviens-toi de ce que tu as entendu. Souviens-toi de ce clair de lune qui, par cette nuit d'été, a pénétré comme un baume dans ton cœur !

OLAF. — Dieu, donne-moi la force ! Pour la première fois le doute et l'angoisse étreignent ma poitrine.

(Pendant que Olaf se détourne, Auden part rapidement et disparaît entre les arbres. — Tangbrand et Grif entrent.)

SCÈNE VI

OLAF, TANGBRAND, GRIF.

TANGBRAND. — Ah ! enfin je te trouve ici, mon roi ! Je t'ai cherché partout. Que dois-je penser, pieux Olaf ? Tu as entièrement oublié la prière du soir. Jamais tu ne l'as négligée, surtout par un soir aussi sacré et aussi solennel que celui-ci.

OLAF. — Tangbrand ! (*Il se retourne.*) Qu'est devenu le vieillard ?

TANGBRAND. — Je l'ignore ; oublie ce vieux païen qui t'a égaré avec ses discours.

OLAF. — Ah, Tangbrand ! A-t-on déjà célébré l'office de la nuit ?

TANGBRAND. — Oui, lorsque le soleil se couchait ; c'était l'heure, mais tu ne m'as pas entendu, tu n'as pas aperçu les signes que je te faisais ; les paroles du vieux bonhomme ont enchanté tes oreilles comme un chant de sirène.

OLAF. — Quel est cet homme ?

GRIF. — Aucun de tes guerriers ne le connaît ; quant à moi, il me paraît singulier et bizarre ; il ressemble à Odin, au bocage du Jarl.

OLAF. — Il s'appelait Auden.

GRIF. — Auden et Odin c'est la même chose.

TANGBRAND. — Assurément tu as donné l'hospitalité à l'un des prêtres d'Odin ; il aura été envoyé par Hakon pour troubler ton esprit par des paroles fanatiques et mystérieuses.

OLAF. — Quel qu'il soit, il ressemble à un spectre appartenant aux anges des ténèbres. Il cherchait à me prouver combien j'avais tort de vouloir arracher le peuple à ses anciennes croyances.

TANGBRAND. — Et pour preuve, il t'a sans doute dépeint avec de fortes couleurs l'harmonie qui existe entre les dogmes anciens et le froid du Nord ? Mais il s'est certes bien gardé de toucher à un point : celui que l'ancienne croyance elle-même a été introduite ici par un héros étranger, arrivé d'un pays lointain de l'Orient.

OLAF. — Oui, Tangbrand, tu as raison, elle a été introduite, la religion des païens. Son raisonnement est donc faux lorsqu'il avance que la croyance des géants est née dans le Nord et qu'elle en a tiré son caractère.

TANGBRAND. — C'est faux, Olaf ! Au nord, comme dans n'importe quel autre lieu, il n'est point permis de sacrifier le sang de ses frères et d'oublier toutes les douces vertus. Qu'est-ce qui résisterait au torrent sauvage, à la corruption que le temps amène, si à différentes époques il ne se produisait quelques fois des héros qui dissipent vaillamment les brouillards épais et brisent les chemins de l'habitude ?

OLAF. — Bien, mon cher Tangbrand, bien!

TANGBRAND. — Loin de moi de vouloir condamner l'ancienne croyance dans sa sombre origine. C'était la volonté de Dieu qu'elle se répandît sur la terre avec des effets sensibles. Mais aujourd'hui elle n'est qu'une ruine curieuse et remarquable ; aujourd'hui le Christ a fait entendre sa parole. L'homme doit toujours aspirer à ce qu'il y a de meilleur. Persévérer maintenant dans l'ancienne croyance à moitié mal interprétée, à moitié oubliée, ce serait une véritable idolâtrie.

OLAF. — Tu dis la vérité, je le sens.

TANGBRAND. — Confie-toi aux mains du Seigneur, et ne laisse pas ton cœur en proie à de perfides et captieuses paroles. Tu as entrepris une œuvre sublime ; exécute-la en héros, et ton nom sera un jour béni d'un bout du Nord à l'autre. Tu vois que le paganisme défaillant est près d'expirer, il râle déjà dans les bras de la mort. Hakon Jarl ne témoigne que de la faiblesse ; que peut-il t'opposer?

OLAF. — Demain, j'espère fêter le jour de la sainte Pentecôte en remportant une victoire sur les païens de Hakon et sur lui-même. Le jour paraît déjà, mon armée est prête. Une prière seulement et puis marchons au combat.

TANGBRAND. — Ses serfs m'ont enlevé la corne à sacrifices que j'ai trouvée dans la terre et que je voulais transformer en calice ; elle portait une inscription en caractères antiques qui me plaisait. Il y avait : « Vassal, si tes crimes ont entraîné ta ruine, rends-toi auprès des grands dieux et sacrifie-leur ce que tu as de plus cher ! » Cette inscription, mon calice l'aurait conservée ; que peut-on sacrifier qui vaille un cœur innocent et plein de gratitude ? Ils l'ont arrachée de ma main, qu'ils la gardent ; la justice céleste leur tiendra compte de ce méfait comme de tout autre péché.

OLAF. — Vois, le soleil apparaît déjà derrière la mer ; bientôt ses rouges rayons annonceront le premier beau jour de la Pentecôte de Norvège. Nous n'avons pas encore d'église, mais rendons-nous à la chapelle que la nature a creusée là-bas dans le rocher. De là, les hymnes remonteront en retentissant jusqu'à l'aurore ; elles chasseront les doutes du cœur en même temps que les ténèbres de la nuit.

TANGBRAND. — Ces paroles sont dignes de toi, mon bon roi.
(Ils sortent.)

GRIF, *qui pendant quelque temps est resté absorbé dans ses pensées.* — Un prêtre, un envoyé de Jarl? Oui, c'est possible... mais je sais bien ce que je pense.
(Il sort.)

SCÈNE VII

Le bocage aux sacrifices.

HAKON, *tenant à la main son fils Erling.*

ERLING. — Comme il fait froid, mon père !

HAKON. — Cher fils, cela vient de ce que le soleil n'est pas encore levé. Tu trembles, mon enfant ?

ERLING. — Cela ne fait rien, mon père, je suis content parce que tu m'as promis de me faire voir le lever du soleil ; c'est pour la première fois.

HAKON. — Regarde les beaux rayons qui brillent là-bas à l'orient.

ERLING, *joignant les mains.* — Ah, les belles roses ! on dirait que le feu les fait briller. Mon bon père, dis-moi d'où viennent toutes ces belles perles blanches semées sur toute la vallée? Oh ! comme elles scintillent en face des roses!

HAKON. — Ce ne sont pas des perles, c'est la rosée du matin ; et ce que tu appelles des roses c'est le soleil qui se lève.

ERLING. — Oh, quel globe! quel éclat de pourpre ! Bon père, ne pourrions-nous pas un jour partir pour le soleil?

HAKON. — Toute l'existence ne tend que vers ce but. Car, vois-tu, ce bel éclat rouge qui rayonne là-bas, c'est l'œil d'Odin. L'autre, que tu n'aperçois que la nuit brillant d'un feu plus mat et plus blanc, il l'a donné pour gage au puits de Mimer [1] pour avoir le breuvage qui rend l'œil qui

---

1. Géant célèbre, dieu des forgerons, qui peut, en donnant un mar-

lui reste plus frais et plus vif.

ERLING. — Où est le puits de Mimer?

HAKON. — La grande mer profonde qui se déroule vers les rochers, c'est le vaste puits du vieux Mimer ; c'est là où se fortifie l'œil d'Odin. En sortant des fraîches vagues du matin, le soleil doucement rafraîchi se lève doublement beau.

ERLING. — Oh, maintenant il monte trop haut! Je ne peux plus le regarder, il me brûle les yeux.

HAKON. — C'est Alfader qui monte sur son siège de Hlidskjalf; bientôt il dominera le monde entier de son regard. Son trône d'or éblouit l'œil terrestre. Qui oserait porter ses regards pendant le jour sur la splendeur du roi de la vie et de la lumière?

ERLING, *avec frayeur*. — O mon père! quels sont ces vilains vieillards blancs qui sont debout à l'ombre derrière les arbres?

HAKON. — Ne parle pas ainsi, mon fils. Ce sont les images des grands dieux taillées dans la pierre par la main de l'homme. Ils ne brillent pas des fortes flammes de l'été, les fils d'Askur[1] peuvent s'agenouiller tranquillement devant eux et fixer sur eux leur regard avec vénération. Viens, allons les voir de plus près.

ERLING. — Ah! non, mon père, j'ai peur! Vois-tu ce vieillard avec sa longue barbe? Le vilain, il me regarde avec cruauté. Oh! il me fait frémir.

HAKON. — Erling! Erling, c'est le dieu Odin! As-tu peur d'Odin?

ERLING. — Non, je ne crains pas Odin ; celui qui est au ciel, il est bon et beau et ne me fera pas de mal. C'est lui qui fait sortir les fleurs du sein de la terre ; c'est lui que j'ai vu briller il y a un instant comme une superbe fleur. Mais ce pâle trold blanc me fixe comme s'il voulait ma vie.

HAKON. — Ah!

ERLING. — Mon père, laisse-moi aller chercher la cou-

teau magique, faire devenir instantanément artiste. Il habite dans les profondeurs de l'Océan où sont renfermés tous les trésors de la Sagesse et de la Création.

1. Askur (frêne) était le premier homme, Embla (aulne) la première femme.

ronne que j'ai mise là sur le buisson lorsque tu voulais me montrer le lever du soleil, et puis retournons chez nous, mon père, loin de ces effroyables et vieilles statues. Crois-moi, ce vilain vieillard ne te veut pas de bien.

HAKON. — Va chercher la couronne, enfant, et reviens de suite. *(Erling s'éloigne.)* Une victime doit être parée comme pour une fête. Dieux sacrés de Valaskjalf [1], vous jugerez de la foi et de la confiance de Hakon Jarl par son sacrifice.

ERLING *revient avec une couronne blanche sur ses cheveux.* — Me voici, mon bon père, avec ma couronne.

HAKON. — Agenouille-toi, mon fils, devant Odin avant de partir; tends tes mains haut vers le ciel et répète ces mots: Alfader, écoute le petit Erling et prends-le dans ta sainte garde.

ERLING, *se tournant vers le soleil, s'agenouille, tend ses bras et dit naïvement.* — Alfader, écoute la prière du petit Erling, et prends-le dans ta sainte garde. (*Hakon qui se tient derrière son fils, lève son poignard et veut le frapper; mais l'arme s'échappe de sa main. Erling se retourne tranquillement, la ramasse et dit en se levant :*) Tu as perdu ton poignard, mon bon père, comme il est affilé ! comme il luit ! Quand je serai grand, tu m'en donneras un pareil pour que je te défende contre tes ennemis.

HAKON. — Ah ! quel Trold t'inspire toujours de telles paroles ! Est-ce pour me faire reculer ?

ERLING. — Qu'as-tu donc, mon bon père ? Qu'a donc fait Erling ? Pourquoi es-tu fâché ?

HAKON. — Viens, Erling, suis-moi là bas derrière la statue.

ERLING. — Ah ! derrière le vilain homme ?

HAKON. — Suis-moi et obéis ! Il pousse des roses derrière cette statue, non pas des roses blanches, mais des roses rouges pourpres ! Il fait plaisir de voir comme elles poussent vite ! Suis-moi, te dis-je, obéis !

ERLING, *en pleurant.* — Ah ! mon bon père, j'ai tant peur des roses rouges !

---

1. Salle du trône au Valhalla.

HAKON. — Allons, le coq de Heimdal[1] chante, il est temps!

(Ils s'en vont au fond de la scène, derrière les arbres.)

SCÈNE VIII

EINAR, HAKON.

EINAR *arrive armé de son arc et d'une lance.* — Où est-il? On m'a dit que je le trouverais dans le bocage aux sacrifices. Le Jarl n'est pas ici. Où est-il donc? Du reste qu'allait-il faire ici? Il ne s'agit pas de prier, mais de se battre. *(On entend les cris d'un enfant.)* Grands dieux! Qu'est-ce que cela? Hakon Jarl! Hakon!

HAKON *arrive les mains ensanglantées.* — Qui m'appelle?

EINAR, *épouvanté.* — Ah! que s'est-il passé?

HAKON. — Que veux-tu?

EINAR. — T'appeler au combat, Hakon. Le roi Olaf s'est promptement joint à l'armée des paysans; ils marchent tous contre ton château. Tes hommes sont prêts, je les ai rassemblés. Toi seul, tu manques. Je n'ai pu te trouver nulle part. Aurais-tu fait un nouveau sacrifice?

HAKON. — Oui.

EINAR. — Qu'as-tu sacrifié?

HAKON. — Ma victime gît derrière la statue d'Odin.

EINAR. — Cela te servira à grand'chose!

(Il s'éloigne pour voir.)

HAKON. — C'en est fait! A présent il faut de la force et du courage!

EINAR *revient indigné.* — Ah! vieux, débile sorcier! Qu'as-tu fait?

HAKON. — J'ai apaisé la colère d'Odin, j'ai sacrifié ma propre joie, ma propre espérance pour le bien de la Norvège!

---

1. Surnommé le dieu blanc ou le fils aux neuf mères. Il était le gardien des demeures des Ases, et avait une trompette dont les sons faisaient retentir le monde.

EINAR. — Alors, que Nither [1] m'écrase de sa massue et de ses pierres à Niflheim, si jamais je tends mon arc pour ta défense, quoique j'aime ta fille Berglioth. *(Il arrache la chaîne d'or de son cou et la jette à terre.)* Voilà ta chaîne, que tout lien qui m'attachait à toi, pâle sanguinaire, soit brisé comme elle ! Je vais aller offrir mes services à Olaf Trygvesön; ton heure est venue. Tu m'as appris à frémir d'horreur devant tes dieux, le dieu d'Olaf vaincra. D'ailleurs, qu'est-ce qui m'empêche de t'abattre à l'instant de mon épée, et de te précipiter aux enfers? Mais non, ta chute sera publique et honteuse ; je veux te prendre vivant et aider Olaf à te faire suspendre au gibet le plus haut et le plus hideux.

(Il sort.)

HAKON. — Vengeance pour ces insultes! *(On entend du bruit et le cri de : Hakon! Hakon!)* Oui, l'heure est venue qui doit décider entre Odin et le Christ! Ecoutez ce vacarme! Ce sont les Valkyries [2] qui voltigent par l'air, et de leur cri terrible appellent au combat. Les veines gonflent au front de Heimdal, il sonne de toutes ses forces dans son cor [3]. Thorgjerdur Horgabrud [4], patience, j'arrive, je t'ai déjà sacrifié mon Erling ; une troupe nombreuse de tes ennemis subiront son sort.

(Il sort.)

1. Fameux géant.
2. Déesses habitant soit la terre, où elles vont sur les champs de bataille trancher le fil du jour des guerriers, soit les voûtes du Valhalla, où elles versent l'hydromel dans les coupes des héros.
3. Gjallerhorn dans le texte. V. p. 83.
4. Mauvais génie qui avait inspiré à Hakon le meurtre de son fils.

FIN DE L'ACTE QUATRIÈME.

ACTE CINQUIÈME

SCÈNE I

Une salle à Rimul. Nuit.

THORA et INGER *travaillant devant une table. Les lumières sont presque consumées.*

THORA. — Inger, tu as sommeil, il me semble ?

INGER. — Il est déjà minuit passé, ma maîtresse. Silence, on frappe à la porte, ce sont eux.

THORA. — Non, c'est la tempête. L'orage gronde comme s'il voulait faire tomber la maison. Quelle nuit terrible ! la grêle et la pluie tombent sans cesse ; et quelles ténèbres ! Écoute comme les grelons frappent les vitres.

INGER. — Bien sûr, maîtresse, vos frères ne viendront pas par un temps pareil. Ils attendront le jour ou la fin de l'orage ; soyez-en certaine.

THORA. — Si tu as envie de dormir, Inger, va prendre un peu de repos. Quant à moi, le sommeil me fuit. Je sais que la bataille a eu lieu ce matin. Skjalm et Alf m'avaient promis de revenir le plus tôt possible pour m'informer de ce qui s'était passé. Retire-toi, mon Inger, retire-toi.

INGER. — Puisque vous le permettez, ma noble maîtresse, je vais me reposer un peu. Mais, chut ! on secoue fortement la porte. Cette fois-ci ce n'est pas la tempête.

THORA. — Hadding ouvre ; j'entends des pas d'homme dans la cour.

INGER. — Ce sont eux, ce sont eux ! Je cours les éclairer. Réjouissez-vous, bonne Thora, ce sont eux.

(Elle sort.)

THORA. — Mon cœur est plein d'anxiété ! Alf et Skjalm

contre Hakon ! Quel que soit le vainqueur, c'est la malheureuse Thora qui aura perdu.

SCÈNE II

THORA, EINAR.

EINAR *entrant*. — Bonjour, noble Thora, car, si je ne me trompe, il fait déjà jour, j'ai entendu le coq chanter. Je viens pour t'annoncer l'issue du combat. Mon nom est Einar Tambeskiœlver. Ne me prends pas pour un ami de Hakon, car, depuis que, dans sa fureur, il a immolé son fils aux dieux pour sortir vainqueur du combat, je l'ai fui.

THORA. — Dieux puissants !

EINAR. — Tu as raison, ce vieux pécheur ne mérite que le mépris, il se l'est attiré par tous ses actes. Tu dois le haïr comme moi, car toi aussi il t'a profondément offensée. Ce matin, je me suis rendu à l'armée du roi Olaf, j'ai fait la connaissance de tes frères et bientôt nous sommes devenus amis. Au combat, il ne faut qu'une heure pour juger de ce qui, en temps de paix, aurait demandé toute une existence. Tes frères se battaient comme des hommes, donnant l'exemple aux autres. Le roi Olaf est resté vainqueur, il a dispersé l'armée de Hakon, avec la rapidité de l'éclair. La lutte était héroïque, sous les boucliers ensanglantés le fer creusait d'irritantes blessures. Les Valkyries assistaient au combat, elles voulaient du sang et elles en ont recueilli. Odin n'est pas plus généreux de son hydromel à Valaskjalf. La plupart des hommes de Hakon sont tombés ; mais lui-même s'est enfui avec l'un de ses serfs ; on le cherche partout.

THORA. — Et mes frères, Einar, mes frères ? Tu es venu, noble héros étranger, au milieu de la nuit, je tremble ; mes frères ?

EINAR. — Ils ne peuvent venir eux-mêmes. Réjouis-toi, noble Thora. Alf et Skjalm sont montés au Valhalla pendant le lever du soleil. Déjà depuis longtemps ils sont assis sur le banc près d'Odin, et l'on vide de grandes cornes pour fêter leur bienvenue.

THORA. — O frères !

EINAR. — Réjouis-toi, noble Thora, réjouis-toi ! Une mort aussi glorieuse n'a pas été chantée au berceau de tous. Ils étaient toujours les premiers au combat et moi j'étais près d'eux. Hakon Jarl rageait comme un ours ; la lutte était opiniâtre, car des masses considérables se ruaient les unes contre les autres. La moitié de la Norvège se battait pour Hakon, l'autre moitié pour Olaf. La nouvelle de son arrivée s'était répandue jusqu'au bout du pays avec la vitesse du feu qui brûle l'herbe fanée. Tes frères dans leur ardeur, cherchaient toujours à atteindre le Jarl ; ils avaient juré sa mort, ils voulaient te venger, mais tous les deux succombèrent sous son épée ; elle tombe durement, surtout lorsqu'il est irrité ; et voilà tout. La main qui a fait tomber Alf et Skjalm était digne d'eux, car, malgré tout, Hakon Jarl est un guerrier comme le Nord en compte peu. Ce combat en fait foi.

THORA. — O Alf ! O Skjalm ! O mes frères bien-aimés !

EINAR. — J'envie leur sort, ils sont des Einhériars [1]. Maintenant ils sont revêtus d'armures lumineuses ; Vaulundur a déjà forgé des épées splendides, pour ceindre leurs reins ; demain leurs corps seront enterrés dans une colline qui brave l'éternité, et qu'Olaf entourera de hautes pierres funéraires. « Salut à Thora ! Salut à notre sœur ! » s'écrièrent-ils, ce furent les derniers mots qu'ils prononcèrent. Je promis de te porter leurs adieux, j'ai tenu ma promesse. Je vais me mettre avec une troupe des hommes d'Olaf à la poursuite de Hakon ; Olaf en conduira une autre ; à Ganlaa nous allons nous retrouver. Le roi a convoqué un Thing, j'ignore encore en quel lieu. A cause de tes frères, chère Thora, j'ai été obligé de faire un petit détour. Tiens ! je crois qu'il pleut, j'aperçois des gouttes d'eau qui tombent de mon casque. Bientôt, je l'espère, nous aurons pris le Jarl et nous te vengerons. Que Frigga t'encourage ! Adieu, j'ai hâte de partir.

(Il sort.)

---

1. On appelait ainsi les héros qu'Odin recevait dans le Valhalla et auxquels il avait accordé l'immortalité.

SCÈNE III

THORA, UN HOMME.

THORA. — Dieux sacrés! Quel sort terrible avez-vous réservé à la pauvre Thora? A-t-elle donc mérité toutes ces cruelles souffrances qui sans cesse tourmentent son cœur? *(Un homme entre. Il est enveloppé d'un manteau et a la figure couverte).* Ah! qu'est-ce? Etranger, que viens-tu faire ici?

L'INCONNU. — Sommes-nous seuls? Sommes-nous en sûreté?

THORA. — Tu parles de sûreté, toi qui pénètres dans une maison étrangère pour me faire trembler de frayeur. Dis, que veux-tu?

L'INCONNU, *écartant son manteau.* — Me connais-tu, Thora?

THORA. — Grands dieux, Hakon!

HAKON. — Oui, Hakon lui-même.

THORA. — Et tu te réfugies chez moi?

HAKON. — Par tous les Ases du Valhalla, tu t'étonnes à bon droit. Mais fais-moi voir le noble gibier qui ne cherche pas un refuge, même sous l'abri le plus absurde, lorsqu'il est traqué par des chiens furieux.

THORA. — Tu es pâle, Hakon? Ton regard est terne.

HAKON. — Je me suis battu comme un loup qui défend ses petits, Odin en est témoin. Avec cette épée, j'ai envoyé bon nombre d'hommes au Valhalla, maintenant je suis fatigué, mon armée a été battue, la fortune m'a trahi. La magie chrétienne d'Olaf a émoussé les épées de Norvège; je suis victime de la trahison, je n'ai plus personne sur qui je puisse compter. La grande Rota, la Valkyrie a posé sa main lourde et glacée sur ma tempe. Toute la nuit, abandonné de tous, épuisé de la lutte acharnée du jour, j'ai fui avec mon serf. Je suis dévoré par une soif ardente; dis, est-ce de l'eau là dans cette coupe?

THORA. — O Hakon, attends! je vais te chercher.....

HAKON. — Non, reste. Cela m'a déjà rafraîchi. A Ganlaa, mon coursier s'est abattu. Je l'ai tué et j'ai trempé ma tunique dans son sang pour tromper les ennemis qui me poursuivent.

THORA. — O Hakon !

HAKON. — Par hasard je vins à passer devant ta maison, ma bonne Thora, je me souvins que, maintes fois, tu me juras solennellement et avec transport que toi seule m'aimais de tout ton cœur. Il est vrai, je le sais, l'amour se change quelquefois en haine; n'importe, je me suis risqué : me voici, Thora, veux-tu que je trouve chez toi un asile contre la poursuite d'Olaf et de ses amis ? Merci alors à ton amour que j'ai su si peu apprécier. Si tu me refuses, Thora, il est trop dur pour Hakon de supplier.... alors il retournera dans la nuit pour monter sur le plus haut des rochers, d'où il dominera pour la dernière fois de ses regards la Norvège, le royaume qui lui avait rendu hommage, puis il tombera tranquillement percé de son épée. La farouche tempête élèvera rapidement sur ses ailes l'esprit de Hakon, jusqu'au père de la victoire, et le soleil trouvera le cadavre du héros sur le rocher en disant: «Grand dans la mort comme dans la vie!»

THORA. — O Hakon ! Hakon ! Ne parle pas ainsi. Non, je ne te hais pas, ma haine a disparu. Tu trouveras chez moi un asile, où je te garderai et te défendrai contre tes ennemis.

(Elle lui tend la main.)

HAKON. — Sais-tu que, de cette main, j'ai tué mon fils, le petit Erling que tu aimais tant ?

THORA. — Je le sais, tu l'as immolé aux dieux ; cet acte témoigne de l'extrémité à laquelle le destin avait réduit ton âme extraordinaire.

HAKON. — Et sais-tu que, de cette main que tu serres dans la tienne, j'ai.... Ah ! quelle douleur de....

THORA. — Oui, je sais que tu as tué mes frères au combat.

HAKON. — Et néanmoins ?

THORA. — Thora est toujours Thora ! Oui, Hakon, tu as agi cruellement envers moi, tu as repoussé mon amour avec mépris, tu as tué mes frères; mais, au combat, c'est vie pour vie, et Einar m'a assuré que maintenant ils sont bienheureux au Valhalla. *(Elle se cache le visage dans ses mains et pleure; puis elle relève la tête et regarde fixement le Jarl.)* Ah! dis-moi, Hakon, est-ce bien toi qui es debout, là, dans la chambre de Thora, dans cette sombre maison, loin de la splendide salle royale de Hlade? Ici, au milieu des ténèbres effroyables de la nuit; ici, où la tempête fait trembler les murs en même temps que mon cœur? Dis, Hakon, cet homme pâle et silencieux qui s'appuie faiblement sur son épée, dépouillé de son casque et de son manteau de pourpre, est-ce bien toi?

HAKON. — L'ombre pâle que tu vois ici était autrefois le maître puissant de Norvège; les braves Norvégiens obéissaient à sa volonté. Le Jarl est tombé au combat, à la bataille de Hlade. Ah! il y a longtemps, c'est presque oublié! Maintenant son ombre erre mystérieusement dans la nuit. Le héros s'appelait Hakon.

THORA. — Ah! je suis vengée! terriblement vengée! Plus de haine! Reviens, doux amour! Je serais une louve et non une femme, si, à ce spectacle, il restait place dans mon cœur à un vestige de colère! Oh! repose-toi sur mon cœur! Viens, que j'essuie la sueur de ton front, viens, que je rende la vie à ton regard.

(Elle l'embrasse.)

HAKON, *égaré.* — Dis-moi, belle fille de la Norvège, quel est ton nom?

THORA. — Les jeunes filles de la vallée m'appelaient *Souvenance.* J'étais une petite fleur bleue et tendre, issue de la racine d'un chêne. J'en recevais la vie et la couleur; mais sitôt qu'il me fut défendu de fleurir dans un petit coin à l'ombre du tronc puissant, je fus perdue.

HAKON. — Ah! Souvenance chérie! Quel charmant nom!

THORA. — Ciel! qu'as-tu? Tu trembles de la fièvre dans mes bras! Tu pleures, Hakon? Grands dieux du Valhalla! c'est une émotion terrible, nouvelle et dangereuse, jamais je n'ai vu des larmes sur tes joues.

HAKON, *souriant avec amertume.* — Souvenance chérie! Petite fleur gentille qui souris sur la tombe, sur la tombe du guerrier, est-ce que mes larmes t'étonnent? N'as-tu jamais vu les dures pierres verser des larmes, lorsque, toutes froides, on leur fait éprouver la chaleur d'un feu ardent? C'est la sueur de l'agonie, pâle fleur de la mort! Elle ne doit point t'étonner!

THORA. — Ah! bonne Freia!

HAKON. — La neige des montagnes fond et disparaît. L'intrépide hiver se dissout en larmes et s'évanouit devant le délicieux printemps, devant les fleurs d'Olaf. Hakon Jarl n'est plus : c'est une ombre qui revient. Mais approchez-vous sans crainte du cadavre, percez-le bravement d'un pieu que vous enfoncerez profondément en terre, et il ne reviendra plus, il dormira en paix.

THORA. — Calme-toi, mon Hakon, ne parle plus avec cet égarement. La plus grande âme, si forte et si sublime qu'elle soit, est enfin contrainte d'obéir aux lois de la nature. Déjà, depuis longtemps, au milieu des ennemis, l'indignation, la résistance ont douloureusement froissé ton cœur. Maintenant, il fond en douces larmes. Viens, suis-moi! Sous la maison existe une ancienne voûte taillée dans le roc. Personne ne la connaît que moi ; là, je te cacherai jusqu'à ce que le danger soit passé, et bientôt une meilleure fortune te sourira.

HAKON. — Parle-moi sincèrement : l'espoir peut-il luire encore pour moi au-delà de cette voûte?

THORA. — Je n'en doute pas, seigneur bien-aimé.

HAKON. — Dans une cave sombre et ignorée, sous terre, à l'abri de l'ennemi et du danger! C'est dans ce refuge sûr, inattaquable, que tu veux me conduire?

THORA. — Oui, mon ami.

HAKON, *lui tendant majestueusement la main.* — Viens, ma Valkyrie, ma gentille Hel [1]! je te suis sans crainte.

THORA. — O dieux bons!

HAKON. — Crois-tu que je tremble devant ta farouche figure? Il est vrai que tu es pâle et tes lèvres sont bleues; tu ne tues pas avec la promptitude de tes sœurs Hildur

---

1. Fille de Loke, déesse de l'enfer.

et la sauvage Geierskögul [1] en abattant à l'instant la victime de ta lance héroïque; tu étrangles lentement, horriblement, avec l'effroi, les horreurs de l'angoisse, en annihilant le courage d'abord, cruelle, et l'homme après. N'importe, viens, pressons-nous, tu n'as pas encore éteint en moi l'étincelle de la fierté. Je t'accompagnerai d'un pas ferme jusqu'à la tombe.

THORA. — Nobles dieux, prenez-le sous votre garde.

(Ils sortent.)

SCÈNE IV

Contrée boisée, près de Ganlaa.

OLAF, CARLSHOVED, JOSTEIN, GRIF. *Une troupe de guerriers.*

GRIF. — Le soleil se lève, seigneur roi, le ciel s'éclaircit. Il semble que le jour sera aussi beau que la nuit a été vilaine. N'es-tu pas fatigué? Ne veux-tu pas prendre un peu de repos sous cet arbre, pendant qu'on donne la ration aux chevaux?

OLAF. — Non, point de repos! Je ne me calmerai, je l'ai juré, qu'après avoir rencontré Hakon. Son infâme méfait, le meurtre de son fils, sera puni; il lui coûtera la vie. A-t-on jamais vu un crime aussi exécrable? Une sainte tradition parle d'un vieillard, d'un père qui, le cœur affligé et ulcéré, était sur le point d'exécuter la volonté céleste, mais ce n'était qu'une épreuve! Et qui sait? Peut-être le fer se serait-il échappé de sa main, si la Providence ne l'avait arrêté! Mais Hakon.....

JOSTEIN. — Seigneur roi, tu as raison; c'est un crime épouvantable.

OLAF. — Son armée est dispersée, elle n'est pas complètement battue. Certes, le jeune Einar triomphe, mais il est moins sage que brave. Si Hakon gagne du temps et parvient à s'échapper, les ruisseaux dispersés pourront se rassembler et former une grande rivière. Je ne suis pas venu

---

1. Des Valkyries.

pour désoler le pays par des escarmouches, je veux le soulager par la paix et la piété. Hakon expiera ses crimes de son sang; lui vivant, il ne reste aucun espoir de paix. La rose chrétienne ne peut fleurir tant que le païen respirera.

EINAR *arrive avec les vêtements ensanglantés de Hakon.*
— Nous n'avons pas besoin d'aller plus loin, roi Olaf; le coursier du Jarl gît là-bas, près de la petite rivière, il a été abattu; près de lui j'ai trouvé sa tunique. La voici, elle est teinte de sang. Un de tes guerrriers l'aura probablement rencontré et lui aura porté le coup mortel.

OLAF. — Ah! serait-ce la vérité? Dites-moi, ami! Est-ce bien la tunique du Jarl?

GRIF. — Sans doute, c'est la sienne, mais lui-même, où est-il? Hakon aussi est-il étendu mort à côté de son coursier?

EINAR. — Non, je n'ai aperçu aucune trace de Hakon lui-même.

GRIF. — Apporte-nous le corps du Jarl et nous serons tranquilles, mais pas avant. Ne connais-tu pas mieux Hakon? Je me tromperais bien, ou il est caché maintenant sous un autre vêtement. Seigneur, défie-toi de ce tour qui est digne du rusé Jarl. Il ne l'a fait que pour t'induire en erreur; je le connais, moi.

OLAF. — Partons, nous ne sommes pas loin de Rimul; là, j'ai convoqué le Thing, et j'y apprendrai si mes émissaires ont découvert ses traces.

GRIF. — C'est là que demeure Thora, sa fiancée.

EINAR. — D'autrefois! Hakon l'a mortellement outragée, ses frères étaient les plus acharnés contre le Jarl.

GRIF. — Cependant je pense que quelques recherches ne seraient pas inutiles. On dit que les vieilles amours ne se rouillent jamais complètement.

OLAF. — Le jour augmente. A cheval! Partons!

(Ils sortent.)

SCÈNE V

Une voûte souterraine. Hakon et Karker entrent; le dernier porte une lampe et un plat de vivres.

HAKON, KARKER.

KARKER, *en regardant autour de lui.* — Voilà donc la caverne que nous allons habiter? Le logememt n'est pas somptueux. Où faut-il que je mette la lampe?

HAKON. — Suspens-la au coin du mur.

KARKER. — Oui, c'est ce qu'il y aura de mieux, on a taillé des sièges dans ce rocher; on peut se reposer ici. Seigneur Jarl, ne voulez-vous pas manger un peu? Vous n'avez rien pris de toute la nuit, ni aujourd'hui.

HAKON. — Je n'ai pas faim, mange, toi!

KARKER. — Avec votre permission, j'en prendrai un peu. (*Il s'assied et mange. Hakon se promène de long en large à pas agités*). Seigneur Jarl, que cette caverne est vilaine. Avez-vous vu la grande caisse noire qui se trouve à l'entrée, près de la porte?

HAKON. — Tais-toi et mange! (*A part.*) Sous cette sombre voûte Thora a dû errer mainte nuit sans sommeil pour pleurer dans la solitude. Ce lieu devait être sa tombe, elle a secrètement fait fabriquer ce noir cercueil. Elle a voulu que son beau corps fût étendu ici et livré aux vers. (*En regardant Karker*). Serf, pourquoi ne manges-tu pas? d'ordinaire, tu dévores avec avidité! Qu'as-tu?

KARKER. — Ah! seigneur Jarl, je n'ai point appétit.

HAKON. — Point appétit? Pourquoi? Mange, serf! Sois gai et content, compte sur moi, ton maître.

KARKER. — Hélas! seigneur Jarl, vous avez vous-même le cœur serré et découragé!

HAKON. — Le cœur serré? Serf, qu'oses-tu dire? Sois joyeux! Si tu ne peux pas manger, chante-moi une chanson.

KARKER. — Laquelle?

HAKON. — Chante ce que tu voudras. Cependant je préférerais une chanson à mélodie sauvage et violente, la musique de la pluie et des grêlons par une rude tempête ! Chante-moi un air de berceau.

KARKER. — Un air de berceau ?

HAKON. — Oui, pour que le vieil enfant puisse dormir la nuit sans peur.

KARKER. — Je sais une superbe chanson héroïque, seigneur.

HAKON. — Finit-elle tristement ? Est-ce que d'abord tout y va bien et heureusement ? Et plus tard, se termine-t-elle par la mort et par le meurtre ?

KARKER. — Non, seigneur, elle est bien triste dès le commencement.

HAKON. — C'est ce que j'aime. Il est d'un tour usé et répugnant d'imiter nos scaldes qui commencent par le calme et la gaieté pour faire d'autant plus de contraste à la fin ; lorsque la matinée est triste et sombre, on sait tout de suite à quoi s'attendre. Commence ta chanson.

KARKER *chante.*

Le roi Harald et Erling naviguèrent une nuit,
Au clair de la lune et par un vent favorable,
Et lorsqu'ils arrivèrent à Oglogard,
Ils brulèrent le Jarl avec son château.

HAKON. — Karker, es-tu fou ? C'est le chant de mort de mon père.

KARKER. — Sigurd Jarl était donc votre père, seigneur ? Je ne l'ai jamais su. Oui, vous avez raison, il eut une fin lamentable.

HAKON. — Tais-toi !

KARKER. — On ne trouve pas même ici un reste de natte ou un peu de paille pour se reposer.

HAKON. — Si tu es fatigué, couche-toi par terre. Je l'ai fait moi-même plus d'une fois.

KARKER. — Alors, seigneur Jarl, avec votre permission, je me coucherai un peu.

HAKON. — Dors, dors ! (*Karker s'étend par terre et s'endort. Hakon le regarde.*) Nature inerte ! Tu t'endors déjà !

La petite étincelle qui prouvait que tu es une bête et non un bloc de bois, couve presque morte sous les cendres. Tu es heureux! Ici, cela brûle, cela gronde avec une force indomptable. As-tu chanté le Drapa de mon père à cette heure pour me faire connaître la volonté des Nornes? La fin de Hakon sera-t-elle pareille à celle de Sigurd? Sigurd était comme moi un homme de sang, un ardent adorateur des anciens dieux. Il savait dompter, sous l'apparence de l'amitié, le pieux roi Athelstan; il l'empêchait d'agir. (*Avec agitation.*) Comment? Est-ce que le Christ blanc aurait vraiment vaincu Odin? Est-ce que celui qui veut arrêter la foi du Midi doit tomber victime de sa hardiesse? — Il fait froid dans cette grotte, elle est humide et glacée. (*Il va et vient, puis s'arrête pour regarder Karker.*) Il dort. La figure de ce serf a une vilaine expression; étendu sous la lampe, il ricane comme un Trold. (*Il le secoue.*) Réveille-toi, serf! Réveille-toi, Karker! Que signifie ce hideux sourire?

KARKER. — Ah! Ha, ha! Je rêvais.

HAKON. — Et que rêvais-tu?

KARKER. — Je rêvais que....

HAKON. — Chut! Silence! quelle est cette rumeur au-dessus de nous?

KARKER. — C'est une troupe de guerriers, seigneur, j'entends le bruit des armures. Ce sont sans doute les hommes du roi Olaf qui te cherchent là-haut, seigneur Jarl.

HAKON. — Cette vieille voûte est inconnue à tous. Thora m'en a donné la clef. On peut fermer la porte avec des fers et des serrures solides; ici, nous sommes en sûreté.

KARKER *écoute*. — Entendez-vous, seigneur, entendez-vous ce que crie ce soldat au-dessus de ma tête?

HAKON. — Que crie-t-il?

KARKER. — Que le roi Olaf couvrira d'honneurs et d'or celui qui lui apportera votre tête.

HAKON, *le fixant des yeux*. — J'espère que tu ne penses pas à gagner cet or? Pourquoi trembles-tu? Pourquoi pâlis-tu? Pourquoi tes lèvres deviennent-elles bleues?

KARKER. — Hélas! mon songe me fait encore frémir.

Dites-moi, seigneur Jarl, vous qui savez interpréter les songes, que signifie le mien?

HAKON. — Qu'as-tu rêvé?

KARKER. — D'abord il me semblait que nous étions tous les deux assis dans un bateau sur la mer. Moi, je tenais le gouvernail.

HAKON. — Cela signifie que tu disposes de ma vie et de mes jours. Sois fidèle, aide-moi à l'heure du danger, et je te récompenserai plus richement encore qu'Olaf.

KARKER. — Mon songe n'est pas fini.

HAKON. — Qu'as-tu rêvé de plus, Karker? Parle!

KARKER. — J'ai rêvé qu'un homme noir et robuste descendait du rocher pour me dire que tous les détroits étaient fermés.

HAKON. — Tu rêves mal, Karker! Cela doit signifier qu'il ne nous reste à tous les deux qu'une existence courte et restreinte. Sois fidèle! sois fidèle! Tu m'as raconté que nous sommes venus au monde dans la même nuit; je crois aussi que ta mort suivra de près la mienne.

KARKER. — Ensuite, j'ai rêvé que j'étais à Hlade, et que le roi Olaf faisait mettre un anneau d'or autour de mon cou.

HAKON. — Cela signifie qu'il fera mettre un anneau de chanvre autour de ton cou, si tu trahis perfidement ton maître. Va, assieds-toi dans ce coin là-bas; moi, je resterai dans celui-ci, puis nous dormirons tous deux.

KARKER. — Comme vous voudrez, seigneur Jarl.

HAKON. — Où vas-tu?

KARKER. — Je vais moucher la lampe.

HAKON. — Assieds-toi, te dis-je, et laisse la lampe. Tu pourrais l'éteindre et nous resterions dans une obscurité profonde. Je ne comprends pas qu'on ait l'habitude, tous les soirs avant de se coucher, d'éteindre la lumière. C'est un vilain symbole de la mort, bien plus noir et plus laid que le sommeil lui-même. Qu'est-ce qui flambe plus fort et plus vivement qu'une lumière? La lumière éteinte que devient-elle? Laisse la lampe! Elle brûle faiblement, mais elle brûle encore. Tant qu'il y a de la vie, il y a de l'espoir, assieds-toi et dors!

(Tous les deux restent assis en silence pendant quelques moments.)

HAKON. — Dors-tu, Karker?

KARKER. — Oui, seigneur Jarl.

HAKON. Ah! stupide esclave, abruti! (*Il se lève et se promène de long en large.*) Hakon, Hakon! Cet animal est-il le dernier reste de ta puissance perdue? Je ne peux me fier à lui; une telle cervelle peut-elle avoir une idée du devoir et de la fidélité? Il accourt comme un chien caresser celui qui lui offre le meilleur morceau. Donne-moi ton poignard, Karker! Un serf ne doit pas porter des armes.

KARKER. — Vous me l'avez donné vous-même, seigneur, le voici.

HAKON. — Et dors maintenant!

KARKER. — Tout de suite, seigneur.

(Il se rassied.)

HAKON. — Une fièvre sourde agite ma tête. Ce combat m'a fatigué, cette fuite au milieu de la nuit m'a épuisé. Cependant je n'ose dormir; ce serf.., non, j'éviterai le sommeil, je me reposerai seulement un peu.

(Il s'assied et s'endort.)

KARKER, *se levant doucement*. — Il dort!... il n'a pas confiance en moi; il craint que je le trahisse... Le roi Olaf offre pour sa tête de l'or et des honneurs; qu'est-ce que le Jarl pourra me donner de plus? Il remue... Que Thor me vienne en aide! il parle en dormant.

HAKON. — Harald aux cheveux d'or! Graafeld! que me voulez-vous? Laissez-moi dormir, vous avez mérité votre mort, je n'ai pas appelé à mon aide l'amitié, la dissimulation pour vous trahir... Que voulez-vous, fillettes? Allez-vous-en, retournez chez vous! je n'ai plus le temps de plaisanter, que diront vos fiancés?... Et l'image d'Odin qui s'est brisée en tombant... Tu as mordu à l'hameçon, Olaf! Maintenant tu veux que Hakon morde à l'hameçon de la mort... Qui est-ce qui pleure là derrière le buisson? Ah! c'est le plus grand de tous les malheurs. Erling! tu saignes? Ai-je enfoncé le fer trop profondément? Des gouttes de pourpre roulent de ta poitrine au milieu des roses. (*Il crie à haute voix.*) Karker! Holà, Karker!

KARKER *s'approche*. — Me voilà! seigneur Jarl! Il marche et parle toujours en dormant.

HAKON. — C'est fini! Voilà ton poignard, enfonce-le dans mon cœur!

KARKER. — Vous vous en repentirez, seigneur, quand vous serez éveillé!

HAKON. — Je l'ai mérité, Karker. Enfonce-le hardiment!

KARKER, *prenant le poignard.* — Il est mon maître, mon devoir est de lui obéir.

HAKON. — Ah! dépêche-toi! dépêche-toi! Karker! Avant que je me réveille, l'un de nous deux mourra, toi ou moi!

KARKER, *enfonçant le poignard dans la poitrine de Hakon.* — Que ce soit toi.

HAKON *tombe.* — La vengeance du ciel m'a atteint de ses flammes! ta prophétie s'est accomplie, Olaf Trygvesön! Je sens l'éclair qui brûle dans ma poitrine!

(Il meurt.)

KARKER. — C'est fait! et toutes les plaintes ne serviront plus à rien. J'aurai beau crier et hurler, que cela ne le ferait pas revenir à la vie. Je vais prendre la clef dans sa poche et porter son corps jusqu'à la porte du corridor. Puis j'irai tout révéler au roi Olaf, pour avoir de l'or et de l'argent. Ce qui est fait est fait. Il a voulu sa mort; je n'ai fait qu'obéir aux ordres de mon maître.

(Il charge le cadavre sur ses épaules et l'emporte.)

SCÈNE VI

Grande place en dehors de la maison de Thora; Olaf armé de son bouclier et de sa lance, est debout sur une grande pierre, entouré de l'assemblée du peuple.

OLAF, GRIF, BERGTHOR.

GRIF. — Voilà les Drontheimois qui arrivent, seigneur roi! L'assemblée est complète, il ne manque plus personne, ni chefs[1] ni députés. Voilà aussi Bergthor, le forgeron, le doyen des Drontheimois, qui se dirige vers cette place. Il

---

1. Le mot danois *Laugmand* s'applique plus souvent aux chefs des assemblées qu'aux chefs militaires.

combattait avec toi hier, mais sans te voir, car la nuit était survenue que l'on se battait encore. C'est un rude homme que Bergthor ! Si tu voyais ses filles, seigneur ; il les a eues avec sa troisième femme, à l'âge de soixante ans.

(Bergthor arrive, il est accompagné d'une troupe de vassaux.)

BERGTHOR. — Le voilà, frères ! Le voilà debout sur la pierre du Thing, l'air royal et majestueux, comme Harald aux beaux cheveux ou comme Athelstan. *(Il ôte son bonnet.)* Es-tu, Olaf, le fils de Trygve, roi de Vigen ?

OLAF. — Oui, je suis Olaf, le vrai fils de Trygve.

BERGTHOR. — C'était un homme superbe ! On reconnaît tout de suite sa race. Donc, Olaf, tu nous a convoqués au thing ; moi, je suis le doyen des vassaux de Drontheim, et, en conséquence, leur chef. Sois le bienvenu en Norvège ! Nous avons combattu avec toi hier, mais nous ne te voyons qu'aujourd'hui ; hier, nous n'en avions pas le temps. Tous les bons Norvégiens désiraient te voir. Ils seront heureux de te choisir pour leur roi, car ce titre t'appartient en tout honneur. Voici une couronne, Olaf ! Hakon m'ordonna de la forger, et je l'ai adaptée à un anneau de fer, la mesure d'Halfdan Svarte. Mais elle n'allait pas à la tête de Hakon, elle lui tombait sur les yeux. — Il faut voir, si elle t'ira. *(Olaf met la couronne sur sa tête.)* Elle lui va comme si elle avait été fondue autour de sa tête ! Frappons sur nos boucliers, vassaux, et acclamons-le !

(Bruit des armes.)

LE PEUPLE. — Vive Olaf Trygvesön, notre roi ! Par Odin, Vil et Vé [1] et tous les dieux, nous lui jurons dévouement et fidélité.

OLAF. — Un dieu suffit, braves Norvégiens. Jurez par le seul Dieu véritable, qui dans le ciel voit et entend tout.

LE PEUPLE. — Nous jurons par le dieu d'Olaf !

(Bruit des armes et cris de joie ; vacarme au dehors.)

OLAF. — Que signifie ce bruit ?

EINAR *qui entre.* — Seigneur ! Ton soleil vient de dissi-

---

1. Vil et Vé étaient les frères d'Odin. Lorsque l'homme fut créé, Odin lui donna l'âme et la vie, Vil, la marche et l'intelligence, et Vé, l'ouïe, la vue et la parole.

per son nuage noir ; il ne tonne plus, les éclairs ont cessé. L'on emporte sur des boucliers le cadavre de Hakon. Sa fiancée Thora, s'est, comme Grif le disait, souvenue de son ancien amour. Elle l'avait caché sous une voûte isolée, et là, le Jarl a été tué par un de ses serfs, qui avait entendu la proclamation et les promesses du héraut.

OLAF. — As-tu vu le corps de Hakon, es-tu certain que ce soit lui?

GRIF. — Oui, cette fois c'est bien lui-même, et non sa tunique ; il est étendu pâle et inanimé, mais ses traits n'ont pas changé. Le sang coulait d'un coup mortel qu'il a reçu en pleine poitrine.

OLAF. — Que la paix soit avec son âme! Que l'on remporte son cadavre au lieu où il a été trouvé, ma haine s'éteint avec sa mort. Rendez à la pauvre femme qui l'aimait si fidèlement la dépouille du héros chéri! Mais, en même temps, que l'on suspende au gibet, le serf perfide qui a trahi son maître.

GRIF. — Bien, mon roi! bien!

OLAF, *en descendant de la pierre*. — Et maintenant à Hlade! qui me suivra?

BERGTHOR. — Toute la Norvège, seigneur!

OLAF. — Vous serez tous mes hôtes. Cette matinée est l'augure d'une heureuse et joyeuse soirée. Les cornes d'or circuleront gaiement sur les bancs, dans les bocages de Drontheim; on les videra à la bienvenue d'Olaf.

LE PEUPLE. — Vive le roi Olaf!

(Bruit des armes.)

SCÈNE VII

La voûte souterraine. La lampe brûle toujours à la même place. Trois valets apportent un cercueil noir, qu'ils déposent silencieusement au milieu du caveau. Thora paraît et se dirige lentement vers le cercueil, portant à la main une couronne de sapin.

THORA, *devant le cercueil qu'elle a contemplé pendant quelques instants en silence*. — Te voici donc, Hakón Jarl, dans le cercueil que Thora s'était destiné. Je ne l'eusse jamais pensé. Que ton corps fatigué repose en paix dans la tombe ! Tu as cruellement expié tes crimes ; que nul ne flétrisse ta mémoire de paroles dures et cruelles. Je t'aime dans la tombe, comme je t'ai aimé dans la vie. Naguère encore tu brillais au nord comme le soleil vivifiant ; maintenant, la grande armée des héros t'a oublié pour adorer un nouvel astre ! Un seul cœur, celui d'une femme timide, tressaille encore silencieusement à ton souvenir. Les honneurs que te devaient tes guerriers perfides, aujourd'hui enivrés de joie, je te les rendrai. (*Elle dépose la couronne et l'épée sur le cercueil*). Reçois de la main de Thora, cette fraîche couronne ; c'est une couronne de fiers sapins de Norvège ; elle s'enlacera à ton glaive héroïque et elle dira que tu étais un vigoureux lutteur du Nord, un arbre desséché par la gelée de l'hiver ? Lorsque le temps aura effacé les tendres couleurs et qu'il n'aura laissé subsister que la gigantesque esquisse, les chroniques diront encore : C'était un païen féroce et cruel ! On frémira en prononçant ton nom. Mais moi, je ne frémirai point, je t'ai connu ; les facultés les plus élevées, le cœur le mieux placé sont devenus en toi victimes des erreurs de notre époque. Dors, mon Hakon, dors en paix. Que le père de la victoire entoure de joies ton âme héroïque ! Je te quitte ; je vais fermer cette porte, et lorsqu'on la rouvrira, les valets de Thora apporteront son cadavre pour déposer, côte à côte du tien, Hakon, le corps de celle qui t'a aimé !

(Elle s'éloigne lentement. La lampe jette encore pendant quelques instants un éclat mat et faible. Puis elle flamboie et s'éteint tout-à-coup. Le cercueil disparaît dans l'obscurité.)

FIN DU CINQUIÈME ET DERNIER ACTE.

AXEL ET VALBORG

TRAGÉDIE EN CINQ ACTES

NOTICE
SUR
AXEL ET VALBORG

Le sujet de ce drame est tiré d'une ancienne légende qui figure au nombre des chants nationaux du Danemark, recueillis par Peder Syv. En 1700, un dramaturge, nommé Rin s'était déjà emparé de cette donnée; mais son œuvre incolore et sans portée tomba bientôt dans l'oubli. Œhlenschlæger a religieusement suivi la légende et le récit du célèbre chroniqueur danois Snurro Sturleson et il a merveilleusement réussi dans la peinture de la mystérieuse association des anciennes croyances scandinaves avec la foi chrétienne. Ce drame nous montre toute la souplesse du génie d'Œlenschlæger. Autant il trouve de force et d'énergie dans la pensée, le style et la forme de Hakon Jarl, autant il sait mettre de grâce, de douceur, de tendresse dans le langage de ces amoureux : Axel et Valborg.

Les trois royaumes du Nord veulent à l'envi avoir été le théâtre du drame d'Axel et Valborg et, dans chacun d'eux, nombre de localités réclament l'honneur d'en avoir été le théâtre. L'action qui touche souvent à de véritables questions religieuses, a été placée par l'auteur dans la cathédrale de Drontheim, où se déroule le drame tout entier. Œhlenschlæger a fort judicieusement pensé que les rigueurs de l'Eglise qui viennent à tout moment mettre obstacle aux amours d'Axel et de Valborg recevaient une plus puissante signification et gagnaient à être dépeintes sous les hautes et majestueuses voûtes de la plus ancienne église du Nord.

Dès leur enfance Axel et Valborg s'aiment; leur amour grandit. Ils veulent être l'un à l'autre et se sont juré de s'épouser. Une circonstance imprévue vient brusquement les arracher à ce rêve enchanteur : ils sont cousins, et les lois de l'Eglise s'opposent formellement à cette union. Axel, désespéré, entre au service de

Henri le Lion pour combattre les Infidèles ; il se distingue par une foule d'exploits et poursuit ardemment son but : obtenir une dispense du pape. Après cinq années de combats et de souffrances, Axel l'obtient enfin et revient en toute hâte. Un jeune Allemand, Wilhelm, son ami le plus dévoué, a voulu l'accompagner dans ce dernier voyage, et, au début du drame, nous les trouvons tous deux dans la cathédrale de Drontheim. Valborg a juré, quand Axel partit, de suspendre chaque jour une couronne de fleurs au-dessus de leurs chiffres gravés sur un pilier. Quelle n'est pas la joie du jeune homme : Valborg a tenu sa parole ! Le frère Canut, confesseur du roi, surpris du retour imprévu d'Axel, fait tous ses efforts pour jeter le trouble et le doute dans l'âme de son fiancé ; entre autres choses, il lui apprend que le roi Hakon s'est épris de la jeune fille et a conçu le projet de l'épouser et de la faire reine de Norvège. Cette nouvelle émeut Axel au dernier point ; il ne se remet qu'en apercevant Valborg parmi les dames d'honneur de la reine-mère qui se rend à l'église. Il revêt un manteau de pèlerin pour se déguiser et se met en prière sur le passage du cortège. Une scène de reconnaissance, tout empreinte d'une poésie et d'un charme indéfinissables a lieu entre les deux amants.

Mais bientôt nouvelle inquiétude d'Axel. Le moine a dit vrai : Valborg lui confirme qu'elle est aimée du roi Hakon ; celui-ci veut l'épouser, c'en est fait de leur bonheur. Le jeune amoureux fait appel à toute son énergie ; ce mariage n'aura pas lieu ; il prend son anneau et veut le passer au doigt de Valborg, comme un symbole de leur union prochaine. Mais, au moment de se fiancer ainsi l'un à l'autre, l'anneau leur échappe et va rouler par une fente des dalles, dans le tombeau du roi Harald, leur ancêtre à tous deux. Cet incident impressionne fâcheusement Valborg qui croit voir là un sinistre présage pour leur amour.

Dans ce premier acte, déjà, nous pouvons constater toute la puissance du génie de OEhlenschlæger : c'est la même touche, qui indique, du premier coup et à grands traits, tous ses caractères. Canut est présenté avec une effrayante vérité : toutes ses paroles sont empreintes de l'hypocrisie la plus accentuée ; c'est le calcul et l'allure du jésuite, pris dans sa plus noire acception. Nous ne saurions trop le répéter ; la scène entre Axel et Valborg est en tous points ravissante ; cette chaste et enthousiaste passion est du plus puissant intérêt, et la peinture en est faite des couleurs les plus vives. Pendant tout le cours du drame, cette figure de Valborg tient le spectateur sous un charme magique ; elle a quelque chose d'angélique, et nous n'hésitons pas à regarder ce rôle comme une des plus suaves créations qui aient jamais paru au théâtre.

Le second acte s'ouvre par un entretien entre le roi Hakon et un de ses principaux généraux, Sigurd. Ce dernier s'efforce d'attirer l'attention de son souverain sur les entreprises d'Erling Skakke qui cherche à lui ravir sa couronne.

Le vieillard malmène assez vertement son jeune roi, qui, tout à ses amours, souffre les semonces du vieux chef mais n'en tient aucun compte. Cette scène, vivement dialoguée, expose déjà très bien le caractère de Hakon. Canut apprend à ce dernier le retour et les prétentions d'Axel. Grande colère du roi ; les astucieux conseils du moine parviennent à le calmer : on enverra Axel à la guerre. L'Église ne saurait, en aucune façon, admettre cette union ; on trouvera un moyen : il ne faut pas se faire un ennemi du jeune homme. Hakon se confie entièrement au moine Canut, et lui abandonne toute la conduite de cette affaire. Ici se place une des plus belles scènes de la pièce : l'entrevue entre Hakon et Axel. Le roi reçoit à merveille son sujet, non sans lui reprocher d'avoir abandonné pendant cinq ans son pays pour aller combattre sous des drapeaux étrangers. Axel se justifie et met son épée au service de Hakon pour défendre la Norvège contre les envahissements d'Erling Skakke. Quant à Valborg, Hakon ne se défend pas de l'amour qu'il éprouve ; pour elle, mais comme il est son tuteur et qu'il ne veut que son bien, il propose assez perfidement à Axel de s'en rapporter à la décision de l'Église. Axel, transporté de joie, apprend alors à Hakon que le pape lui a accordé une dispense ; sa parenté avec Valborg a cessé d'être : il peut donc l'épouser. A cette nouvelle, le roi ne se contient plus et s'abandonne à la fureur ; des paroles dures et outrageantes sortent de sa bouche. Axel les écoute avec calme et dignité ; il déclare au roi que son mariage avec Valborg ne regarde que l'Église, et que sa puissance n'a, en aucune façon, le droit de s'immiscer dans cette affaire. Resté seul, Hakon, au comble de l'irritation, jure la perte d'Axel ; il ne veut même pas écouter Canut, qui revient, le registre de l'église à la main ; il y a découvert une circonstance particulière qui doit servir les intérêts et l'amour du roi ; celui-ci, tout à la violence de son caractère, n'entend rien et sort. La scène entre Axel et Hakon est admirable. Pas un mot du roi derrière lequel ne soit caché le moine ; tous les mauvais instincts du monarque, flattés par ce prêtre ambitieux, sont mis en relief. Comme opposition, la noblesse et la générosité d'Axel sont merveilleusement tracées ; on sent l'homme confiant dans sa force, que la justice seule et l'équité animent ; ces qualités mettent encore au grand jour toute la sincérité de son amour pour Valborg. De plus, ajoutons qu'au point de vue de la forme, cette scène est parfaitement conduite, savamment graduée et, qu'arrivée à son plus haut développement, elle laisse encore inaperçus tous les procédés et toutes les habiletés que nos modernes dramaturges mettent si souvent en évidence, malgré leurs efforts pour les cacher. Cette scène est d'un grand maître.

Au troisième acte, nous faisons la connaissance d'Erland, bon et digne archevêque; il se réjouit de présider à l'union d'Axel et de Valborg. Survient Canut, le sinistre moine; il est encore porteur du registre de l'Église; il fait part à l'archevêque d'une particularité qu'il y a découverte; Axel et Valborg, ayant été tenus ensemble sur les fonts baptismaux, sont ce que l'Église appelle frère et sœur devant Dieu; les lois ecclésiastiques interdisent formellement le mariage en pareil cas. Canut éprouve une joie méchante à annoncer cette fâcheuse nouvelle au doux et naïf Erland. Ce dernier, malgré toute sa désolation, ne pouvant enfreindre les règlements de l'Église, se prépare avec tristesse à désoler le cœur des deux fiancés. Le cortège nuptial entre dans la cathédrale. Toute la cour, Hakon et la reine mère, se rangent pour recevoir les deux époux. Puis vient une nombreuse procession d'enfants de chœur, de seigneurs et de dames d'honneur. On se dirige vers l'autel, pendant que la musique et les chants font résonner les voûtes de la nef, lorsque l'archevêque, en tête de son clergé, s'avance à la rencontre des futurs époux et leur fait connaître l'obstacle qui s'oppose à leur union. La douleur succèdent à la joie; on apporte un voile, que les deux fiancés doivent tenir chacun d'une main, et qui, suivant l'usage, doit être coupé entre eux deux, afin de symboliser la séparation. Le généreux Erland, trop ému pour accomplir cette tâche, remet à Canut l'épée que le roi lui a donnée pour couper le voile. Le moine, d'une main ferme, s'acquitte de cette fonction et porte froidement au noble couple ce douloureux et dernier coup. Hakon exige que Axel s'éloigne immédiatement; mais l'archevêque réclame pour les deux amants une faveur que l'Église, en ce cas, ne refuse jamais; il s'agit d'une dernière entrevue dans la cathédrale, sans témoins. Nous croyons volontiers que ce prétendu droit, invoqué par Erland, n'est qu'une fiction du poète; quoiqu'il en soit, pleine de douceur et d'accents passionnés, cette scène est sublime; il est impossible de ne pas être profondément attendri en l'écoutant.

Erland, après avoir séparé les deux jeunes gens, se rappelle tristement sa jeunesse; lui aussi a aimé : elle avait nom Éléonore et fut contrainte d'épouser un homme qu'elle haïssait. Outre l'effet assez fâcheux produit par les souvenirs amoureux de l'archevèque, nous critiquerons ici l'entrée de Wilhelm. Après une explication assez peu naturelle entre Erland et lui, on apprend tout à coup que le dit Wilhelm est le fils d'Éléonore, la bien aimée des jeunes années de l'archevêque.

Tout cela est un peu forcé et n'est guère amené que pour servir à la marche du drame. Néanmoins, ceci admis, l'intérêt que ce jeune homme inspire à Erland est assez naturel. Wilhelm raconte à l'archevêque qu'ayant quitté le matin son navire afin d'assister à la cérémonie du mariage, la chaleur l'avait accablé et que la fraîcheur de l'église l'ayant délicieusement saisi, il s'était endormi dans le chœur sur un banc. Pendant ce sommeil, saint Olaf lui était apparu et lui avait indiqué un moyen de sauver les deux jeunes gens. Hakon a fait enfermer Valborg au couvent et doit l'épouser le lendemain; elle ne peut fuir qu'en traversant l'église; mais, par malheur, le méfiant Hakon doit faire garder pendant la nuit la cathédrale par une troupe de soldats, à la tête desquels veillera Canut. Wilhelm connait la tradition qui court dans le pays sur saint Olaf auquel on prête des apparitions nocturnes dans le temple. Il se décide à jouer, la nuit prochaine, le rôle du saint, et supplie Erland de lui confier l'armure d'Olaf dont il a la garde, ainsi que les clefs du reliquaire doré qui contient les mânes de ce saint.

Le bon archevêque émet bien de légers scrupules sur cette comédie que veut jouer le dévoué Wilhelm, mais ce dernier, par quelques raisonnements spécieux, triomphe promptement des dernières hésitations du vieillard et tout est décidé pour la nuit.

Il est assez difficile de ne pas reconnaitre quelque faiblesse dans ce passage du drame d'Œhlenschlæger, et, disons le mot, cette machination nous paraît peu digne et, en tous cas, peu à la hauteur du sujet que l'auteur a voulu traiter.

La scène de l'apparition d'Olaf, que nous trouvons à l'acte suivant, perd tout son prestige; le spectateur est prévenu que c'est Wilhelm qu'il voit sous les vêtements du saint, et, il est sûr qu'à de certains jours, un public français mal disposé pourrait prendre la chose tout autrement que l'auteur ne l'a désiré en écrivant sa pièce. Il y a également quelque chose de répugnant à voir ce vénérable Erland devenir le complice de cette supercherie. Nous le répétons, il y a là faiblesse; le remède était cependant indiqué. Wilhelm n'eût-il pu, par exemple, exécuter son projet de lui-même? De cette façon l'apparition devenait fantastique et produisait une impression sûre. Plus tard, Wilhelm eût raconté ce qu'il avait fait, tout s'expliquait et l'effet n'était pas compromis.

Le quatrième acte débute par un véritable cours d'histoire ancienne ; on y raconte les particularités des règnes précédents. Ces propos sont tenus par les soldats qu'on a mis aux ordres de Canut pour garder l'église pendant la nuit ; ils content, content toujours et font vraiment preuve d'une rare érudition que nous ne pouvons nous empêcher de trouver déplacée dans leur bouche. Naturellement, la conversation tombe sur saint Olaf et sur l'opinion généralement accréditée que l'on voit son ombre quelquefois revenir la nuit. Bicern, l'un des soldats, dit qu'un soir, à minuit, au moment où le coq chantait, saint Olaf, revêtu de son armure dorée, son casque baissé et entouré d'une couronne d'escarboucles, la lance à la main et traînant derrière lui un long manteau, était apparu tout-à-coup dans le chœur.

Au milieu de ce récit, Kolbein, l'un des soldats pâlit ; chose étrange : il vient d'apercevoir au fond du chœur un fantôme entièrement semblable à celui que Bicern a décrit ; il avertit, tout tremblant, l'assistance. Canut, le premier, s'enfuit : toute la troupe veut le suivre, mais les injonctions de Bicern retiennent les soldats effrayés ; ils se prosternent avec force signes de croix et écoutent timidement les ordres de saint Olaf qui leur enjoint de se retirer. Ainsi que nous l'avons fait observer, le public étant prévenu, cette scène manque en partie son effet. Il est vrai, cependant, que la scène suivante est piquante et que l'auteur a su corriger la faiblesse de cette donnée par une situation assez critique. Au moment où les soldats vont obéir, Canut, qui est loin d'avoir la foi, revient avec du renfort ; il a vaguement flairé quelque trame et il dit à ce propos un mot charmant dans la bouche d'un prêtre de cette époque : « Les morts ne reviennent plus ; c'était bon autrefois. » Il ordonne aux soldats de saisir l'imposteur, et Wilhelm se trouve dans une position embarrassante. Avec beaucoup de présence d'esprit, il fond sur Canut et, malgré l'armure que ce dernier porte cachée sous son froc, il l'abat d'un coup de sa lance ; les soldats convaincus que le saint vient de punir le moine sacrilège s'enfuient en désordre, tandis que Wilhelm disparaît promptement.

Ici nous nous plaisons à constater un trait de génie. Le misérable moine, dont l'hypocrisie et la noirceur n'ont inspiré jusqu'ici que de la répulsion, devient subitement intéressant, et le poète a su mettre dans l'agonie de ce malheureux des circonstances sublimes. Canut, mortellement frappé, se traîne sur la scène, cherchant vainement à arrêter le sang qui s'échappe abondamment de sa blessure. Tout-à-coup sa main rencontre à terre la couronne de fleurs que Valborg, au début de la pièce, a mise au-dessus des initiales qui sont gravées sur le pilier, couronne que Hakon, dans sa fureur, avait abattue. Ces fleurs sont un remords épouvantable pour Canut; elles lui rappellent ses perfidies; le malheur des deux jeunes gens a été son ouvrage, et, au moment où il va mourir, cette couronne est comme l'emblème de la douceur de cette jeune fille qu'il a persécutée. Aussi ne peut-il s'empêcher de s'écrier : « O pitié, miséricorde, priez pour moi, jeunes amants; le sang de mon cœur a teint de rouge votre couronne; ô pitié! » et il expire. Un usage du Nord met sur la tête des mariées une couronne de fleurs rouges ; c'est à cet usage que fait allusion l'exclamation du moine expirant. Cette scène est vraiment belle et tragique, d'une conception élevée et cause aux spectateurs une vive émotion.

Wilhelm est allé chercher les deux fiancés et l'archevêque. Encore une prière sur le tombeau de Harald et puis la liberté, le bonheur et le prix de tant de souffrances. Mais, hélas! tout cela n'est toujours qu'un beau rêve.

On entend des sons de trompe. Gotfred, l'écuyer de Wilhelm, vient annoncer que la fuite est rendue facile; tout est en tumulte à Drontheim, Erling Skakke, l'ennemi de Hakon, vient de débarquer avec des forces considérables : le pays est surpris; à la faveur du désordre général, les fugitifs passeront inaperçus. Cette nouvelle produit sur Axel un effet tout opposé à celui que le bon écuyer en attendait. Axel a juré fidélité à Hakon : son roi est en danger ; fuir serait une infamie qui le rendrait indigne de Valborg. Wilhelm prodigue les arguments les plus décisifs, pour décider son ami à partir; le jeune héros s'est en un instant tracé une ligne de conduite et la défend en quelques mots si éloquents, qu'il est impossible de ne pas être ému par cette loyauté, par cet élan de générosité. Valborg elle-même est entraînée; elle est fière du courage de son fiancé qui va défendre son roi; elle attache autour de l'épaule d'Axel son écharpe bleue. Wilhelm et son ami se précipitent au combat.

Si nous considérons ce quatrième acte dans son ensemble, nous serons bien obligés de constater une certaine mollesse. Ces événements qui découlent tous les uns des autres manquent un peu d'imprévu. Les situations fortes laissent à désirer; elles ne sont peut-être pas traitées avec toute l'élévation que l'héroïsme des sentiments mis en évidence le comportait. Cette éternelle église, dans laquelle se déroule toute l'action, jette de la monotonie sur le tableau. Nous ne nous étendrons point sur les détails, nous avons signalé déjà plus haut la faiblesse de quelques-uns.

Le cinquième acte nous montre Hakon blessé; Axel est auprès

de lui et lui prodigue tous ses soins; il panse même sa blessure avec un des morceaux du voile qui a servi à la scène de la séparation.

Le roi, touché de tant de générosité, est pris de remords; il tend la main à son noble parent et, pour lui prouver définitivement ses regrets, il renonce à Valborg et consent à son union avec Axel. Une lutte de grandeur d'âme s'établit entre les deux jeunes gens Cette scène est remplie de pensées élevées et généreuses, mais elle nous paraît s'écarter quelque peu du sujet. Tout à coup l'église est envahie par les ennemis. Axel veut défendre son roi jusqu'au dernier moment. Il se revêt du manteau royal que Hakon a laissé tomber en arrivant; sous prétexte que le casque du roi est trop lourd pour un blessé, il s'en coiffe et donne le sien à Hakon. Les ennemis trompés par le costume royal d'Axel crient : Voilà le roi, tuons-le; ils se précipitent sur le jeune homme, qui, après une lutte acharnée, tombe mortellement atteint. Sigurd et Wilhelm accourent au secours de Hakon et d'Axel et repoussent les agresseurs. Le roi et son général s'élancent à leur poursuite.

Wilhelm reste seul avec Axel. Le jeune homme, mourant, charge son ami de porter ses adieux à sa sœur et à Valborg. Cette scène est on ne peut plus touchante, pleine de sentiment, et le caractère d'Axel s'y complète en quelques mots d'une sublime élévation. Malheureusement elle finit assez froidement par une sorte de chant funèbre que l'auteur a mis dans la bouche du mourant, chant d'ailleurs mauvais par lui-même, sans valeur et sans utilité pour la pièce. Quelle différence entre ces strophes incolores et celles de la scène suivante. Valborg, que Wilhelm est allé chercher, accourt, éperdue de douleur, et recueille sur les lèvres d'Axel le dernier adieu que le mourant lui adresse. La jeune fille, brisée par tant d'émotions, tombe dans une sorte d'extase qui transporte son âme au delà de la tombe. Son cœur déborde en paroles sublimes et pathétiques; on est insensiblement gagné par cet immense déchirement. Cette splendide scène laisse bien loin derrière elle tous les essais de délire et de folie provenant d'amour malheureux, dont on a tant abusé au théâtre. L'infortunée admire les beaux traits de son fiancé, elle lui arrange les cheveux sur le front et l'embrasse. En retrouvant l'anneau que lui a donné son amant et qui était allé rouler dans le tombeau d'Harold, elle s'écrie : « Je puis maintenant reposer dans le même cercueil que lui; car maintenant je suis bien sa fiancée. » Dans cet état de surexcitation, elle prie Wilhelm de lui chanter la ballade du chevalier Aage, et de ne s'arrêter qu'à la fin lorsque la jeune Else a rejoint le chevalier dans la tombe.

Wilhelm chante, en s'accompagnant sur une harpe, la ballade du chevalier Aage et de demoiselle Else. La dernière strophe chantée, Wilhelm prie Valborg, qui s'est agenouillée auprès d'Axel, de se relever. Mais elle ne l'entend plus ; elle reste froide et immobile : elle est morte. Wilhelm, malgré sa rudesse, est gagné par l'émotion ; il jure de rendre les derniers honneurs au couple infortuné. Il leur fera élever un monument sur lequel il posera l'épée d'Axel, entourée de la couronne de Valborg, avec cette inscription : « Ici reposent Axel Thordson et la belle Valborg. Ils moururent, lui, fidèle à son roi, elle, fidèle à son amant. »

Ce drame, ainsi que nous l'avons vu, ne manque pas de défauts, au nombre desquels nous mettrons en première ligne trop de longueurs. Une des causes qui rendraient peut-être impossible cette pièce sur une scène française est le rôle qu'y jouent deux ministres de Dieu : l'un se prête complaisamment à une supercherie qui aboutit, en somme, à un meurtre ; l'autre ne parle et n'agit que pour ourdir ou exécuter noirceurs sur noirceurs.

Nous devons faire observer que le Danemark est un pays protestant, et que là où domine la Réforme, la religion catholique jouit de peu de considération. Dans certaines contrées même, la qualification de catholique ou de moine est regardée comme une injure.

Nous regrettons que le cadre dans lequel nous sommes restreints ici, ne nous permette pas d'établir un parallèle entre cette pièce et d'autres analogues, notamment Roméo et Juliette. Dans Axel et Valborg nous remarquons des accents aussi passionnés, aussi exaltés que ceux que l'on rencontre dans les drames du même genre ; mais ils ont un tel parfum de chasteté, un tel caractère d'honneur et de loyauté, que les scènes de cette pièce se présentent au lecteur sous des couleurs toutes particulières qui en font précisément l'originalité. Le dénouement n'a certes rien de commun avec tous ceux imaginés jusqu'à ce jour ; n'y-a-t-il pas là un charme indéfinissable, et l'auteur n'a-t-il pas été vraiment bien inspiré ?

Quelques critiques ont reproché à Œhlenschlæger une imparfaite connaissance du cœur humain ; ce reproche, nous osons l'affirmer, est tout à fait dénué de fondement. La création de rôles tels que ceux de Hakon Jarl, de Valborg et de bien d'autres encore, prouve que le poète danois avait profondément étudié et observé les caractères et qu'il avait scruté surabondamment et aussi profondément que Shakespeare toutes les passions humaines.

D. S.

AXEL ET VALBORG

TRAGÉDIE

PERSONNAGES

HAKON HERDEBRED, roi de Norvège.
AXEL THORDSON, son parent.
WILHELM, ami d'Axel.
ERLAND, archevêque.
CANUT, moine.
SIGURD REINE, chef de l'armée.
BJORN, le vieux,
ENDRID, le jeune, } guerriers.
KOLBEIN,

GOTFRED, écuyer de Wilhelm.
THORA, reine-mère.
VALBORG, fiancée d'Axel.
SOLDATS, MOINES, DAMES D'HONNEUR, SUIVANTES.

L'action se passe en 1162.

ACTE PREMIER

SCÈNE I

La scène se passe dans l'église du Christ à Nidaros (Drontheim). Des deux côtés, des sépulcres ; au milieu, la pierre funéraire de Harald Gille. Au premier plan, deux gros piliers soutiennent la voûte ; celui de gauche marqué de trois croix ; celui de droite porte la lettre V, entourée de pensées. Au fond, le maître-autel. Au dessus de la table de l'autel, un reliquaire doré, éclairé par les vitraux et sur lequel le soleil darde ses rayons. Au milieu un lustre.

AXEL, WILHELM.

WILHELM. — C'est donc ici la célèbre église de Drontheim, dont la renommée est arrivée jusqu'à Rome même !
AXEL. — Et l'éloge qu'on en a fait est-il exagéré ?
WILHELM. — Non.
AXEL. — Oh ! quel temple !

WILHELM. — On dirait un *Dovrefield*[1] dont l'imposante hauteur serait percée de voûtes.

AXEL. — Il règne ici un calme imposant qui emplit l'âme d'une silencieuse piété.

WILHELM. — Quel magnifique spectacle que l'aspect de l'autel contemplé du milieu de la nef!

AXEL. — On célèbre la messe dans le chœur. Écoute sous les arceaux de la voûte la résonnance de ce chant matinal. Les cierges jaunes de ce lustre de bronze répandent dans les nefs leur large et faible lumière. C'est ainsi que luit l'espérance dans un cœur affligé. Oh! quel spectacle! L'aurore naissante traverse, enflammée, les vitraux colorés. Salut à toi, magnifique soleil levant; tu réveilles en moi tous les souvenirs de mon enfance.

WILHELM. — Qu'est-ce que ce coffre doré, près de l'autel?

AXEL. — C'est le reliquaire de saint Olaf.

WILHELM. — Ah! c'est là le reliquaire de saint Olaf!

AXEL. — On y conserve pieusement les reliques sacrées de ce grand saint du Nord.

WILHELM. — Les rois actuels lui coupent-ils encore parfois la barbe et les ongles?

AXEL. — Non, Harald Hardrade[2], indigné que l'on troublât le solennel repos du cadavre, jeta les clefs du reliquaire dans la mer, et depuis lors les cendres du noble saint reposent dans une quiétude parfaite.

WILHELM. — Ah! par saint Innocent, quels solides piliers! Qu'est-ce que notre faible structure en comparaison de ces masses gigantesques? Nos os épuisés seront depuis longtemps poussière et elles seront encore là, debout dans leur majesté. Mais que signifient ces trois croix?

AXEL. — Viens, Wilhelm, regardons cet autre pilier.

WILHELM. — Dis-moi d'abord ce que signifient ces trois croix?

AXEL. — Elles marquent la hauteur des rois Hardrade, Olaf Kyrre et Magnus. Mais viens regarder ce pilier voisin.

---

1. Chaîne de montagnes qui sépare la Suède de la Norvège.
2. Le Sévère. Ce fut le premier roi qui s'occupa ardemment d'introduire la civilisation en Norvège.

WILHELM. — Que veux-tu voir?

AXEL. — Une marque moins grande, Wilhelm, bien moins élevée. Ce n'est pas la mesure d'un géant, mais celle d'une jeune fille de quinze ans; cette marque n'est pas gravée dans la pierre; une main l'a faiblement tracée sur la boiserie.

WILHELM. — La mesure de Valborg?

AXEL. — Reste, reste; laisse-moi tout au ravissement que me donne notre séjour prolongé en ces lieux!

WILHELM. — Quand as-tu fait cette marque?

AXEL. — Il y a cinq ans, le jour où je vins prier l'Eternel dans cette église, avant de dire adieu à mes amours en quittant ma patrie. La mère de Valborg venait de mourir; elle-même était enfermée dans un couvent; elle y apprenait à lire et à coudre. Elle n'avait que quinze ans; mais, ô mon frère! l'azur de ses yeux laissait deviner dans un sourire angélique la maturité de son âme. J'entrai ici le matin, de bonne heure; le roi Eisten avait été fait prisonnier la veille; on l'avait honteusement assassiné [1]. La terreur me chassa de la Norvège; les fils du pays s'entretuaient cruellement; l'amour luttait avec force dans mon cœur. Je suppliai Dieu d'étouffer dans mon âme la passion à la fois innocente et coupable que je ressentais si ardemment pour ma belle parente. Je priais encore lorsque s'ouvrit la porte qui sert de passage aux nonnes du couvent quand elles se rendent à la messe. Je fus surpris en les voyant venir de si grand matin. Mais, hélas! il n'y en avait qu'une seule, une novice, dont la charmante figure ne fût pas recouverte de l'impitoyable voile. Le vêtement noir emprisonnait sa taille élancée; sa blonde et soyeuse chevelure retombait en tresses sur ses épaules. Elle ne m'aperçut pas, Wilhelm! Elle s'agenouilla, là, devant la tombe de sa mère; elle éleva pieusement ses bras arrondis et ses blanches mains; sa prière,

---

[1]. Il était l'oncle du roi Hakon, l'un des principaux personnages de cette tragédie. En 1157, pendant les troubles civils, il fut mis à mort par le peuple révolté, ce qui n'empêcha pas son neveu d'arriver au trône.

comme la mienne, disait : « O ciel, éteins mon amour! O ma mère, fortifie ta fille dans son innocence. ». Alors, j'oubliai saint Olaf, tous les saints, oui, le ciel lui-même, car pour moi, le ciel, c'était ma Valborg. Jamais encore aucun aveu ne s'était échappé de mes lèvres. Il est vrai que dès notre première enfance on nous avait surnommés les petits époux, mais ce n'était qu'une plaisanterie; déjà, à cette époque, la charmante fillette était chère à mon cœur. Je m'approchai; l'amour me poussait en m'animant d'un irrésistible courage. Tout danger me semblait disparu, mon destin gisait à mes pieds comme un amphisbène; je l'avais terrassé et courageusement, comme saint Michel, j'enfonçais ma lance dans les flancs du monstre, tandis que mes pensées s'élevaient fortement vers le ciel comme sur des ailes. C'est ainsi que je parus devant Valborg; de mon bras gauche j'entourai sa taille souple et gracieuse; de la main droite je tirai mon épée et je prononçai, en prenant tous les saints à témoin, ce serment : « La belle Valborg sera la femme d'Axel Thordsön sur terre ou dans le ciel. »

WILHELM. — Amen, mon gentil frère.

AXEL. — Hélas! Valborg trembla! « Quel serment profères-tu, mon Axel; notre amour n'est-il pas contraire à la religion, aux mœurs de notre pays? Ne sommes-nous pas parents? L'Église défend une telle alliance. Nos mères, à leur lit de mort, ne nous ont-elles pas suppliés d'étouffer en nous cet amour? Ne nous a-t-on pas prédit la désolation et la ruine si nous nous laissions aller à mépriser leurs conseils? Regarde les statues de nos mères, sur ces pierres funéraires; elles semblent pencher la tête et pleurer en appelant la miséricorde céleste sur la cruelle destinée de leurs enfants! » — Alors, Wilhelm, je gravai nos initiales dans ce pilier et je fis ce nouveau serment : « Je reviendrai avec une dispense du Saint-Père ou je ne reparaîtrai plus jamais! »

WILHELM. — Quelle félicité d'être aussi près d'atteindre le but et de posséder tout ce qui autrefois manquait au bonheur! Allons voir vos initiales.

AXEL. — Oui, ce sera pour moi un bon et premier présage. *(Il s'approche du pilier et aperçoit la guirlande de fleurs.)* O Wilhelm! Valborg m'est restée fidèle! Le ciel n'est pas plus beau que ces fleurs!

(Il embrasse son ami.)

WILHELM. — Heureux celui qui aime et qui est aimé.

AXEL. — Camarade, aie pitié d'Axel; que sa faiblesse ne te lasse pas. Bientôt il sera heureux, et alors la vie lui sourira avec Valborg et son noble frère Wilhelm. Tu m'as suivi en Norvège pour apprendre à connaître la nature du Nord; je te ferai tout voir; mais l'amour, ami, vient aussi du Nord; le respect de la femme a été enseigné au chevalier du Midi par nos héros. Si tu veux connaître notre esprit et nos mœurs, il faut commencer par éprouver les atteintes de notre amour.

WILHELM. — Aime, mon ami, avec tout l'enthousiasme du bonheur. Tu as choisi un honnête Allemand pour ton ami; près de lui, tu trouveras toujours intérêt et affection.

AXEL. — Je le sais. Lorsque les foules d'Odin furent dispersées, les racines communes de nos langues subsistèrent, la nature intime de nos sentiments ne varia point dans la séparation. Aussi le Goth et le Germain doivent-ils toujours rester frères.

WILHELM. — Tu t'es montré, dans l'expédition d'Henri le Lion, chevalier aussi brave qu'amant fidèle, grâce aux charmants souvenirs de ton amour. Je te laisse seul avec ta passion; je me rends au navire pour donner les ordres à nos gens.

AXEL. — J'irai moi-même...

WILHELM. — Non, reste et laisse-moi faire. Je te sais gré de m'avoir montré cette magnifique église. Tu trouveras dans le coffre de ce siège, le manteau et le bâton de pèlerin dont tu veux te revêtir pour revoir la première fois ta Valborg. Je te laisse tout à cette joie; nous nous retrouverons sur le navire.

AXEL. — Je te conduirai près du roi dès que tu seras revenu.

WILHELM. — Je voudrais d'abord présenter mes hommages à l'archevêque, mais cela ne presse pas; l'amour aura le pas.

(Il sort.)

SCÈNE II

AXEL, puis CANUT.

AXEL. — Brave Wilhelm! bon ami, fidèle compagnon! Le soleil remplit mon âme de joie, ainsi qu'il inonde les voûtes de lumière. Mais quelle ombre apparaît là-bas, au milieu de cette clarté paisible? Ah! c'est Canut, le frère noir! Je le reconnais; comme il y a cinq ans, ses traits ont toujours gardé leur empreinte sournoise; toujours ce même sourire doucereux sur les lèvres! Si je pouvais l'éviter! Non, il m'a aperçu. S'il allait rester jusqu'à l'arrivée de ma bien-aimée! Oiseau de malheur! tu es donc le premier que je devais rencontrer ici? Quel funeste présage!

CANUT, *qui arrive*. — Eh! par la sainte croix de Dieu! Quoi! Ai-je bien vu? Axel Thordsön? Axel, ici, en Norvège? Mes yeux ne me trompent-ils pas?

AXEL. — Tes yeux, mon révérend père, voient juste et bien; Axel est ici et te salue en Dieu. Comment vas-tu, frère Canut?

CANUT. — Merci de ton salut; ça va comme toujours; du couvent à l'église, de l'église au couvent, et finalement un pas encore, celui du couvent au tombeau; telle est la vie du moine! Et toi, mon cher fils? Comment te portes-tu? Eh! Comme tu es devenu grand et fort. Où as-tu été? qu'as-tu fait? Un brave tel que toi en voit plus dans une année que tous les moines ensemble pendant toute leur vie. Et quel est le motif qui te ramène?

AXEL. — Est-ce que tu es surpris qu'un bon Norvégien retourne dans sa patrie?

CANUT. — Je sais pourquoi tu quittas le pays. Hélas! tous les frères de l'Eglise louèrent à l'envi une démarche aussi pieuse chez un jeune homme; tu voulais, grâce à l'absence, combattre ta coupable passion pour la belle Valborg. C'était bien, très bien, mon fils; mais ce retour? cependant il s'est écoulé cinq années, il est vrai, depuis ton départ, et, durant cinq ans, on a le temps de beaucoup oublier. En Italie, il y a de belles femmes, gracieuses comme des lis, au teint rosé, douces comme des colombes, et quelquefois ardentes comme le feu ; n'est-ce pas, mon fils? Elles font bientôt oublier la pâle beauté du Nord.

AXEL. — Cela peut arriver, mon père.

CANUT. — Et si cela est arrivé, c'est un grand bonheur, car ton jeune cœur courait le danger de péché mortel.

AXEL. — Et Valborg? comment va-t-elle ?

CANUT. — Comme toutes les jeunes filles ; elle est devenue bonne, belle et pieuse.

AXEL. — Elle avait déjà toutes ces qualités quand je partis.

CANUT. — Oui, elle promettait.

AXEL. — Est-elle encore plus belle ?

CANUT. — Mon cher fils, je ne saurais en juger, un moine n'entend rien à la beauté terrestre ; il n'a en vue que la beauté céleste.

AXEL. — Valborg est-elle toujours au couvent?

CANUT. — Quelquefois, oui ; mais plus souvent au château, chez Thora, la mère du roi. Sous peu elle y restera toujours, il faut l'espérer.

AXEL. — Comment cela?

CANUT. — Il est vrai que les jeunes filles de la ville l'appellent encore en plaisantant : l'épouse d'Axel ; mais personne n'ignore que le roi Hakon va bientôt partager sa couronne avec la belle Valborg.

AXEL. — Quoi ! Hakon !

CANUT. — Il aime Valborg de toutes les forces de son cœur.

AXEL. — Et Valborg?

CANUT. — Elle le paie de retour.

AXEL. — Tu en as menti, frère Canut.

CANUT. — Hé ! mon jeune ami ! Je croyais que tu avais pieusement combattu tes péchés?

AXEL. — Elle n'aime pas Hakon ! elle le hait.

CANUT. — Que le Christ me vienne en aide ! Haïr le roi !

AXEL. — A-t-il demandé sa main?

CANUT. — Il y a longtemps, et tous les parents de Valborg ont répondu : oui.

AXEL. — Mais elle, Valborg, a répondu non?

CANUT. — Elle est élevée en tout honneur et en bonne chrétienne; elle sait que l'obéissance est la plus belle parure de la femme.

AXEL. — Non, moine, de par toutes les étoiles du ciel, Valborg n'épousera jamais Hakon; elle est la fiancée d'Axel.

CANUT. — Et tu penses mener à bonne fin un tel scandale?

AXEL. — Elle deviendra ma femme devant Dieu, comme elle l'est déjà dans mon cœur.

CANUT. — Axel! comment...

AXEL. — J'en parlerai au roi; je n'ai aucun compte à te rendre. Valborg sera à moi, malgré tous les diables, — malgré tous les moines.

(Il sort.)

SCÈNE III

CANUT, *seul*.

CANUT. — Quelle nouvelle! Je ne pouvais rien souhaiter de mieux. Ce sera une question d'Église. Notre archevêque ne s'en mêlera guère; il a, autrefois, été lui-même amoureux, le vieux fou! En conséquence, frère Canut, Axel ne renoncera pas à Valborg de bon gré; son brûlant amour lui a encore une fois fait oublier... je vais me dépêcher d'aller révéler toute cette affaire au roi. Erland est vieux et malade; il faudra bientôt penser à nommer un autre archevêque, mission bien importante par le temps qui court. Le roi de Norvège a besoin d'un homme fort et intelligent, qui ait su lui donner des preuves de son attachement. Courage, frère Canut; c'est comme un fait exprès; jamais un amoureux ne peut récompenser avec trop de générosité l'ami qui lui procure celle qu'il aime. Quelle nouvelle! Je ne pouvais rien souhaiter de mieux.

(Il sort.)

SCÈNE IV

AXEL.

(Il est revêtu d'un manteau de pèlerin, garni de coquillages, et porte à la main un bâton et un chapeau à larges bords.)

AXEL. — Déjà parti? bien! cours auprès de Hakon lui porter l'agréable nouvelle; bientôt je te suivrai. Il l'aime! Hakon aime Valborg! Mais elle m'est restée fidèle : cependant qu'est-ce qui prouve qu'elle t'aime toujours? Il est roi, Valborg est femme, et la faiblesse est le partage de la femme. — Tu devrais rougir, Axel! Un pêcheur doit-il douter de la vertu des anges?... Mais les femmes aiment la splendeur!... Non, Axel! lorsque, dans ce lieu, elle était agenouillée devant Dieu, l'âme remplie d'un amour saint et sacré, elle, si pure, n'avait-elle en vue que la splendeur terrestre?... Hélas, le temps affaiblit tout; il enfouit les pyramides dans les plaines du Nil, pourquoi n'effacerait-il pas..... Ô amour! tu ne donnes point un instinct de douceur et d'innocence; tu provoques la méfiance, la haine et la crainte dans le cœur de l'homme!... Cinq ans! J'ai changé depuis ce temps, mais je suis devenu fort, intrépide guerrier; mon regard est plus calme, plus perçant; j'ai le menton recouvert d'une barbe épaisse; cependant mon épée ne s'est pas rouillée au fourreau; Henri le Lion, ce grand roi, m'a distingué; je dois à la lutte que j'ai soutenue pour lui maintes cicatrices encore visibles sur ma poitrine et sur mes épaules. Si Valborg m'a aimé jadis, à présent que je suis un homme, je dois lui être d'autant plus cher. La femme n'aime-t-elle pas la force virile? *(Son regard tombe sur la guirlande.)* Que ces fleurs sont belles! Elles calment l'affliction de mon cœur; de même un pur et limpide soleil de mai répand la joie dans les âmes. — Thora se rend à l'office avec ses suivantes. Déguisé en vieillard, méconnaissable sous une chevelure blanche, je chercherai à connaître ce que le sort me réserve. Si Valborg m'a trahi, je partirai comme je suis venu; je combattrai de nouveau avec les soldats de Henri le Lion et je tomberai sous la hache des Vendes ; et si je suis fait prisonnier, si les païens me sacrifient à leurs Radegast, Svantevit, Provo, ou à la cruelle Siva [1].... peu m'importe. Ne suis-je pas déjà, ici, la victime d'une vierge chrétienne encore plus cruelle ?

(Il s'éloigne. — La reine traverse l'église, accompagnée de ses dames d'honneur ; parmi ces dernières est Valborg, avec sa suivante.

SCÈNE V

VALBORG, SA SUIVANTE, *puis* AXEL.

VALBORG. — Va devant, Svanhvide. Laisse-moi seule prier comme d'habitude sur la tombe de mon père et sur celle de ma mère. Je te rejoindrai bientôt.

(Axel, déguisé, s'agenouille à quelques pas de Valborg.)

VALBORG, *se relevant et regardant autour d'elle*. — Suis-je seule. Je ne vois que ce vieux pèlerin en prières. (*Elle se dirige vers le pilier sur lequel sont gravées les initiales ; elle retire la guirlande et la remplace par une couronne de fleurs fraîches.*) Salut à toi, mon amour !

AXEL. — O ciel !

VALBORG, *regardant Axel*. — Comme il prie pieusement, ce vieillard !

AXEL. — Merci de ta toute puissante miséricorde, mon Dieu !

VALBORG. — Il paraît revenir de pèlerinage ; de quelle douce paix son âme doit-elle être imprégnée ! Son cœur est léger de toutes inquiétudes. Maintenant, en toute pureté, en toute innocence, il peut se livrer à la tombe qui s'ouvre à lui comme les bras d'un ami. O bon Dieu ! Que de bizarreries ici-bas ! La vieillesse n'éprouve-t-elle pas

---

1. Divinités poméraniennes. Radegast était le dieu de l'hospitalité et le patron des Varingues, soldats scandinaves au service des empereurs grecs ; on lui immolait les prisonniers chrétiens. Svantevit était le dieu du soleil ; Provo, le dieu de la justice. Siva, déesse de la beauté et des végétaux, était particulièrement adorée par les Varingues ; on lui sacrifiait, comme à Radegast, les chrétiens captifs.

souvent toutes les joies de l'enfance, pendant que le jeune âge est atteint d'incurables chagrins? *(Elle s'approche d'Axel, qui se relève.)* La paix soit avec toi, pieux voyageur; que ton âme soit calme.

AXEL. — Merci, Valborg, ma belle enfant.

VALBORG. — Tu me connais?

AXEL. — Je suis venu à Nidaros [1], pour m'agenouiller devant le reliquaire d'Olaf, et pour vous remettre message et salut de l'Allemagne que je viens de traverser. J'ai déjà rendu mes hommages à votre parente à Immersborg; elle m'a fait espérer que mon message serait bien accueilli.

VALBORG. — Personne ne me connaît à l'étranger; Helfrid est ma seule amie fidèle. Tu viens de bien loin; de quel message peux-tu être chargé pour moi?

AXEL. — Helfrid a un frère.

VALBORG, *rougissant*. — Axel Thordsön?

AXEL, *à part*. — O lis, tu te changes en roses. *(Haut.)* Précisément, Axel Thordsön, un brave soldat, un peu mélancolique; je l'ai rencontré en Saxe, au camp de Henri; à peine eut-il connaissance de mon voyage vers la Norvège, qu'il me donna cette lettre en me priant de vous la remettre en mains propres.

VALBORG *jette un regard craintif autour d'elle et prend la lettre.* — Bon vieillard, tu m'apportes un message qui m'est cher.

AXEL. — S'il en est ainsi, soyez bénie.

VALBORG. — Tu t'intéresses donc au sort d'Axel?

AXEL. — Et à celui de Valborg aussi. Lisez cette lettre.

VALBORG, *lisant*. — « Le jeune Axel envoie cette missive à Valborg, la douce créature : fasse le Christ, qu'elle te parvienne heureusement, ma belle fiancée et douce amante.

« [2] Cette bague dont je dépouille ma main, passe-la à ton doigt. Je t'aime toujours; fidèle amant, je ne t'oublierai jamais.

---

1. Ancien nom de la ville de Drontheim.
2. En danois, des strophes à quatre vers.

« Souviens-toi que cet anneau te lie, bien qu'Axel, éloigné de toi, soit l'hôte d'un peuple étranger.

« Il a gagné les éperons de chevalier à l'armée du grand roi Henri, et maintenant la bonne épée dont il a été ceint en Italie rend sa prestance mâle et guerrière.

« Mais il ne peut goûter le tranquille sommeil des héros; ses nuits sont troublées par des songes étranges.

« Oh! sois-moi fidèle, ma fiancée; que rien ne détourne de moi ton amour; jamais ma douce Valborg, mon lis [1], ne sera par moi trahie, tant que la vie m'animera un seul instant.

« Souvent l'heureuse fortune nous sourit; il se pourrait que de Rome revint avec Axel, pour sa douce parente, une bien précieuse nouvelle.

« Qui sait! Peut-être t'apparaîtra-t-il alors que tu y songeras le moins. Adieu, Valborg, ma belle fiancée, douce rose, la reine des fleurs. »

VALBORG *contemple mélancoliquement cette lettre, et répète lentement.* — Qui sait! Peut-être t'apparaîtra-t-il alors que tu y songeras le moins! *(Elle lève les yeux et en ce moment Axel se dépouille de son déguisement.)* O ciel!

AXEL, *la serrant dans ses bras.* — Le voici, ma belle fiancée, douce rose, reine des fleurs!

VALBORG. — Axel!

AXEL. — Valborg!

VALBORG. — Par la sainte Vierge, est-ce bien toi?

AXEL. — Non, ce n'est pas Axel! Axel était un jeune homme mélancolique et taciturne; non, gracieuse Valborg, les bras blancs entourent le plus heureux des guerriers.

VALBORG. — Mon Axel! En croirai-je mes yeux?

AXEL. — Ma bien-aimée! Tout est possible à un cœur fidèle; ton pèlerin a réussi en tout; il est près d'atteindre

---

1. Dans l'ancien langage poétique du Nord, les jeunes filles sont souvent comparées à des fleurs, surtout aux roses et aux lis.

son but ; plein de vie et de confiance, il remercie le ciel de sa miséricorde. J'ai fait le serment de ne pas revenir avant que notre amour n'eût l'approbation de l'Église ; voici la dispense du Saint-Père ; Valborg, maintenant nous pouvons nous aimer sans pécher. Je porte sur mon cœur le parchemin enveloppé de soie. (*Il lui montre la dispense.*) C'est un écrit sacré ; lis : *Adrianus, Episcopus, servus servorum Dei*..... Mais, j'y songe, tu ne peux comprendre ; nous pourrons donc nous aimer ; le saint vieillard m'en a donné l'assurance. Et maintenant, jure-moi, sur cette pierre funéraire, qui recouvre les cendres de notre aïeul Harald Gille, qu'aujourd'hui même, au pied de l'autel, tu me prendras pour époux.

VALBORG. — Mon Axel !... sais-tu que le roi.....

AXEL. — Je sais tout : il t'aime. Mais, toi-même ?

VALBORG. — J'aime Axel.

AXEL. — O douce et céleste parole ! Répète-la encore ; ô ma bien-aimée, que tes lèvres roses fassent encore entendre ces mots que je n'ai pas assez entendus !

VALBORG. — J'aime Axel.

AXEL. — Vous l'avez entendu, saints portiques ; je vous prends à témoin, voûtes élevées, autels du Seigneur. Elle aime Axel ! Eh bien ! la mort seule te séparera de lui. Prends cet anneau. (*Il laisse tomber la bague, au moment de la passer au doigt de Valborg.*) Il est tombé !...

VALBORG. — O ciel !

AXEL. — Il a disparu.

VALBORG. — Il est tombé dans la tombe de Harald Gille !

AXEL. — J'en ferai ciseler dix autres pour chacun de tes doigts d'albâtre. Les tresses de tes cheveux seront emprisonnées dans des colliers de perles. Ton corsage sera de soie brodée de lis et de roses ; ton pied mignon sera enfermé dans des souliers à boucles d'argent. Un beau page soutiendra ta robe écarlate, lorsque tu te rendras du château d'Axel à l'église. Une foule de trésors qui faisaient l'ornement des idoles et des femmes Vendes sont devenus le butin de ton chevalier ; ta douce image était son égide, ô ma gracieuse Valborg !

VALBORG. — O mon Axel! comme tu as changé! Ton cœur seul et ton amour n'ont point varié. Ces joues, autrefois imberbes, je les revois couvertes d'une barbe épaisse. Tu as l'air féroce! Valborg aimait un adolescent; elle entoure maintenant de ses bras le cou d'un hercule, basané par l'ardeur du soleil.

AXEL. — Et pour prouver que tu ne crains pas ce sauvage à barbe noire, approche de son visage ton doux et soyeux menton, et dépose sur les lèvres d'Axel un baiser, comme première marque de ton amour.

(Il l'embrasse.)

VALBORG. — Mon Axel!

AXEL. — Ma Valborg! — Maintenant je me présenterai devant Hakon; j'ai acquis le courage et la hardiesse. Je ne crains plus qu'il me ravisse ma fiancée. Il ne le pourrait et ne le voudrait pas, car il est roi de Norvège et je ne dois pas le croire capable d'une telle infamie. Adieu, mon ange. Il en coûte à Axel de s'arracher de tes bras, mais il le faut. Nous serons bientôt unis d'une façon aussi inséparable que ces initiales. Regarde, ma belle enfant! qu'est-ce que cet A? un V renversé; qu'est-ce que ce V? un A retourné. Il en est ainsi de nos cœurs. Nous sommes une âme divisée en deux parties qui n'aspirent qu'à leur réunion. Le Christ soit avec toi; revêts une robe de fiancée; tu retrouveras ici Axel, ton époux.

(Il sort.)

SCÈNE VI

VALBORG, *seule*.

VALBORG. — Quelle imposante virilité! Son regard encourage et console. Tu es parti, mon Axel! Tu as laissé ta Valborg seule, au milieu de tombeaux; malgré moi, mes regards se tournent avec anxiété vers la pâle image de ma mère. Elle pleure avec tristesse, comme si elle voulait dire : « Malheureux! un vain espoir réjouit vos cœurs; un cruel sort dresse une muraille de fer entre vos âmes. Ce n'est qu'au tombeau..... » — Dieu! dans le tombeau! c'est là que sa bague a roulé, dans le tombeau de Harald; debout, dans son armure, il est là, sombre et menaçant, ce roi mort; il a la main sur son épée; son œil est irrité. O bon aïeul, ne sois point fâché! mon Axel apporte la dispense du Saint-Père; notre amour n'est plus un péché. Hélas! il semble toujours menaçant; et la bague d'Axel....! Saints du ciel, elle a roulé dans la tombe de notre aïeul!

(Elle sort.)

FIN DU PREMIER ACTE.

ACTE DEUXIÈME

SCÈNE I

HAKON, SIGURD.

SIGURD. — Salut, seigneur Hakon ; je vois que c'est à l'église qu'il faut se rendre maintenant quand on tient à rencontrer le roi de Norvège.

HAKON. — Nous apportes-tu des nouvelles? Qu'a-t-on appris sur Erling?

SIGURD. — Un navire marchand est entré dans le Fiord ; il a quitté furtivement la ville de Bergen pendant la nuit. Il apporte de mauvaises nouvelles. On acclame partout le jeune Magnus dans le sud de la Norvège, et Erling ravage le district de Bergen. Ton envoyé Arne Brigdeskal a été tué, ainsi que Ingebiörn, ton lieutenant. Tous les bâtiments sont retenus à Bergen afin qu'il n'arrive point à Nidaros de détails sur les armements d'Erling Skakke ; un heureux hasard seul nous apporte cette dernière nouvelle.

HAKON. — Ce misérable veut qu'on lui fasse la réception avec laquelle on a accueilli Inge à Bekesuden [2].

SIGURD. — Seigneur, l'homme sage ne doit point faire

---

1. Erling, surnommé Skakke, tête de travers, dont il est plusieurs fois question dans cette œuvre, était un puissant seigneur qui épousa Christine, fille de Sigurd I, le Hiérosolymitain ; en qualité de gendre de ce roi, il réclama la couronne de Norvège pour son fils Magnus.
2. Le roi Inge avait été détrôné onze années avant l'avènement de Hakon par Sigurd, surnommé Slembidiakni, le diacre transfuge. Pour se venger, il attaqua traîtreusement Sigurd dans une maison où il prenait le repos ; mais Inge fut tué lui-même après une vive résistance.

fi d'un ennemi puissant; on n'a pas toujours la chance qui t'a souri dernièrement lorsque tu rencontras sur la glace Gregörius Dagson [1]. Du reste, Erling n'est pas un lâche comme le roi Inge, ce mauvais desséché [2]. Dès son enfance, il apprit à manier le fer. A Niörfasund, l'homme bleu, lui-même, ne put l'abattre lorsque, avec Ragnwald Jarl, il se rendit en Særkland et qu'il envahit, chemin faisant, le fier Dromund [3]. Il a encore la tête de travers depuis ce coup fameux, et c'est pourquoi on l'appelle Erling Skakke.

HAKON. — Nous essaierons de l'atteindre de l'autre côté de la tête; tout ira peut-être mieux alors.

SIGURD. — Dieu le veuille. Mais, mon roi, pardonne à la hardiesse d'un vieillard; que fais-tu ici, au milieu de ces tombeaux? Pourquoi soupires-tu, comme une chétive femme? Pourquoi ta joue hâlée a-t-elle pâli? Pourquoi ton œil a-t-il les flamboiements de l'homme ivre? Hakon, une femme te rendrait-elle faible et sans courage? Le pays a besoin d'un monarque brave, qui, à la sagesse de Magnus, joigne l'énergie d'Haarderaade. Tu es en possession du trône de Norvège; les prétendants à la couronne sont tombés : en ta qualité de dernier petit-fils de Harald Gille, tu tiens à bon droit le sceptre. Maintenant une autre branche élève des prétentions qui, de nouveau, épuiseront le pays en guerres civiles; tout l'espoir de la Norvège

---

1. Ce Grégorius était un ami du roi Inge; il s'était attaché aux pas de Hakon pour l'assassiner. Un jour, apercevant le roi de l'autre côté d'une rivière, il voulut la franchir; mais Hakon avait fait casser la glace et recouvrir l'ouverture avec de la neige. Le traître, pris lui-même au piège, fut tué d'une flèche, tandis qu'il cherchait à se dégager.

2. Dans le texte : Vissenfod, sobriquet qui signifie : pied fané.

3. Erling prit part à l'expédition du puissant Jarl Ragnwald en Terre-Sainte. Arrivés en vue des côtes d'Afrique, ces deux chefs furent attaqués par deux énormes vaisseaux, *dromunds*, montés par une foule de Sarrasins. Mais les vaillants Norvégiens capturèrent l'un de ces navires et y trouvèrent un riche butin; ils assommèrent tout l'équipage. Erling reçut dans ce combat une effroyable blessure à la nuque. *L'homme bleu* doit être le sobriquet du chef des Sarrasins, un nègre gigantesque. — Niorfasund est le détroit de Gibraltar ; Særkland, l'Afrique.

est en toi, Hakon. En Danemark, Valdemar a déjà prouvé qu'un héros fait bientôt régner l'ordre là où l'anarchie exerçait ses ravages.

HAKON. — Tu me cites un ennemi comme exemple?

SIGURD. — Imite-le dans sa gloire et non dans ses défaillances. N'erre plus entre ces murailles, puissants vestiges de l'orgueil d'Augustin [1]; il en élève maintenant à Bergen d'autres contre ton pouvoir dans l'intérêt d'Erling Skakke.

HAKON. — Sois tranquille, Sigurd, je serai parvenu bientôt au but de mes désirs.

SIGURD. — Hâte-toi donc et fais vite; contente tes désirs, et ne soupire plus comme un amoureux jeune homme; mets-toi à la tête de tes guerriers, comme un héros, comme un souverain.

HAKON. — Nous combattrons Erling Skakke en héros.

SIGURD. — Et il est temps, car nous sommes menacés d'une surprise; rassemble tes navires et réunis tes guerriers à son de trompe; revêts l'armure et montre que tu es prêt et que tu sauras punir les traîtres.

HAKON. — Bien. Demain, Sigurd, demain. Aujourd'hui, c'est impossible.

SIGURD. — Demain, ce sera peut-être encore plus impossible. Si Erling nous surprenait cette nuit! n'oublie pas...

HAKON. — N'oublie pas le respect que tu me dois.

SIGURD. — La seule fidélité me fait parler. Je suis peiné que l'on ajoute foi aux propos répandus par Erling, propos que la mauvaise chance semble confirmer. Certaine tradition dit que Harald Gille ne parvint au trône de Norvège que par imposture et que c'est en punition de l'affreux traitement qu'il fit subir à Magnus l'aveugle [2] et à l'évêque Reinald, que ses descendants ont si mal tourné. On

---

1. L'archevêque Augustinus avait commencé la construction de la cathédrale de Drontheim.
2. Harald Gille se disait fils naturel de Magnus III *aux jambes nues* et ses droits furent reconnus après qu'il eut subi l'épreuve du feu. Il fit crever les yeux au roi Magnus IV, fils légitime de Magnus III, et à l'évêque Reinald qui osait lui résister.

dit, parmi le peuple, que la race de Gille n'a plus à attendre ni chance, ni prospérité. Voilà ce qui me peine.

HAKON. — De telles sornettes ne peuvent affliger qu'une vieille femme et non un vieux guerrier.

SIGURD. — Les traditions sont respectables; elles prédisent souvent la vérité.

HAKON. — Superstition! Mais voici venir le frère Canut.

SIGURD. — Celui-là mérite peu de considération; il se méfie de tout; quel hypocrite! J'éprouve un invincible dégoût pour ce noir limaçon. Viens, Hakon, suis-moi, laissons ramper ce reptile.

HAKON. — Parle avec plus de respect du confesseur du roi.

SIGURD. — Lui! ton confesseur! par le nom du Seigneur!...

HAKON. — J'ai une affaire importante à lui confier.

SIGURD. — Alors que le Seigneur le fasse réussir! Adieu. Ordinairement on ne me chasse pas si vite et si facilement.

(Il sort.)

SCÈNE II

HAKON, puis CANUT.

HAKON. — Malgré sa loyauté et son courage, ce bon Sigurd devient insupportable. Cela flatte l'orgueil de ce mentor de blâmer chez les autres les passions qu'il ne saurait éprouver lui-même. Tu ne trouves ton bonheur qu'au combat, et tu veux que Hakon t'imite; ton âge a éteint chez toi le feu de l'amour et tu veux que Hakon aussi étouffe dans son cœur l'ardeur de la passion. Quel raisonnement! L'hiver blanc et glacial reproche au printemps sa richesse en fleurs. Non, je veux aimer, aimer de toute la force de la jeunesse. Place ma royauté à Nidaros, à Bergen, à Vigen, n'importe où, moi je ne m'en réjouirai que dans le cœur de Valborg; nul Erling au monde ne me l'enlèvera, si mon amour parvient à me faire conquérir cette royauté-là. (*Au moine qui se tient à quelque distance.*) Approche, frère Canut, le vieillard est parti.

CANUT. — J'ai été étonné de le voir dans cette église; depuis vingt ans il n'y a pas mis le pied.

HAKON. — Dis! as-tu trouvé Valborg? As-tu essayé par des paroles habiles de...

CANUT. — Si j'ai essayé? Hélas, seigneur, il est vrai que les paroles habiles peuvent faire beaucoup, mais ici elles sont toutes perdues ; d'autant plus que...

HAKON. — Allons, explique-toi!

CANUT. — Vous connaissez bien les vieux caprices, l'amour éternel!

HAKON. — Eh bien! ne sais-tu pas les dépeindre avec toutes les couleurs du feu de l'enfer, les rendre si hideux qu'elle s'en effraie! D'ailleurs, ne saurais-tu prouver que, suivant toute probabilité, un amant disparu depuis si longtemps doit être ou perfide, ou mort?

CANUT. — C'est une affaire à part, seigneur, de discuter avec les femmes, surtout lorsqu'il s'agit d'un ardent amour. Elles n'entendent aucune raison, ne se soucient ni du temps, ni du lieu ; l'objet aimé est toujours devant elles, servirait-il même parmi les Varingues, auprès du roi Kyrialax de Grèce.

HAKON. — Inflexible destin !

CANUT. — Et que serait ce donc si tout à coup cet objet aimé apparaissait à Nidaros?

HAKON. — Que dis-tu?

CANUT. — Je dis, que serait-ce donc si tout à coup cet objet aimé apparaissait à Nidaros?

HAKON. — A Nidaros?

CANUT. — C'est le nom que votre aïeul, le roi Olaf Tryggvesön, a donné à notre bonne ville.

HAKON. — Comment, moine !

CANUT. — Pardonnez-moi, mon roi, mais je croyais que vous étiez déjà instruit du retour d'Axel Thordsön.

HAKON. — De son retour!

CANUT. — Quoi ! vous l'ignorez? En ce cas, pardonnez que je vous apporte cette contrariante nouvelle.

HAKON. — Axel est ici ?

CANUT. — Il vous cherche partout, seigneur.

HAKON. — Toutes les puissances de l'enfer se sont donc

conjurées contre moi! Quoi, Axel ici! et il pense toujours à Valborg?

CANUT. — S'il y pense! est-ce qu'un amoureux réfléchit? Il brûle d'envie de l'embrasser; il est ardent comme le mont Hécla.

HAKON. — Bon! nous verrons qui de nous deux gagnera cette partie d'échecs.

CANUT. — Seigneur roi, gardez-vous du fou! Avec du calme et du sang-froid, la partie n'est pas encore perdue, et nous pourrons sauver la reine. Mais permettez que je vous parle librement.

HAKON. — Parle!

CANUT. — Axel est toujours le même rêveur. Il a flâné quelque temps en Allemagne et s'est étourdiment risqué dans l'expédition de Henri le Lion : d'un mot le monarque allemand a allumé le courage de ce jeune écervelé. Il est plein de confiance en lui-même et ne doute de rien. Le vieux pape, le pieux Adrien, vient d'entrer dans l'éternité; Victor et Alexandre se disputent la tiare. Il est vrai que le concile a élu Alexandre; mais Frédéric Barberousse assure à Victor sa protection contre Alexandre. Tout est à feu et à sang. Henri veut envahir la Poméranie; Frédéric l'Italie. Les ravages de la guerre civile sévissent depuis longtemps en Danemark et en Norvège. Plus la puissance du souverain diminue, plus celle de chaque chevalier s'augmente. Ceux-ci pensent que les papes et les princes sont suffisamment occupés avec leurs propres affaires; chacun agit à sa guise, et Axel profite de ce moment propice.

HAKON. — Aussi vrai que je suis roi.....

CANUT. — Seigneur, vous m'avez permis de parler librement; aussi, je vous en prie, veuillez me prêter une oreille attentive jusqu'à ce que j'aie fini. Vous aimez la belle Valborg : c'est tout naturel; car, vrai, elle est charmante. Vous haïssez Axel Thordsön : c'est encore tout naturel, car c'est lui qui est le préféré. Cependant, étant le plus puissant, vous pensez l'emporter sur lui. Quoi de plus naturel! Donc, jusqu'ici, tout est dans l'ordre, bien logiquement et bien naturellement. Mais maintenant approfondissons la question. Axel est de retour; il demande la main de sa belle fiancée; elle est orpheline; en votre qualité de roi de Norvège, vous lui tenez lieu de père. C'est à vous que le jeune homme doit adresser sa demande, et, pour d'excellentes raisons déjà déduites, vous ne pouvez la lui accorder. Jusqu'à présent, pour vous, rien à perdre; notre affaire suit une marche oblique, quoique parfaitement régulière; elle doit nécessairement se terminer à la satisfaction du roi. Vous n'avez donc nul besoin, seigneur, de compromettre votre royale dignité dans l'emportement d'une discussion, quelle qu'elle soit. Axel vient vous présenter une requête en sujet respectueux. Il est probable que, puisqu'il se trouve à Nidaros, il offrira au roi ses bons services contre Erling Skakke, et, certes, une telle offre n'est pas à dédaigner. Il va plus loin; il veut épouser Valborg. Le vieil évêque sera obligé de s'y opposer, bien qu'au fond la disposition de son esprit soit toute contraire. Dans tout ceci, le roi aura gardé son calme, sa dignité, et, néanmoins, il approchera du but.

HAKON. — Je sens profondément la différence qu'il y a entre la sévère fierté du rude Sigurd et les conseils que te suggère ton amitié, mon bon confesseur. Oui, il en sera ainsi; l'homme s'efforce de saisir son bonheur, et il emploie pour cela tous les moyens que la nature a rendus légitimes. L'amour d'Axel est contraire aux institutions de l'Église, contraire aux mœurs; le mien est innocent; c'est pourquoi le ciel le protègera. Va, cherche le registre de l'église, et apporte-le-moi tout de suite, frère Canut. *(Le moine sort.)*

SCÈNE III

HAKON, seul, puis AXEL.

HAKON. — Sigurd a raison sur un seul point; il ne convient pas au roi de Norvège de soupirer, de languir dans les désirs. Elle sera ma reine de gré ou de force. Une jeune fille est comme un enfant, qui pleure pour posséder ce qu'on lui refuse sagement et qui oublie bientôt ses peines en remerciant l'homme prudent qui n'a voulu que son bien. Hakon n'est-il pas un homme bien fait, jeune, vif et courageux ? n'est-il pas roi ? roi des vassaux de Drontheim, peuple si fier que le Très-Haut seul semble pouvoir le gouverner ? Valborg sera à moi. Mais que vois-je ? *(Entre Axel)* contiens-toi, fureur ; étouffez-vous, battements de mon cœur !

AXEL. — Salut au roi Hakon Herdebred !

HAKON. — Sois le bienvenu, Axel ; on vient de m'apprendre ton retour.

AXEL. — On m'a dit que je te trouverais ici, et.....

HAKON. — Sois le bienvenu, mon cher cousin. A quoi devons-nous attribuer le bonheur de te revoir ? Nous pensions tous que tu étais devenu un si grand chevalier au service de Henri, que tu avais oublié tout à fait la pauvre Norvège.

AXEL. — Ni le Norvégien, ni le Danois n'ont l'habitude d'oublier leur patrie. Le Norvégien peut faire de longs voyages ; il retournera certainement un jour dans son pays, à moins qu'il n'emporte sa patrie avec lui pour fonder quelque nouveau Danemark ou quelque nouvelle Norvège, soit en France, soit en Angleterre, soit en Italie, enfin là où les circonstances peuvent lui être favorables.

HAKON. — Maints héros sont partis du pays, fatigués par l'inaction, ou chassés de leurs foyers par l'inondation, la peste ou la famine. Mais, quant à toi, il en est autrement ; tu t'es éloigné pour prendre part à de sanglantes luttes, et combattre en vaillant guerrier ; c'est ce qui faisait croire que tu avais préféré un royaume étranger à ta patrie.

AXEL. — Ma patrie ! Et qu'est-ce que la patrie, qu'est-ce qu'un peuple de frères, lorsque la fureur, la soif du pouvoir sont dans le sang de tous et font battre tous les cœurs ? Quels sont les devoirs d'un sujet, d'un guerrier, lorsque tous les devoirs sont oubliés, tous les liens rompus ? Celui qui, dans la bonne, comme dans la mauvaise fortune, ne met pas au secours de son roi son sang et sa vie, est un lâche. Mais que doit faire le guerrier, lorsque quatre rois se disputent le pays, tous avec un droit égal, tous frères, et pourtant se ruant les uns contre les autres comme des tigres, comme des bourreaux? Mon père, Thord Huusfreya, était un loyal et vaillant homme, dévoué à ton père, le roi Sigurd ; il combattit pour lui et tomba pour lui. Lorsque Eisten [1] vint pour recueillir l'héritage de Sigurd et prendre soin de ta jeunesse, je me mis à son service. Mais il tomba dans les mains d'Inge, qui lui fit honteusement tailler une croix dans le dos avec une hache pendant qu'il expirait à terre. Inge devint seul roi ; devais-je rester et lui jurer fidélité ? Fidélité à l'assassin de ton père ? Non ; je préférai fuir, rempli d'horreur et de tristesse. Maintenant les temps sont plus doux ; l'armée d'Eisten t'a acclamé et tu as tué Inge. Tu es à bon droit souverain du pays, et je suis revenu pour t'offrir, en bon Drontheimois, en bon soldat et parent, mon bras contre tes orgueilleux ennemis.

HAKON. — Axel, tu as été longtemps l'ami de Valdémar de Danemark, mon ennemi ?

AXEL. — Il ne l'était pas lorsque je l'ai connu. C'était un héros, brave, aimable : il possède encore ces qualités. Je lui ai prêté l'appui de mon bras, lorsque, malgré la ruse et la trahison, il s'est établi dans son propre royaume.

HAKON. — Son royaume? c'est-à-dire celui de Barberousse. N'a-t-il pas reçu le Danemark en fief de l'empereur d'Allemagne ?

AXEL. — Faux-fuyants que tout cela ; il ne s'agissait que de la Poméranie. Frédéric sut attirer Valdémar par ruse à Saint-Jean de Losne et l'obligea à lui rendre hommage. Mais tout le monde railla cet orgueilleux artifice de Frédéric Barberousse. Valdémar était si aimé et si considéré en Allemagne, que, lorsqu'aux portes des villes, les mères le rencontraient, elles suppliaient le héros de toucher leurs enfants afin qu'ils pussent grandir en taille comme en bravoure. Dans les campagnes, les paysans le priaient de prendre du blé dans sa main et de le jeter dans les champs pour améliorer la qualité de la semence.

---

1. Fils naturel d'Harald Gille et oncle de Hakon.

HAKON. — Et tu as servi ce Barberousse ?

AXEL. — J'ai servi Henri le Lion, le fameux duc de Saxe.

HAKON. — Oui ! fameux, en effet ! J'ai appris de lui un trait qui m'a plu, et dénote qu'il n'est pas seulement un valeureux et brave héros, mais encore un consciencieux chrétien. Il s'est fait séparer de Clémence, son épouse, parce qu'ils étaient trop proches parents.

AXEL. — Là ne fut pas la cause de ce divorce. Henri est un bon soldat, un lion ; il voulait fonder une race forte et princière ; sa femme ne lui donnait aucun fils ; voilà le véritable motif. Tu dois comprendre, roi Hakon, que ce trait n'est guère de mon goût ; car tu sais que j'aime Valborg, ma cousine, et j'espère que tu ne mettras aucun obstacle à son bonheur et au mien.

HAKON. — Est-il possible ! Tu n'as pas oublié cette folie ?

AXEL. — Si peu, que j'ai l'intention, avec ton consentement, de conduire aujourd'hui même, comme mon épouse, Valborg à l'autel.

HAKON. — Tu vas vite, Axel !

AXEL. — J'ai attendu cinq années le moment de retourner auprès de ma fiancée.

HAKON. — Ta fiancée ? Es-tu donc si certain de l'amour de Valborg ?

AXEL. — Regarde cette guirlande autour de nos initiales ; c'est elle qui l'a tressée. Pendant cinq années, les champs ont, chaque jour, fourni une guirlande semblable aux blanches mains de ma bien-aimée.

HAKON. — Et ces initiales ?...

AXEL. — C'est moi qui les ai gravées.

HAKON. — Ah !

AXEL. — Roi, écoute-moi, Ton œil brûlé ; je connais l'amour qui ravage ton cœur. Parlons, en bons Norvégiens, de ce qui nous passionne tous deux. Je ne puis le dissimuler, Hakon, Valborg m'aime et j'aime Valborg. Tu es roi du pays, maître d'un peuple guerrier, fier et superbe ; voudrais-tu enlever à un cousin sincère, son seul bien, sa fiancée ? Roi, l'honneur te commande ; ta naissance t'appelle au combat. L'heure du paisible amour n'a pas encore sonné pour toi; la Norne [1] l'a voulu : elle exige que tu te rendes aux jeux de Hildur; obéis. Va au-devant de tes ennemis, afin d'anéantir la résistance qui fait chanceler ton trône. Maint vaillant sujet te suivra, et, si tu accordes Valborg à son Axel, celui-ci est prêt à verser pour toi la dernière goutte de son sang.

HAKON. — Comme tu trahis ton trouble, mon cousin! Ton cœur est, dans le même instant, la proie des émotions les plus diverses. Tu demandes à la fois la main d'une jeune fille et la faveur de mourir pour ton roi! Comme un vieillard, tu me donnes conseils et leçons, tandis qu'en jeune homme passionné tu as recours à ma bienveillance. Tu voudras bien trouver bon que Hakon réponde avec calme, dignité et froideur à tes paroles embrouillées. — Si j'ai bien compris, tu m'as offert, en bon Drontheimois, à moi le roi de Drontheim, ton bras contre Erling Skakke?

AXEL. — Je fais encore cette offre, en toute sincérité.

HAKON. — Et je l'accepte de même.

AXEL. — Reçois ma main, comme gage de mon inébranlable fidélité.

HAKON. — Merci, je sais apprécier ta valeur. — Quant à l'amour que tu as cru découvrir en moi et à la résistance que tu penses rencontrer de ma part, je serais disposé à regarder tes propos comme un manque de respect, si je ne connaissais ta passion. Valborg est orpheline; ma dignité royale la protège. En effet, si, en partageant avec cette belle enfant la couronne de Norvège, je voulais rendre hommage à une vertu, à une beauté dignes d'un tel honneur, si j'avais résolu par là d'étouffer un amour condamné par l'Eglise, et de faire oublier à Valborg, par ma tendresse, un amoureux disparu depuis cinq ans, pourrais-tu m'en faire un crime?

AXEL. — Noble Hakon! Je ne t'ai donc pas compris. Tu n'as voulu, en roi, en paternel bienfaiteur, que proté-

---

1. Les Nornes étaient trois vierges qui présidaient à la destinée des hommes.

ger cette gracieuse enfant, lui rendre la vie plus douce ; tu ne l'as pas aimée comme moi. La même bonté, la même amitié qui t'a amené à vouloir épouser Valborg, te fera maintenant renoncer à cette résolution. Son fiancé est revenu, et son bonheur dépend de l'union que nous te demandons.

HAKON. — Tu parles toujours avec enivrement ! Je ne l'aime pas ? Et pourquoi ? Qu'est-ce qui peut te le faire supposer ? Peux-tu toi-même rester froid devant la beauté et la grâce de Valborg ? Et tu veux qu'un autre ne ressente pas la même impression parce que sa vivacité n'est pas aussi grande que la tienne ?

AXEL. — Tu aimes donc Valborg ?

HAKON. — Comme homme et comme roi. Je veux son bien. Je veux que son mariage ait pour base la légalité et l'innocence. D'ailleurs, je pense pouvoir lui rendre la vie pour le moins aussi heureuse, aussi agréable que tu pourrais le faire toi-même.

AXEL. — Celle qui aime ne voit le bonheur de l'existence que dans celui qu'elle a choisi !

HAKON. — Elle t'a donc choisi, heureux mortel ?

AXEL. — Qu'elle décide entre toi et moi. En noble héros, respecte la volonté de la femme ; en roi, respecte les droits de tes sujets ; en chrétien, n'oublie pas la sainte tradition de la vigne de Naboth.

HAKON. — Je n'agirai point arbitrairement ; mais Valborg ne pourra décider entre nous. Suivant la loi, toute jeune fille doit avoir un tuteur qui s'occupe de ses intérêts. Que la sainte Église décide entre nous.

AXEL. — J'y consens.

HAKON. — Ne crois pas que Hakon agisse en tyran ; mais ne crois pas non plus qu'il veuille renoncer à son bonheur si le jugement de l'Église lui est favorable.

AXEL. — Est-ce bien là ta résolution ?

HAKON. — J'en prends à témoin saint Olaf, mon patron.

AXEL. — Devant de tels sentiments, l'équité n'a rien à craindre et l'amour ne peut s'alarmer. Ta proposition est celle d'un bon chrétien ; elle est conforme à celle que moi-même j'ai faite ; c'est la raison pour laquelle Valborg ne m'a pas revu pendant cinq années, et ne m'eût jamais revu, noble Hakon, si le Dieu protecteur des fidèles amours ne m'avait frayé le chemin jusqu'à Valborg, à travers les voies de l'Église elle-même.

HAKON. — Que dis-tu?

AXEL. — Voici une copie de la lettre paternelle d'Adrien ; l'archevêque a l'original entre les mains. La dispense détruit la parenté entre Axel et Valborg : notre mariage ne sera plus un crime.

HAKON. — O coup infernal !

AXEL. — Quoi ! le roi Hakon Herdebred aurait-il fait à Axel une honorable proposition, avec la secrète conviction qu'Axel ne pourrait avoir satisfaction !

HAKON. — Retire-toi loin de moi !

AXEL. — Hakon ! Hakon !

HAKON. — Retire-toi, le dis-je ! Oserais-tu encore, insolent sujet, mettre ma patience à l'épreuve ?

AXEL. — Je suis Drontheimois... de la race de Gille, comme toi ; j'ai été un soldat estimé à l'armée de Henri le Lion, et maintenant je suis à ton service... mais non pas ton serf ! Valborg est ma fiancée ; ta puissance finit au sanctuaire de l'église... remets-toi ; combats la passion de ton cœur : c'est la plus grande victoire que puisse remporter un héros.

HAKON. — Retire-toi !

AXEL. — Que Dieu nous juge !

(Il sort.)

SCÈNE IV

HAKON; CANUT.

HAKON. — Voilà donc la fin de mon rêve ! Voilà donc ton sort, Hakon Herdebred ! L'un veut te ravir ton royaume ; l'autre, ta fiancée ! que pourrait-on t'enlever encore ? Ton cœur froissé ! mais ils ne l'auront pas aussi facilement ! Il bat pour la vengeance ; il a soif de sang. *(Il aperçoit le frère Canut qui entre. Le moine pose le registre de l'église qu'il tient à la main, ramasse le par-*

chemin que Hakon a fait tomber et le lit attentivement.) Que veux-tu, moine?

CANUT, *quittant des yeux le parchemin.* — Permettez, seigneur.

HAKON *contemple avec dépit la guirlande et les initiales qui sont sur le pilier; puis il tire son épée et les enlève avec un fragment de bois.* — Bien touché, mon épée. C'est ainsi qu'elle tranchera le lien qui m'attache à ce lâche hypocrite. Comme il a habilement mené son affaire et comme il a su me faire parler! Mais, traître, ta perfidie et ta ruse tourneront contre toi. Tant que ma tête sera sur mes épaules, tu ne presseras pas sur ton cœur ta belle Valborg; je le jure par ma couronne!

CANUT. — Si Votre Grâce...

(Continuant à lire avec une joie apparente.)

HAKON. — Va-t-en. Il ne convient qu'aux moines d'employer les habiletés de la parole à se frayer une route vers la fortune; un monarque doit user de son pouvoir royal, et, par ma couronne, je le ferai. Tu voudrais peut-être, Axel, que Hakon joue le rôle d'un bon jeune homme et qu'il te tienne un cierge au pied de l'autel! Tu voudrais même, peut-être, qu'il te conduise au lit nuptial! Ton lit nuptial sera un lit de roses, couvertes d'un drap rouge; les coussins en seront bleus comme la flamme du soufre. Le mot d'ordre est déjà donné. — Que veux-tu, moine?

CANUT, *qui a terminé sa lecture.* — Permettez, Votre Grâce... un mot...

HAKON. — Tais-toi, misérable. Je ne veux plus languir au milieu de ces tombeaux; plus de bavardages oiseux avec les moines; plus de rêveries, Sigurd, je te le promets. Assez d'un Hakon amoureux. Je me réjouirai en homme, et je cours te rejoindre en héros, en roi, brave et vaillant Sigurd.   (Il sort rapidement.)

CANUT. — Il est sauvage comme un loup. Écoutez donc, seigneur, écoutez donc, la bulle tout entière est sans validité; on a oublié le plus important. Seigneur, de grâce, écoutez-moi.   (Il court après le roi.)

FIN DU DEUXIÈME ACTE.

ACTE TROISIÈME

SCÈNE I

ERLAND, CANUT, *le registre à la main.*

CANUT. — Veuillez me pardonner, vénérable père, si je vous ai fait quitter le chapitre pour vous amener ici, mais le devoir commande, et il faut que vous soyez promptement informé. Le jeune Axel hâte les préparatifs de son mariage et nous devons nous attendre à voir arriver ici le cortège nuptial, d'un moment à l'autre ; il a déjà quitté le château.

ERLAND. — Le ciel m'a accordé, avant ma mort, la joie d'unir deux bons cœurs.

CANUT. — Je suis peiné, vénérable père, d'être obligé de troubler cette joie par une observation ; mais l'homme sage doit regarder la marche du destin comme l'expression de la volonté du ciel ; vous vous fierez aux décisions du Seigneur quand vous saurez que le mariage d'Axel ne peut être favorisé des effets de la grâce, et que, par une circonstance étrange, la dispense accordée par le Saint-Père Adrien est sans valeur.

ERLAND. — Aussi vrai que toute la puissance des rois est subordonnée au bras de l'Église, aussi vrai cette bulle recevra son entier accomplissement.

CANUT. — Cette dispense est nulle, vénérable père.

ERLAND. — Adrien n'a-t-il pas, d'une façon claire et distincte, annulé toute parenté entre Axel et la belle Valborg ?

CANUT. — Certainement, vénérable archevêque. Moi aussi j'ai lu toute la dispense, et je n'ai pas assez oublié mon latin pour ne point saisir à merveille le sens de chaque mot. Le Saint-Père a annulé la parenté qui existe entre Axel et Valborg, comme cousins.

ERLAND. — Et bien, cela ne suffit-il pas?

CANUT. — On le croirait, et Axel a sans doute supposé que tout était en règle ; car, sans cela, il serait incompréhensible qu'il ait pu oublier une autre question, aussi importante que celle de leur parenté. Probablement il ne s'en est point lui-même aperçu. *(Erland fait un geste de surprise.)* Comme cousins, Axel peut aimer Valborg, mais comme frère et sœur devant Dieu, ayant été tenus ensemble sur les fonts baptismaux, le mariage leur est encore interdit par l'Église.

ERLAND. — Que dis-tu?

CANUT. — La vérité, et elle se trouve confirmée par le registre de l'Église, vénérable père. Vous êtes ici depuis peu, depuis la fuite d'Augustin ; il est donc naturel que vous ne connaissiez pas ce qui touche cette église, aussi bien qu'un serviteur zélé dont la vie entière s'est écoulée entre ces murs. Votre pieuse existence vous a valu la dignité d'évêque, quoique autrefois on pensât qu'une sainte vie ne suffisait pas pour porter glorieusement la crosse. Absalon de Danemark a prouvé qu'une brillante armure d'acier pouvait noblement recouvrir la robe de laine blanche et qu'une tête tonsurée pouvait supporter le casque ; il a montré par là qu'un évêque doit non-seulement être sans tache, mais encore fort et vaillant, comme un chérubin revêtu d'une armure resplendissante et armé du glaive pour protéger le sanctuaire. Mais les artifices d'Augustin ont amené Hakon à choisir un archevêque qui entendît sa mission d'une manière inoffensive. Que la paix et le bonheur accompagnent vos hautes fonctions !

ERLAND. — Merci... Laisse-moi franchir avec calme, avec quiétude, le court chemin qui me sépare encore de la tombe. Je ne serai plus longtemps un obstacle pour toi. Ne perds donc pas de temps ; ce que tu viens de me dire d'Axel m'afflige par dessus tout. Un jeune homme ne voit devant lui que l'accomplissement de ses espérances : le vieillard est habitué au froid et à la tempête. L'imprudent a donc pu oublier...

CANUT. — Sans doute; autant que Valborg, il ignore cette particularité, car, en raison de ce qui se passait dans le pays, leurs mères ont dû tenir secrète cette circonstance. Le brave Thord Huusfrey était l'homme du roi Sigurd et un guerrier aussi féroce que Sigurd Reine. Ce Thord a laissé pendant cinq années son enfant, Axel, errer comme un païen, sans recevoir le baptême. Lorsque Valborg, la fille d'Immer, dut être baptisée et tenue sur les fonts par dame Helwig, il pria sa parente de se charger en même temps de son fils, voulant promptement expédier cette affaire. Voilà comment ils furent baptisés ensemble, bien que Axel fût de cinq ans l'aîné de Valborg. Pour éviter tout scandale, leurs mères tinrent secret ce baptême. Mais Jon a tout relaté sur le registre et moi, son vicaire, j'étais présent. Du reste, il existe encore bien d'autres témoins qui pourront confirmer la vérité de ces détails.

(Il lui fait lire une page du registre.)

ERLAND. — Un sort bien cruel pour cette famille!

CANUT. — Un sort cruel est toujours la conséquence du péché; la race de Gille en est atteinte comme toute autre. Si Thord Huusfrey avait immédiatement fait baptiser son fils, Axel n'eût pas été le frère de Valborg devant Dieu, et si Axel n'avait pas, contre les lois de l'Église, aimé sa proche parente, mais bien une autre jeune fille quelconque, nul obstacle n'eût entravé son bonheur. Le roi Hakon est le premier de la famille de Gille. La main qui frappera les coupables, saura le récompenser de sa vertu.

ERLAND. — O les malheureux!

CANUT. — Je comprends, vénérable seigneur, qu'un tel incident afflige votre cœur. Vous êtes âgé, et votre santé est chancelante; vous n'avez que peu de confiance dans le frère Canut, je le sais; cependant, il éprouve peut-être pour vous plus d'affection que vous ne le pensez. Retournez, si cela vous convient, au couvent; je vous excuserai auprès du roi, et je me chargerai des offices d'aujourd'hui en votre absence.

ERLAND. — Tu te chargerais des offices, je le crois.

Non, Canut, tu ne seras pas leur bourreau. C'est un soulagement pour les malheureux d'entendre annoncer le jugement du destin avec ménagement par des lèvres miséricordieuses. J'accomplirai moi-même ce dur devoir, quand bien même mon vieux cœur devrait se briser. Je m'emploierai de toutes mes forces pour ces deux malheureux. J'écrirai au Pape, et j'aurai une nouvelle dispense.

CANUT. — N'y pensez pas, cher seigneur. Adrien, l'ancien ami de la Norvège, est mort. Victor et Alexandre luttent ardemment pour obtenir la tiare; ils profitent de toutes les occasions pour se mettre dans les bonnes grâces de tous les rois. Hakon a donné sa voix à Alexandre, qui, de son côté, ne refusera certainement pas d'être agréable au roi dans cette petite affaire.

ERLAND. — Petite affaire! lorsqu'il s'agit du bonheur de deux créatures vertueuses.

CANUT. — Oui, on parle ainsi dans la chaire, mais au Vatican et au château royal, une sage politique demande encore d'autres arguments.

ERLAND. — Qu'appellent-ils politique? L'enfer, dans sa sinistre caverne, ne contient pas de pire monstre; à côté de la politique, l'hydre était belle. Le Cerbère et le Fenris [1] du Walhalla païen montraient leurs gueules ouvertes au grand jour; mais ce Satan, riche de tous les vices, appelle insolemment son œuvre lâche, raison; il cache le poignard sous le manteau de la dignité, en trahissant, semblable à Judas, l'innocence avec un baiser.

CANUT. — Quel magnifique torrent d'éloquentes paroles, vénérable père!

ERLAND. — Malheur à celui pour qui la vertu n'est qu'un mot!

CANUT. — On approche; j'entends venir le cortège.

ERLAND. — Courage, mon cœur, et vide ce calice. N'a-t-il pas toujours été du devoir d'un pasteur de conduire le malheureux à son Golgotha?

---

1. Loup énorme, fils de Loke, le génie du mal. — Le jour de la destruction du monde, il doit engloutir Odin, le roi des dieux.

CANUT. — Entrons dans le chœur ; nous irons en procession solennelle à la rencontre du cortège, et nous l'arrêterons dans sa marche.

SCÈNE II

HAKON, AXEL, THORA, VALBORG, L'ARCHEVÊQUE et CANUT.

Musique chorale. Le cortège entre dans l'ordre suivant : les trabans du roi avec des hallebardes ; un grand nombre d'enfants de chœur, vêtus de rouge, des cierges à la main ; Axel et Hakon ; chevaliers deux par deux ; jeunes filles portant des paniers de fleurs qu'elles sèment sur leurs pas ; la reine Thora, conduisant Valborg en costume de mariée ; dames d'honneur et suivantes, deux par deux. Le cortège fait le tour du tombeau de Harald Gille et s'arrête sur le devant de la scène, de sorte que les hommes se trouvent du côté droit près des caveaux de la famille d'Axel, et les femmes, du côté gauche, près des tombeaux de la famille de Valborg. Les deux fiancés s'agenouillent chacun devant le tombeau de ses ancêtres. La suite se range au fond. La grande nef reste vide. Les moines arrivent par la porte de la sacristie, traversant le chœur et la grande nef ; l'archevêque et le frère Canut sont à leur tête.

LE CHŒUR *chante.*

« L'homme auquel le ciel a accordé une aussi gracieuse compagne, possède plus qu'un trésor de perles et d'or ; comme un navire précieusement frété, elle l'enrichit et le rend heureux.

« De sa main charmante elle fait marcher la quenouille et dévide le fuseau ; elle tisse des tapis, de la toile et de beaux vêtements sur son métier doré.

« Elle est couverte d'une soie blanche comme la neige, et la garniture pourpre qui tranche sur cette blancheur éblouit le regard. Elle prononce de douces et pieuses paroles ; l'innocence habite dans son cœur.

« Elle donne des fils à son époux bien aimé, des héros à sa patrie ; Dieu de bonté, gloire à ton nom béni ; heureux époux, heureuse épouse, chantez ses louanges. »

LES MOINES. — *Gloria in excelsis Deo!*
LE CHŒUR. — *Amen!*

(Axel et Valborg se relèvent; le roi conduit Axel vers Valborg, la reine, Valborg vers Axel. Les fiancés se donnent la main pour se diriger vers le maître-autel. Mais entre les piliers, ils rencontrent la procession; l'archevêque les arrête de sa crosse.)

ERLAND. — Infortunés! un vieillard se voit forcé par un devoir sacré de vous arrêter sur le chemin fleuri de l'espérance. Ne désespérez pas de votre sort; remettez-vous entre les mains du Seigneur et ne concevez aucun ressentiment contre un vieillard dont toute la joie eût été de vous unir, si le ciel le lui avait permis.

AXEL. — Seigneur Dieu! qu'est-ce cela, vénérable père? N'avez-vous pas reçu la bulle? n'avez-vous pas vu que notre mariage est permis, que notre lien de parenté est annulé?

ERLAND. — Mon cher fils, prépare-toi courageusement à subir ton sort. Tu ne peux épouser Valborg. Votre parenté, il est vrai, n'existe plus; mais vous êtes frère et sœur devant Dieu, vous avez été tenus sur les fonts baptismaux en même temps et par la même femme. Dame Helwig fut votre marraine à tous deux. La dispense ne mentionne pas cette parenté, et l'Eglise rend un tel mariage impossible.

AXEL. — Evêque! Que dis-tu?... Dieu! ma Valborg! elle pâlit! suivantes, secourez-la...

VALBORG, *défaillante*. — Oh! ce n'est rien. Un peu de vertige... Laisse-moi m'appuyer sur toi, Svanhvide; cela va se dissiper.

AXEL. — Frère et sœur devant Dieu!

CANUT, *approchant, le registre à la main*. — Oui, devant Dieu!

AXEL. — C'est donc écrit là? Montre-le-moi, pâle Judas. Tu mens, je l'espère. Montre-le-moi. Axel aussi sait lire. Allons. *(Il regarde dans le registre.)* Tout se brouille devant mes yeux. *(Il se jette aux genoux de Valborg.)* Valborg! Valborg! tout est fini!

VALBORG. — Non, non.

AXEL, *se levant*. — Tout est fini! Je vois et je comprends tout. Tous les pénibles efforts que j'ai faits depuis cinq années pour m'approcher du vieil Adrien et acquérir son estime et son amitié demeurent vains et inutiles. Je lui avais révélé l'état de mon cœur, et il m'avait pris en pitié. Tout est perdu ; et s'il vivait encore ? Il n'y aurait qu'un court délai. Mais il est mort ! et Alexandre, le rusé cardinal, l'ami de Hakon, mon ennemi, l'a remplacé. Je te vois, bête fauve ; tu guettes déjà ta proie : tu ris sous cape. C'en est fait de moi : tout est fini, ô ma Valborg.

(Il s'agenouille et cache son visage dans les mains de Valborg.)

ERLAND, *regardant sévèrement le roi*. — Ce n'est ni bien ni charitable d'avoir ainsi poussé les choses à la dernière extrémité. On a laissé ces pauvres cœurs se gonfler d'une vaine espérance, pour l'anéantir à la dernière heure comme on ferait d'une bulle de savon. On a mal fait de me surprendre, moi un vieillard, qui ai droit au respect et à la considération et auquel, tant à cause de son âge qu'à cause de ses saintes fonctions, on eût dû épargner une scène aussi déplorable.

HAKON. — Toute la faute en retombe sur Axel Thordsön lui-même. Son emportement l'a exposé à ce profond chagrin ; s'il eût suivi le conseil de son roi, il n'eût pas tant hâté cette union. Je ne puis interdire à mes guerriers la route de l'église et toi, tu es l'interprète de ses lois.

CANUT, *approchant, un voile blanc à la main*. — Comme Axel Thordsön ne peut épouser Valborg, l'Église veut une marque de l'importance de la séparation.

ERLAND. — Je pense que, pour cette fois, l'on peut se dispenser de cet usage.

HAKON. — Ma dignité m'impose de faire strictement exécuter les lois du pays. Fais ton devoir.

ERLAND. — O mes enfants, soixante-dix hivers ont blanchi ma tête, mais jamais je n'ai vidé un calice aussi amer. Mon cher Axel, pardonne à un vieil et honnête serviteur du Seigneur d'avoir à remplir ses devoirs. Ce n'est pas moi, c'est le sort qui te sépare de Valborg ; mais la séparation ne durera que pendant cette courte et mortelle vie ; au ciel, vous pourrez vous aimer de nouveau.

AXEL et VALBORG *s'agenouillent et prennent ses mains qu'ils embrassent.* — O vénérable père !

ERLAND. — Chers enfants! Lève-toi, mon Axel; lève-toi, ma douce Valborg. *(A Axel.)* Prends ce voile d'une main, et toi, pauvre fille, fais de même. *(Axel et Valborg les prennent chacun aux extrémités ; le roi présente son épée à l'archevêque ; Erland veut couper le voile, mais s'arrête tout à coup.)* Non, non, je ne puis. Approche, frère Canut ; tu m'as offert tes services ; je suis trop vieux, ma main tremble ; il y a quarante hivers que je n'ai manié l'épée, j'ai oublié comment l'on s'en sert.

CANUT. — Bien, donnez-moi l'épée, seigneur. *(Il se place entre Axel et Valborg.)* De même que le glaive du roi, dans la main du clergé, coupe ce lin, ainsi le ciel sépare à jamais Axel Thordsön de Valborg, fille d'Immer.

(Il tranche le voile en deux.)

LES MOINES, *au fond.* — Amen, Amen.

(Les jeunes filles ôtent la couronne de roses rouges de la tête de Valborg, et la remplacent par une couronne de roses blanches.)

HAKON. — La cérémonie est terminée ; qu'on les sépare.

ERLAND, *gravement.* — Pas encore. Tu as insisté avec sévérité pour que la loi qui devait remplir leurs cœurs d'amertume fût exécutée ; une autre loi me revient en mémoire ; elle permet aux couples malheureux de se faire leurs derniers adieux.

HAKON. — Bien. Qu'on se hâte donc. Axel, prends congé de ta sœur Valborg.

ERLAND. — Non, pas ainsi ; ils ont le droit de se parler seuls pour la dernière fois dans ce lieu sacré.

HAKON. — Est-ce pour leur donner encore une mauvaise occasion d'entretenir l'ardeur de cette coupable passion ? Cette loi est absurde.

ERLAND. — Et cependant, il faut qu'on l'observe.

HAKON. — Et si le roi refusait de s'y prêter ?

ERLAND. — Alors il violerait ses devoirs et j'aurais le droit de le frapper d'interdiction.

HAKON. — Tu parles avec hardiesse.
ERLAND. — Je parle en archevêque.
HAKON. — Et qui t'a nommé archevêque?
ERLAND. — Dieu.
HAKON. — Ah! vieillard!
ERLAND, *levant sa crosse*. — Qu'on s'éloigne, que ces deux malheureux puissent avec calme goûter les consolations de l'âme et se faire leurs adieux.
HAKON, *se contenant*. — Soit, puisque c'est toi qui commandes ici.
(Il se retire avec sa suite. Erland fait un signe à Canut et aux autres moines, de s'éloigner.)
ERLAND. — Rien ne comprime plus votre chagrin ; détendez vos pauvres cœurs gonflés et dites-vous adieu, mes chers enfants. Le moment qui vous est accordé est court ; profitez-en. Que Dieu vous en donne la force !
(Il sort.)

SCÈNE III

AXEL, VALBORG.

AXEL. — Merci, vieillard, merci. La rose blanche de la pitié est pour toi le dictame de la douleur.
VALBORG, *ôtant la couronne de sa tête*. — La rose blanche est la marque d'un amour sacré ; le rouge terrestre, le rouge enflammé s'est éteint. Ces feuilles ressemblent aux ailes des anges.
AXEL. — O Valborg ! Valborg !
VALBORG. — Résigne-toi, mon cher ami.
AXEL. — Me résigner ! Comment est-il possible que tu te calmes si vite, si facilement.
VALBORG. — J'y étais préparée.
AXEL. — Toi préparée ? Non, Valborg ! j'ai vu ta joie lorsque ta main a saisi la mienne en partant pour l'église. Tes lèvres souriaient, ton œil brillait.
VALBORG. — L'œil ne brille jamais d'un éclat si vif que lorsqu'il est plein de larmes.
AXEL. — Comment Valborg eût-elle pu douter ? Est-ce

que tout ne présageait pas notre bonheur? Ai-je donc ici, comme un étourdi, couru après un bonheur qui n'était qu'un rêve? N'ai-je pas, comme Jacob, vaillamment lutté, durant des années, pour la possession de ma Rachel bien-aimée? Un coup terrible me frappe. Non, non, mon destin ne pouvait se prévoir; il est horrible, il détruit en moi tout courage. Tu avais raison, Valborg, lorsqu'en voyant le pèlerin agenouillé, tu dis : « Il touche à la tombe et non au but. » Tu avais raison, la tombe s'entr'ouvre comme pour recevoir dans son sein un fidèle ami. Qu'ai-je encore à chercher sur terre? Le soleil ne luit plus pour moi, mon étoile ne scintille plus. Ouvre-toi, ma tombe, ta chaude atmosphère m'attire; serre-moi dans ton sein, ma Valborg ne doit pas me presser sur son cœur.

VALBORG. — Si, mon Axel, si! Pour te dire adieu, Valborg peut, une dernière fois, te presser sur son cœur.

AXEL. — O sort cruel! frappe-moi dans ses bras!

VALBORG. — Non, mon bien-aimé, tu vivras; il faut que tu vives!

AXEL. — Et pourquoi vivrais-je ?

VALBORG. — Pour l'honneur. Souviens-toi que le beau nom d'Axel, dans notre ancien langage, signifie, grand, riche, superbe!

AXEL. — Oui, il serait devenu tout cela si le sort ne lui avait pas arraché son Walhalla bien heureux, sa Valborg, le prix de la lutte.

VALBORG. — Mon noble ami!

AXEL. — Ce n'était pas pour conquérir seulement une sombre couronne de chêne que les trompettes éclatantes sonnaient pour moi l'heure des combats; je te voyais sur un nuage, tu étais ma Norne, ô Valborg : tu tendais à ton fiancé la couronne de roses rouges.

VALBORG. — Maintenant, ces roses sont fanées.

AXEL. — J'arrivai à Rome; je vis le Saint-Père; je m'approchai en tremblant du maître de la terre, et je puisai la vie et le salut dans ses saintes paroles, et alors, les montagnes d'Italie, couvertes de neige, disparurent promptement dans le vaste horizon qu'embrassait mon regard. Mon œil était constamment tourné vers le Nord : il croyait entrevoir déjà la blanche aurore boréale qui brillait comme un souvenir de la patrie.

VALBORG. — Ces sensations étaient les mêmes pour ta Valborg.

AXEL. — Le jeune pèlerin marchait intrépide, franchissant, le bâton à la main, tantôt les hauts rochers, tantôt les profondes vallées ; la certitude d'un heureux avenir éloignait la mélancolie qui l'étreignait loin de son pays. L'alouette qui l'éveillait lui chantait : Valborg ! La pourpre de l'aurore n'était pas plus ardente que son amour. Pendant la brûlante chaleur de la journée, il traversait les sombres et épaisses forêts ; le nom de Valborg, il l'a gravé sur plus d'un arbre d'Italie, sur plus d'un hêtre allemand. Hâte-toi, rugueuse écorce, de recouvrir ces lettres chéries, et vous, arbres des druides, chantez à voix basse dans la forêt, devant les bergers du Midi, l'histoire du malheureux couple du Nord, en laissant onduler vos vertes boucles sous le souffle de la brise du soir.

VALBORG. — Axel, ô Axel, comme tu m'as aimée !

AXEL. — Maintenant, monde immense, tu me reverras encore errant, mais sans appui, sans soutien. Je repasserai encore, la nuit, entre les sombres arbres des forêts, mais sans but. Puissé-je rencontrer une tombe sur la première verte colline ; là seront mes foyers !

VALBORG. — Cruel ! Voudrais-tu quitter ainsi ta Valborg ?

AXEL. — Je demeurerais donc pour te voir en silence traîner à l'autel par ton bourreau ?

VALBORG. — Il me conduira plutôt au supplice !

AXEL. — Oh ! le tigre ! Briser un tel cœur et appeler cela de l'amour !

VALBORG. — Epuisés par les larmes, mes yeux ne supporteront bientôt plus la lumière du jour. Avant qu'ils ne soient fermés à jamais, ma douce mère, la sainte Église, me protégera dans son sein.

AXEL. — Seigneur ! Ma Valborg religieuse ! Livrer aux ciseaux cette blonde chevelure ! Ces longues et soyeuses boucles dorées ! Ensevelir toute cette beauté sous la bure noire et grossière !

VALBORG. — Alors je me promènerai ici souvent, seule, la nuit; je retomberai dans mes douces rêveries, me rappelant ton retour, mon Axel, et notre amère destinée. Alors les hymnes sacrées élèveront pieusement mon cœur vers Dieu, par la prière, et, grâce à mes supplications, le Seigneur apaisera l'affliction de ton âme.

AXEL. — O Valborg!

VALBORG. — Je demeurerai tranquillement assise dans ma cellule, brodant l'or sur la soie; le temps se passera dans une douce mélancolie. Je serai là, semblable à une tourterelle qui, malgré son innocence, ne trouve nulle part le repos, malgré sa fatigue, ne s'arrête jamais sur les vertes branches, et ne boit jamais une eau limpide avant de l'avoir troublée.

AXEL. — Et Axel?

VALBORG. — Tu retourneras dans tes foyers, près de ta sœur, la bonne Helfred; oh! n'abandonne pas ta patrie, ne demeure pas seul dans une ville où chaque jour ne ferait qu'augmenter ta douleur. Toutes nos souffrances sont guéries par le temps; il soulagera un jour ton âme navrée. La grandeur et la tranquillité de la nature, la présence d'une sœur chérie, apaisent mieux les chagrins du cœur que le bruit des fêtes. Tu te retireras dans ton manoir, qui, du haut de la montagne, domine majestueusement les fleuves, les vallées et la mer furieuse; tu te rendras ainsi maître de ton destin. Mais, si ton cœur venait à battre avec trop de force, prends ta lance et ton arc, cours, dans les sombres forêts de sapins, faire tomber ta colère sur l'ours et le lynx féroce qui osent troubler la paix des bois. Tu vaincras ainsi peu à peu ta douleur; les soirées de l'hiver, tu les passeras dans la chambre de famille auprès de la bonne Helfred, lui faisant la lecture de quelque vieille tradition sur Odin, Thor et le bon Baldur. Accompagné de la harpe d'Helfred, tu pourras aussi passer le temps à chanter; mais garde-toi bien de choisir la ballade d'Hagbarth et de Signé ou celle d'Aage et de la vertueuse Else [1].   (Elle éclate en larmes.)

AXEL. — O Valborg! je ne chanterai que celles-là.
                        (Il l'embrasse sur le front.)

---

1. Voir la ballade chantée par Wilhelm à la fin.

SCÈNE IV

ERLAND, AXEL, VALBORG, WILHELM.

ERLAND, *revenant*. — Mes chers enfants! Il faut que je vous sépare; courage!
VALBORG. — Adieu!
AXEL. — Adieu!
VALBORG. — Nous nous reverrons.
AXEL. — Là-haut!
(Ils se quittent avec effort et sortent, chacun d'un côté différent. Wilhelm se montre au fond.)
ERLAND. — Pauvres enfants! Votre amour, comme une étoile, rappelle mes tristes souvenirs! Oui, faible est l'homme qui n'a jamais connu les agitations de l'amour. Brave Axel! ton destin est semblable au mien. Eléonore! lorsque mes pensées remontent jusqu'à toi, cette souvenance luit faiblement sur mes journées d'hiver, comme brille la lune sur la neige. Es-tu, dans la mort, restée fidèle à ton Erland? Hélas! jamais je n'eus aucun message sur ton triste sort!
WILHELM, *au fond*. — Eléonore de Hildesheim est demeurée fidèle à Erland jusqu'à la mort.
ERLAND. — Quelle est cette voix? Sort-elle des tombeaux?

(Il se retourne et aperçoit Wilhelm.)

SCÈNE V

ERLAND, WILHELM

WILHELM. — Forcée par Gebhard, son père, à épouser Rudolphe, Eléonore garda fidélité à Erland, au fond de son cœur. C'est toi qu'elle aimait, lorsque, dans le sombre manoir, on la livra à l'homme qu'elle haïssait.
ERLAND. — Quel est cet homme pâle et étranger qui me parle du fond de l'église? Est-ce une apparition? Il

reste là comme une statue, appuyé sur son glaive. (*Wilhelm s'approche de lui.*) — Qui es-tu, étranger ?

WILHELM. — Un homme qui tient à la fois du tigre et de l'agneau ; une fleur d'hiver, boule de neige éclose au froid, sous un horoscope étrange, au moment où l'astre de Vénus se trouva obscurci par une comète couleur de feu.

ERLAND. — Dis, qui es-tu ?

WILHELM. — Le fils de ton Eléonore et de Rudolphe, ton ennemi mortel.

ERLAND. — Saints du ciel ! toi ! est-il possible ? Oui, malgré la rudesse de ta figure, je reconnais ces traits chéris. O mon fils, fils d'Eléonore, viens dans mes bras, viens, que je te serre sur mon sein !

WILHELM. — Les sentiments que j'éprouve sont bons et chaleureux, ainsi que les tiens, mais la nature m'a refusé les larmes.

ERLAND. — Quel est ton nom ?

WILHELM. — Wilhelm, en danois Vildhjalmur [1].

ERLAND. — Et quel ange t'a conduit à moi ?

WILHELM. — Un des bons, je l'espère, seigneur ! La nature en moi est bizarre, presque un prodige. Animé des éléments les plus opposés, de l'amour et de la haine, de la dureté et de la tendresse, je sens mon âme livrée à des agitations perpétuelles ; je ne peux les calmer qu'en me précipitant dans le tumulte des combats, ou bien encore en me liant d'une amitié muette, mais fidèle et constante, à quelque loyal ami. C'est ainsi que je me suis attaché à Axel Thordsön. Je ne puis aimer moi-même, mais je me plais à venir en aide à celui qui aime. J'ai suivi Axel, j'étais certain de te rencontrer ici. Ma mère, à son lit de mort, m'avait imposé la mission sacrée de te chercher. Elle n'ignorait pas que tu avais échangé l'armure contre le froc, elle me supplia de te porter ses derniers adieux. Mais pardonne-moi ! Dans le trouble des combats, j'ai oublié ce devoir pendant près de dix années. Le retour d'Axel a rafraîchi ma mémoire et réveillé ma conscience. Je pense que cette

---

1. Axel a déjà fait connaître que Wilhelm est d'origine allemande.

sombre mélancolie qui me domine n'est qu'une expiation dont je serai relevé dès que j'aurai accompli la dernière volonté de ma mère. Vénérable père, étendez votre douce main sur ma tête troublée et donnez-moi votre bénédiction !

(Il s'agenouille.)

ERLAND. — Que le Seigneur répande sur toi toutes ses grâces !

WILHELM, *se relevant*. — Merci ! Je suis déjà soulagé. Cette rencontre me paraît un signe du ciel. Ecoute, noble vieillard ; tu as perdu ta fiancée, il y a bien des hivers ; mon cœur est fermé à l'amour, mais ici on veut la séparation de deux âmes qui ne vivent que pour l'amour. Donc, vénérable père, toi la victime, et moi le fruit d'une union malheureuse, unissons nos efforts pour prévenir une pareille calamité, et sauvons nos amis.

ERLAND. — Comment, mon fils ?

WILHELM. — Cela ne dépend que de toi ; si tu le veux, je les sauverai.

ERLAND. — Mais par quels moyens ?

WILHELM. — Notre navire est mouillé dans le Fjord, prêt à prendre le large. Dès qu'on aura levé l'ancre il pourra partir. Valborg a été conduite au couvent ; pour y pénétrer, il faut traverser ce lieu. Afin d'empêcher un enlèvement que soupçonne Hakon, le frère Canut doit veiller cette nuit avec vingt soldats à la porte de l'église. L'alarme doit être donnée au moindre bruit.

ERLAND. — Et tu te réjouis d'une mesure de précaution qui rend impossible toute tentative d'évasion ?

WILHELM. — Cette mesure doit justement en assurer le succès. Si les lourdes portes ferrées étaient fermées, aucune fuite ne serait possible. Hakon veut, dès demain, emmener Valborg qu'il regarde déjà comme sa fiancée. Mais moi, je saurai me frayer un passage à travers ces vingt hommes et cela malgré l'astuce de Canut, ce sombre moine, le vingt-et-unième.

ERLAND. — Mais une rixe ne ferait-elle pas du bruit ? n'éveillerait-elle pas les soldats du château ?

WILHELM. — La sainte église ne doit point être souillée

du sang de vaillants guerriers, qui ne font que leur devoir en obéissant aux ordres de leur roi! Je sais un moyen plus efficace.

ERLAND. — Lequel, mon fils?

WILHELM. — Au-dessus de l'autel se trouve le reliquaire doré qui contient les restes de saint Olaf. Le vulgaire croit que, dans des circonstances particulières, le corps inanimé du saint sort à minuit de son tombeau, afin de terrasser les criminels et de donner secours et protection à la vertu opprimée.

ERLAND. — On croit partout à ce prodige.

WILHELM. — Comme archevêque, n'as-tu pas la garde du casque d'or, de la lance et du manteau argenté d'Olaf?

ERLAND. — Oui.

WILHELM. — Alors Axel est sauvé.

ERLAND. — Comment, mon ami, tu voudrais......

WILHELM. — Hésiterais-tu à utiliser une fois, et pour une si noble cause, cette respectable légende dont on a si souvent abusé dans de mauvais desseins?

ERLAND. — Non! cela ne peut être un péché! Dieu pardonnera cette ruse innocente, qui seule peut sauver la vertu.

WILHELM. — Ruse? et qui te dit qu'il y a là une ruse? Saint Olaf apparaîtra lui-même, vénérable père, mais incarné en ma personne; je serai son ombre. Le spectre n'est-il pas la transfiguration d'un esprit éternel?

ERLAND. — Quel feu dans ton regard, mon fils!

WILHELM. — Ma pensée s'arrête complaisamment sur l'éternité. Ce n'est pas la première fois que le monde des esprits s'est révélé à moi. — Des occupations importantes me retenaient à bord de notre navire; le soleil dardait ses rayons sur le pont avec une insupportable ardeur; je me hâtai d'accourir pour assister à la cérémonie nuptiale, mais j'arrivai trop tôt. Je trouvai dans la tranquille église une délicieuse fraîcheur. Après en avoir plusieurs fois fait le tour, examiné les autels et épelé les inscriptions gravées sur les pierres tumulaires, je m'assis dans un coin du chœur; j'avais le dos appuyé contre un pilier auquel est accrochée une vieille armure que la rouille a rongée, ainsi que les quelques lambeaux flottants d'une vieille et antique bannière d'honneur. Je m'endormis presque en face du reliquaire de saint Olaf, et je fis un songe triste et inquiétant. Je ne distinguais ce qui se passait durant ma vision qu'à travers une sorte de brouillard transparent. Lorsque le hideux moine coupa le lin, je me levai indigné pour voler au secours d'Axel, mon ami; mais, en proie à la terreur, je retombai assis; à mesure que la toile se divisait, le couvercle du reliquaire se soulevait; un homme se dressa hors du cercueil : sa mine était irritée, il fixa des regards étincelants sur le moine.

ERLAND. — Et quel était son aspect?

WILHELM. — C'était un héros vigoureux, de moyenne taille, aux blonds cheveux, aux yeux bleus; il tenait à la main un drap ensanglanté avec lequel il étanchait une blessure.

ERLAND. — Ah! c'est l'esprit de saint Olaf!

WILHELM. — Il montra du doigt l'armure et dit : « Revêtu de fer, cette nuit, tu puniras la trahison et tu protégeras l'innocence; il faut que le flambeau de l'amour brille d'une flamme resplendissante. » Puis, il disparut. Lorsque je m'éveillai, j'entendis le roi donner des ordres au moine, à la porte de l'église.

ERLAND. — Wilhelm! tu es élu; suis-moi, nous les sauverons.

WILHELM. — Il n'est pas encore temps; à l'heure où le jour baisse, lorsque la froide rosée tombe sur les pierres des sépulcres, à l'heure où le doute émousse le courage du brave, où l'angoisse terrifie la conscience du coupable; lorsque l'église sera plongée dans une austère obscurité et que, seule, la lampe nocturne jettera à travers les ténèbres sa pâle lueur sur les tombes; au moment où la cloche aura d'un son sinistre tinté pour la douzième fois, au moment où crie le hibou, où chante le coq, l'instant propice sera venu; alors saint Olaf, souverain la nuit, revêtu de ses insignes royaux, se lèvera pour épouvanter le vice et terrasser le pécheur; et si quelques larmes tombent de l'œil innocent, il les essuiera de son suaire.

FIN DU TROISIÈME ACTE.

ACTE QUATRIÈME

SCÈNE I

Il fait sombre. Le lustre jette une pâle lueur.

CANUT, BIORN, KOLBEIN *et plusieurs soldats sont assis sur un banc.*

CANUT. — Nous sommes bien ici, mes bons amis, près de ce pilier et de ces saintes croix des trois rois bienheureux de la Norvège. Nous allons passer la nuit, sous la garde de Dieu. Endrid, as-tu surveillé les gardiens de la porte ?

ENDRID. — Oui ; ils ne s'endormiront pas.

CANUT. — Ni nous non plus. Il est du devoir d'un sujet de veiller à la sûreté du roi ; c'est pourquoi j'ai choisi cette place près du pilier royal ; il se dresse saintement avec ses trois croix. Celui-là, au contraire, devrait s'appeler : *le pilier néfaste ;* c'est là que ces deux amoureux pécheurs ont gravé leurs noms. Ils ont voulu témérairement braver la puissance souveraine et les lois de l'Église ; aussi la justice céleste les a frappés. Dans sa noble indignation, le roi a, de son glaive, abattu les initiales, qui, ornées de guirlandes, souillaient les charpentes de l'église ; à présent, les fleurs de la couronne se fanent dans la poussière.

BIÖRN. — D'ailleurs, n'est-ce pas le sort des fleurs de se faner ? Qu'elles restent donc là. Il en est autrement de la croix du roi ; plus elle se dresse, plus le pays gagne en force, prospérité et honneurs. Aussi la croix la plus élevée des trois me plaît singulièrement ; les deux autres n'atteignent point à celle du grand Harald.

CANUT. — Ne parlez point ainsi, vieillard ; feu Olaf Kyrre, de bonne mémoire, n'était pas inférieur à Harald le Sévère ; on ne goûta jamais plus les douceurs de la paix que sous son règne ; il était l'appui du clergé.

BIÖRN. — C'est là précisément le malheur ! Je parle de la paix, bien entendu, et non du clergé, mon frère. Il est digne de tout respect, je le sais ; mais Olaf Kyrre et Magnus Barfod semèrent les premiers germes du mal, en changeant les antiques usages du pays. A ce point de vue, je ne pense pas que ces deux rois puissent être comparés au puissant Harald.

CANUT. — Olaf a illustré notre pays par ses exploits.

BIÖRN. — Avant Olaf Kyrre, on buvait dans de grandes cornes, et le feu flambait au milieu de la salle des convives ; alors le roi de Norvège était assis sur un banc, entouré de ses compagnons ; on leur distribuait la bière ; cet état de choses déplut à Olaf ; il lui fallait un siège élevé, et le feu fut relégué dans un trou, afin que la fumée n'incommodât pas les poumons délicats du roi.

CANUT. — Est-ce que la fumée ne fait pas mal à la poitrine, père Biörn ?

BIÖRN. — Un brave garçon doit avoir la poitrine fortement constituée et avoir peu de souci de la fumée et de la vapeur. Quant aux vêtements, Olaf a commis de nouveaux péchés, que Dieu les lui pardonne dans sa tombe ! Autrefois, le guerrier était revêtu de son armure, ou de sa tunique de laine blanche ; sous lui, l'habit fut lacé autour des reins avec des cordons d'or et d'argent ; les jambes furent emprisonnées dans des anneaux d'or, et la soie chatoyante ondula ses plis les plus gracieux autour des bras et des épaules. Oui, les manches étaient tellement étroites que l'on fut obligé d'imaginer un outil pour pouvoir y introduire les bras. Magnus Barfod, quoique héros, se rendit coupable aussi, mais autrement. Après son expédition en Irlande, il courait les rues, lui, le roi de Norvège, la tunique en haillons et les pieds nus, comme un mendiant ; il ne doit son sobriquet qu'à lui-même [1].

---

1. Ce roi portait souvent le costume des montagnards écossais.

CANUT. — Tout change avec le temps, mon vieux.

BIÖRN. — S'ils avaient seulement respecté les anciennes cornes à boire, tout le reste me serait bien indifférent! Mais boire la bière et l'hydromel dans un gobelet, est une invention fâcheuse qui, tôt ou tard, poussera le pays à sa perte; un brave garçon doit vider sa mesure sans remettre sur la table les dernières gouttes qui retombent de sa barbe.

ENDRID. — Il a raison, le vieux; le roi Harald était un splendide héros. Son nom est encore en honneur en Grèce depuis l'époque où il se mit au service de la reine Zoé, au milieu des vaillants Væringues.

BIÖRN. — Toi qui viens de Miklagard [1], dis-moi, que se passe-t-il par là? A-t-on toujours, comme de mon temps, le Nord en grand honneur?

ENDRID. — Ton départ n'a pas fait disparaître les anciennes bonnes coutumes, mon vieux.

BIÖRN. — Alors, vous dormez encore sur la dure, le casque sur la tête et le bouclier sur la poitrine, l'épée sur le visage, la main droite sur la poignée et le cœur plein de courage et d'ardeur.

ENDRID. — Toujours.

BIÖRN. — Le défunt roi Olaf, ce grand saint, vous conduit-il toujours au combat sur son cheval blanc?

ENDRID. — Cela arrive souvent, père Biörn. N'as-tu pas appris ce qui est arrivé récemment à Reiter, son épée?

BIÖRN. — Non, mon fils, raconte-nous cela.

ENDRID. — Vous savez que Ingebiörn, un brave Suédois, s'empara de cette épée, lorsque le roi Olaf tomba à Stiklestad. Ses fils et ses petits-fils en héritèrent. Son dernier rejeton prit part avec moi à la dernière guerre des empereurs. Notre camp venait d'être installé; les Væringues reposaient, comme tu l'as dit, sur la dure, tout armés, l'épée sur la tête. Mais en s'éveillant, le Suédois s'aperçut qu'il n'avait plus d'épée et qu'on avait jeté la sienne au loin dans les champs; trois nuits de suite, il éprouva

---

1. Nom donné par les anciens Scandinaves à Byzance, aujourd'hui Constantinople.

cette mésaventure. L'empereur, instruit de cette singularité, lui demanda ce que cela signifiait. Il répondit : Oui, noble Kyrialax (cela signifie, seigneur Alexius, car le psautier a dû vous apprendre que Kyrie, en grec, veut dire seigneur). Il dit donc : Noble Kyrialax, l'épée que je possède est nommée Reiter ; elle a appartenu à saint Olaf, qui ne la perdit à Stiklestad qu'avec la vie.

BIÖRN. — Le roi Olaf a bien fait d'arracher son épée à ce Suédois : qu'en aurait-il fait ?

ENDRID. — Oui, c'est ce que comprit l'empereur ainsi que tout le monde. Il fit construire à grands frais une église en l'honneur d'Olaf à l'endroit où fut retrouvée l'épée, et au-dessus de l'autel on accrocha le glaive, comme, au-dessus de l'autel, on a placé ici le reliquaire du saint.

KOLBEIN. — Quelle lueur étrange nous envoie ce coffre doré à travers les ténèbres ! Est-il vrai, révérend père, que l'ombre du roi Olaf erre la nuit dans l'église ?

BIÖRN. — Voilà une question ?

CANUT. — Les Norvégiens sont difficiles à gouverner ; aussi serait-il quelquefois nécessaire que les morts sortissent de leurs tombeaux pour leur inspirer la crainte et l'obéissance.

BIÖRN *à Kolbein*. — N'as-tu pas entendu parler des cent miracles ?

KOLBEIN. — Si, mais je ne sais s'il faut y ajouter foi.

CANUT. — Mon fils, douter du ciel et de son salut serait un aussi grand péché que de douter de saint Olaf et de tous ses miracles !

BIÖRN. — Prends garde d'avoir le sort de ce Jarl danois auquel son incrédulité coûta la vue.

ENDRID. — Raconte nous quelque particularité sur ce saint monarque, mon vieux Kolbein : tu as été témoin, je le sais, de bien des prodiges.

KOLBEIN. — Cela ne servirait qu'à nous surexciter l'imagination, et, comme nous devons cette nuit faire bonne garde.....

BIÖRN. — Est-ce que tu aurais peur ?

KOLBEIN. — Pas des êtres vivants, en tous cas.

BIÖRN. — Bien répondu, mon fils ; as-tu une conscience nette ?

KOLBEIN. — Je m'en flatte.

BIÖRN. — Alors tu n'as rien à craindre des morts. Le roi Olaf ne tourmentera aucun de nous, car, il est vrai, nous sommes tous, à l'exception du pieux frère Canut, de grands pécheurs, mais nous avons la conscience légère, et c'est le principal.

ENDRID. — Alors raconte.

BIÖRN. — Il était nuit ; dans ce même lieu où nous sommes maintenant, l'horloge sonnait précisément minuit.....

(L'horloge sonne minuit.)

ENDRID. — As-tu entendu ?

BIÖRN. — Je ne suis pas sourd. Donc, à minuit, au moment où le coq chantait.....

(Un coq chante.)

KOLBEIN. — Il chante, entends-tu ?

BIÖRN, *impatienté*. — Si vous voulez que je conte, tâchez de vous taire ; je ne m'entends plus moi-même ; votre bavardage, cette cloche et ce coq m'ahurissent. Quelle mauvaise habitude ont ces jeunes gens de vous couper toujours la parole ; de mon temps, la jeunesse savait se taire quand la vieillesse parlait. Enfin, où en étais-je ?

ENDRID. — Le coq chantait.

BIÖRN. — C'est vrai. (*A Kolbein.*) Si tu m'interromps encore, tu te feras raconter le reste par quelque vieille mégère édentée. — Je disais donc : il était minuit et le coq venait de chanter, lorsque saint Olaf, venant du chœur, traversa la grande nef de l'église revêtu de son armure dorée, la visière de son casque baissée et une couronne étincelante sur la tête ; il portait à la main sa grande lance et la queue de son manteau argenté traînait derrière lui, sur les dalles. (*On aperçoit au fond de l'église une figure entièrement pareille à celle que décrit Biörn; Kolbein, qui la voit le premier, pâlit en la regardant fixement.*) Eh bien, qu'as-tu donc, mon brave ? Ne peux-tu ouvrir la bouche.

KOLBEIN. — Raconte, je ne t'interromprai plus ; je te préviendrai seulement, en passant, que, là bas, dans la nef, se tient debout...... un homme ..... semblable à celui... dont tu viens de... parler.

LES SOLDATS. — Que le Christ nous vienne en aide !

(Canut s'enfuit, quelques soldats veulent le suivre.)

SCÈNE II

BIORN, KOLBEIN, *l'ombre, puis* CANUT *reparaît.*

BIÖRN. — Restez donc, si vous êtes de courageux Norvégiens ; restez, si vous êtes de braves et fidèles soldats. Lâche malfaiteur est celui qui s'enfuira. Jetez-vous à genoux, comme moi. — C'est cela. Découvrez-vous. — Bien. Celui que l'ombre d'Olaf met en fuite, n'est qu'un misérable. D'ailleurs, que craignez-vous ? N'est-il pas notre saint patron ? Pourquoi fuir ? Il veut peut-être parler à ses enfants.

KOLBEIN. — Il approche.

LES SOLDATS. — Grand Dieu, ayez pitié de nous !

L'OMBRE, *d'une voix sépulcrale.* — Qui vient troubler le silence de ces voûtes sous lesquelles reposent les morts ? Qui donc contraint les ossements du roi de sortir de leur bière cuivrée ? Qui donc fait entendre un bruit là où dort le pâle inanimé ? Que chacun se retire silencieusement : point de glaives, ni de lances dans cette humide enceinte, au milieu de ces profondes ténèbres. Que nulle parole ne s'échappe des lèvres, avant que le soleil bienfaisant n'ait brillé sur ma tombe.

(Les soldats se relèvent, font le signe de croix en s'inclinant et sortent de l'église.)

CANUT, *qui revient avec les gardes de la porte d'entrée.* — Je vous dis que c'est un imposteur ; j'ai été surpris avant toute réflexion ; le voilà, le voilà ; approchez, nous sommes en nombre ; entourez-le de vos hallebardes et prenez vif ce mauvais plaisant. Les morts ne reviennent plus, c'était bon autrefois ; on veut tromper le roi, ne cédez pas à un sentiment superstitieux : saint Olaf n'est actuellement que poussière, que pâture pour les vers.

(L'ombre, de quelques pas rapides, se dirige vers le frère Canut et lui perce la poitrine de sa lance.)

LES SOLDATS. — Saint-Christ! Il a cherché sa mort! Fuyons! Gloire à Dieu et à tous les saints.

(Tous s'enfuient, l'ombre disparaît.)

SCÈNE III

CANUT, resté seul.

CANUT. — C'est une blessure mortelle... Au secours! à moi... ne m'abandonnez pas... je... me... meurs. Ah! je suis seul; la vie... m'échappe avec le sang... Etait-ce un homme?... il m'a plongé le fer... dans le... sein... avec une force... surnaturelle; il a percé l'armure cachée sous mon... froc!.. non, c'était un homme. Tout doit mourir, il n'y a point d'éternité. *(L'horloge sonne le quart.)* Ah! que signifie... ce son?.. Il me... fait frémir... il vient d'en haut! O terreur! ô désespoir! rien, rien pour arrêter ce sang. *(En tâtonnant, sa main rencontre la couronne de Valborg.)* Ah! voilà des herbes... *(Il appuie les fleurs contre sa blessure.)* Non, non... il coule plus abondant encore... ciel, que vois-je? la couronne de Valborg! O pitié! miséricorde! Priez pour moi, jeunes amants! Le sang de mon cœur a teint de rouge votre couronne. Oh! priez pour moi!

(Il meurt.)

SCÈNE IV

Wilhelm entre avec Valborg et Erland.

WILHELM, ERLAND, VALBORG.

WILHELM. — Ne tremblez pas, ma noble demoiselle, vous êtes sauvée; mon écuyer est allé chercher Axel. Le vent est favorable, tout est prêt pour votre fuite; les

Alfes [1] protecteurs enflent de leur souffle bienfaisant les voiles du navire; l'astre brillant de la belle Freya projette sa lueur au milieu de la nuit.

ERLAND. — Mon fils, que Dieu te récompense de ta noble action.

WILHELM. — Mon mérite est minime, vénérable Erland; c'est à toi seul qu'Axel devra son bonheur.

VALBORG. — Vous êtes nos sauveurs tous les deux.

WILHELM. — Voici Axel.

AXEL, *armé de son bouclier et de son épée.* — Wilhelm! ma chère Valborg! vénérable Erland!

WILHELM. — Ne rencontrerons-nous aucun obstacle sur la route qui mène au navire?

AXEL. — Les rues sont désertes; j'ai vu la foule épouvantée se précipiter hors de l'église, comme s'envole un essaim de guêpes. Il ne manque que le moine dont nous allions nous emparer pour l'enchaîner. Je crains qu'il ne soit caché dans quelque coin pour nous trahir.

WILHELM. — Sois sans crainte : le traître a reçu son châtiment.

(Il montre le cadavre de Canut.)

AXEL. — Canut, baigné dans son sang!

VALBORG. — O sainte Vierge!

ERLAND, *jetant un regard inquiet sur Wilhelm.* — Assassiné?

WILHELM. — Non, tué. Le blasphémateur a été fatalement poussé sur la lance glaciale de saint Olaf, par son impudence et son incrédulité.

ERLAND. — Le malheureux pécheur! mort sans sacrements, dans l'impénitence.

AXEL. — Que serre-t-il dans ses mains blafardes? la couronne de ma Valborg. A l'agonie, il l'a pressée sur son cœur!

VALBORG. — L'infortuné s'est repenti. Que Dieu ait pitié de son âme!

AXEL. — Le ciel t'exaucera, noble enfant! Ah! quelle joie! je suis de nouveau près de toi.

---

1. Génies lumineux bienfaisants.

VALBORG. — Deux anges nous ont arrachés à la mort.

WILHELM. — Non, deux hommes. Et maintenant, heureux amants, songez au départ. Quand tout aura réussi, lorsque le château élevé de Schwarzbourg nous protégera derrière ses murs et ses tourelles, lorsque le vénérable Erland vous aura unis dans la chapelle même, où Eléonore fut contrainte d'épouser Rudolph; alors seulement il sera temps de donner un libre cours à votre tendresse; vous transformerez Schwarzbourg en Weissenfels [1]. En vous voyant ainsi heureux, notre cher Erland retrouvera sa jeunesse, et le rude Wilhelm, sa douceur. Nous chanterons aussi des messes pour le repos de cette âme souillée par le péché; mais maintenant, hâtez-vous et suivez-moi.

VALBORG. — Seigneur! mon cœur bat violemment.

AXEL. — Prosternons-nous au pied du tombeau de Harald, et disons adieu à notre patrie.

(On entend deux sons de trompe, longs et soutenus.)

WILHELM. — Qu'est-ce que ceci? Quelqu'un approche. Ne craignez rien, c'est Gotfred, mon brave et fidèle écuyer. Quoi de nouveau, Gotfred? Que signifient ces sons de trompe?

AXEL. — Je les connais. Ce sont des appels au combat.

SCÈNE V

GOTFRED, WILHELM, AXEL, ERLAND, VALBORG.

GOTFRED. — Tout nous rend la fuite facile. A l'heure qu'il est, Erling Skakke est entré dans le Fiord de Bergen avec une flotte nombreuse afin de surprendre Hakon. Les sons de trompe que vous avez entendus étaient des signaux d'attaque, partant du navire d'Erling. Il n'existe plus d'obstacle, le désordre règne partout.

WILHELM. — Le destin, dans sa fureur, marche à pas rapides à sa vengeance. Viens, frère, je sais que ta géné-

1. Schwarzbourg signifie château noir; Weissenfels rocher blanc.

rosité ne te permet pas de porter les armes contre ton parent; engage-toi dans la voie que t'ouvre la bonne Norne.

AXEL, *après un instant de réflexion.* — Ma bonne Norne me trace mon devoir.

WILHELM. — Comment! tu voudrais.....

AXEL. — Je ne puis plus partir; c'est impossible, impossible, Valborg.

WILHELM. — Et que vas-tu faire?

AXEL. — Défendre Hakon.

WILHELM. — Lui? ton ennemi!

AXEL. — Comme ennemi, il a eu tous mes dédains; aujourd'hui, mon roi est en danger : je lui dois ma vie.

WILHELM. — Tu dois ta vie à ta patrie, et non à Hakon. Penses-tu être utile à la Norvège en défendant ce jeune étourdi qui viole tous ses devoirs pour satisfaire ses passions et foule aux pieds la vertu et les droits de ses sujets? Hakon ne pense qu'à lui; pour être roi, il faut penser et agir en roi. Viens; Erling est un noble, illustre et vaillant chef. Qu'il soit vainqueur. Le sceptre de la Norvège brillera dans les mains d'un héros : il se rouillerait dans les mains d'un indigne.

AXEL. — Ne ternis pas la pureté de ton cœur avec les sagaces subtilités que savent formuler les lèvres. Hakon n'est point un lâche indigne; le moine a su, par des artifices, aviver sa passion. L'amour malheureux, la jeunesse, de perfides conseils l'ont subjugué; une seule de ces influences suffit à gâter le meilleur cœur. Hakon voulait opiniâtrement me ravir ma fiancée : je m'y suis opposé; on veut lui ravir son royaume, je m'y oppose encore. D'ailleurs, il est mon cousin; Erling se plaît à calomnier Harald, notre aïeul; il veut exterminer la race de Gille et placer son propre fils sur le trône de Norvège. Serais-je un bon Drontheimois, si je restais indifférent? Serais-je un fidèle soldat, si je trahissais Hakon en danger? J'ai mis ma main dans celle de Hakon; Axel perfide mériterait-il l'affection de sa Valborg?

ERLAND. — Jeune héros, le sentiment du devoir t'inspire. A toi, de défendre ton roi de ton épée; pourquoi ma vieillesse m'interdit-elle de te suivre?

WILHELM. — Console cette chère enfant; je te remplacerai dans les combats, mon père. Si vous croyez que la loyauté, la fidélité l'appellent au combat, mon épée est prête, je le suivrai.

AXEL. — Ne pleure pas, Valborg; je n'ai plus de craintes, mon cœur est dégagé du poids et de l'anxiété qui l'oppressaient; je ne veux pas ravir Valborg, je veux la mériter. Ah! mon noble aïeul! Maintenant je te comprends. *(Il regarde la statue de Harald.)* La main sur ton épée, tu sembles dire : « Sauvegarde mon honneur ; n'abandonne pas la patrie. » Allons, ma bien-aimée, ayons pour nous le sort et Hakon lui-même. Que le roi apprenne à apprécier dans l'action, un brave et loyal combattant. Il faut qu'après la victoire, il nous unisse lui-même, ici solennellement, sur la tombe de celui qui crie : vengeance. *(Sons de trompe.)* Je viens, Hildur ; tes guerriers se rassemblent; nous allons rougir de sang le Fiord de Drontheim. Vois-tu, mon amie, sur le bouclier d'Axel, ces deux cœurs surmontés de flammes rouges? Ils sont blanc et azur; cela signifie amour, pureté céleste. Ma Valborg, l'innocence de notre amour trouvera sa récompense.

VALBORG. — Oui, dans la félicité éternelle.

AXEL. — Dans ma précipitation, j'ai oublié mon baudrier; je n'ai pris que l'épée.

VALBORG, *ôtant de ses épaules son écharpe bleue.* — Tiens, mon héros bien aimé, prends cette écharpe.

AXEL, *s'agenouillant pour recevoir l'écharpe.* — O ma chère Valborg! je suis ton chevalier, ne doute pas de la victoire.

VALBORG. — Tu es le guerrier que mon cœur a choisi je suis ta Valkyrie [1].

(Elle éclate en sanglots.)

AXEL. — Ne pleure pas; Valborg.

---

1. Les Valkyries versaient l'hydromel dans les coupes des héros, au Valhalla.

VALBORG. — Non, je ne pleurerai plus; la jeune fiancée ne peut donner des preuves de son courage qu'en supportant sa douleur en silence. Va, mon ami, mon bien-aimé; ta Valborg te rend à la patrie.

WILHELM. — Par saint Innocent! caractère sublime! — Adieu, vénérable père.

ERLAND. — Que les anges du ciel vous conduisent et vous protègent, mes fils.

AXEL. — Adieu, ma Valborg.

VALBORG, *le retenant*. — Un instant encore! Que je plonge une dernière fois mon regard dans cet œil noble et viril.

AXEL, *l'embrassant*. — Adieu.

VALBORG. — Pars, maintenant, ton image restera vivante dans mon cœur.

(Ils se séparent.)

FIN DU QUATRIÈME ACTE.

ACTE CINQUIÈME

SCÈNE I

AXEL *entre avec* HAKON *qui est blessé à la main droite.*

AXEL. — Ici nous sommes en sûreté, dans la maison de Dieu. Assieds-toi sur ce banc et laisse-moi te bander le bras ; un soldat doit savoir panser une plaie, mais, malheureusement, on n'a pas toujours sous la main ce qu'il faut. La blessure est profonde, mais nullement dangereuse, si j'avais seulement un peu de linge.

HAKON. — Ta bonté me fait encore plus souffrir que l'épée d'Erling.

AXEL. — Ma fidélité ne peut te blesser, ce serait contre mes intentions. (*Il prend dans son sein une toile, reste un moment atterré, puis dit :*) Voici un linge.

HAKON. — Tu es ému ? Grand Dieu, je reconnais ce voile.

AXEL. — Calme-toi !

HAKON. — Tu veux me panser avec ce voile ?

AXEL. — Il faut absolument arrêter le sang.

HAKON. — J'ai brisé ton existence en faisant couper ce lin !

AXEL. — Non, Seigneur, c'en est un autre.

HAKON. — Non ! c'est le voile que le moine sinistre a coupé pour te séparer de Valborg. — Oui ! je le reconnais ne le pose pas sur mon bras, il me brûle, il me rend la douleur insupportable.

AXEL. — Ta blessure te brûle, c'est tout naturel, le bandage est toujours douloureux. Maintenant sois calme, mon roi, repose-toi un instant. Puis tu reprendras l'épée de la main gauche et, sur les traces d'Axel, tu t'élanceras contre ton arrogant ennemi. La présence du roi encouragera l'armée; moi, je serai ta main droite.

HAKON. — Ce dévouement, Axel, serait-il une marque de mépris, ou une vengeance cruelle inspirée par l'orgueil? Ou serait-ce une magnanimité simple et désintéressée? Comment dois-je te comprendre, Axel? Veux-tu amasser des charbons ardents sur la tête de Hakon?

AXEL. — Par Dieu et par les hommes, je te servirai fidèlement sans plainte ni reproche.

HAKON. — Ah! comme cette grandeur d'âme m'accable! Malheureux Hakon! tu fais pitié au plus brave de tes héros.

AXEL. — Par le ciel et par ma Valborg, je t'estime.

HAKON. — Ces paroles me rassurent, mon noble parent, ton serment est sacré. — Bien! — Crois-moi, Hakon, sur son trône, s'est laissé aller avec impétuosité à une passion violente, mais il n'est pas un misérable.

AXEL. — Qui ne connaît la puissance de l'amour et les extrémités auxquelles il peut entraîner?

HAKON. — Bien, vaillant ami, ces sentiments partent du cœur, et je pense comme toi; ta fidélité, ta générosité me touchent. (*Avec égarement.*) Et cependant si je découvrais en toi le soupçon que je puisse faiblir, j'exigerais de toi une lutte à mort.

AXEL. — J'ai juré par Valborg que je t'estime.

HAKON. — O Axel! Comme je t'ai méconnu! Aussi je te ferai un grand sacrifice... bien grand, hélas!... Tu comprendras ce qu'il m'en coûte.

AXEL. — Mon roi!

HAKON. — Je sens ce que je risque en te faisant un tel don, aujourd'hui que mon royaume est en danger. Tu pourrais te dire : Le jeune orgueilleux a ouvert les yeux, son trône chancelle, il a besoin de soldats dévoués. Poussé à l'extrême, il achète mon bras en me cédant la femme qu'il adore. O Axel! je te haïrais, je te regarderais comme un ennemi froid et barbare, si de telles pensées pouvaient te venir à l'esprit.

AXEL. — Nous serons toujours amis, Hakon.

HAKON. — Valborg m'enchaînait : je vais perdre mon royaume; mon amour pour Valborg est si grand que, pour son bonheur, je renonce à elle ; sauras-tu apprécier mon sacrifice ?

AXEL. — Tu agis en bon et noble parent.

HAKON. — J'ai failli, mais la pureté, la grandeur de ton âme m'ont ouvert les yeux. En toute liberté et parce que je ne veux que le bien, je dompte la passion de mon cœur et je te donne Valborg, je te donne ce que j'ai de plus cher au monde, ne me méconnais donc pas.

AXEL. — Dieu t'entend, Hakon; il te récompensera.

HAKON. — Et maintenant embrasse-moi.

AXEL. — Oh ! prends garde à ton bras !

HAKON. — Ma blessure ne me brûle plus à présent, le voile que tu m'as donné soulage la douleur comme le suc des herbes fraîches.

AXEL. — O mon roi !

HAKON. — Qu'Erling triomphe de Hakon ! Hakon a bravement triomphé de lui-même, c'est la plus noble des victoires.

AXEL. — Tu l'emporteras sur lui aussi. (*On entend du bruit.*) Repose encore un moment. Ton casque est trop lourd, donne-le-moi et prends le mien ; il est bien plus léger.

(Le bruit augmente; Axel se revêt du manteau de pourpre que le roi a laissé tomber.)

HAKON. — Que fais-tu, Axel ?

AXEL. — Sois tranquille, seigneur. L'ennemi approche, Axel sera ton bouclier.

(Une foule d'ennemis se précipite dans l'église.)

SCÈNE II

HAKON, AXEL, *le chef des guerriers ennemis.*

LE CHEF. — Le voilà ! voilà le roi avec son casque doré et son manteau de pourpre; sus à lui ! tuons-le !

HAKON. — Ah! je te comprends, Axel, rends-moi mon casque!

AXEL. — Tire ton épée ! place-toi de façon que ton bras droit soit couvert de mon corps. Attaque au moment favorable et retire-toi aussitôt. — En avant, misérables ! Hakon vous attend l'épée à la main ; il ne recule pas devant cet envahissement impie de la maison de Dieu. En avant, meurtriers ! vous qui n'osez pas lutter homme à homme en combat loyal, vous qui ne demandez qu'à gagner de l'or, le prix de la tête de Hakon. Mon bon glaive, cette blanche langue de lion, a soif, elle se désaltérera dans votre sang impur.

HAKON, *tirant son épée*. — Il vous trompe! C'est moi qui suis le roi de Norvège, même avec ma main gauche prêt à massacrer tous les brigands.

AXEL. — Tais-toi, Axel Thordsön, tu es blessé ; Hakon saura se défendre lui-même.

LES ENNEMIS. — Sus! sus, à eux! *(Combat. On entend des voix qui crient en dehors :)* Au secours! au secours! l'on veut assassiner le roi!

LE CHEF *à Axel*. — Ils ne te sauveront pas ! *(Il le blesse.)* Allons! fuyons! il est tombé. Frayons-nous avec nos lances une route à travers les Birkébéniens [1]. Hakon est tombé! en avant!

(Sigurd et Wilhelm accourent à la tête d'une foule de soldats.)

SIGURD. — Alerte, mes braves, abattons-les, tuez! tuez!

(Les ennemis sont mis en fuite.)

SIGURD *au roi*. — Ta vie est sauve! *(Il aperçoit Axel.)* Quoi! Axel baigné dans son sang, dans le manteau et le casque du roi!

AXEL *à Hakon*. — Reprends ton casque, maintenant il m'est trop lourd. Suis tes guerriers et laisse-moi avec mon ami Wilhelm.

HAKON. — Mon frère, ta blessure.....

AXEL. — Pardon, roi! poursuis l'ennemi, venge ces insultes ; suis Sigurd et les braves Birkébéniens.

SIGURD. — Oui, Hakon! Les forêts de la Norvège se sont armées pour défendre le monarque de Drontheim. Regarde

---

1. Pieds de bouleau. (Sigurd en donne l'explication plus bas.)

ces braves! ce sont des Elvegrymmes [1], des ours, des troncs de sapins animés, sortis des flancs du roc. Faute d'armure, ces vaillants cœurs se sont couverts de l'écorce des arbres, et, pour remplacer le fer des lances, ils ont trempé au feu leurs épieux de bois. Ils combattent ainsi pour la patrie et pour l'honneur du roi. Mets-toi à leur tête, nous allons prendre l'offensive et venger la mort d'Axel. Ta mort est belle, jeune héros, tu succombes pour ton roi. Nous te suivrons peut-être bientôt et nous te retrouverons au ciel. Viens, Hakon! laisse-le seul avec son ami, aux vivants la lutte, aux morts la paix!

HAKON *aux soldats.* — Norvégiens! il expire pour son roi!

LES SOLDATS, *frappant impatiemment la terre de leurs pieux.* — Nous mourrons aussi pour lui! Mort à l'ennemi!

HAKON, *embrassant Wilhelm.* — Adieu! nous nous reverrons avant le coucher du soleil.

(Il sort avec les Birkébéniens.)

SCÈNE III

WILHELM *s'approche d'Axel.* — Mon frère, ta blessure est-elle mortelle?

AXEL. — Oui! Détache cette écharpe de mon épaule et ôte le fourreau de mon épée. Donne-moi cette étoffe pour que j'arrête le sang et prolonge ma vie de quelques minutes. — Merci! Maintenant, conduis-moi au pilier où j'ai gravé le nom de Valborg. — Bien! cela me soulage. Aide-moi à m'appuyer au mur, que je ne tombe pas en expirant.

WILHELM. — Souffres-tu?

AXEL. — Non, rien ne me pèse plus sur le cœur, je suis tranquille.

WILHELM. — Ne désires-tu pas revoir Valborg encore une fois avant de mourir.

AXEL. — Ah! Wilhelm!

---

1. C'étaient probablement des monstres marins.

WILHELM. — Je cours la chercher.

AXEL. — Un moment! — Il se pourrait, Wilhelm, que Valborg, à son arrivée, ne me retrouvât plus vivant. En ce cas, dis à l'ange de mon âme qu'Axel en mourant prononçait son nom.

WILHELM. — Je le lui dirai.

AXEL. — Et ajoute que Hakon est un prince noble et loyal, qu'Axel ne s'est pas trompé sur le cœur de son roi.

WILHELM. — Je le ferai.

AXEL. — Porte aussi mes adieux à ma bonne sœur, Helfred, Wilhelm, remercie-la bien pour moi d'avoir, depuis notre enfance, partagé avec moi ses affections, ses joies et ses chagrins. Hélas! elle me connaissait si bien. Dis à Helfred que son frère ne l'a pas oubliée à l'heure de la mort.

WILHELM. — Je t'obéirai en tout.

AXEL. — Mais Valborg d'abord, à elle mes premières pensées, à elle les dernières; je désire instamment reposer près de ma bien-aimée lorsqu'elle, aussi, aura rendu le dernier soupir.

WILHELM. — Bien! — C'est tout?

AXEL. — Oui!

WILHELM. — Alors je te quitte.

AXEL, *lui tendant la main*. — Adieu, mon brave et fidèle compagnon, merci de ton amitié, de ton dévouement que tu m'as prouvé plus par tes actions que par tes paroles. Laisse cette main défaillante serrer la tienne une dernière fois.

WILHELM. — Adieu! Adieu!

AXEL. — Tu sais que j'étais ton ami, Wilhelm.

WILHELM. — Le seul; je n'en ai plus.

(Il sort.)

AXEL.

Je meurs, comme mes ancêtres, pour mon pays et mon roi [1].
Que peut souhaiter de plus un bon Norvégien!
J'apparaîtrai devant toi, mon Dieu, en confiance,
Au ciel je retrouverai ma Valborg.

---

[1]. Ce chant de mort se compose de quatre strophes, de six vers chacun.

Là elle sera mon épouse pour l'éternité,
Personne ne ravira à Axel l'amie de son âme.
(Le soleil luit à travers les vitres du chœur.)

Délicieuse flamme du matin !
Tu viens éclairer mes regards ternis ;
Tu provoques un sourire sur les pâles joues du mourant.
Bientôt il jouira d'une douce aurore
Dont les rougeurs ne seront point de flammes ardentes,
Elle ne disparaîtra jamais.

Mes espérances ne se sont pas évanouies ;
Dieu me donna une amante fidèle,
Un roi, ami, dont le cœur a vibré.
Je l'ai rendu digne du trône.
Ma mort le sauve,
Bien, Axel ! tu peux mourir, tu as assez vécu.

Quant à toi, élue de mon âme, les chérubins de Dieu
Te tresseront là haut des couronnes de pensées.
Les passions n'y troubleront point ton séjour,
Là, ton Axel glorifié te reverra avec joie,
Plus digne de ta beauté et de ton cœur angélique ;
L'amour sacré n'y devient jamais un crime.

Adieu, ma Valborg.

(Il expire.)

SCÈNE IV

WILHELM, VALBORG.

WILHELM. — Axel vit encore, avez-vous entendu ? Il a prononcé le nom de Valborg !

VALBORG. — J'ai reçu ses adieux de mourant. *(Elle regarde Axel.)* Il n'est plus ! Mon Axel ! vis-tu encore ? Oh ! si la mort ne t'a pas encore atteint, ouvre une dernière fois les yeux, noble cœur, et qu'une bénédiction sur Valborg tombe de ton regard voilé ! — Il n'est plus ! — Il est mort ! — Il est mort en prononçant le nom de Valborg ! Bien, mon héros, tu as vaillamment lutté ! — Il est tombé pour son roi !

WILHELM. — Sa mort a été sublime.

VALBORG. — O la belle mort ! n'est-ce pas plus glorieux

que d'user, en fuyant, sa vie dans l'exil et les souffrances du cœur! Tu ne souffres plus, mon bien-aimé! Ton nom sera en éternel honneur! Ta patrie, ta noble mère, la Norvège sera fière de son fils Axel; pendant bien des siècles, toutes les lèvres prononceront un nom sans tache; dans les assemblées, on se racontera tout haut tes exploits, et souvent le soir, dans la salle des veillées, on chantera quelque vieille ballade racontant l'amour et la fidélité d'Axel! Quelle beauté dans la mort! — Ces boucles de cheveux encadrent avec désordre ton front livide. |*(Elle arrange la chevelure d'Axel.)* Ce front ne doit pas rester caché, il faut le montrer; n'y lit-on pas une élévation, une pureté célestes? — Il me sourit encore! *(Elle dépose un baiser sur son front.)* Adieu, mon Axel, ta Valborg te rejoindra bientôt. *(Elle se relève et se comprime le cœur avec la main en suffoquant.)* Oui, bientôt, bientôt!

WILHELM. — Comme vous êtes pâle, pauvre Valborg.

VALBORG. — Mon Axel, n'est-il point plus pâle encore! Silence, mon bon Wilhelm, ne trouble pas la solitude de mon cœur. *(En extase.)* On est bien dans cette église! Que les rayons du soleil sont admirables à travers ces vitraux! Ils étaient ainsi, hier, mon Axel, à l'heure où, pour la première fois, tu pressais ta Valborg sur ton sein. Quel délicieux et calme séjour que cette église! nous vivrons joyeusement ici tous les deux, en face l'un de l'autre, toi près de ton père, Valborg aux côtés de sa mère. Quand l'horloge sonne minuit, quand le merle, caché dans un bouleau, siffle devant la fenêtre de l'église, les murs et les blanches pierres des sépulcres s'entr'ouvrent, et nous nous rencontrons près de la tombe de Harald Gille; nous marchons à l'autel, la main dans la main, nous nous plaçons dans le chœur, à la clarté de la lune; elle argente nos visages de reflets aussi pâles qu'elle; nous écoutons le chant de l'oiseau, et nous nous rappelons le profond et fidèle amour qui réjouissait jadis notre terrestre existence. La lune se cache derrière les murs; nous nous levons lentement, nous faisons trois fois le tour du tombeau d'Harald, et nous nous disons tendrement adieu, jusqu'à la nuit suivante. Puis nous dormons doucement dans nos cercueils, tandis qu'au dessus de nous s'agitent les vivants.

WILHELM. — Le dernier vœu d'Axel fut de reposer un jour avec Valborg dans le même tombeau.

VALBORG. — Dans le même tombeau! Ah? ce serait charmant! mais cela ne se peut pas, mon noble ami. Axel et Valborg n'étaient que fiancés. Cela ne se peut pas. Que ne donnerais-je pour partager le même cercueil avec Axel ! Mais, cher Wilhelm, dis-moi, que vois-je briller là-bas dans la poussière, auprès du sépulcre d'Harald?

WILHELM. — Si je distingue bien, c'est un anneau.

VALBORG. — Un anneau !

WILHELM, *le ramassant*. — Oui ; c'est l'anneau d'Axel, je le reconnais.

VALBORG. — Il n'avait donc pas roulé dans le tombeau. O mon aïeul ! je te comprends, je ne m'étais pas trompée. Donnez-moi cet anneau. *(Elle passe la bague à l'un de ses doigts.)* Maintenant, Axel, je suis ton épouse : à présent nous pouvons dormir dans la même tombe.

WILHELM. — Pauvre jeune fille !

VALBORG. — Comment, pauvre jeune fille ? Heureuse jeune fille ! N'est-ce pas, mon noble ami : je t'appelle mon ami, tu étais celui d'Axel. — Dis, connais-tu la ballade du chevalier Aage et d'Else, la jeune vierge ?

WILHELM. — L'évêque de Danemark l'avait apprise à ma mère : elle me l'apprit à son tour dès ma plus tendre enfance.

VALBORG. — Te la rappelles-tu ?

WILHELM. — Parfaitement.

VALBORG. — Ah ! c'est charmant ! Axel m'a dit que tu avais une magnifique voix ; non pas une voix douce et tendre comme celle qui charme habituellement les mortels, mais puissante, profonde et solennelle comme si elle sortait d'un sépulcre. Eh bien ! mon bon Wilhelm, en souvenir de l'amitié qui te liait à Axel, voudrais-tu avoir la complaisance de chanter cette ballade à Valborg : je t'écouterai, assise près d'Axel, cet anneau placé sur sa main pâlie.

WILHELM. — De grand cœur, si cela peut vous consoler.

VALBORG. — Axel m'a dépeint l'habileté avec laquelle tu fais vibrer les cordes d'une harpe.

WILHELM. — J'ai souvent recours aux harmonieux accords de cet instrument pour calmer l'agitation de mon esprit.

VALBORG. — Vois-tu, cher Wilhelm, là, dans ce coin, une harpe près du tombeau de ma mère? Accompagnée de cette harpe, la voix de Valborg s'est souvent élevée vers le ciel, au milieu de ces tombeaux, dans mainte nuit d'insomnie ; plusieurs fois elle a essayé les premières strophes de la ballade du chevalier Aage ; jamais je n'ai pu aller jusqu'au bout ; les larmes étouffaient mes faibles accents. Noble chevalier, Dieu t'a doué d'une forte nature ; prends cette harpe, assieds-toi près du pilier, en face d'Axel; puis chante jusqu'à la fin l'antique légende, tandis que Valborg s'agenouillera près du corps de son bienaimé. Mais, je t'en prie, ne t'arrête pas que le chant ne soit fini. Ne t'arrête que lorsque Else aura rejoint son amant dans la mort.

WILHELM. — Je te chanterai cette consolation, aux premières lueurs de l'aurore.

(Valborg s'agenouille auprès d'Axel. Wilhelm prend la harpe et chante.)

Il y avait un chevalier, appelé le seigneur Aage.
Il chercha femme dans la contrée.
Il se fiança à jeune Else ;
C'était une douce et gente damoiselle.
Il se fiança à jeune Else
Et lui passa au doigt le brillant anneau d'or.
Un mois après, à pareil jour,
Il fut déposé dans la terre.

Pauvre damoiselle Else!
Elle eut si grand chagrin,
Que dans la terre
L'entendait le seigneur Aage se plaindre.
Le chevalier se leva de sa tombe,
Et sur ses épaules chargea le cercueil.
A la cage [1] d'Else il se rendit.
Et non sans peine y parvint.

Il frappe du cercueil à la porte,

---

1. On appelait autrefois cage, dans le Nord, la chambre des jeunes filles.

Car il était entièrement décharné.
Entends-tu, damoiselle Else ?
Viens ouvrir à ton époux.
Mais voici la réponse de jeune Else :
Je n'ouvrirai pas ma porte,
Si tu ne prononces le nom de Christ,
Comme jadis tu avais coutume.

Chaque fois que tu prends joie
Et que gaie est ton humeur,
Mon cercueil se remplit
De feuilles de rose.
Chaque fois que la tristesse te gagne
Et qu'affligé est ton esprit,
Mon cercueil se remplit
De sang figé.

Bruyamment déjà chante le coq :
Au tombeau je dois retourner.
Dans la terre descendent les morts,
Et il me faut les suivre.
Mais toi, lève vers le ciel tes yeux
Et regarde les petites étoiles.
Alors tu reconnaîtras,
Que lentement s'envole la nuit.

Alors, damoiselle Else,
Leva vers le ciel son doux regard.
Dans sa tombe, retourna le fantôme
Et plus jamais elle ne le revit.
Chez elle repartit jeune Else ;
Elle avait grande affliction.
Un mois après, à pareil jour,
Else fut déposée dans la terre.

Le chant est fini, Valborg ; relevez-vous. Ma noble Valborg, m'entendez-vous? J'ai terminé la ballade. Elle est immobile ! — Froide et pâle ! Elle ne respire plus ! — Ciel ! J'en avais le funeste pressentiment. Valborg est morte ! Comme Nanna, avec son Baldur[1], comme Inge-

---

1. Nanna était l'épouse du beau et doux Baldur, fils d'Odin, qui périt victime des artifices de Loke. A la nouvelle de la mort de son époux, Nanna mourut de chagrin, et fut brûlée avec le cadavre de Baldur, au milieu de la mer.

burge avec Hjalmar [1], comme Else avec le chevalier Aage. La douleur a brisé son cœur sur le cadavre d'Axel. — O fidélité! Que tu es sublime dans le Nord! Les voilà dans les bras l'un de l'autre, inanimés; mais dans le sein de Dieu leurs âmes se confondent. — Il était donc réservé à Wilhelm de chanter votre chant funèbre. Soit! j'ai rempli le dernier devoir de l'amitié.

(On entend une musique guerrière.)

SCÈNE V

GOTFRED, *arrivant*. — Hakon est tombé, Erling triomphe, on apporte le cadavre du roi.

WILHELM. — La race de Gille est donc éteinte! — Hâte-toi, Gotfred; cours auprès de l'archevêque, conduis-le à mon navire, et attends mon retour. Nous quitterons Drontheim, avant le coucher du soleil.

(Gotfred sort.)

WILHELM, *tirant son épée*. — Et maintenant, mes amis bien-aimés, en attendant que la tombe s'ouvre pour réunir ceux qui furent séparés dans la vie, Wilhelm, votre ami fidèle, rendra les derniers honneurs à vos dépouilles. Je vais veiller auprès de vos corps; sur ton cercueil, noble chevalier, je déposerai ton épée et ton bouclier que j'enlacerai dans la couronne de celle que tu aimais, et, sur la brillante plaque de cuivre, je graverai ces mots : Ici reposent Axel Thordsön et la belle Valborg; lui mourut fidèle à son roi, — elle, fidèle à son fiancé!

---

1. Suivant une ancienne légende, Hjalmar fut frappé mortellement dans un combat; il remit, en expirant, son anneau à Oddr, son écuyer, et le chargea de le rapporter à sa fiancée, Ingeburge, qui tomba morte en recevant la nouvelle fatale.

FIN D'AXEL ET VALBORG

LE CORRÈGE

TRAGÉDIE EN CINQ ACTES

TRADUCTION DE M. X. MARMIER

NOTICE

SUR

LE CORRÈGE

L'imagination d'Œhlenschlæger ne s'est pas exercée seulement sur des sujets empruntés aux traditions du Nord. Il a fait des excursions dans le Midi et dans l'Orient; mais on est toujours de son pays, et dans son drame du *Corrège*, par exemple, le héros est bien plutôt un artiste rêveur et mélancolique de l'Allemagne du moyen âge, qu'un peintre italien joyeux, ardent et, comme dit madame de Staël, *en train de la vie...*

Il faut prendre un ouvrage pour ce qu'il est. Celui d'Œhlenschlæger est conçu dans l'intention d'exprimer l'âme, l'imagination et la destinée d'un artiste ainsi qu'il les conçoit lui-même. Prise comme une peinture de tout ce qu'il y a parfois de souffrant, de maladif dans la sensibilité des hommes de génie, de mobile et d'inquiet dans leur caractère, d'irritant et de navrant dans les circonstances de leur vie extérieure, de poignant dans les détails de leur existence, la pièce d'Œhlenschlæger est très remarquable. Seulement il faut oublier le lieu de la scène.

Dans le bourg de Corregio, vit pauvre et retiré le bon Antonio Allegri. On le voit d'abord occupé à peindre un sujet pieux. C'est sa femme qui lui sert de modèle pour les traits de la madone; c'est son enfant qui pose pour le petit saint Jean. La religion, l'art et les affections domestiques, qui se confondent dans son cœur, le rendraient parfaitement heureux, si la pauvreté ne venait l'attrister et l'inquiéter pour ce qu'il aime, et s'il n'avait dans son hôte, l'aubergiste Francesco, un ennemi dont la haine petite et basse travaille sans cesse à empoisonner sa vie par de misérables tracasseries. Cet homme, dont tout le mérite est d'être un bon cuisinier, et qui ne voit rien au-dessus de l'argent, est furieux de ce qu'un pauvre diable, comme son voisin Antonio, auquel il a fait souvent crédit pour son dîner, reçoit de temps en temps la visite de quelque seigneur, de quelque artiste qui ne daigne pas entrer chez lui. Plusieurs humiliations, dont le peintre est la cause innocente, augmentent cette inimitié, si mesquine et si profonde.

Tandis qu'il est ainsi en butte aux persécutions d'un misérable, le grand homme est méconnu et blessé par les puissants de la terre. Un seigneur italien lui a fait les offres les plus séduisantes ; il veut l'attirer dans son palais, l'occuper, lui procurer l'aisance et le bonheur. Ce n'est que plus tard qu'Allegri s'aperçoit que ce bienfaiteur prétendu voulait l'infamie de sa compagne, et avait compté sur la sienne. Ainsi on voit les vexations les plus triviales, comme les humiliations les plus amères, briser par degrés l'âme ardente et fatiguer le tempérament malade de l'artiste irritable et mélancolique. Mais ce qui l'ébranle le plus fortement, c'est le doute, l'incertitude, l'incrédulité momentanée à son propre talent. Une basse supercherie de l'ignoble Francesco a suscité un malentendu entre deux hommes faits pour s'apprécier, le Corrège et Michel-Ange. Michel-Ange, blessé par Allegri, qui ne le connaît pas, et scandalisé par quelques fautes de dessin, s'est emporté, et dans sa colère le lion a laissé tomber ces paroles foudroyantes : « Vous êtes un barbouilleur ! » Et Allegri a reconnu dans ce juge sévère le grand Buonarotti, qu'il regarde comme le dieu de a peinture, comme un oracle infaillible. Il s'est donc trompé sur sa vocation, il n'avait aucun talent pour la peinture ; il se repent d'avoir perdu tant d'années dans cette illusion, il fait serment de ne plus peindre que des pots de terre pour gagner honnêtement sa vie et nourrir sa famille..... Cependant il ne peut se persuader tout à fait qu'il ne soit qu'un barbouilleur ; il lui semble qu'il y avait quelque chose dans son âme, et qu'il a quelquefois réussi à l'exprimer. « Non, dit-il, je ne puis me décider ; je veux revoir encore une fois le sévère Buonarotti. Et alors, s'il répète de sang-froid ce qu'il a dit dans sa colère, alors... Eh bien ! je ne peindrai plus que des pots. »

De nouvelles émotions l'attendent. Jules Romain, l'élève, l'ami de Raphaël, jeune, brillant, enthousiaste, vient aussi dans sa retraite et le relève, à ses propres yeux, par une admiration qui touche à l'apothéose ; il se charge de ramener Michel-Ange, qui, revenu d'une première impression, répare noblement les torts de sa vivacité. Le Corrège s'est retrouvé lui-même ; il jouit de nouveau de sa propre estime et de l'admiration de ceux que lui-même admire ; mais ces alternatives, ces secousses, une suite de petits ennuis, de mortifications, d'inquiétudes, ont achevé d'user sa poitrine affaiblie. Cependant il rassemble ses forces pour aller à la ville chercher le prix d'un tableau et le rapporter à sa famille avant la nuit. On le voit revenir, faible, exténué de fatigue, le corps courbé sous le poids de son salaire, que son ennemi, par une noirceur bien digne de sa haine minutieuse et acharnée, lui a fait donner en petite monnaie de cuivre [1]; et portant sur son front une couronne qu'une main inconnue y a déposée pendant son sommeil. Sa femme et ses enfants arrivent; il jette son fardeau à leurs pieds; se couche au bord d'une fontaine, et meurt comme écrasé par la vie terrestre et couronné par l'immortalité.

JJ. AMPÈRE.

Cette pièce a été jouée sur plusieurs théâtres d'Allemagne, et elle a été toujours bien accueillie. On peut lui reprocher de manquer de mouvement; c'est de l'élégie plutôt que du drame, mais une belle et touchante élégie où les souffrances intérieures de l'artiste, les combats auxquels son âme est livrée, les rêves enthousiastes et les idées de découragements qui tour à tour le saisissent sont dépeints avec une admirable fidélité. C'est ainsi que Gœthe, dans sa pièce du Tasse, a voulu représenter ce qu'il peut y avoir de maladif, d'étrange et de douloureux dans l'existence du poète. Le drame de Gœthe a plus d'élévation et d'énergie; celui d'Œhlenschlæger est revêtu de couleurs plus douces et respire un sentiment plus tendre.

X. M.

---

[1]. La tradition a conservé cette anecdote invraisemblable sur la mort du Corrège.

LE CORRÈGE

TRAGÉDIE

PERSONNAGES

ANTONIO ALLEGRI, peintre.
MARIE, sa femme.
JEAN, son fils.
MICHEL-ANGE.
JULES-ROMAIN.
OCTAVIO, gentilhomme de Parme.
RICORDANO, gentilhomme de Florence.
CÉLESTINE, sa fille.

SILVESTRE, ermite.
BAPTISTE, aubergiste.
FRANÇOIS, son fils.
VALENTIN, NICOLO et PLUSIEURS BRIGANDS.
LAURETTE, paysanne.
UN MESSAGER.
UN DOMESTIQUE.

ACTE PREMIER

SCÈNE I

Le théâtre représente une place dans le village de Corrège. Dans le fond, une forêt; à droite, une grande auberge; à gauche, la petite maison d'Antonio avec un champ où Antonio est assis et peint. Sa femme est devant lui, tenant entre ses bras son fils Jean avec un bâton d'Agnus-Dei à la main.

ANTONIO ALLEGRI, MARIE, JEAN.

ANTONIO. — Reste tranquille, mon enfant, reste tranquille. J'aurai bientôt fini, et alors tu pourras courir.

JEAN. — Dis-moi, mon père, et le petit Jean que je vois dans cette image est-il aussi bientôt achevé?

ANTONIO. — Oui.

JEAN. — Et la mère?

ANTONIO. — Aussi.

JEAN, *à sa mère*. — Vois-tu, ma bonne mère, toi tu représentes Marie, moi Jean, et mon père nous peint comme il nous voit tous les deux devant lui. Mais où est donc le petit enfant Jésus que tu portes sur ton sein dans ce tableau?

MARIE. — Il est au ciel.

JEAN. — Et comment mon père peut-il le voir?

MARIE. — Il se le représente aussi beau que possible.

JEAN. — Parce que c'était le plus beau de tous les enfants?

MARIE. — Oui, sans doute.

ANTONIO. — Reste tranquille.

JEAN. — Mon père, est-ce que je deviendrai peintre aussi un jour?

ANTONIO. — Peut-être, si tu travailles bien.

JEAN. — Oh! je veux bien travailler.

SCÈNE II

Les mêmes SILVESTRE.

(Silvestre sort de la forêt; mais, voyant Antonio occupé à peindre, il fait signe à Marie, s'approche tout doucement, et vient se placer derrière la chaise du peintre pour considérer le tableau.)

SILVESTRE, *à part*. — Que cela est beau!

JEAN, *se tournant du côté de l'ermite*. — Mon père dit que je pourrais aussi devenir peintre.

ANTONIO *se retourne et aperçoit Silvestre*. — Ah! c'est vous, mon révérend frère?

SILVESTRE. — Ne vous dérangez pas. Continuez votre travail; les couleurs sèchent.

ANTONIO. — Non, c'est assez pour cette fois; et d'ailleurs, mon petit Jean ne peut plus rester tranquille. Le jeune sang doit se mouvoir.

SILVESTRE. — Oh! quel admirable tableau!

ANTONIO. — J'ai aussi peint quelque chose pour mettre dans votre cellule.

SILVESTRE. — Vraiment, vous auriez pensé à moi?

ANTONIO. — Ce que je vous réserve sera bientôt achevé. Je vous aime beaucoup, mon bon frère; mais je dois terminer ceci au plus tôt; car, voyez, avant tout il faut vivre.

SILVESTRE. — Je vous remercie de tout mon cœur, mon cher maître Antonio. Mais une de vos belles peintures est une chose trop précieuse pour moi; je n'en ai pas besoin. Mon grand tableau, c'est la nature; c'est là, dans une forêt de chênes, que la Divinité se révèle à mes yeux. Portez vos ouvrages dans les palais, dans les cités, dans les églises; celui que la vanité et le défaut de réflexion éloignent de la nature, celui-là peut employer pour y revenir la main de l'artiste.

ANTONIO. — Pensez-vous donc que notre art ait tant de pouvoir?

SILVESTRE. — C'est le pont sublime, c'est l'arc-en-ciel jeté entre ce monde et le monde d'en-haut.

ANTONIO. — C'est une religion.

SILVESTRE. — Votre art plane invisible comme un chérubin; il pose ses pieds ici-bas, et porte vos jouets coloriés sur ses ailes.

ANTONIO. — Ah! vous avez bien raison d'appeler cela un jouet. Maintenant je vais vous chercher ce que j'ai fait.

SILVESTRE, *lorsque Antonio est loin, se tournant aussitôt du côté de Marie.* — Chère Marie, dites-moi, comment va la santé d'Antonio?

MARIE. — Hélas! mon Dieu, vous voyez comme il est pâle!

SILVESTRE. — Cela ne veut rien dire. Ne te tourmente pas, mon enfant. Il y a déjà bien trois longs mois, n'est-ce pas, qu'il fut frappé d'un coup de sang?

MARIE. — Oui.

SILVESTRE. — Et depuis ce temps n'as-tu pas eu occasion de rien pressentir de semblable?

MARIE. — Non, mon bon monsieur.

SILVESTRE. — La petite plaie qu'il avait s'est guérie d'elle-même. Sois sans crainte; son accident ne signifie plus rien. Antonio est jeune et doué d'une nature fraîche et bien organisée; il est très vif, comme le sont tous les artistes. La flamme répand la lumière, mais elle brûle aussi quelquefois. Cependant les passions ne s'emparent jamais de lui avec tant de violence. Il faut qu'il demeure calme et tranquille, et c'est ce qu'il fait maintenant.

MARIE. — Il est doux et trop bon pour ce monde ; il est, comme son art, une sainte apparition que le moindre nuage peut facilement obscurcir. Ah! je vous le dis, mon révérend père; je ne le garderai pas longtemps. J'ai cette idée-là dans le cœur.

SILVESTRE. — Marie, mon enfant, quelles craintes te viennent donc? Eh bien! voilà que tu pleures.

MARIE. — Je ne le garderai pas longtemps. Son esprit tend sans cesse à sortir de ce monde. La vie n'est pour lui qu'un nuage sombre où l'éternelle clarté se brise en y jetant quelques couleurs.

SILVESTRE. — Mais ne t'aime-t-il pas ?

MARIE. — Ah! oui, il m'aime.

SILVESTRE. — Et n'aime-t-il pas ton enfant ?

MARIE. — Oui, comme un père.

SILVESTRE. — Et il chérit aussi tout ce qui est digne d'affection?

MARIE. — Oui, Dieu le sait.

SILVESTRE, *avec douceur*. — Laisse donc là tes pleurs; mets ta confiance en Dieu, et espère. Cela ne va pas si vite avec les efforts que nous faisons. Les artistes s'attachent à la terre; car ils sont, de même que l'enfance, attachés à tout ce qui frappe leurs sens; ils peuvent bien, comme des aigles hardis, s'élancer vers le ciel, planer sur les rochers et les nuages; mais ils ne sortent point de la mer éthérée. C'est un sang vaporeux qui entretient des sylphes diaphanes. C'est dans la nature; tout ce qui a de la vie doit aimer ce qui a de la vie. La vieillesse seule s'arrête sans effroi au bord des profondeurs désertes.

MARIE. — Le voici qui vient.

SILVESTRE. — Il ne faut pas te montrer triste à ses yeux.

(Elle rentre.)

SCÈNE III

ANTONIO, SILVESTRE, JEAN.

ANTONIO, *avec une peinture*. — Voilà, mon révérend père, ce que je gardais pour vous.

SILVESTRE. — Ah! une Madeleine pénitente [1].

ANTONIO. — Elle trouva comme vous une retraite au milieu des forêts. Mais elle n'avait point comme vous, religieux vieillard, cherché la solitude avec amour, par l'ennui que lui causait le monde. C'était une pauvre pécheresse qui se sauvait, l'âme pleine de remords et d'angoisse, comme le chevreuil effrayé se sauve des embûches qu'on lui a tendues. C'est cependant bien qu'une femme qui a succombé se relève; peu d'hommes pourraient en faire autant. Et voilà pourquoi nous la regardons comme une sainte. Mais elle était belle, et j'ai voulu pour ainsi dire personnifier en elle le sentiment religieux que l'on éprouve dans les forêts ; j'en ai fait votre déesse ; prenez-la, si elle vous plaît.

SILVESTRE, *en riant*. — Vous autres artistes, vous ne pouvez cependant jamais renier tout-à-fait le paganisme. Ma déesse! ma déesse!...

ANTONIO. — Déesse ou sainte, comme vous voudrez; les deux noms doivent signifier la même chose.

SILVESTRE. — Eh bien ! si vous pensez ainsi... Mais quel délicieux tableau ! L'ombre épaisse de la forêt, les cheveux blonds de Madeleine, sa peau blanche, son vêtement bleu, son visage plein de jeunesse auprès de cette tête de mort, cette ceinture de femme et ce gros livre, tous ces contrastes sont fondus avec tant d'art, et forment une belle harmonie.

ANTONIO. — Je suis très heureux, si cela vous fait plaisir.

---

1. Ce petit tableau, dont nous ne possédons à Paris qu'une copie, se trouve maintenant à la galerie de Dresde, qui l'a payé 50,000 fr. — *N. du traduct.*

SILVESTRE. — Je placerai ce tableau dans ma cellule, et le crépuscule du matin et celui du soir l'éclaireront de leur douce lumière. Que Dieu vous récompense ! Pour moi, je ne le peux pas, je ne suis qu'un pauvre ermite. Cependant recevez, Antonio, ces racines que je vous apporte; leur suc plein de force rafraîchit une poitrine malade. Faites-en une boisson que vous prendrez chaque jour au lever et au coucher du soleil, Alors je me mettrai à genoux devant cette belle image, et la vertu de ces plantes, et votre bonne constitution et mes prières vous rendront la santé, je le crois.

ANTONIO. — Mon mal est passé depuis longtemps. Cependant je vous remercie, j'aime à prendre quelque chose de chaud le matin.

SILVESTRE. — Eh bien! adieu.

ANTONIO. — Écoutez. Encore une minute ; je voudrais revoir ce petit tableau, il me semble qu'il s'y trouve une tache (*Il le regarde avec amour.*) Non, cependant; c'est tout-à-fait net. Allons, adieu.

SILVESTRE *reprenant le tableau* — Portez-vous bien. Je vous remercie encore une fois.

(Il sort.)

(Pendant ce temps Jean a pris un morceau de craie et s'amuse à dessiner des figures sur la muraille du voisin.)

SCÈNE IV

ANTONIO, JEAN.

ANTONIO. — Cela me fait toujours de la peine de me séparer de mes ouvrages. On s'attache si étroitement au sujet que l'on a choisi ! c'est un enfant, c'est une partie de notre âme. Les poètes sont plus heureux ; ils peuvent conserver ces enfants-là auprès d'eux. Mais le peintre est un pauvre père qui doit les envoyer dans le monde pour qu'ils y travaillent eux-mêmes à leur fortune. — Eh bien! que fait donc là mon petit Jean ? des fresques sur la maison du voisin. Arrête, Jean; le propriétaire se fâchera, s'il te voit ; tu sais qu'il te l'a déjà tant de fois défendu ! Allons, comment peux-tu dessiner des jambes de la sorte? (*Il lui aide.*) Comme cela elles vaudront mieux. Ah! ah! c'est un drôle d'homme ; mets-lui encore un grand bonnet sur la tête.

JEAN. — Et un sabre, mon père, un sabre!
ANTONIO. — Oui.
JEAN. — C'est moi qui veux le faire.
ANTONIO. — Oui, fais-le long et courbe.

SCÈNE V

Les mêmes, BAPTISTE.

BAPTISTE, *sortant de son hôtel.* — Ne voilà-t-il pas le vieux qui s'amuse là comme un enfant, et aide à son mauvais sujet de fils à barbouiller la muraille, au lieu de le fouetter comme il le mérite. Antonio, hé! m'entendez-vous?

ANTONIO, *embarrassé.* — Quoi donc, maître Baptiste?
BAPTISTE. — Quoi, diable! vous salissez ma muraille.
ANTONIO. — Ne vous mettez pas en colère, mon cher voisin. Je l'ai déjà souvent défendu à mon garçon.
BAPTISTE. — Souvent? et voilà que vous lui aidez!
ANTONIO. — Que voulez-vous? il me dessinait des jambes de soldat par trop extravagantes. Ne vous fâchez pas. Il n'y a point de mal que cette vieille moustache reste sur votre maison comme une sentinelle ; elle pourra servir d'épouvantail aux voleurs.
BAPTISTE. — Elle ne servira à rien du tout ; laissez ma muraille, vous dis-je, et si vous ne voulez pas corriger votre enfant, c'est moi qui m'en charge.
ANTONIO. — Allons, soyez tranquille ; pourquoi voudriez-vous tourmenter mon petit Jean? Voyez ; ce qui grandit pour l'avenir doit se développer de bonne heure. L'enfant a un instinct qui le poursuit. Les doigts lui démangent, il veut peindre. C'est ainsi que le canard tout jeune se jette hardiment à la rivière et que l'oiseau essaie son vol. L'air et l'eau sont des éléments qui attirent. Il en est de même de la couleur.

BAPTISTE. — Bah, bah ! tout cela sont des niaiseries. Avez-vous jamais vu mon fils François s'amuser ainsi à barbouiller les murailles ? C'était un garçon paisible, bien élevé ; à présent Rome le verra devenir grand peintre.

ANTONIO. — Croyez-vous ?

BAPTISTE. — Ce sera un grand peintre, je vous le dis, un véritable artiste qui peint d'après les règles et les principes. Quand il aura assez étudié auprès de son maître, je l'enverrai à Raphaël pour qu'il lui donne les dernières leçons.

ANTONIO. — Raphaël est mort, il y a dix-huit ans.

BAPTISTE. — Bon ! il en est d'autres qui ne sont pas morts. J'ai de l'argent, et je ne veux rien épargner. Aujourd'hui la mode en Italie est de peindre, je veux que mon fils peigne. J'ai de l'argent ; je veux qu'il s'en serve. Je lui achèterai pinceaux, toiles, couleurs, palettes et crayons, tout ce dont il aura besoin ; car il n'y a rien de plus triste que de voir l'art se traîner dans la pauvreté.

ANTONIO. — Surtout dans la pauvreté d'esprit.

BAPTISTE. — Comment ? A quoi songez-vous ? Que voulez-vous dire ?

ANTONIO. — Pensez-vous que le pinceau fasse le peintre ? Non, jamais. Croyez-moi.

BAPTISTE. — Mon François deviendra peintre, à votre honte ; car ce ne sera pas un malheureux artiste de village qui représente seulement le jour, mais.....

ANTONIO. — Encore la nuit [1] ? Moi, je le puis aussi.

BAPTISTE. — Ah ! vos ridicules morceaux ! On n'y trouve pas le sens commun. Vous y faites reluire votre fils comme un ver de Saint-Jean [2].

---

1. On sait que le Corrège a peint deux tableaux qui sont connus sous le nom de *la Nuit* et *le Jour*, à cause des divers effets de lumière qu'ils offrent. Ces deux morceaux admirables, qui, aux yeux de quelques connaisseurs, passent pour les chefs-d'œuvre du peintre, sont maintenant à la galerie de Dresde, et c'est à ces ouvrages que Œhlenschlæger a sans doute voulu faire allusion. — *N. du trad.*

2. Espèce de vers luisants plus connus en Allemagne qu'en France, et que l'on désigne sous le nom de vers de la Saint-Jean *(Johanniswurm)*, parce que c'est ordinairement au mois de juin et vers la Saint-

ANTONIO. — Prenez garde de dire une sottise. Que parlez-vous de sens commun ? Si vous voulez comprendre les choses divines, il faut que la Divinité vous inspire.

BAPTISTE. — Je crois que vous finirez par faire de vous un dieu.

ANTONIO. — Je suis un pauvre homme. Élevé par mes propres soins, je ne songe pas à prendre place auprès de ces génies immortels qui nous rendent heureux par leurs ouvrages ; car je sais tout ce qu'ils ont fait. Mais je crois que la nature m'a rendu artiste aussi et que je ne mérite pas qu'on se moque de moi, et je ne suis pas le seul qui le croie.

BAPTISTE. — Sans doute, parce que quelque bonne âme vous a déjà payé vos bariolages beaucoup trop cher.

ANTONIO, *avec gaîté*. — Eh, eh! monsieur Baptiste, vous êtes maître d'hôtel ; bravo! Vous êtes bon cuisinier; bravissimo! Un bon cuisinier est un homme très honorable. Vous nous avez donné à manger à moi et à ma pauvre femme, et je vous suis encore redevable d'une petite somme. Patience ! je vendrai dans peu de temps mon tableau. Ne vous mettez pas de mauvaise humeur. Si votre fils ne peut être peintre, il sera autre chose. Tout le monde ne doit pourtant pas avoir le même métier. Il faut bien qu'il y ait des gens qui se fassent peindre. Soyez gai et confiant. Donnez-moi encore aujourd'hui et demain ce dont j'ai besoin, et après-demain je vous paie tout à la fois.

BAPTISTE. — Vous ne recevrez plus rien avant d'avoir acquitté votre compte.

ANTONIO. — Soit. Je ne puis pas mendier, et j'aime mieux mourir de faim.

UN MESSAGER, *arrivant près de Baptiste*. — Une lettre de Rome.

(Il sort.)

BAPTISTE *ouvre la lettre et regarde la signature*. — C'est de Lucas, le maître de mon fils. Maintenant vous allez voir que cela va autrement que vous ne l'imaginez.

Jean qu'on les voit apparaître et voltiger dans les bois en petits tourbillons. — *N. du trad.*

ANTONIO. — Est-ce la première lettre qu'il vous écrit?

BAPTISTE. — Oui, mais ce ne sera pas la dernière.

ANTONIO. — Lucas est renommé comme un homme d'honneur et comme un bon artiste. Eh bien! parions qu'il a de votre fils la même opinion que moi.

BAPTISTE. — Comment?

ANTONIO. — Parions le prix d'un dîner.

BAPTISTE. — Et, si vous perdez, que me donnerez-vous?

ANTONIO. — Mon grand tableau.

BAPTISTE. — Celui que vous venez de faire?

ANTONIO. — Oui, je parie mon grand tableau contre la valeur d'un dîner que Lucas refuse à votre fils les moyens de devenir peintre.

BAPTISTE. — Vous êtes un fou. Ne vous plaignez pas si vous perdez.

ANTONIO, *lui présentant la main.* — Non, bien sûr. Est-ce dit?

BAPTISTE. — J'y consens. Mais nous n'avons pas besoin de nous donner la main ; il n'y a que les amis qui agissent de la sorte.

ANTONIO. — Je suis aussi peu votre ennemi que François est bon peintre.

BAPTISTE. — Vous allez voir.

ANTONIO. — Lisez.

BAPTISTE *lit.* — « Reprenez votre fils ; il n'est pas né artiste, et vous dépensez un argent inutile pour lui. »

ANTONIO. — Ne l'avais-je pas pensé? Voyez-vous, le barbouilleur peut aussi quelquefois deviner juste. Eh bien! pourquoi vous mettre en colère? Vous devriez vous estimer heureux, au contraire, que votre fils soit tombé entre les mains d'un homme qui n'a point voulu prendre votre argent. Rappelez François ici, employez-le dans votre auberge; cela vaut mieux sous tous les rapports. Allons, au revoir! N'oubliez pas notre gageure. C'est parce que le besoin m'y force que je vous la rappelle.

(Il sort.)

SCÈNE VI

BAPTISTE, *puis* OCTAVIO.

BAPTISTE, *seul*. — Rappelez votre fils... Damnation ! Et ce mauvais drôle d'Antonio est là qui se pavane et triomphe ! et moi, j'ai l'air d'un pauvre diable. Ah ! si je savais seulement de quelle manière je pourrais l'humilier. Voici ma maison, là est sa cabane, et pas un étranger ne vient chez moi sans visiter ce misérable, pour voir ses sottes productions. On parle plus de lui dans les villes étrangères que de... (*Octavio sort de l'auberge.*) Ah ! voici mon maître. Changeons de contenance ; il n'aime pas les gens sérieux.

OCTAVIO. — Comment te portes-tu, Baptiste ? Mais tu me sembles triste. Qu'as-tu donc ? Un petit billet d'amour ; hem ! ta belle t'aura donné un refus ?

BAPTISTE. — Non, pas à moi, mais à mon fils.

OCTAVIO. — Comment cela ?

BAPTISTE. — La muse de la peinture (c'est ainsi, je crois, qu'on la nomme)... Le maître de François écrit de Rome que je dois rappeler mon fils à la maison, car il ne peut devenir peintre.

OCTAVIO. — Bien. J'en suis très content. Il pourra tenir mes comptes et me servir d'intendant.

BAPTISTE. — Excellence ! Votre Grâce !...

OCTAVIO. — Je te l'ai dit depuis longtemps. Tu es trop éloigné de moi. Il faut que j'aie quelqu'un sous la main, et, depuis que tu as une auberge, tu me fais défaut à tout moment ; car ce n'est plus assez que tu viennes une fois chaque semaine à Parme.

BAPTISTE. — Excellence !... Votre Grâce me touche le cœur jusqu'aux larmes.

OCTAVIO. — Comment donc as-tu eu la sotte idée de vouloir faire un peintre de ton fils ?

BAPTISTE. — Que voulez-vous ? C'est la mode en Italie ; et puis les artistes sont élevés si haut, qu'ils peuvent à présent refuser des nièces de cardinaux pour épouses.

OCTAVIO. — C'est peut-être l'exemple d'Antonio qui t'a séduit?

BAPTISTE. — Mon Dieu! Le pauvre diable! Il n'a pas besoin de rejeter les prétentions des hautes dames; il se contente à moins, car sa femme est la fille d'un potier.

OCTAVIO. — Baptiste, je lui envie le choix qu'il a fait; sa femme est auprès des grandes dames comme une rose auprès de quelques fleurs peintes.

BAPTISTE. — Oui... oui, cela est vrai.

OCTAVIO. Sais-tu pour quelle raison je demeure ici depuis si longtemps?

BAPTISTE. — Votre Excellence aime...

OCTAVIO. — Tu sais?

BAPTISTE. — Les beaux points de vue, et elle se sert de ma maison comme d'une villa d'été. Je regrette seulement que Son Excellence ne puisse pas s'arrêter ici davantage.

OCTAVIO. — Je le regrette aussi. As-tu déjà fait seller le cheval?

BAPTISTE. — Oui; il est là tout prêt.

OCTAVIO. — Tu me suivras.

BAPTISTE. — Sans aucun doute; aujourd'hui même.

OCTAVIO. — Bon. Mais, pour en revenir à ce peintre, sais-tu, mon ami, qu'il possède un trésor dont je suis jaloux?

BAPTISTE. — Lui? Il ne possède rien; pas un denier.

OCTAVIO. — Pourtant je donnerais bien une belle quantité de deniers pour avoir ce qui est à lui.

BAPTISTE. — Votre Excellence m'étonne.

OCTAVIO. — Il a une madone que j'achèterais volontiers.

BAPTISTE. — Ah! oui, son nouvel ouvrage. Mais cela ne vaut pas grand'chose; permettez-moi de vous le dire, Excellence; ce n'est pas du tout l'idéal de la mère de Dieu, mais seulement le portrait de sa femme.

OCTAVIO. — Et si l'original était précisément pour moi la plus belle de toutes les madones?

BAPTISTE. — Vraiment! Alors, je commence à y voir clair. La femme du peintre a trouvé grâce aux yeux de Votre Excellence?

octavio. — Ne tiens donc pas ce langage ridicule. Dans les relations entre homme et femme, c'est toujours la femme qui est l'Excellence quand elle est belle. La beauté forme ses armoiries et ses titres de noblesse.

baptiste. — Vous parlez, Monseigneur, comme un brave chevalier; vous faites honneur à votre rang et à vos aïeux. Vous voudriez donc que cette femme vous fût favorable?

octavio. — Cependant je ne voudrais pas offenser le mari. Tu le connais; dis-moi, est-il de ces gens qui...

baptiste. — Ah! mon Dieu! c'est une bonne pâte d'homme, qui vit dans le monde comme dans un rêve. Je crois qu'il a pris cette femme pour avoir un modèle à meilleur marché. Quant à elle, c'est une charmante créature, que vous avez bien raison d'appeler madone. Mais son mari ne la traite pas comme elle le mérite; il la laisse manquer de tout ce qu'une jeune femme a le droit de désirer. A peine s'il la nourrit, et pourtant elle supporte son malheur avec patience et résignation. Votre Grâce ferait vraiment une œuvre toute chrétienne si elle prenait sous sa protection cette pauvre femme.

octavio. *Il se détourne et aperçoit Antonio qui s'est de nouveau remis à peindre.* — Le voilà qui travaille encore à cette douce image. Je veux acheter son tableau, et l'inviter, lui avec sa femme et son enfant, à venir à Parme; il me peindra le plafond de ma grande salle.

(Il regarde Antonio et le salue.)

SCÈNE VII.

OCTAVIO, ANTONIO, BAPTISTE.

baptiste, *à part.* — Oh! cela va bien. La vengeance arrive d'elle-même.

octavio. — Votre tableau sera bientôt achevé, n'est-ce pas, maître Antonio?

antonio. — Oui, Monseigneur; j'espère le terminer aujourd'hui.

octavio. — A-t-il déjà sa place assurée?

antonio. — Non; il faut qu'il trouve encore un acheteur.

octavio. — Une chose si belle que la madone peinte sur cette toile n'a pas besoin de chercher longtemps. Il y aura toujours pour elle assez d'amateurs.

antonio. — Les amateurs ne manquent pas, il est vrai; mais ce qui est plus difficile à rencontrer, c'est que l'amateur devienne aussi l'acheteur. Quant au plaisir qu'on prend à voir cette image, s'il ne s'agissait que de cela, je sais quelqu'un qui l'aime de tout son cœur et à qui je l'abandonnerais avec joie, si seulement il pouvait la payer.

octavio. — Qui est-ce donc?

antonio. — C'est moi, Monseigneur.

octavio. — Vraiment, je le crois. Vous avez raison d'aimer ce tableau; il est très bien et vous fait honneur.

antonio. — Ah! ce n'est pas pour cela que j'y tiens; mais un artiste doit aimer son travail comme une vue, comme une émanation de son âme.

octavio. — Bon! bon! Je pense que maître Antonio saura se consoler. On m'a dit que cette belle madone ne vient pas tout-à-fait de l'âme, et qu'il y a encore quelque chose de par le monde qui lui a bien fourni quelques traits. Ainsi vous conservez la statue dans votre maison, et vous ne faites qu'en rendre une copie en plâtre.

antonio. — Vous ne pouvez pas dire que cette image ne soit qu'une copie.

octavio. — Maître Antonio, voulez-vous me vendre ce tableau?

antonio, *avec un mouvement de joie*. — Mon bon Seigneur, bien volontiers.

octavio. — J'ai fait construire à Parme une large salle pour y placer des peintures. Il n'y a pas un grand maître vivant dont je ne possède quelque chose; vous devez aussi y prendre part.

antonio. — Vous me faites trop d'honneur. Avez-vous effectivement là une collection de tous les bons maîtres?

octavio. — Oui.

antonio. — Si j'en excepte quelques tableaux d'autel, je n'ai encore rien vu des grands peintres.

octavio. — Comment êtes-vous devenu peintre?

ANTONIO. — Dieu le sait. Cela est venu peu à peu, de soi-même.

OCTAVIO. — Ainsi c'est entendu. Quand le tableau sera prêt, vous viendrez me l'apporter à Parme et vous visiterez tous mes trésors. Je vous donne pour cet ouvrage quatre-vingts scudis, qui doivent vous être payés sur-le-champ.

ANTONIO. — Monseigneur, c'est trop; c'est plus que je n'ai mérité.

OCTAVIO. — Un noble doit savoir apprécier de nobles choses; il ne marchande pas avec un bon artiste, il le récompense et le soutient.

ANTONIO. — Excellent Seigneur!...

OCTAVIO. — J'espère aussi qu'à Parme vous ferez mon portrait. Soyez seulement assez complaisant, maître, pour prier votre jeune femme de venir ici, afin que je voie si l'image que vous avez faite est ressemblante.

ANTONIO. — Elle est un peu timide devant les étrangers, et surtout devant un si grand seigneur.

OCTAVIO. — Allons, qu'importe? faites-moi le plaisir de l'appeler.

ANTONIO. — Si vous voulez. Cependant la ressemblance n'est pas telle que vous l'imaginez. Je n'entends point que l'on copie d'une manière si scrupuleuse... (*Il appelle.*) Marie! ma femme! C'est seulement..... Enfin vous verrez..... Marie!

(Elle aperçoit Octavio et le salue.)

SCÈNE VIII

Les mêmes, MARIE.

MARIE. — Que veux-tu, mon bon ami?

ANTONIO, *lui parlant à l'écart.* — Ce seigneur veut m'acheter mon tableau, et il m'en donne quatre-vingts scudis. C'est un noble et brave homme, sans doute; il aime l'art et protège l'artiste; et maintenant il veut voir si la Marie qui est près de moi ressemble à la Marie qui est peinte sur cette toile.

OCTAVIO. — Vous vous appelez aussi Marie, ma belle dame?

MARIE. — Oui, Monseigneur, pour vous servir.

OCTAVIO *jette un regard assez léger sur la toile et un regard profond sur Marie.* — Combien je me plais à découvrir la ressemblance et aussi la différence qui existe entre les deux madones! Maître, vous avez fait preuve de beaucoup d'art; vous avez donné à la fraîche et riante image de votre femme, à sa rare beauté, une expression de piété et de recueillement qui lui va à merveille. Je ne sache qu'une chose qui lui aille encore mieux ; c'est l'innocence et l'admirable simplicité qu'elle tient de la nature. Celui qui ne verrait que votre tableau devrait être entraîné par la madone qu'il représente, et dire : « Il n'y a rien de plus gracieux dans le monde »; mais quiconque voit votre femme doit s'écrier avec transport : « Voilà l'ouvrage de Dieu ; aucun artiste ne peut le faire! » Et moi, qui aime l'art et la nature, je ne puis qu'admirer à la fois et la douceur et la beauté de votre femme, et la puissance de votre talent.

ANTONIO. — Vous êtes trop bon, mon noble Seigneur.

OCTAVIO. — Il faut que je parte. Je ne dois pas m'arrêter ici plus longtemps, quelque attrait qu'aient pour moi la nature, l'art et la beauté. Mais venez me trouver bientôt, dès que cette peinture sera achevée. Nous ferons peut-être alors de nouveaux arrangements. Mon palais est très grand ; il y a là de quoi loger un artiste, sa femme et son fils. Vous avez peint des fresques dans les églises de Saint-Joseph et de Saint-Jean ; vous aurez à peindre aussi le plafond de ma salle. Adieu, mon ami ; adieu, ma toute gracieuse dame. Si les choses vont comme je le désire, nous serons tous bien heureux. (Il part.)

BAPTISTE. — Eh bien! Antonio, qu'en dites-vous? Vous ai-je procuré une mauvaise connaissance?

ANTONIO. — Donnez-moi votre main ; oubliez ce qui s'est passé entre nous. Vous êtes un brave homme.

BAPTISTE, *avec un sourire méchant.* — N'est-ce pas? Et maintenant je vais vous préparer votre dîner.

(Il rentre chez lui.)

SCÈNE IX

ANTONIO, MARIE, JEAN.

ANTONIO. — C'est pourtant vrai ; aussitôt que le besoin devient trop pressant, le secours est là. Allons, Marie, tu dois te réjouir avec moi. Vois-tu se réaliser ce que je t'ai dit souvent, qu'il y a encore de bonnes âmes dans le monde ? L'homme n'a besoin que d'agir ; il trouve toujours des protecteurs, des amis, des soutiens. Mais tu me sembles être bien sérieuse !... Oh ! prends donc part à mon bonheur. A présent, je puis retourner à mes pinceaux. Non, la main me tremble de joie comme le cœur. (*Jean s'approche.*) Viens, mon doux enfant, viens auprès de ton père. Allons nous asseoir à table et ensuite nous jouerons.

(Il prend son fils dans ses bras et l'emmène du côté du bosquet.)

MARIE, *seule*. — Me réjouir !... Hélas ! je ne pressens rien de bon. Le comte !... Combien de fois avec ses regards et ses serrements de mains !... Mon Dieu ! Pauvre Antonio, tu te sens heureux ; ton âme pure et candide n'a aucun soupçon de la méchanceté. Cependant il faut que ce misérable seigneur soit humilié. Mais que deviendront tes espérances, ta fortune ? « Il faut qu'il se préserve des orages du cœur, qu'il vive tranquille et satisfait. » Ah ! vieil ermite, est-ce la mort qui t'a envoyé auprès de moi pour me donner cet avertissement. Le ciel n'est pas pour longtemps bleu et serein. Un sirocco brûlant plane sur nous. La tempête se montre sur ces nuages noirs et s'approche de notre pauvre cabane. Hélas ! nous ne verrons plus refleurir notre modeste bonheur. L'éclair vient de luire ! Qui nous délivrera ?

FIN DU PREMIER ACTE.

ACTE DEUXIÈME

SCÈNE I

MICHEL-ANGE, JULES-ROMAIN, un domestique.

JULES-ROMAIN. — Venez. Voyez-vous? cette place est fraîche et bien aérée; là est l'auberge, une grande maison toute neuve, comme on nous l'a dit. Nous sommes certainement mieux ici qu'à Reggio.

MICHEL-ANGE. — Le maudit homme!

JULES. — Comment, maître Michel, vous êtes devenu violent! Il n'y a rien à cela d'extraordinaire; car cette chaleur du midi est brûlante. Mais venez vous rafraîchir sous ces arbres. On dit qu'il y a dans cette auberge du bon vin; ne soyez donc pas si en colère contre notre cocher. Une roue se brise facilement, et la grande roue du temps marche quelquefois d'une façon si drôle qu'on pourrait la croire brisée.

MICHEL. — Laissez-moi tranquille avec votre roue du temps.

JULES. — Et puis après, cela glisse comme un traîneau tellement qu'on ne pourrait pas croire que c'est une roue.

MICHEL. — Faites-moi grâce de vos pointes d'esprit.

JULES. — Je le veux bien, mais quand vous me ferez grâce de votre colère.

MICHEL. — Alors vous pouvez attendre longtemps.

JULES. — C'est bon! J'ai encore une provision de facéties. Venez vous asseoir sous ce chêne. Je sais bien que c'est au laurier à ombrager votre tête; mais ce feuillage est beau aussi, et un peu parent de celui du laurier.

MICHEL *s'asseoit*. — Vous êtes très poli.

JULES. — Nous devions être aujourd'hui à dîner chez le duc de Modène.

MICHEL. — Oui, à ce qu'il me semble.

JULES. — Ce noble seigneur et celui de Mantoue nous attendent en vain.

MICHEL. — Laissez-les attendre ; c'est ainsi que ces messieurs s'exercent à la patience ; ils peuvent en avoir besoin.

UN DOMESTIQUE *vient*. — Quels sont les ordres de Vos Seigneuries ?

JULES. — Apportez-nous du vin, mon cher. Mais quel vin avez-vous ?

LE DOMESTIQUE. — De toutes sortes, Excellence.

JULES. — Alors donnez-nous le meilleur.

MICHEL. — Non pas. Vous nous faites toujours passer, Jules, pour des princes qui voyagent incognito, et qui, le long du chemin, dévoilent par leurs grandes dépenses et leur générosité ce qu'ils sont. Dites-moi, jeune homme, avez-vous du bon florentin ?

LE DOMESTIQUE. — Oui, monseigneur,

MICHEL. — Apporte-nous-en une bouteille.

(Le domestique sort.)

JULES. — N'aimez-vous pas mieux le doux ?

MICHEL. — Que Dieu m'en préserve ! Vous en voulez peut-être ? Attendez, que j'appelle le garçon.

JULES. — Non, je boirai avec vous.

MICHEL. — Et vous ferez bien. Le doux ne doit être employé que rarement et avec précaution. Ici ce serait tout-à-fait inutile. Gardez-vous de ce qui est doucereux, et n'oubliez pas que votre grand maître Raphaël en est mort.

(Le domestique revient avec le vin.)

JULES. — Voici le vin. Il est bon. Comme cela rafraîchit bien pourtant par un jour de chaleur !

MICHEL. — Ce vin-là est détestable ; il a le goût du cuivre. Comment, diable ! veux-tu nous empoisonner ? Apporte-m'en un autre sur-le-champ, ou je te jette mon verre à la figure.

LE DOMESTIQUE. — Nous en avons un meilleur ; mais il est cher.

michel. — Je paierai cinq baïoques tout ce que vous avez de meilleur; seulement, qu'il soit ici à la minute.

jules *sourit en regardant Michel*. — Dans les petites choses comme dans les grandes on reconnaît toujours le vieux Michel.

michel. — Comment entendez-vous cela?

jules. — Je pense que vous pourriez être une bonne cuve à vin, pour peu que cela vous fît plaisir. Savez-vous pourquoi?

michel. — Pourquoi donc?

jules. — Parce que la nature vous a donné plein pouvoir de vous élever et de vous rapetisser comme cela vous convient.

michel. — Se rapetisser est très facile, et nous venons d'en avoir la preuve. Mais n'est-ce pas honteux? l'Italie est un Élysée, où le vin, mûri par un généreux soleil et plein de force et de feu, découle des grosses grappes sur tous les chemins. L'indigne paresse de l'homme gâte et détruit les dons de Dieu. N'est-ce pas insupportable?

jules. — Eh bien! ne vous fâchez plus. Voici un autre vin qui sera meilleur.

michel *goûte le vin qu'un domestique lui apporte*. — Le vin est bon.

le domestique. — Vos Seigneuries ont-elles encore quelque chose à commander?

michel. — Nous verrons quand il en sera temps.

(Le domestique sort.)

jules. — Il faut que nous fassions préparer notre dîner, et tandis qu'on mettra la table, nous pouvons aller à l'église visiter quelques tableaux des anciens maîtres. Il doit y avoir des morceaux de Giotto et de Cimabüe.

michel. — Et quand il y en aurait de Saint-Luc lui-même, les plus belles têtes peintes sur un fond d'or, je n'irais pas. N'ai-je déjà pas assez souffert de cette chaleur? Faut-il que je m'en aille encore sous des voûtes humides observer tous les longs tâtonnements de l'art? C'est bien; j'en ai assez : ma curiosité est satisfaite pour longtemps. Et que pourrais-je apprendre là? à composer des têtes? Mais je puis bien en composer moi-même. Quant à trouver de belles formes dans ces vieux tableaux, il ne faut pas y songer. Je reste donc ; mais allez-y, vous à qui Raphaël a légué comme héritage son admiration pour les anciennes peintures catholiques. Seulement, prenez garde de peindre, dans le premier ouvrage que vous ferez, votre héros avec des bras et des cuisses trop maigres. Pour un saint cela passe ; mais le corps d'un héros demande à être doué de plus de force.

JULES. — Voilà le statuaire qui parle et non pas le peintre. Les membres se façonnent sur la pierre ; mais la couleur exprime l'âme. Les belles formes nous viennent des Grecs ; mais la sculpture ne nous rend point l'étincelle de vie qui anime le regard, et pour comprendre l'expression du visage, nous devons observer les œuvres naïves que l'art produit dans son enfance.

MICHEL. — Regardez tout ce qui vous plaira. Moi, je demeure ici. J'aime mieux prendre l'air sous ces beaux arbres que de me traîner dans vos sombres et tristes églises, à la recherche des vieux saints.

JULES. — Venez avec moi. Vous m'avez déjà souvent tenu ce langage ; mais si parfois vous avez consenti à visiter ces anciennes œuvres d'art, leur simplicité et leur énergie calme vous ont plu. Vous avez un véritable cœur d'artiste ; mais un mauvais lutin parle par votre bouche.

MICHEL. — Vous êtes bien bon de me consoler. Mais vous perdez votre temps avec moi. Je n'ai pas l'*âme*, comme vous l'appelez, semblable à celle de votre grand maître. Je ne suis pas un Raphaël ; je le sais.

JULES. — La puissance des hommes forts est d'une nature différente. Vous êtes deux archanges dans l'art : *Michel* et *Raphaël*. Qui des deux est le premier ? Lui m'apparaît comme un chérubin aux ailes argentées et à la tête gracieuse d'enfant, et vous, Michel, vous êtes un séraphin avec six grandes ailes.

MICHEL. — Le vin cuivré que nous avons bu vous donne de la poésie. Allez toujours, seigneur Urian... Que voulais-je dire, seigneur Uriel ? Vous êtes sans doute le troisième archange, n'est-ce pas ? Allez, monsieur le flatteur ;

vous pouvez avec vos compliments séduire de jolies femmes, mais moi, non.

JULES. — Venez avec moi.

MICHEL. — Non.

JULES. — Eh bien! demeurez, mauvaise tête, et prenez soin seulement de nous faire préparer un bon dîner.

MICHEL. — Je regrette que vous ne puissiez faire aujourd'hui gala chez le duc. Moi, je suis un bourgeois de Florence, habitué à me nourrir comme les ouvriers. Si vous voulez dîner avec moi, il faut songer à vous pourvoir.

JULES. — Arrangez tout comme il vous plaira.

MICHEL. — Saluez très humblement vos saints pour moi.

JULES. — Oui, et je leur annoncerai votre jeûne, ce qui les réjouira beaucoup, car ils aiment les grosses pénitences.

(Il sort.)

SCÈNE II

MICHEL-ANGE, BAPTISTE.

MICHEL. — L'étourdi! avec son babillage il m'a cependant enlevé presque toute ma mauvaise humeur. Un brave garçon que ce Jules Romain! Si seulement il pouvait renoncer à sa manière doucereuse de peindre! *(Baptiste vient.)* Qu'est-ce donc que cette figure de singe?

BAPTISTE. — J'apprends avec effroi comment votre voiture eût pu devenir fatale à Votre Grâce. Dieu soit béni que tout aille bien! Vous couriez grand risque de vous blesser, et un trou à la tête ou au bras, ou, ce qui est pis, une jambe cassée, c'est bientôt fait; car, au besoin, Votre Excellence pourrait encore se passer de ses bras; mais sans le secours de ses jambes, comment irait-on dans le monde? Cependant, puisque un accident devait vous arriver, il vaut encore mieux qu'il soit arrivé ici. On ne doit pas se faire son éloge soi-même; mais ma maison est bonne, et tout ce dont les voyageurs ont besoin s'y trouve à souhait.

MICHEL. — C'est ce que nous venons d'éprouver avec votre vin.

BAPTISTE. — J'ai vivement réprimandé mon domestique

de ce qu'il avait apporté un mauvais vin à un aussi grand seigneur que Votre Grâce. Il faut toujours savoir faire une distinction. Nous sommes tous hommes, il est vrai, mais tous placés à des degrés bien différents.

MICHEL. — Aucun homme n'aime à s'insinuer du cuivre dans le corps.

BAPTISTE. — Ce n'est pas du cuivre, Excellence, mais seulement un peu d'absinthe; c'est une chose très saine et bonne pour l'estomac; mais il va sans dire que Votre Seigneurie doit avoir quelque chose de meilleur.

MICHEL. — Je ne suis ni une excellence ni une seigneurie; mais cela n'est pas nécessaire pour boire de bon vin.

BAPTISTE. — Oserai-je demander le nom de monsieur?

MICHEL. — On m'appelle maître Michel de Florence.

BAPTISTE, *à part.* — Comment? Michel de Florence! et une telle voiture! des chevaux! des domestiques!... Bah! je parierais que c'est un grand seigneur; on le voit rien qu'à sa fierté... Mais, paix! il faut s'accommoder à l'humeur des gens. *(A haute voix.)* Ainsi donc... maître... Michel de Florence... que doit-on servir à dîner?

MICHEL. — Vous moquez-vous de moi?

BAPTISTE. — Dieu m'en garde! Eh! eh!... c'est seulement à cause du nom.

MICHEL. — Diable! Qu'avez-vous contre ce nom? Un duc ne rougit pas de porter le sien.

BAPTISTE. — Sans doute, sans doute. Les noms ne sont rien autre chose que des mots qui s'envolent en l'air. Par exemple, je m'appelle Baptiste : cela ne veut pas dire que je sois baptisé, car c'est déjà une affaire convenue.

MICHEL. — Et que pensez-vous que signifie mon nom?

BAPTISTE. — Il y a quelque chose là-dessous.

MICHEL. — Ainsi vous me connaissez?

BAPTISTE. — Oui, à vos attributs, mon cher Monsieur.

MICHEL. — Avez-vous vu quelques-uns de mes ouvrages, de mes attributs, comme vous les nommez?

BAPTISTE. — Bah! attributs, chevaux... c'est tout un.

MICHEL, *impatient.* — Savez-vous que je suis Buonaroti?

BAPTISTE. — Est-il possible! Michel... Michel... Buonaroti ! Oui, par Dieu ! ces deux mots vont ensemble ; il n'y a qu'à y joindre Ange, et nous avons le grand homme. Oh ! quel bonheur ! Ma pauvre maison renferme entre ses murailles le célèbre artiste !

MICHEL. — Il pourrait bien se faire, mon ami, que je demeurasse dehors.

BAPTISTE. — Oh ! quelle joie est la mienne ! Tenez, mon noble seigneur, buvez, mangez, dormez, faites tout ce qu'il vous plaira dans ma maison, je ne veux pas recevoir de vous un seul denier.

MICHEL. — Comment cela !

BAPTISTE. — Comment cela ? Croyez-vous que l'aubergiste qui reçut, sans rien lui demander, Raphaël, et auquel Raphaël donna un tableau pour récompense, croyez-vous que cet aubergiste soit le seul de notre état qui porte l'amour de l'art au fond de son cœur ? Non, ma foi, non ! Et comme, d'après mon opinion, vous êtes trois fois au-dessus de Raphaël, ainsi mon admiration et mon amour doivent être trois fois plus grands.

MICHEL. — Et comme par conséquent ma reconnaissance doit être trois fois plus profonde, je dois vous peindre trois tableaux dans votre salle.

BAPTISTE. — Dieu me garde d'une telle idée ! Le moindre petit morceau de marbre que vous tailleriez à peine servirait de talisman pour attirer tout le monde autour de moi.

MICHEL. — Je regrette de n'avoir pas le temps ; sans cela je vous ferais une statue de grandeur naturelle, *l'Egoïsme*, car j'ai le modèle sous les yeux.

(Apercevant Antonio qui peint.)

SCÈNE III

Les mêmes, ANTONIO.

MICHEL. — Mais je ne me trompe point. Par Bacchus ! c'est vrai ; j'aperçois là un peintre occupé de son travail. Qu'avez-vous besoin de moi, si vous possédez dans votre village même de beaux esprits, des artistes, qui se mettent bravement à l'œuvre ?

BAPTISTE, *à part.* — Il ne me fera rien, je le vois. Mais il faut que sa présence me serve à quelque chose.

MICHEL. — Qui donc est cet homme ?

BAPTISTE. — C'est mon meilleur, mon plus fidèle ami.

MICHEL. — Une bonne recommandation !... *(A part.)* S'il s'élève aussi haut dans l'art que dans l'amitié, il doit toucher à l'idéal.

BAPTISTE, *à part.* — Cela va bien. *(Haut.)* Il faut que vous appreniez à le connaître. C'est un génie original, qui ne se forme ni d'après les grands maîtres ni par les études. Non, tout lui vient directement de la nature. Tout passe sans transition de son esprit sur la toile, et c'est ainsi, dit-il, que l'on doit faire ; car les principes de l'art ne servent qu'à perdre l'art. Tel que vous le voyez là, il n'en a pas l'air, mais je vous jure qu'il se croit plus grand que Raphaël.

MICHEL. — C'est la véritable grandeur.

BAPTISTE. — Du reste, c'est un bon et honnête homme, seulement il ne souffre pas qu'on lui parle des artistes de la ville ; il pense qu'il y a là beaucoup de crin et peu de laine.

MICHEL. — Il a raison ; les brebis et la laine viennent au mieux là où l'on trouve beaucoup d'herbe.

BAPTISTE. — Son petit garçon a déjà un génie remarquable. Vous pouvez voir les dessins qu'il a faits sur la muraille. Il est vrai de dire que le père lui a un peu aidé, et je voudrais que vous eussiez vu sa joie quand il vint à remarquer les dispositions de l'enfant.

MICHEL. — J'ai envie de connaître ce grand peintre. Si la pomme est déjà d'une telle sorte, que sera-ce de l'arbre ?

BAPTISTE. — Voulez-vous que je vous annonce auprès de lui ?

MICHEL. — Oui, comme un frère en peinture.

BAPTISTE. — Je préfère vous donner un nom étranger.

MICHEL. — Bien ; allez, causez avec lui tant que vous le voudrez. Je veux vider en paix ma bouteille.

BAPTISTE, *allant près d'Antonio.* — Eh bien ! mon cher Antonio, êtes-vous content de votre dîner aujourd'hui ?

ANTONIO. — Vous me faites honte, mon bon voisin ; vous avez agi avec tant de générosité envers moi... et je vous ai pourtant... Mais pardonnez-moi; on n'est pas toujours maître d'un mouvement d'humeur, vous le savez.

BAPTISTE. — Ah! mon Dieu ! j'ai plus de tort que vous. Certainement qu'on ne peut pas toujours se contraindre... Mais quand le cœur est bon...
(Il lui présente la main.)

ANTONIO, *la serrant*. — Oui, oui, vous avez raison.

BAPTISTE. — Nous sommes déjà de vieux voisins et de bons amis, ou, si nous avons cessé de l'être, nous pouvons le redevenir.

ANTONIO. — Mon cher Baptiste!

BAPTISTE. — Comment va le tableau ?

ANTONIO. — Il est fini et déjà presque sec. C'est dommage que je ne puisse pas encore aujourd'hui aller à Parme ; cela vaudrait bien mieux.

BAPTISTE. — Non, non ; allez toujours. S'il est bien enveloppé, il ne risque rien. Et il faut savoir dans le monde s'accommoder aux caprices des grands. Octavio désire posséder ce tableau aujourd'hui même. Battez le fer tandis qu'il est chaud.

ANTONIO. — Oui, je suivrai votre conseil. Aussi bien le seigneur Octavio ne peut pas être plus empressé d'avoir mon ouvrage que moi d'avoir de l'argent.

BAPTISTE. — Vous voyez. Partez donc cette après-midi; vous pouvez encore revenir ce soir.

ANTONIO. — Il faut que je coure presque tout le long du chemin.

BAPTISTE. — La route est bonne par ces beaux jours d'été.

ANTONIO. — Et, si je rentre le soir dans la forêt, il y a des brigands.

BAPTISTE. — Oh! non. Tâchez donc d'être plus raisonnable.

ANTONIO. — Il faut aussi qu'à Parme j'achète des couleurs.

BAPTISTE. — Gardez votre argent ; vos couleurs vous coûtent presque autant qu'elles vous rapportent.

ANTONIO. — J'ai besoin de pourpre et d'outre-mer. Comment pourrais-je peindre sans couleur ?

BAPTISTE. — Faites comme les autres.

ANTONIO. — Ah! celui-là n'est pas un véritable peintre qui n'aime point les couleurs et qui peut se passer du brillant effet qu'elles produisent.

BAPTISTE. — Sans doute, vous entendez cela de la meilleure manière. Mais parlons d'autre chose. Voyez-vous cet homme qui est là-bas assis?

ANTONIO. — Oui, oui ; il a l'air ferme et hardi. Qui est-il?

BAPTISTE. — C'est un ouvrier qui voyage; un teinturier, je crois; il a amassé quelque argent et s'amuse à prendre des airs de fierté; il raisonne de tout, et il n'est content de rien.

ANTONIO. — Ah! mille diables!

BAPTISTE. — Oui ; par exemple, il n'a pas pu boire de mon vin qui vous plaît tant, vous savez, mon bon florentin ; il a fallu que je lui en fisse donner de l'autre.

ANTONIO. — C'est que les gens riches ont le palais délicat.

BAPTISTE. — Il m'a singulièrement offensé avec toutes ses impertinences.

ANTONIO. — Fi donc!

BAPTISTE. — Je veux me venger.

ANTONIO. — Non, laissez cela.

BAPTISTE. — Oh! ma vengeance ne sera pas cruelle. La meilleure que l'on puisse exercer envers un sot, c'est de l'inquiéter avec esprit.

ANTONIO. — Vous avez raison.

BAPTISTE. — Moi, je n'ai pas la répartie fine, mais vous.....

ANTONIO. — Ah! mon Dieu! la tranquillité peut quelquefois me mettre de bonne humeur; mais, pour spirituel, je ne le suis pas.

BAPTISTE. — Le voici qui vient voir votre tableau. Faites-moi le plaisir, maître, si effectivement vous croyez m'avoir quelque obligation, d'être pour lui un peu... Enfin vous comprendrez mieux ce qu'il faut faire que je ne puis vous le dire, et vous verrez qu'il vous donnera lui-même le ton.

ANTONIO. — Soit ; comme on entend crier, on donne la réponse.

MICHEL. — Ose-t-on venir voir monsieur à la besogne ?

ANTONIO. — Voyez, voyez. A la vérité je joue un solo ; mais j'espère que vous ne me trahirez pas.

MICHEL. — Vous ne craignez donc pas de devenir bête ?

ANTONIO. — Pas du tout ; monsieur n'a qu'à s'approcher.

MICHEL *regarde le tableau avec surprise*. — Ah ! quel effet de couleurs !

ANTONIO. — N'est-ce pas? La dame est assez bien habillée. C'est aussi la dame de mon cœur.

MICHEL. — Mon cher monsieur, vous avez un très beau coloris.

ANTONIO. — Qu'en dites-vous, je pourrais aussi être teinturier ?

MICHEL. — Qu'entendez-vous par là. Écoutez. Je vous parle sérieusement ; votre coloris est bon.

ANTONIO. — Malheureusement, mon cher monsieur, je suis très pâle.

MICHEL. — Vous avez du talent.

ANTONIO. — Est-il possible ?

MICHEL, *se contraignant*. — Oui... du talent.

ANTONIO. — Allons, je le crois, puisque vous me le répétez.

MICHEL, *emporté*. — Cependant vous ne savez pas dessiner, et vous êtes un barbouilleur.

ANTONIO, *devenant sérieux*. — Comment l'entendez-vous ?

MICHEL. — Qui donc, par exemple, vous a appris à courber de la sorte ces doigts mignons ?

ANTONIO, *regardant Michel, puis le tableau*. — Vous pensez...

MICHEL. — Et voyez quel sourire de miel ! Le tableau est très joli. C'est dommage seulement que dans vos raccourcis vous soyez trop court.

ANTONIO. — Mais, monsieur...

MICHEL. — Croyez-vous sérieusement pouvoir dessiner un bras ou une jambe ?

ANTONIO, *consterné.* — Qui êtes-vous ?

MICHEL, *prend un pinceau.* — Voyez, monsieur, qu'en pensez-vous? si le bras était de tout cela plus long?... Si la jambe gauche de l'enfant venait se joindre de cette manière au pied ? Tandis que vous n'avez rien fait qu'un bout de saucisse qui pend avec beaucoup de grâce.

ANTONIO. — Vous pensez? Mon Dieu ! je crois que vous avez raison. Qui êtes-vous?

MICHEL. — Quelqu'un qui s'y entend et auquel on témoigne plus de considération quand on est autre chose qu'un barbouilleur.

ANTONIO. — Qui êtes-vous ? Je vous en conjure, au nom du Ciel ! qui ?

MICHEL. — Votre serviteur.

(Il veut s'éloigner; Antonio lui saisit la main, et regarde l'anneau de Michel.)

ANTONIO. — Vous êtes... Dieu !... la *Vendange des dryades !* Je connais cet anneau par la description qu'on m'en a faite. Vous êtes Buonaroti.

MICHEL. — C'est possible.

(Il veut partir.)

ANTONIO. — Oh ! attendez, attendez un moment ! Pardonnez-moi si, par mon étourderie, ma présomption et par la méchanceté, j'ai été assez malheureux... *(Il reprend son tableau.)* Regardez ce tableau encore une fois. Dites-moi... non... vous ne le direz pas. O grand maître! suis-je un barbouilleur ? le croyez-vous réellement ?

MICHEL, *avec un air de mépris.* — Allez, vous êtes un faible, un misérable homme. D'abord plein de vanité, gonflé d'un stupide orgueil, et puis après humble comme un valet et pleurant comme un enfant. Allez, vous n'entrerez jamais dans le sanctuaire de l'art. Que l'éclat des couleurs reluise sous vos yeux ! Jamais, avec vos faibles émotions, vous n'en viendrez à la véritable grandeur.

(Il s'en va, Baptiste le suit.)

SCÈNE IV

ANTONIO, *puis* MARIE.

ANTONIO, *seul*. — Est-ce un rêve? Ai-je vraiment vu Buonaroti, le grand artiste? Et m'a-t-il dit cette dure parole? C'est un vertige, je l'espère. (*Il s'asseoit, pose ses mains sur son visage, puis se relève.*) Oui, je sens comme un vertige; mais je suis éveillé. Un mot terrible a retenti à mon oreille. Je ne suis pas artiste! En vérité, en vérité, non, je ne l'aurais pas cru, si Buonaroti ne me l'avait dit lui-même. (*Il reste debout, abîmé dans ses réflexions.*) Il y avait des nuages colorés devant mes yeux. Je croyais voir des figures humaines, et je prenais le pinceau pour les copier; mais ce que je faisais n'était encore qu'un nuage, une misérable œuvre, sans esprit, sans portée, sans jugement et sans proportion. (*Avec tristesse.*) Je ne l'aurais jamais imaginé. J'ai toujours entrepris mon travail avec un cœur pur et un sentiment profond. Quand je me plaçais devant mon tableau, je croyais m'agenouiller devant l'autel du Dieu tout-puissant, et voir sa grandeur suprême se dévoiler à mes yeux. Comme je me suis trompé!... Oh! oui, je me suis bien trompé. (*Pause.*) Une fois, je n'étais encore qu'un enfant; j'allai avec mon père à Florence; il avait quelque chose à acheter sur la place, et pendant ce temps je courus à l'église Saint-Laurent. Là je vis ces immortelles statues de Michel-Ange, *la Nuit, le Jour, le Crépuscule* et *l'Aurore*, en marbre blanc. Il me fallut les quitter presque aussitôt; mais elles me firent une profonde impression. Tout me semblait alors si grand et si beau! si mort et si triste! Je fus heureux de me retrouver en plein air et au milieu des fleurs. A présent je me revois encore devant le tombeau que ces statues décorent, et je regarde avec effroi *le Crépuscule* et *la Nuit*..... Eh bien! je ne peindrai plus. Dieu sait que je ne l'ai jamais fait par vanité. Je peignais comme les abeilles construisent leur cellule et les oiseaux leur nid. C'était une erreur... Il faut que Michel-Ange me répète encore le mot qu'il m'a dit, non pas avec passion, avec colère, mais calme, comme sa statue du *Jour* au tombeau de Saint-Laurent. Il faut qu'il me redise ce mot, et alors, adieu !... mon bel art ! alors je redeviens ce que j'étais, un pauvre homme bien tranquille. Non, non, je ne veux plus m'attrister ; je ne me livrerai plus au désespoir ; j'ai encore une conscience paisible. Si je ne suis pas artiste, j'ai encore l'âme noble, et, quand le grand Michel-Ange me dirait le contraire, une voix intérieure, qui vient de Dieu, serait là pour le démentir.

MARIE *vient*. — Qu'as-tu, mon Antonio ? Tu es triste ; tu ne travailles pas. Il est rare de te voir seul sans être occupé de tes tableaux.

ANTONIO. — Marie ! ma bonne femme ! La peinture est finie.

MARIE. — Tu as tout achevé ?

ANTONIO, *lui prenant la main avec tristesse*. — Oui, mon enfant.

MARIE. — Mais qu'as-tu donc ? Mon Dieu ! tu pleures, Antonio ?

ANTONIO, *s'essuyant les yeux*. — Non ; regarde, Marie.

MARIE. — Mon bon Antonio, quelque chose t'attriste ; dis-moi ce que c'est.

ANTONIO. — Ne t'afflige pas. J'ai réfléchi à mainte chose, à la manière dont se passe notre vie. Et, vois-tu, le genre d'industrie que j'ai adopté ne nous rend pas heureux. J'ai pris la résolution d'en choisir un autre.

MARIE. — Je ne comprends pas.

ANTONIO. — Il y a sept ans, lorsque je te demandai pour fiancée à ton vieux père, tu te souviens de ce qu'il me dit : « Laisse là les pinceaux, Antonio ; celui qui vit toujours en rêve avec l'art ne vaut rien pour la vie du monde. L'artiste doit être un mauvais mari ; sa muse est plus à ses yeux que sa femme, et ses enfants passent après les productions de son esprit. »

MARIE. — C'était un noble cœur, un brave homme, qui a vécu en paix ; mais la nature lui avait refusé le dernier développement. Laissons cela.

ANTONIO. — « Deviens potier comme moi, ajoutait-il. Ne t'amuse pas à peindre sur l'argile, mais vends-la, et tu pourras vivre libre de tout souci avec ta femme et tes enfants. »

MARIE. — Il ne voyait pas que ce que j'aimais en toi, c'était ton esprit et ta belle âme, et que ton art me rendait heureuse, parce qu'il formait une partie de mon amour.

ANTONIO. — Mon enfant, on croit à beaucoup de choses qui ne sont pas. Je n'ai pu te rendre heureuse.

MARIE. — Antonio, veux-tu donc à présent me faire de la peine ?

ANTONIO *l'embrasse*. — Tu es un ange. Mais non, je ne t'ai pas rendue heureuse. Je ne t'ai pas consacré toute mon âme ; je l'ai déjà abandonnée à mes rêves. Ce que je gagnais, je l'ai employé en couleurs ou je l'ai dissipé. Quelquefois nous vivions dans l'abondance, et d'autres fois le nécessaire nous manquait. J'ai assez tourmenté ton pauvre cœur. Eh bien ! soit ; c'est assez. Nous ne voulons plus rêver. Je reprends ma place, je rentre dans l'obscurité, et, si je ne puis pas être un grand artiste, je veux être du moins un bon époux et un bon père.

MARIE. — Toi, tu ne serais pas artiste ! L'art aurait donc cessé de fleurir sur cette terre ?

ANTONIO. — Ma chère Marie, tu m'aimes.

MARIE. — Oui, parce que je te connais.

ANTONIO *la prend par la main et la conduit devant son tableau*. — Je te vois là sourire si douce et si innocente ! Mais regarde comme ce sourire de miel ressemble à une grimace !

MARIE. — Antonio !

ANTONIO. — J'en vois les défauts à présent. Ah ! pourquoi n'ai-je pas eu un véritable ami qui me le fît remarquer plus tôt ? Car je me sens le pouvoir de les corriger.

MARIE. — Mon Dieu ? qu'est-il donc arrivé ?

ANTONIO, *regardant son tableau*. — Il me semble cependant que tout n'est pas à dédaigner dans cette peinture. Ce n'est pas seulement la légèreté du coup de pinceau, le jeu des ombres et de la lumière, l'éclat du coloris ; mais il y a encore quelque chose de beau et d'élevé.

MARIE. — Dis-moi ce que tu as, Antonio ; dis-le-moi.
ANTONIO, *plus tranquille.* — Il faut qu'il me le répète encore une fois. Deux fois déjà cette parole a tonné à mon oreille ; mais je dois l'entendre une troisième ; alors je deviendrai potier.
MARIE. — Qui as-tu vu ?
ANTONIO. — Michel Buonaroti.
MARIE. — Et il t'a dit ?...
ANTONIO. — Paix ! cher enfant. Nous attendrons une troisième sentence. Je ne puis pourtant pas renoncer sitôt à cette sphère élevée... Une fois, une fois encore !... Et puis je deviens potier !

FIN DU DEUXIÈME ACTE.

ACTE TROISIÈME

SCÈNE I

ANTONIO, *puis* JULES ROMAIN.

ANTONIO, *seul, près de son tableau.* — Maintenant il ne manque plus que le vernis. Mais le voile qui enveloppe ce tableau est trop transparent. Si je pouvais seulement le dérober aux yeux du monde! Pourquoi donc le besoin m'oblige-t-il de le vendre? N'est-ce pas une trahison de recevoir une si grande somme pour un si mauvais ouvrage? Cependant c'est celui qui l'a vu qui m'en a offert cette somme, et je lui ai même dit que c'était trop. (*Il prend le pinceau.*) Je veux encore peindre ici une hyacinthe dans le gazon ; c'est la fleur que l'on jette sur le tombeau des jeunes filles. Hélas! mon espérance était belle comme une jeune fille, et elle est morte. Eh bien! je veux lui consacrer cette fleur; et alors... alors... comment vivrai-je si je ne peins plus! La peinture m'était nécessaire autant que l'air que je respire. Mais non... je travaillerai comme ouvrier toute la semaine pour ma femme et mon enfant, et le dimanche après midi m'appartiendra. Alors la riante Iris, avec ses couleurs diaphanes, reviendra me visiter ; et ma joie sera de dessiner, de peindre, de composer. C'est pourtant une joie assez innocente. Je suspendrai mes petits tableaux dans ma chaumière, pour en décorer les murailles ; Marie les aime et mon enfant aussi. Puis, quand je serai mort, si un pèlerin s'égare de ce côté et voit ces ouvrages, il se sentira ému peut-être, car tous les hommes ne sont pas aussi durs que ce Michel-Ange; et ce pèlerin dira peut-être : « Celui qui a peint ces tableaux avait du moins une bonne volonté et nourrissait un grand amour pour l'art. »

JULES ROMAIN *s'approche et regarde de loin Antonio sans en être vu.* — Voilà le fils des dieux. Il travaille déjà à quelque nouvelle œuvre, pour étonner encore le monde. Oh! combien j'ai envie de le connaître! Mais, patience! Je veux jouir tout à l'aise et lentement de ma joie. Suis-je bien éveillé? Comment, Jules, il faut que tu arrives auprès du Corrège pour retrouver un Raphaël? Oh! c'est étrange, bien étrange. Nous fondons des écoles dans les villes; les princes encouragent notre travail et nos efforts; la jeunesse s'exerce de bonne heure et se forme d'après de savants maîtres. Puis l'occasion arrive de faire voir ce que l'on sait... Et que sommes-nous? Des écoliers! des écoliers! Que si l'on veut découvrir le génie, il ne se forme point dans ces établissements; c'est une chaleur surnaturelle qui le développe merveilleusement; c'est un fruit qui s'élève dans les forêts, jeté là par la main du sort et mûri par une espèce de miracle. Et tandis que nous en sommes encore à nous pétrifier dans la contemplation de notre modèle tout en croyant toucher au but, voici tout d'un coup apparaître le génie, et nous le regardons étonnés. Oh! c'est admirable de voir comme il arrive souvent qu'un Nazareth enfante une chose divine, et que l'ange qui doit réjouir le monde trouve son berceau dans une crèche.

(Il s'approche d'Antonio et regarde ce qu'il a fait.)

ANTONIO. — Reste donc là, jolie hyacinthe bleue; ta couleur pâle me rappelle la mort.

JULES. — L'expression de son regard est comme celle de ses tableaux, douce, attrayante et pleine de sentiment; seulement la tristesse empreinte sur ses traits ne se retrouve pas dans l'exercice de son art, et le brillant coloris que nous admirons dans ses ouvrages ne se montre pas sur sa figure.

ANTONIO. — Voilà encore un voyageur étranger.

(Tous deux se saluent.)

JULES. — Mon cher monsieur, pardonnez-moi si je vous dérange; mais il m'était impossible de quitter ces lieux sans connaître le célèbre artiste qu'il renferme.

antonio. — Alors vous connaîtrez un homme bien triste.

jules. — Est-il possible ! Ce que vous faites ne servirait-il qu'au bonheur des autres, et pas au vôtre?

antonio. — Mon bon monsieur, vous me parlez avec tant de bienveillance ; vous ne songez pas à vous moquer de moi ; mais vous me faites de la peine sans le vouloir. (*Portant la main sur sa poitrine.*) Si vous saviez quel sombre abîme il y a là-dedans? Pas une étoile n'éclaire la nuit qui m'environne.

jules, *avec enthousiasme*. — Dans votre *Nuit*, il y a une gloire qui ceindra un jour votre tête de la couronne de l'immortalité. Comment vous appelez-vous?

antonio. — Antonio Allegri.

jules. — Antonio Allegri de Corrège! Comment ce nom peut-il m'être inconnu? Il sera bientôt dans toutes les bouches. J'ai vu votre *Nuit*, Antonio, là dans l'église. Ce que vous vouliez représenter, vous l'avez représenté, une œuvre miraculeuse. La lumière s'efforce de pénétrer à travers les ténèbres de la vie terrestre, et réjouit les bergers. Et moi, je suis un de ces bergers. Je reste étonné devant vous, ne comprenant pas le miracle que je regarde, et, la main sur les yeux, m'arrêtant encore pour me demander si tout cela n'est point une illusion.

antonio. — Oui, monsieur, c'est une illusion. Vous êtes un noble cœur ; vous aimez l'art ; mais, permettez-moi de vous le dire, je crois que vous ne le connaissez pas mieux que moi.

jules. — Maître Antonio, je ne vous comprends pas.

antonio. — Et moi-même, je ne me suis bien longtemps pas compris.

jules. — Tout ce que vous me faites voir est pour moi quelque chose d'inexplicable. Comment avez-vous pu devenir peintre de vous-même? Comment le monde vous connaît-il encore si peu? Comment, enfin, savez-vous si peu ce que vous valez?

antonio. — Mais, dites-moi, que pensez-vous de ce tableau, par exemple?

jules. — Les mots peuvent-ils exprimer mon sentiment? Si je dis que cela est beau, ce n'est rien dire encore. Autrefois la madone de Raphaël me semblait être la première, la seule véritable image de la mère de Dieu. Je ne pouvais me la représenter autrement; et voici que je la vois toute différente! toute différente, et pourtant c'est encore Marie, Marie la sainte femme, la douce mère, plutôt que la reine du ciel. Raphaël a élevé le terrestre au céleste, et vous, Antonio, vous avez fait descendre d'en-haut une empreinte céleste pour en revêtir un corps terrestre.

ANTONIO *le regarde avec surprise et un instant avec joie, puis reporte tristement ses yeux sur son tableau.* — Ne voyez-vous donc là aucune faute?

JULES. — Que parlez-vous de fautes? A une œuvre si grande il ne manque rien. Qui voudrait donc dans ce luxe de beautés se plaindre que tout ne se trouve pas là?

ANTONIO. — Et qu'est-ce qui ne s'y trouve pas?

JULES. — Tout ce qu'il faut pour un chef d'œuvre est là ; une inspiration divine, un sentiment profond, exprimés avec chaleur et amour; tout est là. Que voulez-vous de plus?

ANTONIO. — Vous avez assez loué cet ouvrage. Dites-m'en donc les défauts.

JULES. — Votre esprit n'a pas pu se tromper; mais là où l'art s'égarait, vous avez su donner à la faute que vous commettiez un charme qui appartient spécialement à ce tableau; et voilà encore un point sur lequel vous vous rapprochez de Raphaël.

ANTONIO. — Mais, je vous en prie, dites-moi où donc l'art s'est-il égaré? Vous ne savez pas combien vous me rendrez heureux en me l'indiquant.

JULES, *avec modestie*. — Eh bien! je crois que le dessinateur trouverait çà et là quelque chose à critiquer.

ANTONIO. — Par exemple?

JULES. — Le raccourci de ce bras pourrait bien ne pas être tout-à-fait juste. La jambe de l'enfant me semble être aussi un peu trop rouge et le contour manquer d'exactitude. Vous aimez les formes douces et arrondies; de là vient que vous cherchez à éviter les lignes droites.

ANTONIO. — Encore un mot, monsieur, encore un mot, et je respire. Comment trouvez-vous le sourire de la madone et celui de l'enfant?

JULES. — Singulier, singulier, mais beau.

ANTONIO. — Non pas grimaçant, forcé, mielleux ?

JULES. — C'est ainsi que je me représente le sourire d'un ange.

ANTONIO. — Ah! mon Dieu! et moi aussi.

JULES, *en riant*. — Et vous êtes triste parce que vous l'avez bien exprimé?

ANTONIO. — Je suis triste parce que je suis tombé dans une si grande erreur.

JULES. — Vous voilà revenu à vos énigmes.

ANTONIO. — Monsieur, vous m'avez parlé un langage qui me va droit au cœur, et c'est une consolation pour moi que de voir qu'il y a encore dans le monde des hommes sages et généreux qui peuvent se tromper comme je l'ai fait. Mais ce qui m'étonne le plus, c'est le jugement vrai que vous portez sur les défauts de mon ouvrage. Vous avez raison, et vous me parlez avec une grande bonté; tout ce que j'ai entendu de vous me causerait une vive joie, si je ne savais trop bien, hélas! et je ne le sais que depuis peu, que mon travail est sans valeur.

JULES, *étonné*. — Qui vous l'a dit?

ANTONIO. — Le plus grand artiste de notre époque et peut-être de tous les temps.

JULES. — Michel-Ange?

ANTONIO. — Oui.

JULES. — Je le reconnais bien là. La roue brisée de son char lui tourne encore dans la tête.

ANTONIO. — Par ignorance et par étourderie je l'ai offensé. Cet homme qui demeure là-bas, et qui prend tous les moyens possibles de me tourmenter, vint auprès de moi et me dit que l'étranger assis à l'une de ses tables était un teinturier, un sot personnage qui parlait de tout sans rien savoir; et après cela je ne reçus pas Michel-Ange avec le respect qui lui est dû. Il me parla d'une manière assez brusque, et je lui répondis d'un air moqueur et dédaigneux. Alors il se fâcha et me traita de barbouilleur et d'homme vil; puis il me dit que l'éclat des couleurs scintillait à mes yeux, et que je n'arriverais jamais à l'art dans sa véritable grandeur et sa beauté.

JULES, *avec feu*. — Il a raison ; vous n'y arriverez pas, car vous y êtes déjà, car déjà vous vous élevez au-dessus de la chapelle Sixtine.

ANTONIO, *faisant un mouvement de la main comme pour se défendre*. — Oh ! monsieur !

JULES. — Vous croyez peut-être que je raisonne sur ce sujet comme un aveugle pourrait le faire ; vous vous trompez. Je ne suis ni un Ange, ni un Michel, il est vrai ; je suis un homme, un Romain. Je ne m'appelle pas César, mais Jules. On m'a enseigné aussi ce que c'est que de peindre. Raphaël fut mon maître ; son génie repose encore sur moi, et je puis parler de peinture.

ANTONIO, *joignant les mains*. — O ciel ! Vous êtes Jules Romain ?

JULES. — Oui, je le suis.

ANTONIO. — Vous êtes Jules Romain, le grand peintre, l'élève favori de Raphaël ?

JULES. — Oui.

ANTONIO. — Et vous dites que je ne suis pas un barbouilleur ?

JULES. — Je vous dis que, depuis la mort de Raphaël, il n'y a pas eu en Italie de plus grand peintre que vous, Antonio Allegri de Corrège.

ANTONIO *s'asseoit*. — Permettez, monsieur. La tête me tourne. Je n'ai jamais éprouvé une telle émotion, et je ne conçois pas comment je l'éprouve. Toute ma vie s'est passée dans l'ombre, comme un sourire ignoré. Je ne croyais pas être un grand homme ; mais j'aimais à confier mon bonheur aux Muses ; je pris mes couleurs et je peignis. Et puis, voici que deux des plus grands maîtres s'approchent de mon humble demeure ; l'un me jette dans la poussière, l'autre m'élève aux nues. Que dois-je croire ? Suis-je éveillé ? ou n'est-ce qu'un rêve ?

JULES. — Et si l'autre vous disait la même chose que moi ? Alors...

ANTONIO. — Michel-Ange ?... Vous croyez ?...

JULES. — Il veut toujours faire ce que personne n'imagine... C'est un Titan plutôt qu'un Dieu, et sa grandeur est comme celle de l'ancien monde. La douceur lui manque. L'amour nouveau ne peut l'enthousiasmer, mais l'Éros des anciens le tient en son pouvoir. L'Amour ne peut être pour lui un enfant ailé, mais un jeune homme robuste et doué de la force de reproduction. Je veux lui parler. Soyez tranquille. Je m'entends à vivre avec lui, et le Titan a un cœur d'homme ; il met au monde des géants, mais il n'a pas le génie de la destruction ; il aime bien mieux ravir, comme Prométhée, la flamme du ciel pour donner la vie à ses ouvrages. Laissez seulement apaiser la tempête qui grondait en lui, et il admirera vos œuvres, mon cher Antonio. Maintenant rentrez chez vous ; je le vois venir.

ANTONIO. — Je ne sais ce que je dois croire.

(Il sort.)

SCÈNE II

MICHEL-ANGE, JULES ROMAIN.

MICHEL. — Nous pouvons partir.

JULES. — Malheureusement non, mon ami. Il y a une plus grande roue de brisée, et il faut la remettre en bon état avant que d'aller plus loin.

MICHEL. — Que voulez-vous dire ?

JULES. — Ce qui est. Vous souvenez-vous de cette belle roue de moulin que vous avez vue dans le fleuve, construite d'après une nouvelle méthode ?

MICHEL. — Oui, c'est une bonne pièce.

JULES. — Maintenant écoutez, et soyez indigné ! Un grand seigneur se trouve ennuyé ; il arrive auprès de cette roue et veut la voir pour passe-temps ; mais voilà que son sang bouillonne, parce que le meunier ne se montre pas assez humble. Il saisit son épée, frappe sur la roue, et brise tout ce que l'ouvrier a eu tant de peine à construire ; puis, cela fait, il monte à cheval et part. La meule cesse de tourner, et le meunier est au désespoir.

MICHEL. — Il faut que nous portions secours à ce meunier. Je vais faire atteler sur-le-champ un cheval et nous irons le trouver. Si seulement je pouvais rencontrer le mauvais drôle qui lui a fait du tort, je me chargerais bien d'abattre sa présomption.

JULES. — Ce serait très beau de votre part.

MICHEL. — A quoi pensez-vous encore?

JULES. — Vous aimez la poésie; vous avez écrit des sonnets; permettez-moi de vous parler en langage figuré; car la vérité toute nue est un peu dure.

MICHEL. — J'aime le nu. Les draperies ne font que voiler la beauté. Ainsi, allez directement au fait, s'il vous plaît.

JULES. — Vous n'avez qu'à poser sur une grande échelle tout ce que je viens de vous dire, et vous avez la vérité. La belle roue de moulin est la nature humaine; la présomption du grand seigneur est l'orgueil de l'artiste, l'épée un mot tranchant, et les coups sur le rouage c'est un poignard enfoncé dans le cœur.

MICHEL, *le comprenant*. — Ah! ah!

JULES. — Vous voyez que nous n'avons pas besoin d'atteler les chevaux; vous pouvez ici réparer le mal et châtier le coupable, qui n'est point encore échappé à votre vengeance.

MICHEL. — Il vous convient bien de me parler de la sorte.

JULES. — Buonaroti! pourquoi m'y forcez-vous? Croyez-vous que j'oublie le respect que je dois à votre génie, à vos chefs-d'œuvre? Mais ce respect même m'oblige à vous tenir le langage que vous venez d'entendre; car je n'estime pas seulement un homme de génie, mais tous ceux qui concourent à nous porter vers un noble but, quels que soient leurs moyens d'action; et je sais bien que cet arbre de vie, appelé en notre langue *génie*, croît plus souvent sur les roches nues que dans les fertiles prairies.

MICHEL. — Vous parlez très bien; vous devriez être rhéteur.

JULES. — Je sais ce que vous entendez par là; mais je ne me fâche point. Vous pensez que les harangues de l'artiste doivent être, comme celles du héros, composées d'œuvres et de faits; vous avez raison, et je n'ai pas besoin de vous répéter, Michel, combien de fois j'ai reconnu, avec une admiration muette, votre sagesse profonde, votre intelligence divine. Mais l'artiste ne peut pas être seulement artiste, il est homme aussi ; et donner à son humanité un beau développement, c'est là encore un art. Vous êtes un grand, un puissant esprit, je le sais ; mais ne vous moquez pas de moi quand vous ne me voyez que comme un homme raisonnable et prudent. Les dons de Dieu entrent aussi dans ces qualités. Je ne vous demande pas de longs discours. Votre action seule a dénoué ma langue, et votre action me fera taire.

MICHEL. — Que voulez-vous ?

JULES. — Buonaroti ! vous avez méprisé un véritable peintre ; vous l'avez appelé barbouilleur. Mérite-t-il ce titre ?

MICHEL. — Eh ! diable ! que m'importe qu'il le mérite ou non ?

JULES. — Vous ne comprenez donc pas mieux la beauté de l'art ?

MICHEL. — Que chacun s'arrange comme il lui convient ; c'est ainsi que je fais, et, *basta !* je m'inquiète peu de ce que les autres disent de moi. Si ce n'est pas un barbouilleur, tant mieux pour lui ; mais c'est un insolent, j'en suis sûr.

JULES. — C'est un homme doux, modeste, aimable. L'aubergiste est son ennemi, et l'a trompé en lui disant que vous étiez un fat, un orgueilleux, un misérable teinturier, se mêlant de tout sans rien savoir ; il voulait vous mettre mal avec le pauvre peintre, parce qu'il le hait.

MICHEL. — Est-ce que ce coquin d'aubergiste aurait agi de la sorte ?

JULES. — Vous voyez, Antonio est innocent ; il ne vous connaissait pas.

MICHEL. — On doit également se montrer poli envers les inconnus.

JULES. — Et vous, avez-vous été poli ? *(Michel se tait.)* Encore un mot, et c'est assez, Buonaroti. Ce que nous avons vu tous les deux aujourd'hui, sans que nous eussions pu nous y attendre, doit exciter notre admiration. Vous n'êtes certes pas un vieillard aveugle, qui ne peut comprendre que les gravures sur bois et rien autre chose. L'art est une science chez vous ; votre regard le pénètre jusqu'au fond, et vous savez tout aussi bien et même mieux que moi quel grand artiste ce lieu possède. Vous avez vu dans la salle à manger plusieurs de ses tableaux, *Léda* et *Danaë*[1], qui nous prouvent qu'il sait peindre autre chose que des madones. On dit qu'à Parme il a fait dernièrement des fresques pleines de vigueur et de poésie. Allez dans l'église, voyez sa *Nuit*, et si alors vous ne reconnaissez pas clairement son mérite, il ne faut plus compter sur rien.

MICHEL. — Je lui ai dit qu'il avait du talent.

JULES. — Du talent ! Pauvre mot ! misérable denier que l'on jette à tout mendiant ! N'y a-t-il donc dans son tableau rien que du talent ?

MICHEL. — J'ai vu dans cet ouvrage de grandes fautes.

JULES. — Oui, il y a des fautes, parce que c'est l'ouvrage d'un homme. Et où donc n'y a-t-il point de défaut ? Croyez-vous n'avoir jamais failli ? Pensez-vous que le dessin seul fasse le peintre ? Le corps, les couleurs et la vie, avec la lumière et l'ombre, voilà la peinture ; la beauté, la pensée, l'ensemble harmonieux, voilà le génie. Et ne trouvez-vous pas cela dans le tableau d'Allegri ?

MICHEL. — Ce n'est pas une œuvre dans le grand style.

JULES. — Qu'appelez-vous grand style ? La vérité profonde, le beau, voilà pour moi ce qu'il y a de grand. La taille gigantesque des corps peut aussi avoir quelque chose de grandiose, comme l'esprit l'entend, et vous nous en donnez la preuve. Mais il ne suffit point, pour atteindre ce but, d'élargir son espace et de grossir toutes les proportions. Il y a dans tout ce que vous faites de la force, de la hardiesse et une idée noble et élevée. Mais l'homme est homme et ne sera jamais Dieu. En sa qualité d'homme, il lui convient d'avoir un sentiment naïf, une sorte d'humilité enfantine. Et, je vous l'avoue, avec tout ce que votre grandeur des corps peut faire pour m'amener hors de ma belle voie raphaélique, la bonté du cœur est toujours ce

---

1. Ces deux tableaux sont aujourd'hui au musée de Berlin.

que j'aime le plus à retrouver dans l'art, comme dans la vie, et, partout où je la rencontre, je crois voir l'ange de la conscience planer devant moi, avec des lis en main, et me montrer la route de ma patrie.

MICHEL, *avec une émotion comprimée.* — Je ne sens pas ainsi.

JULES. — Vous sentez en grand, et les suaves pensées vous reviennent plus de fois que vous ne voulez le croire. La mère de Dieu que vous avez placée dans l'église Saint-Pierre est belle du sentiment de pitié qui l'anime, et, dans la chapelle Sixtine, votre Adam porte une expression d'humilité profonde et vraiment humaine. Par Dieu ! il n'y a rien, il ne s'éveille rien chez l'homme qui ne s'éveille aussi de temps à autre chez vous ; mais votre manière d'agir est dure, et la dureté n'est qu'une vieille et noble rouille, sous laquelle on peut voir briller un pur métal. Pardonnez-moi si mes paroles vous offensent. Je sens que vous savez mieux que moi tout ce que je vous dis, et je ne vous le dis que pour chasser l'orage qui pèserait longtemps sur notre pauvre peintre. Vous seul lui avez enlevé son repos et sa confiance en lui-même ; vous seul pouvez les lui rendre.

MICHEL. — Hem !

SCÈNE III

Les mêmes, BAPTISTE.

BAPTISTE, *arrivant.* — Messieurs ! la voiture est prête. Désirez-vous que l'on attelle ?

MICHEL. — Mon ami Jules, voulez-vous bien prendre soin de nos préparatifs ? J'ai quelques mots à dire à cet honnête homme.

JULES. — Bon !

(Il sort.)

MICHEL. — Qu'avez-vous dit de moi au peintre ? Hein ?

BAPTISTE. — Mon excellent monsieur, qu'ai-je donc dit ?

MICHEL. — Que j'étais un teinturier, et un grossier et ridicule personnage.

BAPTISTE. — Que la justice éternelle me punisse, si...

MICHEL. — Tais-toi ! La justice éternelle ne s'inquiète pas de mauvais drôles comme toi ! Songe seulement à la justice de ce monde. Quand on est mûr pour la potence, on est pendu.

BAPTISTE. — Monsieur est.

MICHEL. — Un teinturier, et un brutal teinturier. (*Il prend son fouet.*) Pour des couleurs grossières il faut de grossiers pinceaux. Que dirait monsieur Baptiste, si je lui rendais le dos cramoisi ?

BAPTISTE. — Que Dieu m'assiste !

MICHEL. — Dieu aurait trop à faire de chasser les vices et la lâcheté qui t'assistent. Je ne veux pas me salir les mains avec toi ; mais je crois que le meilleur parti que tu aies à prendre est de t'en aller ; car, vois-tu, cette baguette que je tiens à la main pourrait n'être pas douce, et elle a bonne envie de chercher quelque source secrète dans ton dos replet [1].

BAPTISTE. — Très révérend seigneur, c'est un malentendu.

(Il s'éloigne.)

SCÈNE IV

MICHEL-ANGE, *puis* JEAN.

MICHEL. — Oui, cours ; cours seulement, mauvais coquin. A présent je conçois pourquoi ce peintre, le pauvre diable !... (*Il s'assied devant le tableau.*) On a besoin de voir cela à loisir. Il n'y a rien à me montrer quand je suis en colère ; le sang me monte devant les yeux et les causeries m'irritent. Je veux trouver moi-même le jugement que je dois porter... Ce Jules Romain ! Comme si je ne pouvais pas !... Il l'a pourtant bien senti. (*Regardant le tableau avec calme et douceur.*) En vérité ! Mais cela est très bien fait. Voilà ce que j'appelle peindre !... Et comme tout est poétique ! Les arbres ! les fleurs ! le paysage !... Et

---

1. Allusion à la baguette divinatoire dont on se servait au moyen-âge pour découvrir les sources d'eau ou les trésors cachés. *N. du trad.*

quels beaux vêtements! La femme est pleine de grâce; Jean est fort joli, et le petit Jésus est un délicieux enfant!... Par Bacchus, voilà de la couleur!... (*Pause.*) Et moi, lorsque le pape m'obligea de peindre, lorsque je chassai tous ces artistes florentins, comme les marchands du temple, je restai bien six mois devant mon chevalet, et j'étais si en colère contre le pape que j'aurais pu le tuer quand il vint trop tôt visiter mon ouvrage. Non, je le sais, je ne suis pas un peintre; je suis un statuaire. Quant à l'utilité dont la sculpture est à la peinture, je m'y entends. Pour l'invention et le dessin, personne n'est mon égal; mais j'ignore l'art de disposer les couleurs, et cet homme le connaît à merveille. (*Jean arrive.*) Petit, écoute. Eh! joli enfant, qui n'as pas peur des étrangers! Viens, mon ami!... (*Jean s'approche.*) Ne me trompè-je pas? C'est le petit Jean du tableau.

JEAN. — Oui, c'est vrai; mon père m'a peint.

MICHEL. — Tu es le fils d'Antonio?

JEAN. — Et ma mère est là aussi.

MICHEL. — Où?

JEAN. — C'est elle qui est représentée assise dans ce tableau.

MICHEL. — Ah! ah!

JEAN. — Et voici le petit Jésus; mais lui nous ne l'avons pas à la maison.

MICHEL. — Où est-il donc?

JEAN. — Là-haut, dans le ciel.

MICHEL. — Là-haut?

JEAN. — Oui, il est assis sur les nuages avec de petits anges.

MICHEL. — Que font-ils donc?

JEAN. — Ils jouent ensemble.

MICHEL *l'embrasse.* — Mon bon petit enfant, tiens, assieds-toi sur mes genoux.

JEAN. — Oui, je veux trotter sur tes genoux. Tu es mon cheval, et nous allons à Parme.

MICHEL. — Bien; mais il faut que je te tienne, car tu n'as point d'étriers.

JEAN. — On les fera encore chez le forgeron.

MICHEL. — Oui.

JEAN *trotte*. — Da! da! ho! ho! Va toujours; il faut que le cheval marche sans s'arrêter.

MICHEL. — Nous voilà bientôt arrivés à Parme.

JEAN. — Pas encore. Nous sommes à moitié chemin.

MICHEL. — Le cavalier descend, et va dans une auberge pour manger quelque chose.

JEAN. — Pour manger quelque chose? (*Michel cherche dans sa poche.*) Qu'as-tu donc dans ta poche?

MICHEL. — Attends! (*A part.*) J'avais acheté ceci pour les enfants de maître Martin; mais ils peuvent attendre; je trouverai quelque autre chose à Modène. *(Prenant un cornet.)* Voyons, veux-tu des amandes grillées?

JEAN. — Oui, j'aime beaucoup les amandes grillées!

MICHEL. — Patience! Peux-tu les manger?

JEAN. — Oh! sans doute.

MICHEL. — Eh bien! mange. *(Jean commence à manger.)* Il faut que tu les manges sur mes genoux.

JEAN. — Non pas; mais à l'auberge, pendant que le cheval repose...

MICHEL. — Et reçoit un peu d'avoine. Ne me donnes-tu donc pas l'avoine?

JEAN. — Tiens, mon petit cheval, en voilà.

(Il lui met une amande dans la bouche.)

MICHEL. — Maudit garçon, tu m'appelles cheval! Eh bien! c'est une punition de Dieu! J'ai nommé ton père barbouilleur, et, par les Muses immortelles! il l'est aussi peu que moi je suis cheval.

JEAN. — Voici ma mère.

MICHEL. — C'est ta mère? Une belle femme, et qui ressemble beaucoup à la Vierge du tableau.

(Il pose l'enfant à terre et se lève.)

SCÈNE V

MICHEL-ANGE, MARIE, JEAN.

JEAN. — Ma mère! c'est un étranger qui m'a donné des amandes grillées. Vois-tu?

MICHEL. — Madame, je vous prie de m'excuser...

MARIE. — Mon noble seigneur, c'est moi qui dois vous rendre grâces de votre bonté... (*A Jean.*) As-tu remercié?

JEAN. — Je te remercie, monsieur.

MARIE. — Mauvais garçon! comment tu oses tutoyer les étrangers?

MICHEL. — Ah! je vous en prie, ne gâtez pas avec les manières du monde cette simple et angélique nature.

MARIE. — Vous aimez les enfants?

MICHEL. — Parce qu'ils sont si grands! Est-ce ici que vous demeurez?

MARIE. — Oui, voilà notre petite maison.

MICHEL. — Le peintre Antonio est-il votre mari?

MARIE. — Oui, monsieur.

MICHEL. — S'il porte dans sa vie l'agréable caractère que l'on trouve dans ses tableaux, vous devez être bien heureuse avec lui.

MARIE. — Monsieur, l'art n'est qu'une pâle lueur du soleil caché.

MICHEL. — Vraiment?

MARIE. — Vraiment!

MICHEL. — Vous ne me semblez être ni très calme ni très joyeuse. Un brave homme, une belle femme, un joli enfant, n'est-ce pas là de quoi faire un paradis de sa maison?

MARIE. — Cependant, pour être véritablement heureux, il manque encore quelque chose.

MICHEL. — Et quoi donc?

MARIE. — Le bonheur.

MICHEL. — La beauté et le génie, ne sont-ce pas d'assez grands dons de la déesse du bonheur?

MARIE. — Le ver se cache au fond de la fleur, et la ronge. Mon mari a été malade; il est encore faible, et chaque émotion agit violemment sur lui. Il n'y a que quelques heures encore il lui est arrivé un grand chagrin.

MICHEL. — Je sais. Michel-Ange l'a vu et lui a dit...

MARIE. — Il lui a fait beaucoup de peine.

MICHEL. — Michel-Ange a peut-être dit la vérité; qui sait? C'est un homme qui doit s'y entendre.

MARIE. — Et quand un ange du ciel viendrait me dire que mon mari n'est pas peintre, je ne le croirais point.

MICHEL. — Eh! eh! vous êtes bien sûre de votre affaire!

MARIE. — Ce dont je suis le plus sûre, c'est que j'aime de tout mon cœur Antonio, c'est qu'on ne peut me rendre indifférente à ce qu'il fait, et voilà pourquoi j'aime aussi son art de tout mon cœur.

MICHEL. — Et croyez-vous que ce soit assez? Vous aimez cet art sans le connaître, sans l'approfondir.

MARIE. — L'homme peut prendre cette tâche dans toute son étendue; mais il faut qu'il cherche aussi avec nous son refuge dans le sentiment.

MICHEL. — Bravo! madame, vous me plaisez beaucoup. Pardonnez si j'ai voulu vous éprouver un peu. Les femmes doivent penser comme vous. Quant à Michel-Ange, c'est un rude homme, il faut l'avouer, mais une bonne tête aussi, croyez-moi; son langage est souvent comme le bruit que font les Cyclopes quand le feu est trop ardent; mais il sait rester calme, et alors il pense et réfléchit pour longtemps, comme le chameau qui s'abreuve à la source pour traverser le désert. Le volcan est terrible; mais il répand aussi la fécondité, et, quand il a fait bien du fracas, les hommes vont bâtir leur demeure dans son voisinage. La moisson croît, porte de bons fruits; l'abîme se couvre de plantes et de fleurs, et tout respire une vie joyeuse.

MARIE. — Je vous crois.

MICHEL. — Les plus petites causes amènent souvent de grands résultats. La montagne enfante quelquefois une souris, mais les souris ont aussi enfanté des montagnes. Ne vous étonnez donc pas que la friponnerie d'un mauvais homme ait mis Antonio mal avec Michel-Ange. Un mot en amène un autre, et il n'y a pas seulement l'amour, mais la colère aussi qui nous met un bandeau devant les yeux.

MARIE. — Monsieur, vous parlez très honnêtement et très sagement.

MICHEL. — Buonaroti m'a envoyé ici. Je suis son ami; et, pour preuve qu'il honore Antonio, il lui fait don de cet anneau et le prie de le garder toujours comme un gage d'affection. Ils auront sans doute occasion de se revoir tous les deux. Alors Antonio verra si Buonaroti l'aime réellement, et s'il a fait quelque chose pour son bonheur.

(Il sort.)

ANTONIO, *qui est sorti et s'est tenu à l'écart.* — Marie, ma bonne femme, que dit-il ?

MARIE. — L'étranger ?

ANTONIO. — Oui ? Michel-Ange !

MARIE. — Antonio ! Que dis-tu ? Est-il possible ? C'es lui ?

ANTONIO. — Oui, oui, lui-même. Il n'a pas son pareil sur la terre.

MARIE. — O bonheur ! Réjouis-toi, Antonio ; il caressait notre enfant, il me parlait avec tant de bonté ! Il te donne cet anneau ; il t'aime et t'honore ; il veut travailler à ton bonheur.

ANTONIO. — Marie, est-ce vrai ? Jules Romain avait raison.

MARIE. — Il t'aime et t'honore.

ANTONIO. — Et cet anneau ! O ciel ! Viens, Marie ! Il m'a jeté dans la poussière pour m'élever deux fois plus haut. Puis-je le croire ? Oh ! viens ; je veux le remercier, pleurer, le presser contre ma poitrine, et jouir de mon bonheur.

MARIE. — Oui, à présent il a raison, le grand Buonaroti. A présent une vie toute céleste s'ouvre pour nous.

(Ils vont dans l'auberge.)

BAPTISTE, *qui les a écoutés.* — Et moi je veux vous rendre votre jouissance complète. Le *serpent* appartient au paradis terrestre.

FIN DU TROISIÈME ACTE.

ACTE QUATRIÈME

SCÈNE I

Une grande salle à Parme.

OCTAVIO, BAPTISTE, *avec un livre de comptes.*

OCTAVIO. — Je suis content ; tout est en ordre.

BAPTISTE. — J'ai reçu une lettre de mon fils ; il m'écrit de Florence et arrivera peut-être ce soir.

OCTAVIO. — Bon. Garde bien secret ce que je t'ai dit de Nicolo.

BAPTISTE. — Par Dieu ! cela me surprend assez qu'un brigand des Apennins ose entrer au service de Votre Seigneurie pour épier les occasions.

OCTAVIO. — Je le sais. Ce n'est pas la première fois que les vagabonds s'en vont hardiment dans les bois entre Parme et Reggio, et partout où ils peuvent voler. Mais, silence ! celui-ci est en cage et les autres y seront aussi bientôt.

BAPTISTE. — Quels hommes il y a pourtant dans le monde !

OCTAVIO. — Assez là-dessus. Parlons de quelque chose qui m'intéresse davantage. Le peintre Antonio vient-il aujourd'hui ?

BAPTISTE. — Il est déjà en route et arrivera bientôt.

OCTAVIO. — Oh ! si seulement Marie était déjà là !

BAPTISTE. — Vous la verrez tout à l'heure, Excellence. Où l'on sème des pois, les pigeons arrivent. Je pense pourtant à quelque chose ; si mon clément seigneur veut me permettre de le lui dire ?...

OCTAVIO. — Que penses-tu ?

BAPTISTE. — Votre Excellence est sur le point de se marier. La belle Célestine de Florence viendra ici avec son père Ricordano ; et qu'arrivera-t-il ?

OCTAVIO. — Sois sans inquiétude ! La belle Célestine est céleste, ainsi que son nom. Si, comme chrétien, j'aime de cœur ce qui me rappelle le ciel, comme homme je dois me réjouir aussi avec les choses terrestres. La jeune personne est pour moi semblable à un froid soleil d'hiver ; elle est trop fière et trop sage. Qu'elle m'épouse, c'est douteux ; mais enfin, si elle s'y décide, c'est par amour pour son père, qui désire voir ce mariage ; car elle ne m'aime pas.

BAPTISTE. — Cela viendra, Monseigneur

OCTAVIO. — Peut-être oui, peut-être non. Je ne mendie pas l'amour. Je respecte Célestine ; elle est très belle et très riche. Il n'y a pas un jeune Florentin qui ne regarderait comme le plus grand bonheur de pouvoir l'épouser. Je désire l'avoir pour femme. Je suis flatté d'obtenir ce que tous les autres demandent en vain. Mais la tendresse du cœur a aussi ses droits, et en cela Célestine doit le céder à Marie.

BAPTISTE. — Cependant, Monseigneur, deux femmes dans une maison ?

OCTAVIO. — O admirable ! Célestine est jeune, enthousiaste, et n'a aucun soupçon ; Marie est modeste, douce, tranquille. La seule chose qui me donne à réfléchir, c'est qu'Antonio doit peindre ici. La demoiselle s'y connaît, et peint d'une manière charmante. Moi, je ne m'y entends pas beaucoup. J'ai trouvé ces tableaux dans l'héritage de mon oncle Jérôme, et c'est un luxe comme un autre, ni plus ni moins. Antonio se met donc à peindre, et il s'en acquitte très mal. C'est un pauvre artiste, tout à fait inconnu ; c'est ce qui me fait de la peine ; car autrement je pourrais du moins passer pour un connaisseur.

BAPTISTE. — Oui, voilà bien le pis de l'affaire. C'est un misérable artiste ; vous pouvez m'en croire sur parole, mon bon seigneur.

OCTAVIO. — Et qu'entends-tu à l'art, je te demande ? Tu es l'ennemi d'Antonio ; tais-toi.

BAPTISTE. — Ne le vois-je pas qui vient déjà à travers le jardin?

OCTAVIO. — Vraiment!

BAPTISTE. — Oui, le voilà qui regarde les plantes avec son tableau sur les épaules; il ressemble à un chanteur ambulant. Maintenant il respire le parfum des fleurs. Je pense qu'il n'en cueillera point; car alors c'est moi qui lui parlerais.

OCTAVIO. — Je vais me retirer. Le palais, les salles, les meubles, les domestiques, peuvent lui imposer. De tels hommes se laissent surprendre par le luxe extérieur bien mieux qu'on ne pourrait le croire. Plus tard je reparaîtrai; je veux aujourd'hui même tenter mon entreprise.

BAPTISTE. — Ne vaudrait-il pas mieux attendre une occasion.

OCTAVIO. — Ce que je peux acheter, je ne le vole pas.

(Il sort.)

BAPTISTE, *seul*. — Tu ne le voles pas? Eh bien! c'est moi qui le volerai; car je veux me venger, et cruellement, aussi vrai que je suis un homme de la Calabre. Le fouet de Michel-Ange, bien qu'il ne m'ait pas touché, a pourtant rallumé la haine dans mon cœur, et, avant qu'elle s'éteigne, il faut que mon sang ou celui de mon ennemi coule. (*Il réfléchit.*) Nicolo a déjà été brigand. Bon! J'espère qu'il s'y entend encore.

(Il sort.)

SCÈNE II

ANTONIO.

ANTONIO. — M'y voici enfin. Dieu! que je suis las! Le chemin est si long; le soleil est brûlant. Au moins ici il fait frais. Les grands sont pourtant heureux d'habiter ces palais de pierre et de se préserver ainsi des rayons du soleil. L'édifice s'élève librement dans les airs; les larges colonnes répandent de l'ombre; les fontaines coulent dans le vestibule et rafraîchissent les murs. Mon Dieu! Celui qui peut avoir une telle habitation... Mais moi je l'aurai bientôt. Comme l'on monte aisément ces escaliers de marbre, et quel plaisir on goûte à voir dans leurs niches ces bustes antiques ! (*Il regarde la salle.*) Ah ! que vois-je ? Une salle pleine de tableaux. C'est ici la galerie. O sainte Mère de Dieu ! je suis dans le temple sans le savoir. Voici vos beaux chefs-d'œuvre, artistes italiens ! on les verra longtemps encore suspendus au-dessus des cercueils, comme des armoiries qui indiquent les hauts faits des héros. Dieu tout-puissant ! par où dois-je commencer ! par les paysages, les animaux, les guerriers ou les madones ? Mon œil flotte indécis, comme l'abeille entre les fleurs. Ah ! je ne vois rien ; je ne sens que la puissance de l'art qui agit invinciblement sur moi. Je voudrais m'agenouiller et pleurer dans ce sanctuaire de mes devanciers... La belle peinture ! Mais non, pourtant... tout ne peut pas être ici de la même valeur... Oh ! que vois-je ? Je n'ai encore jamais rien aperçu de semblable. Une vieille femme est assise dans sa cuisine et nettoie une casserole ; un chat repose dans un coin, et un enfant souffle avec un tuyau des bulles de savon. Jamais pourtant je n'aurais pensé que l'on pût peindre de telles choses ; et ici tout est si frais et si net que c'est un plaisir. Il faut regarder ce tableau à travers la main arrondie ; alors comme on voit bien les rayons du soleil briller sur le vert feuillage et sur la casserole ! Mais qui donc a peint cela ? Le nom n'est-il pas écrit au-dessous ? Voyons. *Flamand inconnu.* Flamand ! Quel compatriote est-ce ? La Flandre est-elle loin du Milanais ?... Ah ! voici de plus grands morceaux. Une table avec des fleurs ; un demi-verre de vin, des citrons, des chiens, de petits oiseaux. Ah ! ah ! c'est cependant trop joli. . Ici quatre vieillards avares comptent leur argent. Mais, je ne me trompe pas, voici la naissance du Sauveur. Je connais ce tableau ; c'est maître Mantegno qui l'a peint. Comme ce chemin sur la montagne s'enfuit nettement là, derrière ! comme ces trois rois sont beaux devant l'enfant Jésus et la reine éternelle du ciel !... Voici une autre peinture, assez semblable à celle-là, mais cependant plus naïve. Le bœuf élève son museau au-dessus de la tête de Marie et regarde curieusement ce qui se passe ; le Maure pleure de joie, et le petit

enfant prend dans une cassette une quantité de jouets.
C'est de... Albert Durer; oui, un Allemand, je sais; au-
delà des montagnes il y a aussi des hommes, et l'on y
trouve même des peintres... Mais quelle œuvre admirable!
le portrait d'une jeune princesse belle et riante. Son regard étincelle; sa petite bouche sourit; son chapeau
rouge en velours et ses bracelets la parent si bien! « Léonard de Vinci. » Oui, je le crois, c'est là ce que j'appelle
peindre... Voici un roi à peu près dans le même style. Si
c'est de Léonard, il l'aura sans doute fait dans sa jeunesse.
(*Il lit.*) « De Holbein. » Je ne le connais pas; il est bon
peintre pourtant et ressemble à Léonard; moins beau que
lui, mais plein de noblesse... Pour vous, mes anciens, que
j'aperçois là-haut, je vous connais. Comment t'en va-t-il,
mon noble Perugino, avec tes tons verts, et ta symétrie de
chaque côté, et ton Saint-Sébastien? Tu es cependant un
grand artiste; seulement un peu plus d'invention ne t'aurait point fait de mal... Là trônent nos grands maîtres.
Là j'aperçois un magnifique tableau de grandeur naturelle,
un beau vieillard : c'est saint Job; bien imaginé, bien exé-
cuté; sans doute de Raphaël? (*Il lit.*) « De Fra Bartholo-
meo. » Ah! le bon moine! tous tes confrères ne t'imite-
ront pas facilement, va... Comment aurait-on le temps de
voir tous ces objets! Mais voici dans le fond un rideau de
soie; il cache sans doute le morceau le plus précieux. Il
faut le voir avant que le maître arrive. (*Il tire le rideau et
regarde l'ouvrage de Raphaël.*) Sainte Cécile! Elle pose
la main sur l'orgue, et des violons et d'autres instruments
de musique sont jetés par morceaux à ses pieds. Mais l'orgue se tait sous ses doigts, lorsqu'elle entend venir d'en-
haut le chœur des anges; son œil se lève. Oh! qui donc a
fait ce tableau? Ce n'est pas être peintre, mais poète. Ici
je ne vois pas seulement le grand artiste, mais le grand
homme; ici la sublime poésie a pris, pour s'exprimer, les
couleurs; et c'est là ce que je veux, c'est là que tendent
tous mes efforts. (*Octavio entre sans qu'Antonio détourne
les yeux sur lui.*) Qui a fait cela?

SCÈNE III

ANTONIO, OCTAVIO.

OCTAVIO. — Raphaël.

ANTONIO, *avec enthousiasme.* — Et moi aussi, je suis peintre !

OCTAVIO. — Mon cher ami, je le sais depuis quelques semaines, et vous devez le savoir depuis des années.

ANTONIO. — Je ne le sais que dès à présent.

OCTAVIO, *à part.* — Le vaniteux fou ! Baptiste avait raison. Mais tant mieux. (*Haut.*) Mon cher maître, je me réjouis de vous voir cette confiance. Il y a beaucoup d'artistes très différents de vous, qui restaient comme anéantis devant ce tableau, parce qu'au fond du cœur ils sentaient qu'ils n'étaient rien.

ANTONIO. — Oui, je le conçois. Si la pauvreté ne comprend pas tout ce qu'elle a de vide en face de ces richesses, elle ne le comprendra jamais.

OCTAVIO, *à part.* — Cet homme a déjà subi une complète métamorphose. (*Haut.*) Et vous, au contraire, vous croyez comprendre ici tout ce que vous avez de force ?

ANTONIO. — Oui, monsieur, ici je me sens vivre ; ici je me trouve artiste. Je vois les plus profondes pensées de mon âme exprimées comme aux plus belles heures de ma jeunesse je les avais conçues, et comme il m'arriva rarement de pouvoir les exprimer. J'ai la douceur de Raphaël, mais non pas sa force et son élévation. Ma main est plus adroite et plus exercée, mais son génie plus puissant et plus vaste. Je souris, mais Raphaël est sérieux ; je suis entraîné, mais Raphaël entraîne. Dieux ! quel tableau ! Ici je vois ce que je suis ; ici est la mesure qui sert à me grandir, car je me sens près du ciel, mais comme un homme doit se sentir auprès d'un ange ; et pendant que ma poitrine se gonfle d'enthousiasme, mon front se courbe humblement devant cette grandeur que je n'ai pu atteindre.

OCTAVIO. — Avez-vous apporté votre ouvrage ?

ANTONIO, *revenant de son enthousiasme.* — Il est là dans le coin, mon digne seigneur.

OCTAVIO. — Montrez-le-moi... Très bien, très joli, en vérité. La sainte femme est là pleine de vie; mais, si j'ose vous parler franchement, les habits lui font tort. Pourquoi ne l'avez-vous pas représentée telle qu'elle est réellement? Par Dieu! Marie n'a pas besoin qu'on l'embellisse.

ANTONIO. — J'ai voulu faire la Madone.

OCTAVIO. — Et Marie n'est-elle pas votre Donna!

ANTONIO. — Pardonnez, Monseigneur, je ne vous comprends point.

OCTAVIO. — Ah! je le sais, vous autres artistes, vous vivez plus dans les rêves que dans le monde réel; vous préférez les produits de votre imagination, les fantômes aériens, à ce qui se meut autour de vous. Je ne trouve rien à dire contre ce penchant, rien du tout. Chacun doit agir comme bon lui semble. Je ne suis ni artiste ni poète, et je me contente bien de la réalité; de cette manière nous pouvons à merveille nous accorder ensemble. L'un de nous n'envahit point sur le domaine de l'autre. Vous aimez l'idéal, et moi la personne.

ANTONIO. — Que Votre Seigneurie m'excuse! Je ne comprends pas encore ce qu'elle veut dire.

OCTAVIO. — Mon cher Antonio, je veux m'expliquer clairement avec vous. Votre simplicité de caractère vous empêche de concevoir ce que nous autres gens de cour appelons finesse. Vous êtes pauvre, et j'en suis fâché. Vous faites de belles choses, et demeurez inconnu. Que vous sert donc de faire briller votre lumière sous le boisseau? Ecoutez. Je veux vous rendre heureux. Cette maison est grande, les nobles les plus riches de l'Italie y affluent chaque jour; il faut que vous restiez ici pour peindre, et votre fortune est faite.

ANTONIO. — Mon bon Seigneur, n'est-ce point une illusion? et le bonheur commence-t-il enfin à me sourire? Dès ma première jeunesse j'ai vu comme un feu follet voltiger devant mes yeux; mais, quand je croyais l'atteindre, il était déjà loin, et je retombais dans l'obscurité.

OCTAVIO. — Je veux vous rendre heureux. Par tous les

saints! rien n'est plus cruel que de ne pas faire le bonheur d'un homme quand on le peut.

ANTONIO. — Vous pensez très noblement.

OCTAVIO. — Et vous pensez de même.

ANTONIO. — Oui.

OCTAVIO. — Ainsi vous me rendriez heureux aussi si vous en aviez les moyens ?

ANTONIO. — Certainement. Mais vous êtes un enfant privilégié de la fortune. Et qu'est-ce qu'un pauvre homme pourrait faire pour vous?

OCTAVIO. — Hélas! cher Antonio! tout ce qui reluit n'est pas or. Je ne suis pas heureux ; non, certainement.

ANTONIO. — Vous m'attristez... Est-il possible, mon jeune et généreux seigneur ? Vous avez tout ce que l'on ose désirer.

OCTAVIO. — Tout, mais non pas ce qu'il y a de meilleur.

ANTONIO. — Je le crois; mais chacun peut l'avoir quand il veut.

OCTAVIO. — Qu'entendez-vous donc par ce qu'il y a de meilleur ?

ANTONIO. — La confiance en Dieu, un cœur pur et une conscience calme.

OCTAVIO, *étonné*. — Ah! c'est cela... Oui, vous avez raison ; voilà ce qu'il y a de meilleur pour l'éternité. Mais l'homme vit de la vie de ce monde, et il faut trouver dans cette vie quelque chose de bon pour le rendre heureux.

ANTONIO. — C'est vrai.

OCTAVIO. — La manifestation de la Divinité sur cette terre est ce que nous appelons *amour*. Cette manifestation peut avoir lieu en grand, alors nous la nommons *art* et *génie*, ou dans des bornes plus étroites, et alors elle se reflète sur une belle femme.

ANTONIO. — Et quel est l'artiste en ce monde qui n'emploierait pas tous ses efforts à réunir intimement l'un à l'autre ces deux amours?

OCTAVIO. — Mais dans le cœur de l'artiste la muse occupe la première place.

ANTONIO. — Sans doute, parce que sa bien-aimée est sa muse.

OCTAVIO. — Et elle change avec la lune. Des muses véritables il y en a peu, seulement neuf.

ANTONIO. — Cependant chaque muse nous donne un art particulier, et chaque artiste aime la muse qu'il s'est choisie.

OCTAVIO. — Le grand Raphaël, devant qui vous inclinez tout à l'heure la tête, en a eu plusieurs.

ANTONIO. — Le pauvre Raphaël, parce qu'il n'en avait aucune.

OCTAVIO. — Aucune ?

ANTONIO. — Oui, il en avait une dans le ciel, dans ses pressentiments, dans ses désirs, dans ce qu'il appelait sa *divine idée*. A présent il la possède. Son âme languissante ne doit plus, comme Cécilia, rechercher tristement l'azur du ciel et aspirer à une douce satisfaction. Maintenant il a sa muse ; il l'embrasse. Ici il la cherchait en vain, le pauvre Raphaël. Voilà pourquoi son génie ardent se plongeait dans une mer de sensualités et se laissait éblouir si facilement.

OCTAVIO. — Êtes-vous donc plus heureux ?

ANTONIO. — Grâce à Dieu, oui. Pauvre, malheureux Raphaël ! A quoi te servait-il donc d'être si jeune et si beau ? A quoi te servaient tes puissants amis, et le pape, et Rome, et la voluptueuse Fornarine, et la nièce du cardinal ? Tu ne connus pas le plus grand bonheur de la terre, celui d'avoir une femme douce, fidèle et vertueuse ! tu ne trouvas point de Marie ! Qu'était-ce donc que ta fortune ? Oh ! combien dans mon humble demeure je me sens plus heureux que toi !

OCTAVIO. — Êtes-vous donc si sûr que Marie vous aime de tout son cœur ?

ANTONIO. — Aussi sûr que je vis.

OCTAVIO. — Bon.... Quand je dis bon, c'est pour vous et non pas pour moi. Portez-vous bien ; je ne veux pas troubler votre bonheur. *(Antonio est saisi de surprise.)* Je croyais que vous n'aimiez que votre muse, et que votre femme se flattait elle-même, et puis flattait ses sens et sa vanité. Alors je vous engageai à venir à Parme. J'espérais que nous pouvions être tous les trois heureux. Maintenant je vois que c'est impossible. Vous rêvez, et votre femme rêve comme vous. Et, puisque Dieu le veut ainsi, Antonio. vous ne pouvez demeurer chez moi. J'aspirerais toujours à ce qui vous appartient. Pourtant soyez sans crainte... Je ne me glisserai pas, comme un renard, pendant la nuit, dans votre pigeonnier. J'aime les tourterelles ; mais je ne veux pas les voler, car je puis les acheter en plein jour sur la place. Portez-vous bien ; saluez votre belle femme. Par Dieu ! j'avais de bons projets pour nous tous ; et, si quelqu'un a le droit de se plaindre dans cette affaire, c'est moi, qui m'en vais avec la bouche sèche. Adieu. Vous me ferez encore quelques tableaux comme celui-ci. Demeurez dans cette salle autant que vous voudrez, Baptiste doit vous apporter ici votre argent.

(Il sort.)

SCÈNE IV

ANTONIO, seul.

ANTONIO. — Ainsi c'était là son projet ! C'était là sa passion pour l'art et son estime pour les artistes ! O fou que je suis de m'être encore une fois livré au feu follet. Mais je suis vengé : il est sorti honteux. Honteux !..... Et moi, ne suis-je pas là comme la patiente brebis qui supporte tous les outrages ? *(Avec colère.)* Il faut qu'il se batte avec moi. Je ne souffre pas un affront. Il est noble, et moi je suis noble aussi par le talent. Je vivrai dans le livre de l'avenir, et lui sera mort et oublié. Cependant je ne sais pas manier l'épée ; mais les balles peuvent me servir. Meurtrier !... Oh ! non, il vaut mieux subir l'offense !... Et s'il me tue ! Marie ! mon petit Jean !... et toi, mon art chéri ! Ah ! je n'ai qu'une risible colère. C'est aux hommes de guerre à se battre ; c'est à eux qu'appartiennent la bravoure et le mépris de la mort : c'est là leur métier, là qu'ils placent leur honneur. L'artiste agit par la pensée : il doit chérir la paix ; car Dieu ne lui a pas mis l'épée en main, et la magique baguette qu'il porte peut donner la vie, mais non l'anéantir. Je veux souffrir l'humiliation, comme le modèle du monde, notre Sauveur, a souffert. Celui qui sur cette terre veut arriver à un noble but doit sacrifier son corps comme un martyr ; ce n'est qu'au-delà du tombeau que commence sa vie... Rester ici ! Voir ces tableaux ! Le puis-je ? Que n'ai-je déjà pas éprouvé aujourd'hui ? La déception, la moquerie, le désespoir, la joie la plus vive, et puis les fatigues du voyage, la chaleur, la maladie. Je suis las, et mon regard se trouble. Je ne puis plus jouir de ces grandes choses qui m'entourent, et que j'ai si longtemps désiré de voir. Mes membres sont faibles. Ah ! je me sens très mal, et je veux reposer un peu pour reprendre ensuite le chemin de ma demeure.

(Il s'assied sur une chaise et s'endort dans un coin. Ricordano entre avec sa fille Célestine, qui porte une couronne de laurier à la main.)

SCÈNE V

RICORDANO, CÉLESTINE, ANTONIO, *endormi*.

RICORDANO. — Nous voici enfin arrivés, mon enfant.

CÉLESTINE. — Mais comme convives étrangers, n'est-ce pas, mon père ?

RICORDANO. — Mauvaise Célestine ! oui, puisque tu le veux.

CÉLESTINE. — Puisque tu le veux, toi.

RICORDANO. — Je ne demande que ton bonheur. Dieu m'est témoin que je ne demande rien autre chose. Tu ne crois pas pouvoir le trouver auprès d'Octavio, soit ! Je renonce à mes plans, et le jeune fou peut s'en prendre à sa légèreté ; mais je demeure convaincu que son cœur est bon.

CÉLESTINE. — Son cœur ! Mais en a-t-il un ?

RICORDANO. — Vous autres jeunes filles, vous voulez que tout soit cœur.

CÉLESTINE. — Est-ce ainsi que parle celui qui en a un si noble ?

RICORDANO. — C'est bon, flatteuse !

CÉLESTINE. — Octavio n'en a point, crois-moi.. Il n'est pas méchant, mais épris de lui-même, orgueilleux, froid et dépourvu d'idées. Il ne m'aime pas ; je ne l'aime pas, et cependant, mon père, tu peux désirer...

RICORDANO. — Eh bien, soit! je veux oublier la promesse que je fis à Lorenzo sur son lit de mort, d'unir son fils à ma fille, et de rendre ainsi l'alliance de nos deux maisons plus étroite. Cette promesse fut accordée trop à la hâte. Que Dieu me pardonne!

CÉLESTINE. — Dieu doit être satisfait que tu ne fasses pas le malheur de ton unique enfant.

RICORDANO. — Tu as raison. Et, quand j'y pense, ne serait-ce pas un crime de placer un bouton de rose, comme toi, dans un terrain sec et aride, lorsque tous les jeunes jardiniers de Florence et des environs désirent si vivement prendre soin d'une telle fleur?

CÉLESTINE. — Mon père, si tu veux me regarder comme une petite fleur, toi tu seras le chêne à l'ombre duquel je vivrai. Je ne demande qu'à te rester toujours unie.

RICORDANO. — Mon enfant, est-ce que tu ne connais pas encore l'amour?

CÉLESTINE. — Oui, mais pour toi, pour Dieu, pour tout ce qu'il y a de bon et de beau.

RICORDANO. — Et pour quelque jeune homme?

CÉLESTINE, *en rougissant*. — Non.

RICORDANO. — O douce innocence! pas encore. Mais cela viendra; crois-moi. L'Amour sait se venger; il ne souffrira pas toujours tes froids dédains, et, quand tu t'y attendras le moins, il arrivera cruel comme Silvio, pour te faire languir comme Dorinde.

CÉLESTINE. — Mais le temps, les précautions, mon père?

RICORDANO. — Petite muse; c'est ainsi qu'il faut t'appeler. Tu repousses l'amour des fils de la terre pour ne vivre que dans l'art et la nature. A qui destines-tu cette couronne de laurier?

CÉLESTINE. — Que sais-je? Quand nous traversions le jardin, cette branche se pencha vers moi et m'arrêta par mes cheveux. Pour la punir, je l'arrachai de sa tige et j'en ai formé une couronne.

RICORDANO. — Sans doute pour la poser sur ton Raphaël?
CÉLESTINE. — Ah! dieux! la belle salle!
RICORDANO. — Il faut pourtant que tu la quittes.
CÉLESTINE. — Hélas! oui.
RICORDANO. — Elle pourrait être à toi.
CÉLESTINE. — Mon bon père, est-ce que tu pourrais acheter toutes ces peintures d'Octavio?
RICORDANO. — Mais, ma chère fille, sais-tu combien vaut cette collection?
CÉLESTINE. — Non, car je la crois d'un prix inestimable; mais Octavio ne sera pas si difficile, car il aime encore plus l'argent que ces beaux ouvrages. Il ne demandera pas plus que ta fille ne vaut pour toi, mon père, et tu gagneras encore à ce marché, puisque tu ne lui donnes que de l'or et que tu gardes ton enfant.
RICORDANO. — Méchante petite Circé, reste ici, regarde tous ces tableaux. Je vais parler à Octavio et je lui dirai ta résolution.
CÉLESTINE. — Il la recevra bien; va. C'est un fin courtisan, et ce sacrifice ne lui coûte pas beaucoup.
RICORDANO. — Si tu n'es pas sa femme, tu peux au moins, comme parente, demeurer son amie, sa sœur.
CÉLESTINE. — Cela s'entend, mon père. Comme son amie et sa sœur, je reviendrai souvent visiter Octavio... et sa galerie.
RICORDANO. — Ah! tu es rusée.
CÉLESTINE. — Dis-le lui, et je vais te retrouver.
RICORDANO. — N'oses-tu donc pas porter toi-même ton refus à ce pauvre homme?
CÉLESTINE. — Bon! c'est une plaisanterie. Je dois seulement mêler à ce refus quelques belles fleurs.
RICORDANO. — Ah! jeunes filles, timides et malignes créatures!...

(Il sort.)

SCÈNE VI

CÉLESTINE, seule.

CÉLESTINE. — Maintenant me voilà en présence de ces

beaux tableaux, il me faudrait les quitter pour toujours? Non, mon père les achètera; non! Tous ces trésors ne tomberont pas dans la poussière sans réjouir encore des cœurs nobles, sans inspirer de l'amour. O Cécile, je veux mettre ma couronne à tes pieds... Mais que vois-je? Une nouvelle peinture tournée contre la muraille. Est-il possible? Octavio fait de telles emplettes! Eh bien! tant mieux. *(Elle regarde ce tableau tout étonnée.)* Est-ce un rêve? Non, voilà bien l'œuvre d'Antonio Allegri, le nouveau peintre, le grand peintre, que l'on ne connaît pas encore, dont j'ai déjà copié plusieurs têtes, et que Michel-Ange et Jules Romain nous ont tant vanté aujourd'hui quand nous les avons rencontrés sur le chemin. Buonaroti lui a donné son anneau en partant et veut parler pour lui au duc. Ah! dieux! comme tout cela est beau et vivant! Quel doux visage plein de grâce et d'humilité que celui de la Mère de Dieu! Le Sauveur est là resplendissant de majesté, et Jean... Non, je voudrais pouvoir prendre ce petit garçon et l'embrasser un millier de fois. C'est sans doute fait d'après nature; on ne saurait rien inventer de semblable. Oh! quelle couleur! quel sentiment! quel délicieux tableau!... Je veux le couronner. Je comprends pourquoi la branche de laurier se penchait vers moi et cherchait à me retenir; c'était comme un avertissement de ce que je vois. Si je pouvais aussi couronner l'artiste, mais sans que personne ne me vît, pas même lui!... *(Elle aperçoit Antonio qui dort.)* Jésus, Maria! voilà un homme!... Il dort profondément. Qui est-il? Comment est-il venu dans cette galerie? *(Elle le regarde de plus près.)* Ce n'est pas un chevalier, encore moins un bourgeois ou un domestique. Il est habillé pauvrement, mais avec propreté Une belle tête! pâle, mais quels nobles traits! et quel large front! Que Dieu m'assiste! Est-ce bien vrai? Il a l'anneau de Buonaroti à son doigt. C'est Antonio Allegri lui-même, qui a apporté son ouvrage à Octavio et, qui s'est endormi de fatigue. *(Elle s'agenouille devant lui pour le mieux voir.)* Oh! la belle expression de visage! Il semble avoir beaucoup souffert dans le monde, et cependant il n'est pas vieux... Si j'osais le couronner! Mais non, il peut se ré-

veiller; quelqu'un peut venir. Non, je veux poser cette
couronne sur son tableau; et quand il se réveillera, il
verra qu'on l'aime... Et cependant ce n'est rien que cela.
L'artiste a la tête nue, et c'est sur ce coin de bois que repose la couronne. Oh! il faut tout hasarder. Bons saints
du ciel; assistez-moi, pour que je mène à bonne fin mon
aventure. *(Elle lui pose la couronne sur la tête et se retire.)* Oui, voilà sa place. A présent le laurier se marie
bien à cette noire chevelure, et le front du peintre est
ombragé comme il devait l'être. C'est bon. J'ai fini. Et
maintenant adieu; nous nous reverrons bientôt. Il se réveille; il pousse un long soupir. Sauvons-nous! sauvons-nous!

(Elle s'éloigne.)

SCÈNE VII.

ANTONIO, puis BAPTISTE, NICOLO.

ANTONIO. — Où suis-je? Ah! cette voûte sombre n'est
pas l'Élysée. J'ai dormi et rêvé. Non, j'ai eu plus qu'un
rêve; c'était un pressentiment de la félicité à venir. Je
me trouvais dans une belle campagne, plus belle encore
que celle qui est décrite par Dante. C'était dans la vallée
des Muses, auprès d'un temple en marbre blanc, soutenu
par des colonnes de granit, orné de statues colossales et
plein de livres et de peintures. Autour de moi je voyais
réunis les grands artistes de l'antiquité et des temps modernes : poètes, sculpteurs, peintres et architectes. Phidias était placé, comme une mouche, sur les épaules
d'Hercule, et travaillait avec ardeur, et parvenait à faire
faire de son œuvre gigantesque un tout harmonieux. Apellés trempait en riant ses pinceaux dans les couleurs de
l'Aurore et peignait sur les nuages des figures merveilleuses que les anges emportaient. Palestrina, assis devant son
orgue, jetait des sons magiques à travers le monde, et les
quatre vents donnaient l'air à son instrument. Auprès de
lui Cécile chantait; Homère, le vieillard, s'asseyait près
de la source sacrée, et tous les poètes prêtaient l'oreille à
ses paroles. Raphaël, beau comme on l'a vu dans ce monde,

mais portant des ailes d'argent, me prenait par la main pour me conduire au milieu de ce cercle. Alors s'avança, oh! jamais je ne l'oublierai, la Muse, jeune, belle, fraîche comme la rosée du matin et riante comme la rose qui vient de naître. D'une main aussi blanche que la neige, elle me posa une couronne de laurier sur la tête et me dit : « Je te voue à l'immortalité. » Puis je m'éveillai. Et il me semble encore que je porte cette couronne. *(Il met ses mains sur son front et sent la couronne.)* O ciel! que vois-je?... Est-il possible? Arrive-t-il encore des miracles dans le monde? *(Baptiste vient avec Nicolo qui porte un sac d'argent.)* Mon ami,... Baptiste, qui donc est venu ici?

BAPTISTE. — Que sais-je? Voici l'argent que notre digne seigneur doit vous donner pour votre tableau. Il faut que vous preniez cette somme en cuivre ; c'est avec cette monnaie que les paysans paient leurs impôts. Elle vous pèsera un peu sur le dos ; mais vous êtes habitué depuis longtemps à porter des fardeaux. Si vous êtes devenu un peintre merveilleux, vous ne devez pas oublier que votre père était un portefaix, et cette charge servira à vous rappeler votre origine. Il est bon quelquefois d'avoir de tels préservatifs contre l'orgueil et la présomption.

ANTONIO. — Baptiste, ne pourriez-vous me donner de l'argent, si ce n'est tout, au moins ce qu'il me faut pour aujourd'hui et demain? Voyez, le chemin est long ; je l'ai déjà fait une fois ; je suis las, et il faut que je me traîne encore sous ce poids. Rendez-moi ce service, mon ami.

BAPTISTE. — Comment, ami? Vous êtes mon ennemi, et le serez toujours.

ANTONIO. — Que vous ai-je fait?

BAPTISTE. — C'est à vous que je dois la honte et les injures que j'ai eues à subir aujourd'hui de la part de Michel-Ange.

ANTONIO. — Est-ce moi qui en suis la cause?

BAPTISTE. — Assez là-dessus! Voilà votre argent. J'ai pris ce que vous me deviez. Ainsi partez, et ne vous hasardez jamais à remettre les pieds dans ce palais.

ANTONIO. — Vous êtes bien en colère?

BAPTISTE. — On vous donne de l'argent, des anneaux, et, comme je le vois, des couronnes de laurier. Vous devez aussi recevoir quelque chose de moi.

ANTONIO. — Mais modérez donc votre haine.

BAPTISTE. — Je veux plutôt l'assouvir.

ANTONIO. — Faites ce que vous voudrez. Je ne crains rien. J'ai du moins ce dont vous paraissez peu vous soucier, une conscience pure. Tâchez de me nuire ; l'Eternel sera bon envers moi. Adieu. Je vous quitte sans haine. Le sac, quelque lourd qu'il soit, ne m'effraie pas. *(Il pose la couronne sur sa tête et le sac sur son dos.)* « Tu gagneras ton pain à la sueur de ton front, » a dit le Seigneur. Que le fardeau courbe mon corps jusqu'à terre, la sainte couronne élève ma tête. Je marche avec courage et hardiesse.

(Il part.)

SCÈNE VIII

BAPTISTE, NICOLO.

BAPTISTE. — Le sac est pesant; qu'en penses-tu, Nicolo?

NICOLO. — Il renferme une grosse somme?

BAPTISTE. — Soixante-dix scudi. Mais qu'est-ce que cela auprès de son anneau, dont la valeur est inappréciable ! Quelle heure est-il?

NICOLO. — On sonnera bientôt, si je ne me trompe, l'*Angelus*.

BAPTISTE. — Alors le soleil se couche. La nuit vient. Il doit encore arriver ce soir à Corrège. La forêt est fraîche et sombre... Que voulais-je te dire? Ah! tu me demandais aujourd'hui la permission d'aller voir ta vieille mère. Nous avons eu tout le jour beaucoup à faire ; mais à présent rien ne s'y oppose, tu peux partir. Seulement aie soin de te retrouver ici demain avant midi.

NICOLO. — Je vous remercie. Votre permission me cause un plus grand plaisir que vous ne pouvez le croire.

BAPTISTE. — Je connais la joie que l'on éprouve à revoir ses amis et ses parents.

NICOLO. — Je vous remercie encore une fois.

BAPTISTE. — C'est bon. *(Nicolo sort.)* Il part. A merveille! Si tu es en effet un brigand, un meurtrier, tu vas nous le faire voir... Je ne lui ai rien dit; je ne l'ai pas pressé. Il va voir sa mère, et permettre à un fils d'aller rendre visite à sa mère c'est une œuvre toute chrétienne. Ma conscience est libre. Si Allegri tombe, c'est une punition de Dieu et non pas l'effet de ma vengeance. Je me lave les mains de ce meurtre, car j'en suis innocent.

FIN DU QUATRIÈME ACTE.

ACTE CINQUIÈME

SCÈNE I

Une forêt ; dans le fond l'ermitage de Silvestre. Au milieu, un chêne près de la cellule, une bordure de feuillage, et là est le tableau de Madeleine pénitente. En avant, de gros platanes, et, à droite, une source jaillit d'un monticule et coule à travers la forêt.

VALENTIN, *un vieux brigand, les cheveux couverts d'un réseau, deux pistolets à sa ceinture, la dague au côté et le fusil sur l'épaule.*

VALENTIN. — Comme tout change avec le temps, même la manière de voir et de penser ! Il y a trente ans, quand je m'en allais à travers la forêt plein de haine et de colère contre le monde, les ombres de ces arbres ne jetaient dans mon âme que des idées de mort. Si je trouvais un vieux chêne creux, c'était pour moi un retranchement et une forteresse d'où je pouvais tomber à l'improviste sur le voyageur. Les fleurs ne me semblaient que de mauvaises plantes qu'on devait fouler aux pieds ; et, si de belles femmes passaient à quelque distance, je dressais l'oreille comme un tigre. Jamais je ne me retrouvais plus calme et plus joyeux que lorsque, mon œuvre de brigand achevée, je rentrais dans ma caverne pour commencer une orgie avec mes compagnons ; car alors je me regardais comme un Pluton, un frère de Jupiter, un roi de ce monde infernal... A présent, c'est autre chose. L'âge vient. A présent, ma sombre caverne me fait peur, et je crois l'entendre me dire : « Bientôt tu sortiras d'ici pour n'y plus rentrer. Jouis de la lumière pendant qu'elle t'appartient encore. » Je n'ai plus le moindre plaisir à tuer. Je n'entre en colère que par besoin, lorsque la politique de mon état l'exige. « Le vieux

Valentin ! » Ce nom fait pâlir de crainte toute lèvre qui le prononce. Dans la chambre des nourrices il sert à apaiser les enfants qui crient, et le juge qui l'entend tremble et laisse tomber la plume. Je suis bien plus redouté que le diable ; et il est vrai que ma force ne m'a pas encore abandonné, mais la résolution semble avoir pris congé de moi. D'où cela peut-il venir ? Car, en vérité, je suis ce qu'on appelle un brigand et un meurtrier ; mais je n'ai jamais pour cela cessé d'être un bon chrétien ; les deux choses vont très bien ensemble. J'ai commis dans ma vie maint excès ; j'ai frappé les uns au cœur, coupé le cou aux autres, violé des femmes et des jeunes filles, enlevé beaucoup d'argent, etc. Mais personne ne peut dire que j'aie passé un jour sans réciter au moins trois *pater*. J'ai été assidûment à la messe, et j'ai acheté l'absolution pour mes crimes passés et futurs. Avec tout cela on pourrait croire que je vais m'en aller, leste comme un courrier, au ciel, et cependant la crainte se traîne lentement, comme un voiturier, sur cette route ; et, avant que je puisse en être prévenu, il peut arriver un ange de vengeance qui me tire dessus, m'arrache le dernier soupir, et me jette, comme un jour le Seigneur jeta Lucifer, au fond de l'abîme sans fin. (*Silvestre sort de sa hutte, s'agenouille devant l'image de Madeleine et fait sa prière du soir.*) Voilà le vieil ermite Silvestre, un homme faible, maigre, pâle ; cependant son regard est plein de force. Moi, je suis vigoureux et mâle comme l'automne ; mais, si je viens à me regarder dans un ruisseau, je le vois trouble et je tremble sans savoir pourquoi, tant une seule pensée peut nous être fatale, tant il y a de soutien dans la confiance et l'espoir !

SCÈNE II

SILVESTRE, VALENTIN.

SILVESTRE, *arrivant près de lui*. — Que Dieu vous bénisse !

VALENTIN. — Je vous remercie de ce souhait, mon révérend frère. Me connaissez-vous ?

SILVESTRE. — Vous êtes un chasseur.

VALENTIN. — Oui, un chasseur à la course.

SILVESTRE. — Il y a entre nous une sorte de parenté, car nous habitons tous deux les forêts.

VALENTIN. — Vieux tous deux.

SILVESTRE. — Et las du monde.

VALENTIN. — A ce qu'il paraît.

SILVESTRE. — Et nous élevons du milieu de cette vie nos regards vers l'éternité.

VALENTIN. — Si seulement cela servait à quelque chose!

SILVESTRE. — Mais oui, cela doit être.

VALENTIN. — Vous êtes un homme religieux, vous. Au premier coup que vous frapperez, saint Pierre va ouvrir la porte. Moi, au contraire, je suis un vagabond, un chasseur, qui a tué plus d'une bête innocente dans la forêt.

SILVESTRE. — Et quand bien même vous seriez un brigand, si, mourant sur le gibet, vous implorez avec repentir votre pardon de Dieu, il vous sera accordé.

VALENTIN. — Me connaissez-vous?

SILVESTRE. — Je vous connais, Valentin.

VALENTIN. — Et vous ne craignez rien?

SILVESTRE. — Au contraire, j'espère, avec la grâce du Ciel, chasser l'angoisse de votre cœur.

VALENTIN. — Vous savez ce qui se passe en moi?

SILVESTRE. — Oui, car non-seulement les pierres et les arbres de cette forêt ont connu les souffrances de votre âme, moi je les connais aussi.

(Plusieurs brigands arrivent avec François Baptiste.)

SCÈNE III

LES MÊMES, FRANÇOIS, BRUNO.

BRUNO. — Voyez-vous, mes amis, voici un garçon qui nous apporte son argent de voyage et un havresac bien garni. Voulez-vous me permettre, mon capitaine, de plumer cet oiseau et puis de lui tordre le cou? C'est le fils de Baptiste, de Corrège.

UN AUTRE. — Le mauvais drôle qui nous gâte le métier.

UN TROISIÈME. — Qui nous refusait un verre d'eau, un peu de paille pour la nuit, quand nous arrivions auprès de lui comme de pauvres ouvriers.

VALENTIN. — Un lâche hypocrite, un misérable fripon, un traître et un envieux. Les brigands sont des anges à côté de lui; car on peut s'armer et prendre des précautions contre la force; mais les vipères se glissent en secret et vous tuent. Rien que de penser à ce coquin-là, le sang bouillonne dans ma poitrine. Il m'a blessé au cœur, car il est cause que Nicostrati, mon frère et mon ami, a été tué à coups de massue; que ses membres ont été mis en pièces par la main du bourreau, parce que la justice donna l'ordre de lui appliquer la torture. Prenez son fils, je vous le donne en sacrifice; son sang doit assouvir ma vengeance.

FRANÇOIS *se jette aux pieds de Valentin et crie.* — Pitié!

VALENTIN, *brandissant son poignard.* — Loin de moi, fils de serpent!

SILVESTRE, *saisissant d'une main l'image de Madeleine et de l'autre le bras de Valentin.* — Pitié! Qu'est-ce que le pauvre jeune homme t'a fait? Oh! modère ta passion; et, si la nature avec son éternelle majesté n'agit pas sur ton cœur farouche, eh bien! montre pourtant que tu es encore chrétien. Pardonne; ne profane pas la présence de cette image en faisant couler le sang de cet homme. Regarde cette tête de mort; c'est ainsi que tu seras un jour. Regarde ce livre; c'est *la Bible,* où il est écrit: « Tu dois aimer ton prochain comme toi-même. » Regarde cette pieuse femme; c'est une héroïne qui s'arrache avec force des liens du péché. Fais comme elle; sauve ton âme, sois homme!

VALENTIN, *étonné.* — Laissez-le, au nom de Dieu! La sainte est près de moi, non pas seulement son image, mais elle-même. C'est elle qui retient mon bras. La voyez-vous? Sainte Madeleine! La voyez-vous, la médiatrice des grands pécheurs, notre sainte à nous?

TOUS LES BRIGANDS, *se découvrant la tête et se jetant à genoux.* — Nous la voyons! Comme elle est belle! *Ora pro nobis, sancta Magdalena.*

VALENTIN, *à François.* — Va-t-en en paix. Rends grâce à cette sainte de ta délivrance, et, après elle, à cet homme devant lequel elle se montra, pour qu'il la montrât aux autres.

SILVESTRE, *à François.* — Cette image a été faite par le pauvre peintre Antonio Allegri, le voisin de ton père. (*François part.*) — *A Valentin.* Je te remercie.

VALENTIN. — Nous nous reverrons demain.

(Silvestre rentre dans sa cellule.)

SCÈNE IV

VALENTIN, NICOLO.

NICOLO, *arrivant.* — Monsieur le capitaine, je suis bien aise de vous rencontrer. Un peintre, Antonio de Corrège, doit passer ici dans un moment ; il porte sur le dos un sac plein d'argent, et à son doigt l'anneau le plus précieux que l'on puisse voir.

VALENTIN. — Lâche coquin, veux-tu dépouiller de ce qu'il possède le brave artiste qui peut faire des saintes comme celle que nous venons de voir, et attendrir des cœurs de fer comme les nôtres? N'est-il pas, lui aussi, en lutte avec le monde? et n'est-il pas, comme nous, honni et persécuté? Les artistes et les brigands sont deux espèces de gens particulières ; les uns et les autres évitent le chemin battu et se fraient un sentier à l'ombre. Tu veux arrêter l'artiste? infâme vaurien! et tu crois être un héros? Ne t'ai-je donc envoyé dans la maison d'un riche gentilhomme que pour te voir ici revenir voler le salaire du pauvre peintre? — Va-t-en au diable! tu ne mérites pas de vivre dans une honorable société d'hommes de cœur!

NICOLO. — Cependant je pensais...

VALENTIN. — Comme tu sais penser. Suivez-moi tous dans la caverne, mes camarades ; j'ai aujourd'hui à vous parler. Écoutez. Il ne me reste pas beaucoup de temps à passer avec vous, car je me fais vieux, et la conscience a aussi ses droits. Vous avez assez tiré votre récolte de mes fatigues et de mes sueurs ; et l'on a plus d'un exemple d'un roi qui remettait volontairement son sceptre en d'autres mains ; c'est ce qui m'arrivera bientôt. Mais, tant que je demeurerai avec vous, on ne tuera plus personne. Vous pourrez encore tout à votre aise piller les riches ; mais vous donnerez libre passage aux pauvres. Voilà mes ordres ; voulez-vous les suivre ?

LES BRIGANDS. — Oui, si tu veux toujours rester avec nous.

VALENTIN. — Cette nuit aussi on ne fera point de chasse aux voyageurs. Il faut qu'Antonio passe sans crainte dans les forêts, et ne rencontre pas d'autres oiseaux que ceux qui chantent joyeusement sur les buissons.

(Tous les brigands s'en vont.)

SCÈNE V

ANTONIO, puis LAURETTE.

ANTONIO *arrive ; il jette son sac auprès de la source et s'assied.* — Je n'en puis plus ; mes forces sont épuisées. Dieu soit béni ! voici une source. Si seulement j'avais un vase pour y puiser... Mais mon chapeau doit me servir. Ah ! je l'ai laissé à Parme pour ne pas enlever à ma couronne la place qu'on lui avait donnée... Avec la main peut-être. *(Il puise de l'eau avec sa main.)* Cela ne fait qu'augmenter ma soif. Je me sens si faible et saisi par la fièvre. Si je pouvais au moins aller jusque chez moi et rapporter à mes bien-aimés cet argent ! Comme Marie va se tourmenter, si la nuit tombe et qu'elle ne me voie pas venir !... Ah ! le sang me monte à la tête. *(Il prend sa couronne et la regarde.)* Il est encore si frais, ce laurier !... Mais mon front est brûlant. « Je te consacre à l'immortalité. » L'immortalité commence après la mort. Est-ce là, ma déesse, ce que vous pensiez ? *(Laurette, jeune paysanne, arrive avec un seau sur la tête.)* Qui donc arrive là si gai, en chantant ? C'est Laurette, la fille de notre voisin, qui va traire ses chèvres dans les champs.

LAURETTE. — Si je ne me trompe, c'est maître Antonio qui est là ?

ANTONIO. — Laurette, bonsoir!

LAURETTE. — Arrivez-vous enfin? Votre femme s'est déjà bien tourmentée de ce que vous demeuriez si longtemps dehors.

ANTONIO. — Je n'ai pas pu revenir plus tôt.

LAURETTE. — Vous êtes fatigué de cette longue route; c'est tout simple.

ANTONIO. — Chère enfant, veux-tu bien me donner à boire avec ton seau? Je n'ai rien pour puiser à cette source.

LAURETTE. — Où est donc votre chapeau?

ANTONIO. — Je l'ai laissé à Parme.

LAURETTE. — Et qu'est-ce que vous avez mis sur votre tête?... Ah! une couronne de laurier. Elle vous va bien. Qui vous l'a donnée?

ANTONIO. — Un être céleste.

LAURETTE. — Vous autres artistes, vous oubliez tout avec vos rêveries. Je ne veux pas prendre un artiste pour mari; je veux avoir quelqu'un qui songe à sa femme.

ANTONIO. — Sois sûre que je n'ai pas oublié ma pauvre Marie.

LAURETTE *puise de l'eau et la lui présente.* — Tenez; buvez tout à votre aise. *(Antonio boit avec avidité.)* C'est une boisson bien fraîche; elle vient d'une caverne creusée sous terre.

ANTONIO, *en riant*. — Merci, ma belle Rebecca. Je te trouverai un mari.

LAURETTE. — Pourquoi pas?

ANTONIO *veut se lever.* — Maintenant il faut que j'aille... Je suis pourtant très fatigué. (Il retombe.)

LAURETTE. — Restez là un instant. Marie vient avec votre petit Jean au-devant vous; elle sera bientôt ici, et alors vous vous en retournerez ensemble.

ANTONIO. — Je ne sais pourquoi je suis dans une telle anxiété...

LAURETTE. — Vous avez l'humeur mélancolique, maître Antonio; cela vient de ce que vous peignez des images de saints. Reposez-vous sous cet arbre. Pendant ce temps je vous chanterai une petite chanson, que l'on écoute volontiers auprès d'une source.

ANTONIO. — Oui, chante mon enfant ; réjouis-moi le cœur.

LAURETTE *chante.*

> La Sylphide est dans le rocher
> Quand le pèlerin va chercher
> La source d'eau qui, sur la pierre,
> S'écoule brillante et légère.
> Viens, dit-elle, beau voyageur,
> Tu seras l'ami de mon cœur.
>
> Oh, viens ! je dénouerai ton âme
> Et, sautillant comme la flamme,
> Tu pourras danser avec moi.
> Les pieds de Sylphe sont à toi,
> A toi mon humide retraite
> Et l'eau qui passe sur ta tête.
>
> L'étranger a peur ; il est las,
> Il veut partir, mais ne peut pas.
> Et la jeune blonde Sylphide
> Offre à ses lèvres l'eau limpide.
> A longs traits il s'abreuve enfin,
> Et se sent pris d'un mal soudain.
>
> Dans son sang le frisson ruisselle,
> Il a bu la boisson mortelle,
> Il tombe pâle. Est-ce qu'il dort ?
> Non, c'en est fait, il est bien mort,
> Et le torrent l'entraîne et roule,
> Et sur sa tête l'eau s'écoule.
>
> En liberté son âme fuit,
> Et dans les bois revient la nuit ;
> Au printemps, sur l'onde rapide,
> Elle danse avec la Sylphide :
> Et la lune, sur le chemin,
> Voit les os blancs du pèlerin.

Ayant fini de chanter, Laurette se lève et dit :

Il est tard. Il faut que je vous quitte pour aller traire ma chèvre noire. Adieu ; portez-vous bien. Marie va venir vous prendre avec Jean.

ANTONIO. — Merci, ma fille.

LAURETTE. — Vous n'avez aucun motif de me remercier.

ANTONIO. — Aucun motif ! C'est vrai. Voilà une terrible chanson, qui ressemble à un accent de mort, à un cri poussé par les puissances infernales....... « Portez-vous bien ! » m'a-t-elle dit, et non pas « Vivez bien ! ' » La boisson qu'elle m'a présentée est mortelle ; elle a pris la place de la Sylphide aux cheveux d'or. Je sens un frisson glacé qui passe dans mes veines. Ah! j'ai bien compris cette chanson, quand elle me l'a fait entendre comme par moquerie. (*Il se tait un moment, puis reprend avec un sourire.*) Il en est de l'imagination comme d'une lumière qui semble se ranimer et jette un dernier éclat au moment de s'éteindre. Soit! je ne tremble pas. Si c'est la Sylphide que je viens de voir, la douce créature qui couronna ma tête était ma Muse. Ainsi ma bonne Marie ne sera pas une pauvre veuve abandonnée, car elle est la véritable vierge du ciel, et Jean ne sera pas un malheureux orphelin, car c'est le petit ange qui, portant un bâton d'*Agnus-Dei*, est venu avec Marie sur la terre pour faire concourir mon art à la gloire du christianisme... Oui, cela est ainsi... (*Avec plus de gaîté.*) Comme cette soirée est belle! Comme ce ciel est bleu! L'air vient me rafraîchir avec des ailes d'ange. A l'est, tombe une légère pluie ; à l'ouest, le soleil se couche, et, au sud, un arc-en-ciel se peint sur la rosée. Cette verdure qui m'entoure m'apparaît comme l'espérance de l'éternité. On dirait que les sept couleurs brillent encore à la fois, comme pour me dire adieu, comme pour me rappeler de ce domaine des ombres à leur riante patrie, à la pure lumière. (*Prenant son sac.*) Je te soulève pour la dernière fois, pénible fardeau de la vie, dur Mammon, ennemi constant de l'esprit qui porte ses pensées au-delà de cette terre. Tu t'es bien vengé, n'est-ce pas? Le peu que mon pinceau t'arracha est devenu si lourd sur mes épaules. Oh! viens, Marie ; viens, mon petit Jean ! Un regard! un seul regard!... Un dernier mot! oh! oui,

---

1. *Fahret wohl, Lebet wohl* : les deux saluts en usage chez les Allemands et dont il est assez difficile de faire sentir la différence en français. *Fahret wohl* veut dire, à la lettre : *voiturez bien*. C'est la même idée que celle exprimée dans le *Farewell* des Anglais. — *N. du trad.*

mon Dieu, que j'aie encore cette joie ! et je veux bien mourir.

(Il part. — Marie vient d'un autre côté avec Jean qui tient le bâton d'*Agnus-Dei* à la main.)

SCÈNE VI

MARIE, JEAN, *puis* LAURETTE.

JEAN. — Dis-moi, ma mère, pourquoi mon père ne revient-il pas?

MARIE. — Nous le verrons bientôt, je pense ; il avait aujourd'hui beaucoup à faire à Parme.

JEAN. — La nuit descend, ma bonne mère! J'ai peur.

MARIE. — Tu ne dois pas avoir peur, mon ami. Celui qui ne fait point de mal n'a rien à craindre dans l'obscurité.

JEAN. — Tout à l'heure le ciel était si bleu et si riant; les couleurs jouaient avec les nuages, et voilà que tout est loin. Le soleil tombe, et l'on ne voit plus rien qu'une large bande rouge comme du sang.

MARIE. — Mais ne remarques-tu pas la douce clarté qui nous vient à travers les arbres?

JEAN. — Oui, c'est la lune. Sa lumière naît quand l'autre s'en va ; elle est douce et paisible et repose l'esprit. (*Ils s'asseyent près de la source.*) Regarde! voilà des germandrées [1]. Veux-tu que j'en fasse une couronne jusqu'à ce que mon père arrive?

MARIE. — Oui, recueille les débris de ce qui tombe et forme-t-en une couronne. Que peux-tu faire de mieux? (*Jean s'éloigne.*) Folle que je suis! Tout doit-il donc me ramener à de funestes pressentiments? Pourquoi me créer toutes ces sombres images? Je n'ai encore appris aucun malheur! mais si je l'apprenais, hélas ! ma plus grande, ma seule consolation ne serait-elle pas aussi dans ces images?

---

1. Cette fleur est plus connue encore sous le nom de *Ne m'oubliez pas*, sous le nom allemand *Vergissmeinnicht*, et sous celui de *Souviens-toi de moi*, sur lequel Millevoye a fait une jolie romance. — *N. du trad.*

LAURETTE *vient et chante :*

> Dans son sang le frisson ruisselle,
> Il a bu la boisson mortelle,
> Il tombe pâle. Est-ce qu'il dort ?
> Non, c'en est fait, il est bien mort.
> Et le torrent l'entraîne et roule.
> Et sur sa tête l'eau s'écoule.

Ah ! vous voilà, Marie. Je savais bien que vous alliez venir.

MARIE. — Laurette, n'as-tu pas vu Antonio ?

LAURETTE. — Oui, et je lui ai même donné à boire, et je lui ai chanté une chanson.

MARIE. — Ah ! dieux ! où est-il ?

LAURETTE, *apercevant au loin Antonio*. — Tenez, le voilà qui vient. Vous devez être heureuse. Vous êtes encore aussi amoureux l'un de l'autre que si vous ne veniez que de vous promettre en mariage. Eh bien ! je ne veux pas troubler votre joie ; d'ailleurs il est déjà tard. Bonne nuit. Antonio, dormez bien.

(Elle s'éloigne. — Antonio arrive pâle comme la mort.)

SCÈNE VII

ANTONIO, MARIE, JEAN.

MARIE. — Antonio !

ANTONIO, *jetant son sac par terre*. — Marie ! voilà de l'argent. C'est de quoi pourvoir pendant quelques jours à tes besoins et à ceux de notre enfant. Mais je n'en peux plus. Que le bon Dieu après cela ait soin de vous !

MARIE. — Antonio ! O sainte Mère de Dieu !

ANTONIO, *l'embrassant*. — Tu ne l'es pas, toi ! Tu es ma femme, ma pauvre femme, ma veuve délaissée ! Que le ciel soit béni ! Mon sang, qui bouillonnait, a repris son cours. L'air circule dans mes veines.

MARIE. — Tu es pâle et échauffé.

ANTONIO. — Non, ma bonne Marie, j'ai donné une partie de mon sang à la terre. Maintenant je ne suis plus tourmenté par ces rêves qui venaient de la fièvre. N'est-ce pas, c'est Laurette qui était avec toi ! la jeune fille aux cheveux blonds. Ce n'est pas un mauvais esprit ? ce n'est pas mon Atropos ?

MARIE. — Antonio !

ANTONIO. — Et toi, tu es ma femme et Jean est mon fils, des êtres comme moi, non pas des génies célestes, qui sont sans pitié, parce qu'ils ne souffrent pas. Vous souffrirez, vous, hélas ! trop, beaucoup trop.

MARIE. — Oh ! malheureuse que je suis !

ANTONIO. — Ne te décourage pas. Donne-moi ton baiser de fiancée, ma douce amie. Et ne crains rien ; mes lèvres ne sont pas trop brûlantes ; je les ai rafraîchies à la source. Elles sont seulement bleues comme la violette, chère enfant ; c'est la poussière qui recouvre les ailes du papillon et qui remonte au ciel.

MARIE. — O mon Antonio ! faut-il que tu meures ainsi ?

ANTONIO. — Il faut toujours que cela finisse, ma bonne âme ; une minute plus tôt ou plus tard, qu'importe ? Le moment est amer ; mais ce n'est qu'un moment, et l'éternité vient après.

MARIE. — Mon bien-aimé !

ANTONIO. — Veux-tu me promettre de supporter avec courage ce moment? Veux-tu me dire que les larmes ne couleront pas de tes yeux comme le sang de l'agneau coule dans un sacrifice ; mais qu'elles rafraîchiront ton cœur et brilleront sur tes joues comme de belles perles, comme les larmes de la pitié, de l'amour, de l'humanité ?

MARIE. — Vas en paix. Je te le promets.

ANTONIO. — Eh bien donc ! au nom du Dieu tout-puissant, où est mon fils.

MARIE *appelle*. — Jean !... Il cueille des fleurs.

ANTONIO. — Pour le tombeau de son père. Va, Marie, va auprès de notre vieil ami Silvestre. Je voudrais qu'il me donnât la communion.

MARIE. — Il dort... Cependant...

ANTONIO. — Va ; il pourra venir bientôt.

MARIE. — Je cours... Mais je tremble.

ANTONIO. — Mon amie, tu hésites encore ?

MARIE *lui baise le front, regarde le ciel, et dit* : — J'y vais, et je reviens à l'instant.

ANTONIO. — Oui, à l'instant. L'heure de notre séparation n'est pas éloignée. (*Jean arrive.*) Viens, mon petit Jean; viens. Que portes-tu donc là?

JEAN. — Une couronne de germandrées.

ANTONIO *l'embrasse.* — Pauvre innocent! Pauvre orphelin! L'Eternel prendra soin de toi.

JEAN. — C'est toi, mon père, qui prendras soin de nous.

ANTONIO. — Agenouille-toi.

JEAN. — Oui, mon bon père.

ANTONIO, *lui posant la main sur la tête.* — Mon fils, reçois ma bénédiction. Je n'ai rien de plus à te donner; mais, à l'heure de la mort, la bénédiction d'un père a bien du pouvoir.

JEAN *lui baise la main.* — Comme tu es pâle, mon père!

ANTONIO. — Je suis las. Je veux reposer jusqu'à ce que ta mère vienne.

(Il se couche.)

SCÈNE VIII

JEAN, *puis* BAPTISTE, FRANÇOIS.

JEAN. — Oui, dors; je veux veiller auprès de toi... Le voilà endormi. Mais qu'est-ce qu'il a donc sur la tête? Ah! une belle couronne de laurier. Je veux aussi lui donner la mienne; il sera content de la voir quand il s'éveillera, et ma mère aussi.

BAPTISTE *arrive avec son fils.* — Es-tu donc sûr que cette image qui t'a sauvé la vie était de cette grandeur?

FRANÇOIS. — Oui, oui, c'était sainte Madeleine, très bien peinte.

BAPTISTE. — Avec des cheveux blonds, une robe bleue, une tête de mort et un livre?

FRANÇOIS. — Oui, et tout cela fait par Antonio.

BAPTISTE, *étonné.* — Il t'a sauvé la vie, tandis que moi... mais le coup n'est pas encore porté.

FRANÇOIS. — Quel est cet homme étendu par terre, si pâle, avec un petit enfant auprès de lui ?

BAPTISTE. — Où donc ? où ?

FRANÇOIS. — Là.

BAPTISTE, *faisant le signe de la croix.* — Jésus, Maria !

FRANÇOIS. — Vous pâlissez ?...

BAPTISTE. — Vois-tu aussi le cadavre ?

FRANÇOIS. — Oui ; venez, mon père.

BAPTISTE. — Arrête, malheureux ! es-tu fou ? Ne vois-tu pas l'ange de la mort auprès de lui ?

FRANÇOIS. — Je vois un petit enfant.

(Jean fait signe avec le bâton d'*Agnus-Dei* qu'on se taise pour ne pas réveiller son père.)

BAPTISTE. — Regarde. Voilà le bâton d'*Agnus-Dei*. C'est Jean qui nous menace. C'est le saint des forêts. Viens, sauvons-nous.

FRANÇOIS. — Mais qu'avez-vous donc, mon père ?

BAPTISTE. — Je n'ai rien, pas même l'espérance. Il nous menace encore, vois-tu ?

FRANÇOIS. — Vous êtes tout troublé ?

BAPTISTE. — Sauvons-nous à la maison ; il est tard. Le vent du soir me glace le cœur. Sauvons-nous, il faut que je prenne soin de moi. Mais ne dis rien ; c'est une fièvre, et si, dans mes rêves, tu m'entends parler de mort et de sang, n'y fais pas attention. Ce ne sont que de vaines paroles.

FRANÇOIS. — Mon père !

BAPTISTE, *avec terreur.* — Car c'est seulement par hasard qu'il te sauve la vie, dans le moment où je le tue.

FRANÇOIS. — Mon père !

BAPTISTE. — Il nous menace encore. Fuyons.

(Tous deux s'éloignent. — Marie et Silvestre viennent.)

SCÈNE IX

JEAN, MARIE, SILVESTRE, un messager.

MARIE. — O mon Antonio ! es-tu encore ici ?

JEAN. — Paix, ma mère ; tais-toi, mon père dort.

MARIE, *voyant qu'Antonio est mort.* — Il n'est plus!... Ma vie est loin!

JEAN. — Qu'as-tu donc, ma bonne mère? Pourquoi pleures-tu? Mon père dort. Il est las. Laisse-le reposer, et tout à l'heure il se lèvera.

MARIE, *le prenant dans ses bras.* — O cher ange! mon unique consolation, enfant de mon Antonio!

SILVESTRE. — Calmez-vous, chère Marie. N'effrayez pas votre fils. Il croit que son père dort.

MARIE. — Oh! la douce croyance! Moi, je l'ai aussi. Le ciel nous parle par la bouche de l'innocence. Oui, il dort, et bientôt nous dormirons aussi pour nous réveiller tous ensemble dans le ciel.

SILVESTRE. — Oui, sans doute.

(Marie s'assied auprès de la source en pleurant; Jean regarde avec calme le corps de son père, et Silvestre les contemple avec une vive émotion.)

UN MESSAGER. — Est-ce ici le chemin qui conduit à Corrège?

SILVESTRE. — Oui.

LE MESSAGER. — Mon frère, connaissez-vous Antonio Allegri?

SILVESTRE. — Oui, qu'as-tu à lui dire?

LE MESSAGER. — Je viens lui annoncer que son bonheur est fait.

SILVESTRE. — Sans doute, et son véritable bonheur.

LE MESSAGER. — Vous le savez déjà?

SILVESTRE. — Quoi?

LE MESSAGER. — Notre digne seigneur, le duc de Mantoue, l'appelle à sa cour. Là Antonio doit jouir d'une grande considération et recevoir un riche traitement; car Michel-Ange et Jules-Romain ont parlé de lui avec tant de chaleur que je viens, par ordre de Mgr le duc, le chercher pour le conduire avec sa femme et son enfant à Mantoue.

SILVESTRE. — Si vite que tu sois venu, tu arrives encore trop tard.

LE MESSAGER. — Comment cela?

SILVESTRE. — Voilà le martyr tombé sous le poids du besoin et les trames de l'envie.

LE MESSAGER. — Est-il possible? Il est mort? Est-ce là Allegri?

SILVESTRE. — C'était Allegri. Et bien des années s'écouleront maintenant avant que le monde puisse de nouveau s'écrier : Voilà Allegri !

LE MESSAGER. — Ah ! je vous crois.

SILVESTRE. — Retourne auprès de ton duc. Dis-lui que c'était bien de sa part de vouloir, sur la recommandation de deux grands hommes, placer sous sa protection cette fleur des artistes. Mais dis-lui aussi qu'il eût bien mieux valu qu'il apprît par lui-même à connaître Allegri, avant qu'une circonstance fortuite lui découvrît le trésor qu'il vient de perdre.

LE MESSAGER. — Le pauvre homme ! Il est mort dans l'indigence !

SILVESTRE. — Ne le plains pas. C'est un saint; sa tête tombe fatiguée, mais la couronne qui lui ceint le front, cette couronne d'honneur, brillera, je te le dis, longtemps encore après que des couronnes d'or se seront brisées.

LE MESSAGER. — Je vous crois. C'était un grand homme.

JEAN *pleure*. — Mon père ne dort pas. Il est mort ! il est mort !

SILVESTRE. — Pleure, pauvre enfant ! tu as raison. Marie, pleurez aussi avec moi. Le monde n'a rien à regretter, Allegri vivra toujours dans ses ouvrages comme un modèle pour les temps à venir. Mais, pour nous, nous perdons un époux, un père, un ami. La terre entière ne peut compenser cette perte. Nous ne retrouverons Antonio que dans le ciel.

FIN DU THÉATRE D'OEHLENSCHLÆGER.

THÉATRE CHOISI

DE

HOLBERG

NOTICE

sur

HOLBERG

Par XAVIER MARMIER

L'étude d'une littérature ressemble souvent à un voyage à travers une contrée inégale, sillonnée en certains endroits par des plaines fécondes qui sourient à l'œil, et, en d'autres, par des landes sèches et arides. Là, après avoir reconnu quelques traces de végétation, le voyageur peut arriver au milieu d'un espace vide, où le ciel refuse de féconder, et la terre de produire. Il promène autour de lui ses regards étonnés, et il n'aperçoit qu'un sol nu, dont rien ne varie la teinte grisâtre et les monotones contours. Dans la plaine, quelques épis de blé élèvent leur tête chétive au-dessus des sillons, et quelques arbres rabougris couronnent comme un front chauve le sommet de la colline. De loin en loin apparait une chaumière isolée sur ce sol sans moisson, comme le nid de l'oiseau de mer sur la grève sans verdure. Le berger promène à pas lents ses maigres moutons dans la vallée, où ils broutent les pointes de bruyère et les brins d'herbe desséchés ; le paysan laboure avec tristesse l'héritage ingrat que ses pères lui ont légué ; toutes les douces harmonies de la campagne disparaissent, toutes les voix sont muettes. L'arbre aux rameaux étroits se courbe sous le vent sans murmurer, et l'oiseau passe sans chanter. Rien n'éveille dans l'âme ni l'émotion riante, ni le besoin de rêver : on n'éprouve pas même, en traversant ces lieux, la poétique mélancolie de l'isolement ; on n'éprouve qu'un grand ennui. L'étranger, qui ne sait pas jusqu'où s'étend cette terre fatigante, double le pas, marche à la hâte, et cherche de toutes parts un horizon meilleur. Il traverse les landes jaunes, les champs rocailleux coupés par des marécages ; une colline s'élève devant lui, il la gravit, et il aperçoit à ses pieds une large plaine toute verte, une rivière au milieu, des villages rangés au bord de la rivière, et de tout côté l'œuvre fructueuse de l'homme, la richesse et la vie. Il jette un dernier regard sur la route aride qu'il a parcourue, et salue avec enthousiasme les campagnes fécondes, les beaux points de vue ouverts devant lui. Telle est l'émotion que j'ai ressentie en parcourant quelques-unes des parties septentrionales de l'Allemagne ; telle est celle que j'ai ressentie lorsque, après avoir traversé les landes stériles de la littérature danoise, je suis arrivé à Holberg.

Holberg est, on peut le dire sans faire tort à Bording, à Kingo, le créateur de la poésie dans son pays. Avant lui, elle était encore courbée sous le joug de l'Allemagne : il l'a délivrée de sa servitude, et lui a imprimé une marche ferme et indépendante. Avant lui, elle ignorait toute invention dramatique, toute œuvre théâtrale, et il l'a dotée d'une des plus belles collections d'œuvres dramatiques qui existent. Avant lui, elle n'avait fait que balbutier une langue parfois énergique et harmonieuse, mais souvent incertaine et mal habile, et il lui a donné une langue souple, forte, pleine d'expression.

La vie de cet homme de génie est singulière. Peu de poètes ont eu dans leur carrière un développement aussi laborieux et aussi continu : c'est une vie d'efforts couronnée par le succès. Lui-même a raconté avec une gaieté charmante, avec une verve caustique et un naïf abandon, ses voyages d'étudiant, ses tribulations de jeune homme. En écrivant ainsi ses souvenirs, il a fait de sa biographie une excellente comédie [1].

Il naquit à Bergen, en Norvège, en 1684. Son oncle était

---

1. *Professor Ludwigs Holbergs Lifs og Levenets Beskrivets af ham selv forfattet.* In-12, Bergen, 1741.

évêque. Son père, qui, du rang de simple soldat, s'était élevé au grade de colonel, mourut jeune, ne laissant à sa veuve qu'une modique fortune, une maison qui fut détruite dans l'incendie de Bergen, et une très médiocre propriété à la campagne. Par sa naissance, Holberg était appelé à devenir militaire. En sa qualité de fils de colonel, il fut incorporé dans le régiment d'Uppland, avec le titre de caporal. Mais les goûts studieux qui se manifestèrent en lui de bonne heure l'empêchèrent de suivre cette carrière, et il entra à l'école de Bergen. Il avait dix ans lorsque sa mère mourut. Il n'a pas dit comment se passa cette enfance, qui ne put s'épanouir qu'un instant sous le regard d'une mère. Mais, sans aucun doute, cet isolement dans les premières années de la vie, ce veuvage prématuré des joies domestiques et des affections de famille, contribuèrent beaucoup à dessécher en lui le germe des sentiments affectueux et expansifs, à remplacer l'expression de la tendresse par le rire de la causticité, le cœur par l'esprit ; car Holberg avait peu de cœur, toute sa vie en fait foi. Il fut placé sous la tutelle d'un homme instruit, nommé Pierre Lem, qui ne pouvait qu'encourager les dispositions poétiques de son pupille : il les encouragea même parfois d'une façon assez plaisante, à en juger par une anecdote. Un jour, Holberg, qui n'était encore qu'un enfant, avait fait contre une vieille dame un vers satirique, dont elle se plaignit amèrement. Pierre Lem appela le coupable auprès de lui avec tous les signes d'une violente colère, et lui adressa de vifs reproches. Le pauvre Holberg, humilié et repentant, allait tâcher de s'excuser, quand tout à coup il s'aperçut que la colère de son tuteur ne provenait que d'une faute de versification qui s'était glissée dans la malheureuse satire. Il promit d'étudier la prosodie, et la paix fut faite à cette condition, plus littéraire que morale.

Après avoir passé plusieurs années à l'école latine de Bergen, Holberg se rendit à l'université de Copenhague. Il étudia la théologie, et subit un premier examen d'une manière satisfaisante. Mais ses moyens ne lui permettant pas de rester là plus longtemps, il revint en Norvège et entra comme précepteur chez un prêtre, à la condition de le remplacer au besoin dans ses fonctions de directeur d'école et de prédicateur. Il prêcha plusieurs fois, à la grande satisfaction des paysans, qui se seraient fort bien accommodés de l'entendre chaque dimanche; mais il menait l'école trop sévèrement. Un jour, il battit un élève. La mère jeta les hauts cris; et comme ce métier de précepteur, de pasteur et de pédagogue l'ennuyait profondément, il profita de cette occasion pour partir. Il retourna à Copenhague, étudia le français, l'italien, l'anglais, et obtint à son dernier examen les éloges académiques. La misère le força de retourner encore dans son pays, et, bon gré, mal gré, il fallait qu'il fût précepteur; il n'avait pas d'autre moyen d'existence. Cette fois, il entra chez le vice-évêque de Bergen. Ce fut là qu'il sentit s'éveiller en lui l'humeur voyageuse qui l'a dominé toute sa vie. L'homme chez lequel il se trouvait avait parcouru plusieurs contrées de l'Europe, et noté toutes ses impressions. Le manuscrit tomba entre les mains du jeune précepteur, qui le lut avec avidité et résolut aussi de quitter ses montagnes de Norvège pour courir le monde. Avec ses faibles ressources la chose n'était pas facile; mais il avait, comme il le dit lui-même, une volonté inébranlable, et rien ne pouvait l'arrêter. Il fit une vente générale, une vente désespérée de tout ce qu'il possédait, et parvint à amasser un capital de soixante écus (environ 175 fr.).

Il s'embarque avec cette somme, et arrive à Amsterdam. Le voilà dans la grande ville de commerce, observant, étudiant, vivant avec la plus stricte économie, et demandant en vain une place de précepteur ou de maître de langues. « Amsterdam, dit-il, est une malheureuse ville pour les savants. Un batelier y est plus estimé que Grotius; un savetier y prospère, et un philosophe y est mal à l'aise. » Tandis qu'il en était à calculer jusqu'où pouvaient le mener ses derniers écus, il tombe malade; le médecin lui conseille d'aller aux eaux d'Aix-la-Chapelle, et il s'y décide volontiers, car c'était *curieux*. Son passe-port payé, son voyage payé, il lui reste six écus. Il se loge dans une auberge de chétive apparence, et ne demande qu'à la dernière rigueur et avec des ménagements excessifs ce dont il a besoin. Mais il voit approcher le jour où il faudra solder son compte, et la moindre atteinte portée à sa bourse est une atteinte mortelle. Dans une telle extrémité, il se décide à fuir secrètement ; il rassemble ses effets, ferme son sac, et descend à pas de loup par un escalier dérobé. Hélas ! au moment où il allait franchir le seuil de la porte, l'hôte, qui l'observait, l'arrête, le ramène dans l'auberge, et il fallut acquitter le mémoire jusqu'au dernier kreutzer. « Longtemps après, dit Holberg, j'ai vu devant moi cette figure sinistre de mon hôte. Elle m'est apparue dans mes veilles, dans mes rêves ; elle m'a suivi partout. »

Hors d'état de rester plus longtemps dans une ville qui lui était totalement étrangère, Holberg prit le parti de retourner à Amsterdam, où il avait fait quelques connaissances. Il voyageait à pied, et ce voyage lui rendit la santé. Il avait quitté la Hollande avec quelques écus et la fièvre : il y revint sans le sou, mais joyeux et bien portant. Un banquier, à qui il inspira de la confiance par sa physionomie honnête, lui prêta de l'argent. Il partit pour la Norvège, et s'établit à Christiansand.

Il s'était annoncé comme maître de langues. Bientôt il passa pour un prodige. Il enseignait le français, l'italien, l'anglais. On le regardait avec admiration quand on le rencontrait dans les rues, et on disait qu'il savait le turc. Les bons bourgeois de Christiansand lui envoyèrent leurs enfants. Le prix de ses leçons était, il est vrai, bien modique ; mais le nombre de ses élèves augmentait chaque jour. Il paya ses dettes, et parvint même à économiser une douzaine d'écus. Les choses allaient donc le mieux du monde. Il se voyait déjà possesseur d'un capital avec lequel il pourrait entreprendre quelque lointain voyage, quand tout à coup il fut surpris dans le cours de ses prospérités par l'arrivée d'un marchand hollandais qui donnait des leçons de langue française à un prix désespérant. C'était une terrible rivalité pour celui qui, jusque-là, avait porté à Christiansand le sceptre de la grammaire et la couronne de la rhétorique ; c'était une invasion sur ses domaines, un schisme dans son temple, une royauté dans sa royauté. Cependant il apprit que son concurrent parlait fort mal le français : il résolut de le défier, et de l'anéantir dans cette joute littéraire. Le jour du combat, l'heure, le lieu, furent désignés par les élèves des deux écoles, qui devaient servir de témoins. Les deux champions s'avancèrent fièrement l'un contre l'autre, et la lutte commença. « Je l'attaquai, dit Holberg, avec un français-norvégien ; lui me répondit en français-hollandais. Jamais la langue française n'a été si maltraitée. Nous parlions tous deux d'une manière inintelligible, et plus nous voulions mettre de vivacité dans notre entretien, plus la confusion augmentait. A la fin, quand nous fûmes bien persuadés l'un et l'autre de notre mutuelle ignorance, nous pensâmes que ce serait chose sage de renoncer à une colère qui ne pouvait que nous nuire, de conclure un traité de paix, et de nous partager l'empire comme César et Pompée. C'est ainsi que mon privilège fut aboli, et que l'autorité absolue fut partagée entre deux souverainetés. »

Au printemps suivant, Holberg amassa le produit de ses économies, et prit le chemin de l'Angleterre. Il resta près de deux années à Oxford, étudiant beaucoup et donnant des leçons de musique. Il était très aimé des élèves, qui, lorsqu'il les quitta, firent une collecte entre eux, et lui remirent assez d'argent pour qu'il pût retourner en Danemark.

Arrivé à Copenhague, il se trouva, comme par le passé, privé de ressources et ignorant ce qu'il devait faire. Il savait déjà beaucoup, mais il ne pouvait utiliser sa science ; car il était sorti des voies habituelles par lesquelles un savant danois monte patiemment d'un échelon à l'autre, du rang d'élève à celui de maître. « Le meilleur moyen de me créer une existence eût été, dit-il, de me faire pédagogue ; mais je trouvais cette profession indigne de moi. A la fin, je pris une résolution qui me semblait devoir concilier ma pauvreté avec le respect que je me devais à moi-même. J'appelai ma chambre *auditoire*, mes élèves *disciples*. Ma chaise prit le nom de *chaire* (*cathedra*), et j'invitai les étudiants à suivre mes *cours*. Je ne devais pas donner des leçons de langue, je devais exposer les connaissances que j'avais acquises dans mes voyages. Séduits par ces titres pompeux, ils accoururent dans mon auditoire, et transcrivirent très docilement ce que je leur dictais. Mais quand il s'agit de payer, ils devinrent subitement invisibles, en sorte que je pouvais dire avec le poète : Mon champ n'a point porté de fruits, ma terre n'a point donné d'herbe. Le seul profit que je retirai de mon travail, c'est que, longtemps après, tous mes fugitifs élèves m'ôtaient poliment leur chapeau du plus loin qu'ils me voyaient passer. »

Pour se consoler de sa mésaventure de professeur, il fit un voyage en Allemagne avec le fils d'un conseiller d'Etat, puis il revint à Copenhague, et obtint une des stipendes du collège de Borchen. Peu de temps après, il publia son premier ouvrage : *Introduction à l'histoire d'Europe*. Ce livre n'obtint pas un grand succès. Cependant il commença à attirer l'attention sur Holberg, qui fut nommé professeur extraordinaire à l'université, et reçut en même temps un nouveau stipende de cent écus par an.

Quand il se vit possesseur de ces deux stipendes, l'envie de voyager lui revint, et il partit. Il traversa de nouveau la Belgique, la Hollande, puis se dirigea vers la France, et arriva à Paris, où son accent norvégien et sa mauvaise prononciation lui occasionnèrent une foule de quiproquo dont il était le premier à rire [1]. A Paris, il ne fit point de connaissances; il se logea dans un quartier retiré, et passa son temps à voir et à observer tout ce qui se présentait à lui. Tandis qu'il en était là de sa

---

1. En voici un entre autres qu'il confesse naïvement. A son entrée à Paris, il s'adresse aux premiers passants qu'il rencontre, et les prie de lui indiquer où il pourrait trouver *un logis*. Les uns s'éloignent sans lui répondre; d'autres le regardent en riant. Holberg ne pouvait reconnaître, à cette singulière façon d'agir, ce qu'on lui avait dit de l'obligeant empressement des Parisiens. Enfin, l'un d'eux, à qui il répétait pour la seconde fois sa question, s'écria avec impatience : Eh ! Monsieur, je ne connais point votre Lucie. Le pauvre professeur de langue française prononçait d'une si singulière façon *un logis*, qu'on croyait qu'il demandait *une Lucie*.

vie nomade, quelqu'un vint lui dire que, pour vingt écus, on pouvait aller à Rome ; et le voilà aussitôt qui prend le coche d'Auxerre, et se dirige vers l'Italie. Il avait même l'intention d'aller aux Indes ; mais, après y avoir sérieusement songé, il vit que c'était par trop difficile pour un pauvre boursier de collège comme lui, et il y renonça, non sans regret.

Son voyage d'Italie est un des plus difficiles qu'il ait faits. A peine est-il parti, que la fièvre le prend et le suit partout. Ses ressources modiques s'épuisent ; il est obligé de lutter à la fois contre la maladie et la misère. A Gênes, il n'échappe aux brutalités de son hôte qu'à l'aide d'un de ses compatriotes, qui prend courageusement sa défense. Dans la traversée de Gênes à Civita-Vecchia, le bâtiment sur lequel il se trouvait rencontre un corsaire. L'effroi s'empare des passagers, les femmes pleurent, les moines prient ; et le malheureux Holberg, tourmenté par la fièvre, mais obligé de faire bonne contenance, se lève de son lit, vient sur le pont, l'épée à la main, et, oubliant son protestantisme, invoque, comme ses compagnons de voyage, le secours de saint Antoine. A Rome, il fait lui-même sa cuisine : il tient d'une main une cuiller à pot, et de l'autre un livre. Il rêve au Capitole en épluchant des navets ; il assaisonne sa soupe en énumérant dans son esprit les merveilles du Vatican. Mais souvent il s'aperçoit combien il est difficile d'allier les études de la science avec les soins de la cuisine ; souvent son feu s'éteint ou son maigre dîner brûle, tandis qu'il est absorbé dans sa lecture.

Il partit de Rome comme il y était venu, avec la fièvre. Il traversa à pied l'Italie, la Savoie, le Dauphiné, la France, et s'en alla à Amsterdam. Le remède qu'il n'avait pu trouver dans ses lointaines excursions, il le trouva dans un concert. Il prit un violon, joua toute la soirée, et, pour la première fois depuis longtemps, s'endormit sans souffrance. La fièvre venait de le quitter.

Dans tout le cours de ses voyages, Holberg n'avait pas cessé d'étudier. Le désir de s'instruire avait été pour lui plus fort que les obstacles qu'il avait rencontrés ; et malgré les soucis de sa vie errante, malgré les souffrances physiques, partout il avait travaillé, observé, et noté fidèlement ses observations. Il revint donc à Copenhague avec des connaissances sérieuses, étendues. Mais il n'était toujours que professeur adjoint : cette place ne pouvait suffire à ses besoins ; pour arriver au grade supérieur, il fallait une vacance, hélas ! et les professeurs vivaient, dit-il, bien longtemps. Le premier qu'il fallut remplacer était un professeur de mathématiques : Holberg fut investi de ses fonctions. Singulière destinée, qui l'avait fait tour à tour caporal, théologien, précepteur, maître de langues, maître de musique et professeur de mathématiques, pour l'amener à être un jour poète dramatique !

Jusque-là il n'avait été occupé que d'études d'histoire et de jurisprudence. Il ignorait sa vocation de poète ; il avait même, dit-il, si peu de goût pour les vers, qu'il ne pouvait en lire vingt de suite. Cependant, à force d'entendre parler de poésie, l'idée lui vint d'apprendre à la connaître par lui-même. Quelques jours auparavant il fuyait les vers, cette fois il voulait en faire. Il choisit, pour son premier thème d'élève en poésie, la sixième satire de Juvénal, la plus âpre, la plus fougueuse. Il y mit toute sa verve et tout son esprit. Mais son travail fourmillait de fautes de versification. Un de ses amis le lui fit observer. Il étudia la prosodie, et écrivit un de ses chefs-d'œuvre, *Peer Paars*. Il avait alors trente ans. Cet ouvrage fut suivi immédiatement de cinq autres satires qui, en ajoutant à la réputation naissante du poète, soulevèrent contre lui d'amères récriminations. Effrayé des reproches de ses collègues et de la colère des critiques, il sentit le besoin de prendre une autre direction. Quelques personnes lui conseillèrent d'écrire des comédies, et il résolut d'essayer.

A l'époque où il entreprit ce nouveau travail, le théâtre danois n'existait pas. Il n'y avait, à Copenhague, qu'une troupe d'acteurs français qui avaient le privilège exclusif, dit Rahbek [1], de la comédie, des danses, et même des pièces de marionnettes.

---

1. *Bidrag till den danske skueplads historie.*

Le directeur de cette troupe était un nommé Capion, fort jaloux de ses droits, et bien décidé à les défendre contre tout empiètement étranger. Un Allemand, qu'on appelait l'*Homme fort*, et qui avait amené avec lui une troupe de comédiens, ou plutôt de jongleurs, crut pouvoir élever un théâtre aux portes de la ville ; mais Capion réclama, et l'*Homme fort* fut contraint de transiger avec lui. Il arrivait pourtant de temps à autre des troupes ambulantes, qui représentaient les traditions du moyen âge dramatisées. C'est ainsi qu'on représenta une fois la vie et le châtiment du docteur Faust. Dans cette pièce, on voyait le terrible magicien torturé, lacéré, brûlé par les diables, et son *famulus* déchiré en morceaux. C'étaient là les drames qui avaient succédé aux légendes de saints, aux histoires bibliques des xve et xvie siècles ; c'étaient là les pièces auxquelles accourait le peuple. Mais les princes, les nobles et les bourgeois ambitieux n'assistaient qu'à la comédie française.

En 1720, on voulut enfin avoir un théâtre danois. Frédéric IV, qui avait du goût pour l'art dramatique, contribua beaucoup à former cet établissement ; et celui de tous les acteurs français qu'il aimait le mieux, Montagu, fut chargé de donner des leçons de geste et de déclamation à la nouvelle troupe.

La première représentation eut lieu en 1722. On joua une traduction de l'*Avare* de Molière. La même année, Holberg fit jouer son *Potier d'étain politique* (*Politiske Kannstöber*), qui obtint un prodigieux succès. Il écrivit en peu de temps quatorze autres pièces, qui furent accueillies avec enthousiasme. Le peuple aimait beaucoup cette comédie nationale qui venait de lui être révélée si subitement ; mais la haute société conservait son goût pour le théâtre français. Les pièces traduites de Molière alternaient avec celles de Holberg ; et lorsqu'en 1723 les acteurs furent appelés à jouer pour la première fois au château, on choisit pour cette représentation solennelle une pièce de Molière : *le Bourgeois gentilhomme*.

En 1723, 1724, 1725, Holberg publia en trois volumes ses quinze comédies. Le premier fut réimprimé trois fois dans l'espace de deux ans. Mais ce travail rapide avait altéré sa santé : il pensa qu'un voyage pourrait la rétablir, et il s'en alla en Allemagne, en Hollande, en France. Cette fois, ce n'était plus le pauvre étudiant qui était venu dix années auparavant à Paris, préoccupé des ennuis de l'avenir et des soucis matériels de chaque jour : c'était un professeur qui s'était acquis un nom illustre dans son pays, et à qui ses succès avaient donné de la confiance. Cette fois, il vécut dans le monde, fréquenta les bibliothèques [1] ; il entra au café des beaux esprits, où brillaient surtout Lamothe et ses amis ; visita les hommes renommés pour leur érudition ou leurs travaux littéraires ; il visita les oratoriens, qu'il aurait pu prendre, dit-il, pour des luthériens, tant ils parlaient librement du pape et du catholicisme ; Fontenelle, qui lui fit avec une aimable coquetterie de vieillard, des compliments sur le mérite des écrivains de Danemark ; le savant Montfaucon, toujours enfoui dans les livres, mais toujours riant et *agréable* [2] ; le père Harduin, auquel il était difficile d'arriver, si on ne s'annonçait avec l'intention de lui soumettre quelque question scientifique, mais qui ouvrait sa porte avec joie à tous ceux qui avaient un conseil à lui demander ; le père Tournemine, poli, gracieux, élégant dans ses manières comme un courtisan. La seule chose, dit Holberg, qui le distinguât d'un courtisan, c'était sa science. Il avait une fort belle bibliothèque, et le poète danois y remarqua, avec une secrète satisfaction, les meilleurs ouvrages sur l'histoire et sur les antiquités du Nord.

De retour à Copenhague, Holberg écrivit son poëme des *Métamorphoses* ; puis il reprit avec plus d'ardeur que jamais ses études historiques, pour lesquelles il avait toujours eu une

---

1. Il n'y avait, dit-il, à cette époque, que trois bibliothèques publiques à Paris ; celle de Saint-Victor, celle qu'on appelle Mazarine, et celle des Juristes. Cette dernière était régie par une jeune personne de dix-sept ans, et une vielle femme qui filait pendant que les lecteurs étudiaient, mais qui pouvait très bien donner les livres qu'on lui demandait.

2. Je conserve l'expression même de Holberg.

prédilection particulière. Il publia le premier volume de l'*Histoire de Danemark*, en 1733 ; en 1738, une *Histoire générale de l'Eglise* jusqu'à la réformation ; en 1739, des biographies d'hommes célèbres. Il entreprit aussi une *Histoire des Juifs*, qui parut en 1742. Ces travaux historiques ne furent interrompus qu'en 1740, par la publication du *Voyage de Klim*.

La fortune de Holberg grandissait avec sa réputation. Il avait été nommé professeur d'éloquence et membre du consistoire. Plus tard, il fut élu questeur de l'université. Ses ouvrages ne lui rapportaient pas à beaucoup près ce qu'ils lui eussent rapporté dans un pays comme la France et l'Angleterre; mais il dépensait peu et amassait sans cesse. Il acheta, dans une des plus riantes parties de la Seelande, une belle terre, où il allait passer l'été. Quand il se vit ainsi riche, puissant, considéré, il lui vint une singulière fantaisie, celle de vouloir ajouter un titre à son nom. Lui, qui s'était tant moqué de la noblesse et des vanités aristocratiques, voulut être anobli. Le roi le fit baron. Il ne survécut pas longtemps à cette nouvelle faveur. Malgré le régime extrêmement sévère auquel il s'était condamné, sa santé s'affaiblissait de plus en plus. Il mourut dans la nuit du 27 janvier 1754, et fut enterré à Sorö.

Holberg avait une belle figure, de grands yeux bleus, un front élevé, beaucoup de vivacité dans le regard, et une légère expression d'ironie dans le mouvement des lèvres. Quand il parcourut pour la première fois la Hollande, on le prenait pour un enfant, tant il avait encore la physionomie jeune ; et plusieurs de ses compagnons de voyage le regardèrent avec une sorte de défiance, comme un élève de quelque gymnase échappé à la surveillance de ses maîtres, à la tutelle de ses parents. A en juger par sa biographie, il devait avoir dans sa jeunesse un fond de gaieté et d'insouciance que les circonstances altéraient difficilement. Mais il perdit peu à peu ce libre laisser aller de la vie : il devint bizarre, capricieux, colère. Le mauvais état de sa santé contribua sans doute beaucoup à aggraver en lui cette disposition d'esprit. Il était obligé de s'observer sans cesse, de suivre un régime de pénitent. Tous ses repas étaient réglés et mesurés uniformément jour par jour. Il ne buvait pas de vin, et mangeait fort peu. Sur la fin de sa vie, il en était venu à peser sa nourriture ; et quand on voyait ce qu'il avait sur sa table, on pouvait dire à coup sûr quel était le jour de la semaine. Son dîner du lundi, son dîner du mardi, son dîner de chaque jour était invariablement prescrit d'avance.

Il était en général d'un caractère peu sociable. Il raconte lui-même que sur six cents hommes, il n'en trouvait pas dix qu'il pût supporter. Il tombait assez souvent dans des accès d'humeur qui ressemblaient à une profonde misanthropie, et malheur à ceux qui s'avisaient de l'aller voir dans un de ces moments-là ! Un son de voix étranger, un bruit léger sur le parquet, l'irritaient aussitôt, et amenaient une explosion de colère. On l'a vu plus d'une fois chasser de chez lui, à coups de pantoufle, l'étudiant inoffensif qui venait le surprendre dans une de ses phases orageuses. Un jour, il se promenait de long en large dans sa chambre, avec un jeune homme auquel il avait témoigné de la bienveillance. En passant devant une table où il y avait quelques biscuits, le jeune homme en prit un, et le mangea. Holberg éclata en invectives. « Pourquoi tant me reprocher ce biscuit ? dit le jeune homme tout surpris d'une telle colère ; je peux vous en rendre un autre. — Mais, malheureux, s'écria Holberg avec l'accent du désespoir, tu ne peux me rendre le même ! »

A cette violence de caractère, Holberg joignait une avarice extrême. Dans sa jeunesse, il avait été forcé de mener une vie économe. Il mena plus tard une vie de privations : ce fut ainsi qu'il amassa une fortune considérable. Il légua sa bibliothèque, qui se composait d'un assez grand nombre d'ouvrages, et sa baronnie, à l'académie de Sorö. Il légua une somme de 16,000 écus pour donner tous les deux ans une dot de 1,500 écus à une jeune fille pauvre ; et quand il fut mort, on trouva chez lui une somme de 12,000 écus dont il n'avait pas parlé. Ses dispositions testamentaires lui furent dictées par un esprit de vanité plutôt que par un véritable sentiment de bienfaisance. Tandis qu'il donnait une propriété de 300,000 francs à une école, il ne donnait qu'une rente de 250 francs à un de ses neveux, qui était pauvre, et il oublia ses autres parents.

Pardonnons à l'homme de génie ces taches qui obscurcissent l'éclat de sa couronne. Holberg fut un esprit distingué, un poète excellent. Il n'est personne qui, en le lisant, n'admire la variété de ses œuvres, l'étendue et la souplesse de sa pensée ; mais il avait le cœur égoïste, l'âme sèche, et il n'a pas aimé.

Il avait étudié dans sa première jeunesse, Plaute, Térence, Aristophane, et les autres poètes grecs et latins. Plus tard, il s'éloigna des œuvres littéraires et se consacra aux études historiques. Il est surtout célèbre comme poète, et tous les efforts de son intelligence s'étaient tournés du côté de l'histoire. Il fut poète par moments, il fut historien toute sa vie. Il écrivit, dans l'espace de quelques années, ses satires, ses comédies, son *Peer Paars*, et travailla presque sans cesse à quelque œuvre d'histoire. Plusieurs de ces travaux en ce genre n'ont pas eu un grand succès, et sont maintenant fort peu lus. Ils sont faits avec talent et habileté, mais ils manquent de profondeur et d'érudition. Holberg comprenait avec une rare facilité le sens philosophique d'une idée, la portée morale d'un fait ; mais il se laissa trop séduire par cette facilité, et négligea les recherches sérieuses. On raconte que, lorsqu'il était occupé de son *Histoire des Juifs*, il écrivit au bibliothécaire du roi pour lui demander tous les ouvrages qui avaient rapport à cette question. Environ un mois après, ce bibliothécaire lui adressa une grande caisse pleine de livres et de manuscrits. Holberg la lui renvoya, en disant qu'il n'en avait plus besoin. Son histoire était achevée ; *son siège était fait.*

Il a pourtant doté son pays d'une œuvre excellente : je veux parler de son *Histoire de Danemark*. Il n'y avait rien eu de semblable avant lui, il n'y a rien eu de meilleur depuis. Les commencements de cette histoire laissent, il est vrai, beaucoup à désirer sous le rapport de la critique des faits et de la chronologie des événements. La ques-

tion d'origine de la monarchie danoise, et la question de
succession des rois pendant une grande partie de l'époque
païenne, étaient beaucoup plus confuses alors qu'elles ne le
sont aujourd'hui. Les recherches de Worm, de Bartholin, de
Torfesen, de Gram, n'avaient jeté qu'un demi-jour sur un su-
jet que les travaux persévérants du xviiie et du xixe siècle
n'ont pu encore complètement éclaircir ; et Holberg n'était
pas homme à pénétrer plus loin que ses prédécesseurs dans
ces obscurs détails d'érudition. Quand il ouvre cette série de
faits mal avérés et d'opinions controversables, on voit qu'il ne
se sent lui-même pas à son aise. Il suit timidement les pas de
ses devanciers ; il hésite et tâtonne. Mais, une fois arrivé sur
un terrain plus ferme, il reprend toute sa verve, toute son audace : il expose avec art, il raconte avec habileté, il a le sentiment vrai des hommes et des choses. Souvent il se borne au
rôle d'historien passif ; souvent aussi il jette dans son récit
une réflexion amère, une épigramme mordante.

Avant Holberg, on n'avait eu, en Danemark, que des histoires écrites en latin, et les chroniques consciencieuses, mais
froides, de Hvitfeld. Le peuple accueillit avec enthousiasme le
premier livre qui lui fut adressé. C'était un ouvrage écrit dans
sa langue, et cet ouvrage était son histoire nationale. Holberg,
en franchissant les barrières académiques dans lesquelles ses
prédécesseurs s'étaient renfermés, rendit un grand service à
ses compatriotes, car il leur donna des livres instructifs qu'ils
pouvaient lire ; et nul doute que ces ouvrages d'histoire, dispersés dans les demeures des paysans, n'aient contribué beaucoup au développement de l'intelligence et aux progrès de la
langue danoise parmi les classes inférieures.

Un beau jour, cet homme qui enseignait les mathématiques, et qui écrivait des livres d'histoire, se réveille poète.
Un de ses amis lui enseigne la versification, et il compose un
chef-d'œuvre : *Peer Paars*.

C'est un poëme héroï-comique à la manière du *Lutrin*, de
la *Secchia rapita*, de la *Boucle de cheveux enlevée*, du *Renommist*.
Le héros est un honnête marchand danois de Callundborg, qui

frète un bâtiment pour aller voir sa fiancée à Aarhus. Mais ce voyage inoffensif jette le trouble dans l'Olympe entier, et le pauvre Peer Paars, poursuivi par les dieux, combattu par les vents, erre sur les flots comme un autre Ulysse, et donne au monde moderne l'exemple d'une longue et douloureuse Odyssée. Quand le joli navire de Callundborg met à la voile, la déesse de l'Envie, ce monstre au teint livide, au regard sinistre, ne peut voir sans frémir de rage l'heureux marchand qui va rejoindre sa blonde Dorothée. Elle entre dans la demeure d'Eole, et le conjure de déchaîner les vents. Eole fait d'abord la sourde oreille, car il se souvient de la colère de Neptune et de son *Quos ego*. Mais l'implacable furie sait si bien s'emparer de lui, qu'à la fin l'orgueil l'emporte sur la crainte. Il ouvre la grotte redoutable, et les vents se précipitent en mugissant sur l'immense étendue des mers. Vénus, qui veille aux destinées du fidèle Peer Paars, se hâte d'accourir auprès de Neptune, et le prie d'apaiser la tempête. Hélas ! il était trop tard. Le navire de Callundborg est brisé ; le fiancé de Dorothée, son secrétaire Pierre Paars et ses autres compagnons de voyage sont emportés par les vagues sur une terre étrangère. Les hommes qui habitent cette contrée ne respectent aucune loi humaine. Quand le pasteur baptise les enfants, il se fait payer les frais de sépulture en même temps que les frais de baptême ; car, comme ils finissent tous par être pendus, le pauvre prêtre perdrait la moitié de ses revenus, s'il ne prenait ses précautions d'avance. Une bataille s'engage entre les naufragés et les habitants du pays. Peer Paars se conduit comme un héros ; mais le cuisinier prend la fuite, et met le désordre dans l'armée. Les voyageurs sont vaincus. On leur accorde pourtant le droit de se retirer où bon leur semble ; seulement ils sont tenus d'abandonner les meilleurs vêtements et leurs souliers, pour payer les frais de la guerre. Peer Paars, après avoir nommé un tribunal militaire pour punir la lâcheté du cuisinier, parcourt le pays à la tête de ses troupes, et se distingue dans maintes circonstances, autant par sa sagesse que par sa bravoure. L'Envie, que tant de gloire irrite, descend auprès du bailli de la contrée, et lui jette le fiel de la haine dans le cœur. Une nouvelle bataille a lieu. Peer Paars est vaincu et fait prisonnier. Mais Cupidon lance à la fille du bailli l'une de ses flèches les plus acérées. La pauvre enfant ne rêve qu'à Peer Paars, ne soupire que pour Peer Paars, et fait si bien, à l'aide de son amie et de sa mère, qu'elle délivre le beau captif, qui s'embarque plus joyeux que jamais, et fait voile vers Aarhus. Cependant il n'est pas encore au terme de ses calamités. L'Envie, désespérant de pouvoir séduire une seconde fois Eole et soulever une nouvelle tempête, va chercher le Sommeil dans la demeure du sacristain, et l'amène sur le navire de Peer Paars. Les voyageurs descendent sur la côte. Un combat acharné s'engage entre eux et les habitants du pays. Peer Paars, attaqué à l'improviste par un chat, fait de tels prodiges de valeur, qu'on lui rend les honneurs de la guerre. A peine a-t-il joui de son triomphe, qu'il tombe entre les mains d'un enrôleur, et peu s'en faut que de marchand il ne devienne soldat. Enfin, grâce à l'intervention d'un honnête bourgeois, il recouvre sa liberté, se remet en route, et arrive auprès de celle dont il a été séparé si longtemps.

Lorsque cet ouvrage parut, il excita en Danemark une grande rumeur. Les uns reportèrent généreusement sur leurs amis les épigrammes jetées çà et là à travers le récit des infortunes de Peer Paars ; d'autres crurent se reconnaître dans les différents personnages mis en scène par le poëte. Il y en eut qui le défendirent parce qu'ils le regardaient comme une excellente satire dirigée contre leurs ennemis, et quelques-uns (mais c'était le petit nombre) qui n'y virent qu'une œuvre spirituelle, une œuvre d'art. Les adversaires les plus ardents de Holberg étaient deux écrivains distingués : Gram et Rostgaard. Ils présentèrent ce poëme comme un ouvrage honteux, qui devait être brûlé sur la place publique. Ils en firent des extraits qu'ils adressèrent avec des commentaires aux membres de l'université, et ils n'oublièrent pas d'envoyer au pasteur, au sacristain, aux habitants d'Anholt, la description que l'auteur avait faite de leur pays. Enfin, après avoir jeté feu et flamme dans le monde universitaire, ils portèrent plainte au roi, et déclarèrent Holberg indigne d'occuper plus longtemps sa chaire de professeur. L'affaire fut présentée au conseil d'Etat ; et on ne sait pas trop comment elle se serait terminée, si le comte Danneskiold n'était intervenu dans la querelle. Ce fut lui qui éclaira le roi sur le véritable caractère du poëme, sur la situation de Holberg à l'égard de ses ennemis. Le conseil d'Etat rendit un arrêté qui déclara que *Peer Paars* n'était qu'une plaisanterie dont aucun professeur ne pouvait être offensé, et *Peer Paars* fut réimprimé trois fois dans l'espace de six mois.

Pour comprendre cette animosité contre une œuvre que l'on pourrait regarder au fond comme fort inoffensive, il faut se représenter l'état de cette société danoise du xviiie siècle, pareille à un lac paisible dont le moindre vent trouble la surface ; il faut se représenter l'esprit de ces professeurs qui écrivaient des volumes pour expliquer une ligne d'Homère. Dans cette vie de vanité naïve et de labeur honnête, qui n'avait pas encore subi le choc des questions sociales dont nous sommes occupés aujourd'hui, un livre qui sortait tout à coup des voies littéraires où chacun avait l'habitude de marcher, devait nécessairement mettre en émoi tous ces hommes qui ne demandaient qu'à cheminer comme par le passé ; et un poëme de la trampe de *Peer Paars* devait bouleverser cette horloge universitaire, où chaque rouage avait sa place si bien déterminée. Que Holberg ait jeté à dessein dans cet ouvrage plusieurs épigrammes contre des hommes qu'il connaissait, c'est ce qu'il serait difficile de ne pas admettre. Mais ces épigrammes étaient assez habilement gazées, et, dans un autre pays ou dans un autre temps, elles n'eussent pas produit la même sensation.

Ce qui devait produire une sensation forte et durable, c'est le poëme lui-même, c'est cette œuvre pleine de gaieté et d'esprit ; c'est le tableau plaisant de toutes les grandes machines poétiques appliquées au voyage d'un pauvre marchand ; c'est ce mélange singulier de scènes naïves, de scènes bouffonnes dépeintes avec un sérieux imperturbable, et d'accidents journaliers racontés avec emphase.

Aujourd'hui, tout le scandale produit par l'apparition de ce livre étant passé, et toute question de personnalité ayant disparu, *Peer Paars* compte plus de lecteurs qu'il n'en eut jamais. Les Danois le lisent comme les Espagnols lisent *Don Quichotte*; c'est leur roman de chevalerie, c'est leur épopée populaire. Mais ce poëme doit leur plaire plus qu'à aucun autre peuple, car il est essentiellement danois par le sujet, par l'expression, par la couleur. Il serait difficile de le transporter dans un autre pays sans lui faire perdre une partie de son caractère local, et sans lui enlever par là quelques-unes de ses qualités essentielles.

Vingt ans plus tard, Holberg écrivit un autre ouvrage d'une nature plus sérieuse et d'une tendance plus générale : c'est le *Voyage de Niel Klim*. Cette fois, son but était vraiment d'attaquer les ridicules usages, les préjugés qu'il remarquait autour de lui ; son but était de corriger son époque, et de l'instruire. Mais il jugea qu'une satire à bout portant serait trop dangereuse pour lui, ou ne produirait pas l'effet qu'il en attendait ; et il eut recours à l'allégorie. Swift lui avait donné l'exemple : *Gulliver* fut son modèle. Il promena son héros dans un monde imaginaire, et lui montra sous des noms supposés le pédantisme des écoles, les fausses opinions religieuses et politiques défendues par les hommes de parti, et les vaniteuses prérogatives de l'aristocratie. Quand ce livre fut fini, Holberg eut peur de le publier. Il ressemblait à un général qui, après avoir tout disposé pour le combat, redoute de l'engager. Il était vieux alors, maladif, triste, et ayant besoin de repos. Il se souvenait de la tempête soulevée par *Peer Paars*, et, à vrai dire, il n'avait nulle envie de subir encore une fois les mêmes tribulations. Cependant les personnes qui l'entouraient, et qui avaient connaissance de son ouvrage, le pressaient de le faire imprimer. Les libraires, habiles à flairer le succès d'un livre, venaient lui demander son manuscrit. L'un d'eux promit si bien de le publier avec discrétion, et de ne confier à personne le nom de l'auteur, que Holberg se décida. Le *Voyage de Niel Klim* fut envoyé à Leipzig, et imprimé là pour la première fois. On n'en reçut d'abord qu'un exemplaire à Copenhague, et il produisit une rumeur vague dans toute la ville. Peu de personnes encore l'avaient eu entre les mains, mais chacun voulait l'avoir lu ; et on en racontait des choses si étranges, que Holberg, ne pouvant reconnaître son Niel Klim à la physionomie qu'on lui donnait, crut qu'il s'agissait d'un autre ouvrage. Bientôt pourtant les hommes éclairés rendirent justice à ce livre ; mais rien ne put vaincre l'animosité de certains esprits. Un prêtre puissant, le confesseur du roi, Pontoppidan, qui se regardait comme personnellement offensé dans les passages où Holberg parlait des théologiens, employa tout son crédit à faire condamner cette œuvre du poète, qu'il signalait comme une œuvre impie. Mais il ne fut pas plus heureux que Gram. L'histoire de Niel Klim obtint un succès complet ; elle fut traduite dans toutes les langues, et répandue à travers l'Europe entière. Quelques années après, un Danois qui voyageait dans les provinces les plus reculées de la Hongrie s'arrêta dans une maison où il reçut un accueil fraternel, parce qu'il était le compatriote de l'homme célèbre qui avait écrit les aventures de Niel Klim.

Niel Klim est un jeune étudiant norvégien qui a passé plusieurs années à l'université de Copenhague, qui s'est distingué par ses thèses latines, ses dissertations philosophiques, et qui s'en retourne à Bergen, emportant avec lui un magnifique témoignage de son dernier examen. Il a souvent entendu parler d'une grotte profonde où plusieurs hommes ont en vain essayé de descendre, et dont les gens du peuple racontent des choses merveilleuses. Il y descend, un jour, à l'aide d'une corde, arrive sous la crconférence du globe, se balance quelques instants dans le vide, et tombe au milieu de la planète Nazar. C'est le soir. Il est fatigué de sa course, et il s'endort. Le lendemain au matin, les beuglements d'un taureau l'éveillent tout à coup : l'effroi le saisit en apercevant cet animal auprès de lui, et, pour lui échapper, il monte sur un arbre. Mais il est arrivé dans un pays où les hommes sont des arbres ; et celui sur lequel il a cherché un refuge est une des dames les plus respectables du pays : c'est la femme du bourgmestre. Aux cris d'indignation que jette la noble dame outragée, une quantité d'arbres se rassemblent à la hâte. On entoure Niel Klim, qui regarde toute cette scène avec une sorte de stupéfaction, et on l'emporte dans la ville voisine. Cette ville est élégante et bienbâtie, toute peuplée de beaux arbres de différentes tailles et de différentes couleurs, selon l'âge et le sexe. Quand ils passent dans les rues, ils se saluent en inclinant leurs branches l'une contre l'autre. Les plus nobles sont ceux qui naissent avec le plus de branches. Celui qui a le bonheur de venir au monde avec six branches est placé de droit au faîte de l'aristocratie ; c'est là le privilège de la naissance : mais ceux qui occupent le premier rang sont ceux qui ont consacré leur fortune au service de l'Etat. Dans ce curieux pays, les fonctionnaires non salariés sont les plus estimés ; et les paysans, les manufacturiers, les artistes, passent avant les gens de cour.

Le voyageur est conduit devant le tribunal, et accusé d'avoir offensé publiquement une femme. Le juge suprême du tribunal est une jeune fille, je veux dire un jeune arbre ; et les avocats portent une peau de mouton, comme symbole de la douceur qu'ils doivent garder dans leur plaidoyer. Niel Klim est acquitté, et on le mène dans la maison du bourgmestre.

Cependant le bruit se répand à travers le pays qu'il est arrivé dans une ville de province un animal extraordinaire, qui a, comme les êtres raisonnables, l'usage de la parole. Le roi, ayant appris cette nouvelle, donne l'ordre au bourgmestre de faire élever Niel Klim, de lui apprendre la langue de la contrée, et de le mettre en état de paraître à la cour. Voilà donc l'étudiant de Copenhague qui entre de nouveau à l'école ; mais, cette fois, on ne lui parle ni de dilemme ni de syllogisme. On s'applique seulement à développer ses facultés morales et ses forces physiques. Après avoir passé par tous les cours d'instruction prescrits à la jeunesse de Nazar, Niel Klim subit un examen, et les examinateurs le déclarent incapable d'aspirer à aucun emploi important. Le seul mérite qu'ils lui reconnaissent, c'est l'agilité de ses membres, et ils le recommandent pour une place de coureur.

Le pauvre Niel Klim, désolé de cette sentence, tire de sa poche un diplôme de bachelier, et démontre clairement qu'il était au nombre des élèves les plus instruits de l'université de Copenhague. Mais les habitants de la planète souterraine où il est tombé n'ont pas le moindre respect pour les titres grecs et latins qu'il a reçus. Il est présenté au roi comme coureur, et il devient coureur.

Après avoir rempli pendant quelque temps ces fonctions de valet de pied, il demande la permission de voyager à travers les provinces du royaume, et l'obtient. Toutes ces provinces sont très différentes l'une de l'autre, et lui offrent à chaque pas un nouveau sujet d'observation. Il arrive d'abord dans la terre de l'intolérance. Là, il y a des hommes qui voient tous les objets en long, et d'autres qui les voient tous en carré ; mais les premiers sont les plus forts, et ils persécutent ceux qui ne voient pas comme eux. Plus loin, les enfants règnent, et les vieillards obéissent. Les enfants s'occupent des affaires de l'État, rédigent des lois ; les vieillards courent dans les rues, fouettent leur toupie, et montent à cheval sur des bâtons. On est majeur, dans ce pays, dès qu'on commence à parler ; on devient mineur à l'âge de quarante ans.

La contrée voisine de celle-ci n'est pas moins singulière. Là, ce sont les femmes qui gouvernent, et les hommes qui filent la laine, tricotent les bas, font la cuisine. Les hommes sont faibles et timides, les femmes hardies et entreprenantes : elles courent d'aventure en aventure, et se vantent de leurs bonnes fortunes ; mais, quand un jeune homme s'est laissé séduire, il est perdu de réputation.

De là, Niel Klim arrive dans la terre philosophique. Ici, il n'y a ni pavé, ni chemin : les habitants n'ont pas le temps de s'en occuper, car ils cherchent un chemin vers le soleil. Les rues sont sales, les maisons sales ; les hommes portent des manteaux dont on ne reconnait plus la couleur, tant ils sont couverts de poussière. Le voyageur tombe entre les mains d'une société scientifique qui le vole ; puis il tombe dans un groupe de médecins qui l'emportent dans leur laboratoire, et l'étendent sur une table pour le disséquer. Il est délivré par une femme qui lui demande par pitié un service qu'il ne peut lui rendre, et il s'enfuit avec horreur de cette patrie de la science.

Le neuvième chapitre de *Niel Klim* est une très bonne satire de tous nos vains projets, de toutes nos fausses croyances. Niel passe tour à tour par une contrée où les hommes ont la vue trop perçante, par une autre où ils ne dorment jamais, par une ville où il n'y a point de lois, par une ville voisine, où l'on ne s'en rapporte qu'aux lois ; et il démontre que tout excès est nuisible, même l'excès dans le bien.

De retour dans le pays des arbres, le voyageur veut prouver qu'il a su s'instruire dans son long pèlerinage. Il fait une motion politique ; mais cette motion est contre toutes les lois du gouvernement, et Niel Klim est condamné à mort. Le roi lui accorde sa grâce : un oiseau l'emporte dans la terre du firmament. Cette terre est habitée par un peuple léger, frivole ; espèce de peuple parisien, amoureux de tous les plaisirs, enthousiaste de toutes les nouveautés. Niel imagine de faire des perruques ; et cette invention le fait passer d'un état obscur à une fortune éclatante. Le sénat lui vote des remercîments, le président l'anoblit, et l'État lui donne une pension. La femme de son bienfaiteur devient amoureuse de lui : par délicatesse de confiance, il ne veut pas l'entendre. Irritée de ses refus, elle l'accuse d'avoir voulu la séduire, et il est banni de la contrée.

Il arrive dans un pays pauvre, ignorant, presque barbare, où on le prend pour un envoyé du ciel. Il fait son entrée solennelle à la cour, devient ministre, général en chef, empereur. Il gagne des batailles, conquiert des royaumes, et fonde dans l'empire souterrain une monarchie plus grande que la monarchie romaine. Mais alors l'orgueil s'empare de lui ; il devient injuste, soupçonneux, cruel. Ses sujets, fatigués du joug qu'il leur impose, se révoltent contre lui. Il veut les subjuguer de force, mais il est vaincu et obligé de fuir. Il se réfugie dans une caserne, et rentre en Norvège, la couronne sur la tête et l'épée au côté. Les enfants le prennent pour Ahasvérus ; mais un de ses amis le reconnaît et le fait nommer sonneur de cloches à Bergen.

Il y avait réellement, vers la fin du XVIIIe siècle, à Bergen, un sonneur de cloches nommé Niel Klim ; et le peuple montrait aux environs de la ville une grotte qui descendait sous terre, et qui était habitée, disait-on, par des nains et des trolles. Ces deux circonstances ont suffi pour jeter aux yeux de quelques personnes une sorte de vraisemblance sur le roman de Holberg. Il y a des gens qui ont discuté sérieusement les aventures de Niel ; il y en a qui ont pu dire de ce livre ce qu'un Anglais disait de l'ouvrage de Swift : « Les voyages de ce capitaine Gulliver sont bien intéressants ; c'est dommage que tout n'y soit pas rigoureusement exact. »

Peer Paars et *Niel Klim* sont deux des meilleurs ouvrages de Holberg. Il doit pourtant la plus grande partie de sa réputation à ses comédies. A l'époque où il entra dans cette nouvelle carrière poétique, il ne pouvait trouver aucun modèle de ce genre en Danemark ni en Allemagne ; mais il se souvenait de ses auteurs classiques, et il connaissait Molière. Il emprunta à la comédie française l'idée de plusieurs situations et de plusieurs rôles : l'idée, par exemple, de toutes ces femmes de chambre habiles à conduire une intrigue, de tous ces valets confidents de leurs maîtres, de toutes ces Lisette, de tous ces Frontin, mis en scène par Molière, par Regnard, par Destouches. Il emprunta le sujet de plusieurs pièces à Biedermann, au théâtre italien de Gherardi. Il prit, en un mot, çà et là, selon le caprice et selon l'occasion, l'élément primitif de son œuvre ; et, ce canevas une fois trouvé, il s'abandonna à sa verve, à son esprit humoristique, à son talent exquis d'observateur. Il fut lui, il fut Holberg.

Son génie ne le portait pas vers la haute comédie ; il le sentit lui-même et n'essaya pas de l'aborder. Il n'a point dessiné de caractère comme le *Misanthrope*, le *Tartufe*, l'*Avare*, le *Joueur*; il n'est pas entré non plus dans la comédie du grand monde. Il est descendu d'un degré plus bas dans l'échelle sociale; il s'est arrêté dans le salon de la bourgeoisie, dans le comptoir du marchand. Si je compare son théâtre à celui que nous avions en France au XVIIIe siècle, le nôtre me rappelle les nuances fines, les ombres chatoyantes de Miéris ; et le sien me représente les tons naïfs, les lourdes et franches physionomies, les attitudes burlesques de Téniers.

Peu d'hommes ont aussi bien connu que Holberg le caractère de leur nation, l'esprit de leur époque. Il a souvent négligé de peindre le vice moral, le vice essentiel, sur lequel il avait aussi arrêté son regard ; mais le ridicule ne lui a jamais échappé. Il l'a poursuivi dans toutes les situations, il l'a représenté sous toutes ses faces avec une vérité de coloris inimitable ; chacune des figures qu'il est allé choisir dans la foule pour l'exposer aux regards du public est un portrait achevé ; c'est la nature prise sur le fait, la nature calquée dans son expression la plus caractéristique. C'est ainsi qu'il a dessiné tour à tour, dans le vaniteux *Jacob de Tybo*, le matamore allemand, lâche et menteur, qui se fait encenser par ses parasites, se vante des combats qu'il a soutenus et des victoires qu'il a remportées, et fuit devant une demi-douzaine d'écoliers ; dans *Don Ranudo*, le misérable orgueil du gentilhomme qui veut se consoler de ses souffrances avec ses parchemins, et essaye de tromper sa faim en comptant le nombre de ses aïeux ; dans *le Potier d'étain*, la présomption du bourgeois ignorant qui se croit appelé à régir les affaires de l'Etat, et tombe devant le premier brin de paille qu'on lui pose sur sa route ; dans *l'Homme affairé*, la plaisante importance de ces gens qui veulent toujours qu'on les regarde comme accablés sous le poids de leurs occupations, qui travaillent sans cesse à remettre en ordre les inutiles paperasses qu'ils dérangent sans cesse, et s'enferment, comme dit Figaro, pour tailler des plumes ;

dans *Jean de France*, les prétentions puériles de ceux qui, ayant vécu quelques mois en pays étranger, s'en reviennent chez eux enthousiastes de tout ce qu'ils ont vu, et veulent passer pour des oracles d'esprit et de goût.

La pièce intitulée *la Chambre de l'Accouchée* est un tableau fort piquant d'une société bourgeoise abandonnée à ses petites passions, à ses petites vanités. Un vice contre lequel Holberg a surtout été impitoyable, c'est le pédantisme, qui de son temps infectait la science et l'université. Il l'a mis plusieurs fois en scène, notamment dans une de ses meilleures pièces, *Erasmus-Montanus*. Cette comédie n'a pu être appréciée du peuple danois comme *le Potier d'étain* et *Jacob de Tybo* : car ce qui en fait surtout la partie comique, c'est le grotesque emploi de quelques bribes de latin, et les folles vanités de la scolastique du moyen âge mises en opposition avec la naïve simplicité d'une honnête famille de paysans. Une analyse de cette pièce peut servir à la fois à caractériser le pays où elle fut écrite, l'époque universitaire dont elle est la vive satire, et le génie de Holberg.

La comédie commence par un monologue d'un honnête paysan danois qui a voulu avoir un savant dans sa famille, qui a envoyé à grands frais son fils aîné à l'école, et qui vient de recevoir une lettre de lui; lettre superbe dont il est tout fier, bien que malheureusement il ne puisse la lire. « C'est bien dommage, dit-il, que le sacristain ne soit pas ici ! Il y a tant de latin dans la lettre de mon fils, que je ne puis la comprendre. Les larmes me viennent aux yeux quand je songe qu'un pauvre paysan a pu mettre au monde un garçon si savant, surtout lorsque je réfléchis que notre famille ne s'est point distinguée par l'instruction. J'ai entendu dire, à des gens qui s'y connaissent, qu'il peut lutter avec le premier prêtre venu. Ah ! pourvu que ma femme et moi nous vivions assez longtemps pour l'entendre prêcher dans notre village, nous ne regretterons pas les deniers qu'il nous a coûtés. Je m'aperçois bien que le sacristain Pierre n'est pas trop content du retour de mon fils : il me semble qu'il redoute mon cher fils Ramus

Berg. C'est une chose terrible que de voir comme les savants se jalousent l'un l'autre. Le brave homme fait de beaux sermons, et parle de l'envie de telle sorte, qu'on est tout attendri ; mais je crois qu'il n'est pas lui-même exempt de ce défaut. Je ne sais d'où cela vient. Si quelqu'un me dit qu'un de mes voisins s'entend mieux que moi à la culture des terres, puis-je en être fâché ? Non, ma foi ; cela n'entre pas dans la pensée de Jeppe Berg. Mais voici le sacristain. Soyez le bien venu, Pierre.

Pierre. Merci, Jeppe Berg.

Jeppe. Ah ! mon cher Pierre, pourriez-vous m'expliquer un bout de latin qui se trouve dans la dernière lettre de mon fils ?

Pierre. Quelle question ! Croyez-vous que je ne comprenne pas le latin aussi bien que votre fils ? Tel que vous me voyez, Jeppe, je suis un vieil académicien.

Jeppe. Je le sais. Mais je me demandais si vous compreniez le nouveau latin ; car je suppose que cette langue change avec le temps, comme notre danois. Dans ma jeunesse, on ne parlait pas de même qu'à présent. Tenez. Je puis bien lire ces caractères, mais je n'en devine pas le sens.

Pierre. Votre fils vous écrit qu'il étudie sa *logicam, rhetoricam et metaphysicam*.

Jeppe. Que signifie le premier mot ?

Pierre. La chaire du prédicateur.

Jeppe. Ah ! c'est bien. Dieu veuille que mon fils devienne prédicateur !

Pierre. Il faut d'abord qu'il soit sacristain.

Jeppe. Et le second mot ?

Pierre. *Rhetorica*, c'est comme qui dirait, en danois, rituel. Quant au troisième il faut qu'il soit mal écrit, ou qu'il vienne du français ; car s'il était latin, je le comprendrais. Je suis en état, Jeppe Berg, de parler latin un peu couramment : *Ala*, l'aile ; *ancilla*, la servante ; *barba*, la barbe ; *cerevisia*, la bière *campana*, la cloche ; *cella*, la cave ; *lagena*, la bouteille ; *lana*, la laine ; *ancilla*, la servante ; *janua*, la porte ; *cerevisia*, le beurre.

JEPPE. Il faut que vous ayez une prodigieuse mémoire.

PIERRE. Oui. Je n'aurais jamais supposé qu'il me fallût rester si longtemps à ce pauvre emploi de sacristain. Si je m'étais marié, j'aurais pu devenir tout autre chose ; mais j'aime mieux vivre comme je puis, que de devoir ma fortune à une femme.

JEPPE. Mais regardez, cher Pierre. Il y a encore ici une ligne de latin.

PIERRE. *Die Veneris Hafniæ domum profecturus sum.* Je comprends cela, mais il y aurait de quoi troubler la tête d'un autre. Cela signifie qu'une troupe de Russes est arrivée à Copenhague.

JEPPE. Que me font les Russes ?

PIERRE. Il ne s'agit pas de Moscovites, mais d'une certaine classe d'étudiants qu'on appelle Russes. »

Le bon Pierre est persuadé qu'il possède le fin fond de la science universitaire, et s'applaudit fort d'avoir si bien appris le latin.

Entre Nille, la femme de Jeppe, qui vient, toute joyeuse, annoncer la prochaine arrivée de son fils ; puis Jérôme, le père de Lisbeth, que l'heureux étudiant doit épouser; et Lisbeth elle-même, fière d'entendre vanter la science de son fiancé. Le sacristain, malgré son assurance, ne laisse pas que de se sentir inquiet des éloges que l'on donne à son jeune rival, et jette par-ci par-là quelques mots qui trahissent un secret dépit.

Mais voici le héros de la pièce, l'illustre Erasme, l'orgueil de ses parents. Son frère Jacob l'a vu de ses propres yeux, et s'empresse de venir annoncer cette heureuse nouvelle.

— Quel air a-t-il ? demande Jeppe.

— Ah ! répond Jacob, il a l'air bien savant. Nielsen, qui l'a amené sur son chariot, dit que, tout le long du chemin, il n'a fait que disputer en grec et en d'autres langues avec une telle ardeur, que deux ou trois fois il a frappé du poing sur le dos de Nielsen, en s'écriant : *Probe majorem, probe majorem!* Je pense qu'avant de partir il aura eu quelque querelle avec un major. Un instant après, il se mettait à regarder en silence la lune et les étoiles avec une telle attention, qu'il en a perdu l'équilibre, et qu'il est tombé de voiture.

Pendant que le glorieux Jeppe et sa joyeuse femme se précipitent à la rencontre de ce fils bien-aimé, il arrive d'un autre côté sur la scène, uniquement préoccupé de la crainte de ne pouvoir suffisamment exercer dans son village son précieux savoir. « Il n'y a pas vingt-quatre heures, dit-il, que j'ai quitté Copenhague, et déjà je regrette de ne plus y être. Si je n'avais pas mes bons livres avec moi, je ne saurais comment faire pour vivre ici : *Studia secundas res ornant, adversis solatium præbent.* Il me semble qu'il me manque quelque chose, quand j'ai passé trois jours sans argumenter. Je ne sais s'il y a ici quelques hommes instruits ; si j'en trouve, je leur donnerai de la besogne, car il faut que j'argumente. Du côté de mes parents, j'ai peu de ressources : ce sont de bonnes gens qui n'ont guère dépassé l'étude de l'alphabet. Le sacristain et le maître d'école ont été plus loin ; nous verrons ce qu'ils valent. »

Son monologue est interrompu par son frère Jacob, qui s'élance vers lui, en l'appelant son cher frère. Erasme l'arrête avec une austère dignité. « Je suis bien aise, dit-il, de te revoir. Quant à ces mots familiers de fraternité, c'était bon autrefois ; à présent, il faut les mettre de côté.

Jacob. Quoi ! n'es-tu pas mon frère ?

Erasme. Je ne nie pas, manant, que je sois ton frère par la naissance. Mais tu dois reconnaître que tu n'es qu'un paysan; et moi, je suis *philosophiæ baccalaureus.* Assez là-dessus. Que fait ma fiancée et mon futur beau-père ?

Jacob. Ils se portent bien, et m'ont demandé tout à l'heure quand arrivait mon frère ?

Erasme. Encore ce mot de frère. Ce n'est point par orgueil, mais je te répète que tu ne dois plus me parler ainsi.

Jacob. Comment donc faut-il t'appeler ?

Erasme. Tu m'appelleras monsieur Montanus. C'est le nom que je porte à Copenhague.

Jacob. Monsieur Montanus ! monsieur Montanus !

Erasme. Bien. Montanus, en latin, signifie ce que nous nommons Berg en danois.

Jacob. Pourrais-je aussi m'appeler monsieur Jacob Montanus ?

Erasme. Quand tu auras été à l'école aussi longtemps que moi, et subi tes *examina*, il te sera permis de te donner un nom latin. Mais, tant que tu ne seras qu'un paysan, tu dois te contenter de ton nom rustique de Jacob Berg. »

L'entretien des deux frères, commencé d'un côté d'une façon si peu amicale, s'aigrit de plus en plus. Jacob répond avec son simple et honnête bon sens aux folies d'Erasme, qui s'emporte et lui lance un livre à la tête.

Aux cris de Jacob, ses parents accourent, et s'indignent d'apprendre qu'il a eu l'audace de répondre à son frère comme à son égal. Je traduis cette scène, d'un comique naïf.

Nille. Comment, malheureux, n'as-tu pas plus de respect pour un si grand savant ? Ne sais-tu pas qu'il est l'honneur de notre maison ? Pardonnez-lui, mon cher fils ; c'est un lourdaud qui ne sait ce qu'il fait.

Erasme. J'étais là à réfléchir à de graves questions, lorsque cet *importunissimus et audacissimus juvenis* est venu me troubler. Ce n'est pas un jeu d'enfant que de s'occuper de ces *transcendentalibus*. Je voudrais, pour deux marks, n'en avoir pas été distrait.

Jeppe. Ne te fâche pas, mon cher fils ; cela n'arrivera plus. Je sais que les savants s'emportent aisément. Pierre le sacristain s'emporta une fois, et il fallut trois jours pour le calmer.

Erasme. Pierre le sacristain est-il savant ?

Jeppe. Oui. Du plus loin qu'il me souvienne, nous n'avons pas eu un sacristain qui chantât si bien.

Erasme. Avec cette qualité, il peut être fort ignorant.

Jeppe. Il fait aussi de beaux sermons.

Erasme. Cela n'empêche pas qu'il ne puisse encore être fort ignorant.

Nille. Ah ! comment peut-on bien prêcher et être ignorant ?

Erasme. Ce sont précisément les ignorants qui prêchent

bien, car ils empruntent les sermons des autres, et répètent des paroles que souvent ils ne comprennent pas ; tandis qu'un homme instruit compose lui-même ce qu'il doit dire en chaire. On se trompe donc en jugeant le savoir des étudiants d'après les sermons qu'ils prononcent. Pour les éprouver, faites-les argumenter comme moi. Je puis argumenter en bon latin sur quelque sujet que ce soit ; je puis soutenir que cette table est un flambeau, que du pain est de la paille. Je puis vous démontrer, mon père, que celui qui boit travaille par là à son salut.

JEPPE. Je croirais plutôt le contraire, car l'ivrogne perd à la fois sa raison et son argent.

ERASME. Je vais vous faire mon raisonnement. *Quicumque bene bibit, bene dormit.* Mais j'y songe, vous ne comprenez pas le latin. Celui qui boit bien, dort bien, n'est-ce pas vrai ?

JEPPE. Oui ; lorsque j'ai bu un coup, je dors comme un cheval.

ERASME. Celui qui dort bien, ne pèche pas. Est-ce encore vrai ?

JEPPE. Oui, il faut le reconnaître.

ERASME. *Ergo*, celui qui boit bien travaille par là à son salut. Vous, ma mère, je veux faire de vous une pierre.

NILLE. Quelle plaisanterie !

ERASME. Ecoutez : une pierre ne peut pas voler.

NILLE. Non, à moins qu'on ne la jette en l'air.

ERASME. Vous ne pouvez pas voler ?

NILLE. Non.

ERASME. Donc, vous êtes une pierre (*Nille pleure*). Pourquoi pleurez-vous ?

NILLE. Ah ! j'ai tellement peur de n'être qu'une pierre ! Il me semble que mes jambes se refroidissent déjà.

ERASME. Rassurez-vous. Je vais vous rendre à votre nature humaine. Une pierre ne peut ni penser, ni parler.

NILLE. Je ne sais si elle ne peut penser ; mais, à coup sûr, elle ne peut parler.

ERASME. Vous pouvez parler ?

Nille. Oui. Dieu soit loué, je parle comme une humble femme de paysan.

Erasme. *Ergo,* vous n'êtes pas une pierre.

Nille. Ah ! je respire. Il faut vraiment avoir une bonne tête pour se livrer à l'étude. Je ne sais comment il a pu retenir tant de choses. Jacob, tu serviras ton frère, tu n'as rien de mieux à faire ; et, si tu lui causes la moindre peine, gare les coups !

Erasme. Mère, je voudrais qu'il se déshabituât de me tutoyer ; il ne convient pas qu'un garçon de ferme tutoie un savant. Je désire aussi qu'il m'appelle Monsieur.

Jeppe. Tu entends, Jacob ? quand tu parleras à ton frère, tu l'appelleras Monsieur.

Erasme. Je désire que vous invitiez aujourd'hui le sacristain à dîner, afin que je juge de ce qu'il vaut.

Jeppe. Cela sera fait.

Erasme. Je vais aller voir ma fiancée.

Nille. J'ai peur qu'il ne pleuve. Jacob portera votre manteau.

Erasme. Jacob.

Jacob. Monsieur !

Erasme. Suis-moi avec mon manteau.

Au retour de sa promenade, où il s'est mis à argumenter avec un étudiant au lieu d'aller voir sa fiancée, Erasme trouve le sacristain, que ses parents ont invité à dîner, avec le principal fonctionnaire du lieu, le *Foged.* L'entretien tourne aussitôt à la science, car il est bien convenu qu'avec l'illustre Erasme on ne peut s'occuper de choses vulgaires. Le Foged lui demande s'il est vrai qu'on prétende, à Copenhague, que la terre est ronde. Erasme déclare que non-seulement la terre est ronde, mais qu'elle tourne autour du soleil. A ce téméraire propos, il s'élève dans l'assemblée une telle surprise, une si sainte horreur, que, par pitié pour le pauvre étudiant, qui a osé formuler une telle monstruosité, le Foged s'efforce de rire, et d'amener la conversation sur un autre sujet. Mais ensuite c'est le sacristain qui l'entreprend ; et il lui lance avec tant d'audace tant de barbares non-sens, que les spectateurs, voyant Erasme étourdi d'une telle impudence, le jugent dominé, vaincu par un ignorant adversaire.

Je ne puis résister au plaisir de citer encore cette scène grotesque.

Pierre. Soyez le bien venu, monsieur Erasme Berg.

Erasme. A Copenhague, on m'appelle Montanus. Je désire qu'il en soit ici de même.

Pierre. Bien, bien ! c'est pour moi la même chose. Et que fait-on à Copenhague ? Y a-t-il beaucoup d'étudiants à l'examen ?

Erasme. Comme de coutume.

Pierre. Beaucoup de rejetés ?

Erasme. Deux à trois, *conditionaliter*.

Pierre. Qui est *imprimatur* cette année ?

Erasme. Que voulez-vous dire ?

Pierre. Je vous demande qui est *imprimatur* en vers ou en prose ?

Erasme. Parlez-vous latin ?

Pierre. De mon temps, c'était un bon latin.

Erasme. Si c'était du latin, il faut que cela en soit encore. Mais jamais ce mot n'a eu le sens dans lequel vous l'employez.

Pierre. Oui, c'est du vrai latin.

Erasme. Est-ce un *nomen* ou un *verbum* ?

Pierre. C'est un *nomen*.

Le Foged. Bien, Pierre, défendez-vous bravement.

Erasme. *Cujus declinationis est* imprimatur ?

Pierre. Tous les mots se divisent en sept catégories : *Nomen, pronomen, verbum, principium, conjugatio, declinatio, interjectio.*

Le Foged. Voyez, voyez comme Pierre parle quand il parle ! Allez, Pierre, allez, Pierre ; touchez ferme.

Erasme. Il ne répond à rien de ce que je lui demande. Comment est *imprimatur* au génitif ?

Pierre. *Nominativus, ala; genitivus, alæ; dativus, alo, vocativus, alo; ablativus, ala.*

Le Foged. Ah ! ah ! monsieur Montanus, nous avons aussi des savants dans notre village.

Pierre. Je le crois. Les étudiants de mon temps étaient d'autres hommes que ceux d'aujourd'hui ; des gaillards qui se faisaient raser deux fois par semaine, et qui pouvaient scander toute espèce de vers.

Erasme. Un beau travail, ma foi, et qui n'exige pas grand savoir. A présent, les étudiants peuvent faire des vers en langue hébraïque et chaldéenne.

Pierre. Alors ils ne doivent pas savoir beaucoup de latin.

Erasme. De latin ? Si vous reveniez maintenant à l'école, vous n'entreriez pas dans la dernière classe.

Le Foged. Ne parlez pas ainsi, Montanus. Le sacristain est un homme instruit : les deux principaux fonctionnaires du district nous l'ont eux-mêmes dit.

Erasme. Ils n'entendent peut-être pas plus le latin que lui.

Le Foged. Je remarque pourtant qu'il se défend bien.

Erasme. Je vous répète qu'il ne peut répondre à rien de ce que je lui demande. *E qua schola dimissus es, domine?*

Pierre. *Adjectivum et substantivum, genere, numero et caseo conveniunt.*

Le Foged. Il lui donne, sur ma parole, sa bonne mesure. Courage, allons, courage, Pierre ! nous boirons ensemble un verre d'eau-de-vie.

Erasme. Si vous pouviez comprendre, monsieur le Foged, ce qu'il me dit, vous auriez de quoi rire. Je lui demande de quelle école il est sorti, et il me répond par un non-sens.

Pierre. *Tunc trea res legitur, paries cum proximus ardet.*

Le Foged. Vous voyez comme il va, tâchez donc de vous défendre.

Erasme. Comment me défendre contre de pareilles niaiseries ? Parlons danois, afin que chacun nous comprenne, et l'on verra ce que c'est que cet homme. (*Nille pleure.*)

Le Foged. Pourquoi pleurez-vous, bonne mère ?

Nille. Je suis désolée de voir que mon fils s'avoue vaincu sur le latin.

Le Foged. Cela n'est pas surprenant; Pierre est plus âgé que lui. Cela n'est pas surprenant. Mais laissons-les parler danois.

Pierre. Oui, je suis prêt à lutter, de quelque façon que ce soit; et je vais lui proposer quelques problèmes, comme, par exemple : Quel est l'animal qui cria si haut, que le monde entier l'entendit?

Erasme. Je ne sache aucun être qui crie si haut que les ânes et les sacristains.

Pierre. Mauvaise plaisanterie : tout le monde ne peut les entendre. C'est l'âne qui se trouvait sur l'arche de Noé, car le monde entier était réuni dans cette arche.

Le Foged. Ah! ah! c'est ma foi vrai. Quelle bonne tête a ce sacristain !

Pierre. Quel est celui qui a tué le quart du monde ?

Erasme. Je ne réponds pas à ces sottes questions.

Pierre. C'est Caïn, qui massacra son frère Abel.

Erasme. Prouve-nous qu'il n'y avait alors que quatre êtres vivants sur la terre

Pierre. Prouve-nous qu'il y en avait plus.

Erasme. Cela ne signifie rien. *Affirmanti incumbit probatio.*

Pierre. Certainement. *Omnia conando docilis solertia vincit.* Comprenez-vous ?

Erasme. Je suis un sot de vouloir disputer avec un homme qui ne comprend ni latin ni danois, et qui ne sait ce que c'est que la logique. Voyons : *Quid est logica?*

Pierre. *Post molestam senectutem, post molestam senectutem nos habebat humus.*

Erasme. Misérable, te moques-tu de moi ? (Il s'élance sur le sacristain, et le prend aux cheveux. Le sacristain se sauve. Le père et la mère d'Erasme courent après leur fils.)

Sur ces entrefaites arrive Jérôme, le beau-père futur du jeune étudiant, qui ne trouve que le Foged; et le Foged lui raconte avec bonheur comment Erasme a été battu sur tous les points par le sacristain ; comment le présomptueux écolier a changé de nom, et comment, enfin, il a l'outrecuidance d'affirmer que la terre est ronde. A ce dernier trait, le bon Jérôme pousse un cri d'horreur, et déclare qu'il ne donnera jamais sa fille à un homme qui professe des opinions aussi extravagantes. La pauvre Lisbeth, apprenant ce qui se passe, écrit à Erasme pour le conjurer de revenir à la raison, et d'abdiquer des principes qui révoltent les gens de bon sens. Erasme, partagé entre son respect pour la science et son amour pour la jeune fille, s'interroge, combat, hésite ; puis enfin la philosophie l'emporte sur l'amour, et il se décide à renoncer à sa chère Lisbeth, plutôt qu'à trahir les principes de l'école. Cependant on parvient à calmer l'indignation de Jérôme ; mais une nouvelle dispute s'étant élevée entre l'intraitable Erasme et le fier sacristain, le Foged, qui se trouve lui-même mêlé à cette seconde querelle, et qui a été humilié par un des arguments de l'étudiant, se retire furieux. Pour venger son orgueil blessé, il s'adresse à un officier de recrutement, qui, trompant Erasme par un des arguments de son métier, l'enrôle et le livre au plus brutal des caporaux. Le malheureux Erasme, enlevé à sa famille, à ses livres, rudoyé de toutes façons et schlagué, commence à faire d'amères réflexions, et pense qu'il aurait pu se montrer moins orgueilleux envers son frère, et moins tenace envers tout le monde. Jérôme, touché de sa situation, lui propose de le racheter, de lui donner sa fille, à condition qu'il renonce à ses affreuses maximes. Erasme essaye encore de défendre sa cosmographie, puis enfin se soumet, et déclare que la terre est plate comme une galette.

Ulysse d'Ithaque est encore une des bonnes pièces de Holberg, une parodie un peu bouffonne, il est vrai, de l'enlèvement d'Hélène et du siège de Troie. Mais cette parodie renferme plusieurs traits de mœurs danoises habilement saisis, et une vive satire des drames extravagants que des troupes de comédiens ambulants représentaient à cette époque.

Ce qui ajoute au caractère plaisant de ces différentes pièces, c'est la bonhomie du poète dans le dialogue le plus comique, et son sang-froid inaltérable dans les situations les plus inattendues ; ce qui les rend plus intéressantes, c'est l'idée morale qu'elles renferment. Holberg avait l'esprit sérieux et triste. Il n'écrivait pas des comédies pour amuser le public, mais pour l'instruire. Sous cette intrigue d'amour ou de friponnerie qu'il noue si habilement, il y a une pensée grave ; sous cette scène burlesque qui fait rire le spectateur, il y a une intention philosophique.

La plupart de ces pièces sont tout à fait danoises. Le succès qu'elles ont obtenu tient essentiellement à des coutumes, à des mœurs particulières. Transportées ailleurs, il serait difficile qu'elles fussent appréciées à leur juste valeur. Mais Holberg a dessiné plusieurs personnages, comme Jacob de Tybo, Bremen de Bremenfeld, Erasmus Montanus, qui sont des types pris au sein de la nature humaine, et qui doivent être compris partout et en tout temps.

Le style de ces comédies est franc, naturel, sans effort et sans recherche ; le dialogue moins vif que celui de Molière, mais plus naïf et parfois plus vrai. On a reproché à Holberg, et avec raison, ce nous semble, d'avoir mêlé à ses plus belles scènes des traits de bouffonnerie, d'avoir jeté çà et là des expressions grossières, des jeux de mots que tout homme de bon goût réprouve. C'est une tache dans ses œuvres, et une tache grave ; mais cette grossièreté ressemble à la rude écorce qui enveloppe un arbre plein de sève. Elle tenait à la nature de son génie, et peut-être au caractère de son temps. Il n'avait d'ailleurs point eu de prédécesseur pour l'éclairer, il n'avait point d'ami pour l'instruire. Il obéit à son instinct de poète, il suivit l'impulsion de sa nature, et cette impulsion l'a mené bien loin ; car, dans la hiérarchie des poètes comiques, il occupe une des premières places après Molière.

LE POTIER D'ÉTAIN

COMÉDIE EN CINQ ACTES

TRADUCTION DE M. X. MARMIER

NOTICE

SUR

LE POTIER D'ÉTAIN

Cette comédie est, de toutes les pièces de Holberg, celle qui a obtenu le plus de succès. Elle a bien le caractère danois ; les personnages qu'elle met en scène, le langage qu'elle leur prête, la situation où elle les place portent l'empreinte locale, la couleur du Nord : c'est en même temps une peinture qui s'adresse à tout le monde; c'est la satire d'un travers qui se rencontre assez souvent et qui date de loin, pris dans sa généralité. Pourtant cette pièce qu'on a tenté plusieurs fois d'introduire sur notre théâtre, n'y a jamais réussi; elle y réussirait encore moins à présent sans doute. Le progrès de nos mœurs met de plus en plus à la portée de tous l'intelligence de la vraie politique, c'est-à-dire des intérêts et des besoins du pays. En ce sens, il n'y a déjà plus rien de ridicule à ce qu'un ferblantier s'occupe de politique; c'est une question d'aptitude et d'éducation. Mais outre que Holberg écrivait en d'autres temps, il faut penser qu'il a surtout voulu viser cette forme de prétention ignorante et présomptueuse trop commune encore de nos jours.

Le *Potier d'Etain* est un excellent homme, qui a le travers de s'occuper des affaires de l'Europe et de négliger les siennes. Cette manie est pleine de dangers dans sa condition, il s'agit de l'en guérir. On imagine de lui persuader qu'il est nommé bourgmestre. On peut croire que cette dignité lui tourne la tête, et fait naître les incidents les plus comiques. Mais bientôt pourtant les inconvénients de la puissance et les difficultés de la politique se font sentir au nouveau bourgmestre. Ahuri par les discours contraires de deux avocats, il est accablé, par le syndic, d'une énorme liasse de papiers sur lesquels on lui demande son avis, et il cherche péniblement à s'y reconnaître. La gradation de son embarras et l'espèce de désespoir par lequel il se termine sont d'un comique très franc et très vif. Cependant mille autres difficultés qui se présentent, finissent par lui faire perdre entièrement la tête ; il veut déposer cette charge fatale, on refuse sa démission. Alors sa fureur est à son comble, il s'en prend à son domestique. « Henri, s'écrie-t-il, ne peux-tu m'aider à rien arranger, stupide animal, voyons, fais-moi voir clair dans mes affaires ou je t'assomme ! » Parvenu à ce point de désolation, on conçoit qu'il est le plus heureux des hommes en apprenant qu'il a été mystifié, qu'il n'est point bourgmestre ; enchanté d'en être quitte, il se trouve guéri radicalement de la politique et retourne à ses pots d'étain.

LE POTIER D'ÉTAIN

COMÉDIE

PERSONNAGES

H. BREME, potier d'étain.
MADAME BREME, sa femme.
LOUISE, leur fille.
MAITRE EHRLICH, amant de Louise.
HENRI, domestique.
ANNA, servante.
DEUX ENFANTS.
MAITRE FRANZ.
UN CHAPELIER.
MAITRE FUCHS, pelletier.
UN AUTRE BOURGEOIS.
SAUER.

UN MAITRE D'ÉCOLE.
HOLZMANN, aubergiste.
M. SAND, marchand.
MADAME SAND, sa femme.
LE DOCTEUR REHFUSS, médecin.
MADAME REHFUSS, sa femme.
DEUX AVOCATS.
MADAME HUFEIS, veuve d'un maréchal-ferrant.
UNE SERVANTE.
CHRISTOPHE, laquais du docteur.

La scène se passe dans la maison de Breme. L'action commence avant midi et dure jusqu'au soir.

ACTE PREMIER

SCÈNE I

MAITRE EHRLICH, *seul.*

MAITRE EHRLICH. — En vérité, je ne sais ce qui se passe en moi. Je suis si inquiet, si troublé... Il faut que j'aille trouver maître Breme et lui demander sa fille. Il y a longtemps que nous sommes fiancés, elle et moi, mais en secret, et voici la troisième fois que je me mets en route ; je reviens toujours aussi sot qu'auparavant. Maintenant encore je n'aurais pas le courage d'y aller, si ma mère ne m'y obligeait et ne me faisait peur. Cette timidité est chez moi un défaut naturel dont je ne puis si facilement me corriger. Dès que je suis à la porte, si je veux frapper, il y a je ne sais quelle main invisible qui m'arrête. Mais, courage ! allons ! Une chose bien entreprise est à moitié achevée. Il n'y a pas à reculer ; il faut bien, tôt ou tard, en venir là. Avant tout pourtant je ne dois pas négliger ma toilette, car j'ai entendu dire que, depuis quelque temps, maître Breme a pris un grand ton. *(Il dénoue sa cravate et la remet de nouveau, arrange sa perruque et essuie la poussière de ses souliers.)* C'est bien. Je puis frapper. Eh bien ! voyez ; je ne suis pas honnête homme, s'il n'y a pas là une main pour m'arrêter. Allons donc ! allons donc ! du courage ! Tu n'as pourtant point fait de mal ! Et après tout, le plus grand risque que je cours, c'est de recevoir un refus. En ce cas-là, je serai comme beaucoup d'autres.

(Il frappe.)

SCÈNE II

HENRI, EHRLICH.

HENRI. — Votre serviteur, maître Ehrlich ; à qui désirez-vous parler ?

EHRLICH. — A maître Breme, s'il est seul.

HENRI. — Oui, il est seul ; mais il lit et médite.

EHRLICH. — Alors il est plus religieux que moi.

HENRI. — Vraiment, si l'on rendait une ordonnance pour faire d'un Hercule un missionnaire, je crois que mon maître serait prêt à prêcher dès qu'on le voudrait.

EHRLICH. — Mais les travaux de son métier lui laissent-ils donc assez de temps pour lire un si grand nombre de livres ?

HENRI. — Mon maître a deux fonctions ; d'abord il est potier d'étain, ensuite homme politique.

EHRLICH. — Il me semble que ces deux fonctions ne s'accordent guère bien ensemble.

HENRI. — Au contraire, très bien ! et nous en avons assez souvent la preuve. Car s'il vient de finir une pièce de poterie, ce qui du reste lui arrive maintenant assez rarement, elle porte tellement l'empreinte politique, qu'il faut aussitôt la refondre. Si vous voulez lui parler, allez le trouver dans sa chambre.

EHRLICH. — J'ai à l'entretenir d'une affaire importante. Entre nous, je veux lui demander en mariage sa fille que je connais déjà depuis longtemps.

HENRI. — C'est là certainement une grande affaire. Ne trouvez pas mauvais, maître Ehrlich, que je vous donne à ce sujet un petit conseil. Quand vous serez avec mon maître, ayez soin de bien peser vos paroles et de donner à vos phrases la tournure la plus élégante, la plus recherchée, car maître Breme est devenu bien singulier.

EHRLICH. — Bah! je ne pourrai pas avoir recours à de tels moyens. Je suis un honnête artisan qui n'ai jamais appris tous ces jolis compliments. Je lui dirai en deux mots que j'aime sa fille et que je désire l'avoir pour femme. Voilà tout.

HENRI, *riant*. — Si vous ne dites rien de plus, je vous assure que vous atteindrez difficilement votre but. Il faut tout au moins que vous entriez en matière par des mots comme ceux-ci : *Attendu, considérant, puisque*. Songez donc que vous vous adressez à un homme d'étude, à un homme qui lit la nuit et le jour tant de livres politiques qu'il en deviendra fou. Il nous a déjà dit, à nous tous qui sommes dans la maison, que nous étions des êtres trop vulgaires. En ce moment il est fâché contre moi et il ne prononce jamais mon nom sans y joindre les épithètes de ridicule et de grossier. Il couve maintenant quelque grave projet. Dieu sait ce que cela peut être. Ainsi, je vous le répète, si vous voulez réussir, suivez mon conseil.

EHRLICH. — Non, je ne le puis. J'irai droit à mon but.

HENRI. — Ce qu'il y a de plus difficile dans une demande en mariage, c'est de savoir de quelle manière commencer. Moi-même je me suis trouvé une fois en pareil cas et j'ai été pendant plus de quinze jours à songer à ce que je dirais. Je savais bien que les premiers mots du discours sont ceux-ci : Attendu, ou puisque ; mais, passé cela, c'était fini, je ne trouvais plus rien à ajouter. J'allai conter mon embarras au maître d'école Jacob et j'achetai un livre de compliments pour six sous, on ne les vend pas moins. Mais mon affaire alla encore plus mal ; car, lorsque j'étais au milieu de mon discours, je ne pouvais plus me souvenir du reste et j'avais honte de tirer le livre de ma poche. Ce qu'il y a de plus curieux, c'est que ce discours je l'ai parfaitement su avant de vouloir m'en servir et après, mais quand le moment est arrivé de le prononcer, il ne m'en est pas revenu un mot.

EHRLICH. — Oui, oui, ce devait être quelque chose de beau.

HENRI. — Oh! sans doute. Ecoutez seulement ce passage. « Je vous présente mes très humbles saluts. Je suis Henri Anderson qui, après s'être longtemps consulté, vient ici, poussé par l'inclination et par l'amour, pour vous faire savoir qu'il n'est pas plus que les autres formé de pierre et de bois. Attendu que et vu que toutes les choses dans ce monde, même les animaux privés de raison, obéissent à l'impulsion de l'amour, en conséquence je viens, avec Dieu et avec l'honneur, tout indigne que je suis, vous prier d'être la bien-aimée de mon cœur. » Voulez-vous me rendre l'argent qu'il m'a coûté, je vous donne ce livre de compliments. Vous ne devez pas le trouver trop cher, car je suis persuadé que quiconque prononcera un tel discours ne peut recevoir nulle part une réponse défavorable. Mais voilà mon maître qui vient, je vous laisse.

(Henri sort.)

SCÈNE III

Maitre BREME, Maitre EHRLICH.

BREME. — Je vous salue, monsieur Ehrlich ; qu'y a-t-il pour votre service ?

EHRLICH. — Vous savez déjà peut-être, monsieur Breme, que j'aime votre fille depuis longtemps et je viens vous demander si je pourrais obtenir votre consentement à notre mariage.

BREME. — Je vous remercie de venir me faire part de vos sentiments. Vous êtes un brave homme et je crois que ma fille serait très bien avec vous; mais je ne serais pas fâché d'avoir un gendre qui connût la politique.

EHRLICH. — Mon digne monsieur Breme, dans un temps difficile comme celui-ci, peut-on nourrir avec la politique sa femme et ses enfants?

BREME. — Si on le peut? Pensez-vous donc que je veuille mourir potier d'étain? Eh bien! vous changerez d'avis avant qu'une demi-année soit passée. J'espère que, quand j'aurai lu ces dissertations de l'empire des morts, on me confiera quelque charge importante. Les petits détails politiques, je les connais sur le bout du doigt, mais cela ne signifie pas grand'chose. Quel dommage que l'auteur n'ait pas donné plus d'étendue à son livre! Vous le connaissez sans doute ce livre?

EHRLICH. — Non, je ne le connais pas du tout.

BREME. — Je veux vous le prêter. Si petit qu'il soit, il est très bon. En confidence, toute ma politique, je la dois à ce livre et à Hercule et Herculikus.

EHRLICH. — Mais ce dernier ouvrage est un roman.

BREME. — Oui, oui, et je voudrais voir le monde rempli de tels romans. J'étais, il y a quelque temps, dans un certain endroit, et un homme distingué est venu me murmurer à l'oreille : « Celui qui lira ce livre avec intelligence pourra régir les affaires les plus graves et même gouverner un royaume. »

EHRLICH. — Très bien; mais, si je me mets à lire, je néglige mon métier.

BREME. — Je vous ai déjà dit que je ne continuerai pas le mien et j'aurais même déjà dû le quitter il y a longtemps. Plus de cent personnes dans la ville m'ont répété mainte fois : « Monsieur Breme, monsieur Breme, vous devriez être plus haut placé que vous n'êtes ; » et il n'y a que quelques jours encore qu'un bourgmestre s'exprimait ainsi : « Monsieur Breme pourrait être très utile à la ville, s'il exerçait une autre profession que celle de potier d'étain. Cet homme-là sait beaucoup de choses que le conseil ignore totalement. » Aussi le bourgmestre peut-il être sûr que je ne mourrai pas potier d'étain. Voilà pourquoi je voudrais avoir un gendre qui se fût occupé des affaires d'étal, afin que nous puissions tous les deux entrer un jour au conseil. Ainsi voulez-vous commencer à vous occuper de politique, j'examinerai chaque soir quels progrès vous aurez faits?

EHRLICH. — Non, monsieur Breme, je ne puis m'y résoudre. Je suis trop vieux pour retourner à une nouvelle école.

BREME. — Eh bien! vous ne pouvez me convenir pour gendre. Adieu, il faut que je sorte.

(Il sort.)

SCÈNE IV

Madame BREME, Monsieur EHRLICH.

MADAME BREME. — Je ne sais plus ce que je dois penser de mon mari; il n'est jamais à la maison et ne s'inquiète pas le moins du monde de ce qu'il a à faire. Je donnerais beaucoup pour savoir où il va toujours... Mais comment, c'est vous, monsieur Ehrlich? Pourquoi êtes-vous seul? Approchez-vous donc.

EHRLICH. — Je vous remercie, madame Breme, je suis un trop pauvre garçon.

MADAME BREME. — Eh bien! qu'est-ce que cela signifie?

EHRLICH. — Votre mari n'a que de grandes idées politiques en tête et pense à devenir bourgmestre. Il ne se soucie plus des gens comme moi. Il se figure être plus sage qu'un notaire.

MADAME BREME. — Ne vous adressez donc pas à lui. Je crois qu'au lieu de devenir bourgmestre il pourra bien n'être qu'un mendiant et s'en aller chercher son pain de porte en porte. Mon cher monsieur Ehrlich, ne vous adressez pas à lui et ne renoncez pas à l'amour que vous avez pour ma fille.

EHRLICH. — Par malheur, monsieur Breme a juré qu'elle n'épouserait qu'un homme habile en politique.

MADAME BREME. — J'aimerais mieux voir mourir ma fille que de lui donner un mari de ce genre. Dans l'ancien temps on appelait homme politique l'homme léger et étourdi.

EHRLICH. — Aussi ne veux-je pas du tout l'être ; je veux vivre honorablement du fruit de mon travail. C'est par là que mon brave père a gagné le nécessaire, et je ferai comme lui. Mais voilà un enfant qui, à ce qu'il me semble, voudrait vous parler.

SCÈNE V

Les précédents, un enfant.

MADAME BREME. — Que demandes-tu, mon ami ?
L'ENFANT. — Je voudrais parler à monsieur Breme.
MADAME BREME. — Il n'est pas à la maison. Ne puis-je savoir ce que tu avais à lui dire !
L'ENFANT. — Ma maîtresse m'a chargé de venir voir si les plats qu'elle a commandés, il y a trois semaines, sont prêts. Nous sommes déjà revenus si souvent, et nous ne recevons jamais que des paroles en l'air.
MADAME BREME. — Fais mes compliments à ta maîtresse et dis-lui qu'elle ne se fâche pas. Les plats seront terminés demain.

(L'enfant sort.)

SCÈNE VI

Madame BREME, EHRLICH, un jeune homme.

LE JEUNE HOMME. — Je viens demander, une fois pour toutes, si les assiettes sont finies. Depuis le temps qu'elles sont commandées, on aurait déjà pu les user. Aussi notre maîtresse de maison a-t-elle bien juré qu'elle ne ferait plus rien faire chez vous.
MADAME BREME. — Écoutez, mon ami, si vous commandez une autre fois quelque chose, adressez-vous à moi. Mon mari a souvent toutes sortes d'idées par la tête, et alors il est complètement inutile de lui parler ; mais soyez sûr que tout sera prêt samedi. (*Il sort. — A Ehrlich.*)

Voyez pourtant comme va notre maison. La négligence de mon mari nous enlève chaque jour une clientèle après l'autre.

EHRLICH. — N'est-il donc jamais ici ?

MADAME BREME. — Très rarement, ou, s'il y reste, c'est pour bâtir des châteaux en l'air, et on ne le voit plus travailler. Je désire seulement qu'il se souvienne de ce qu'on lui demande ; car, s'il essaie de faire quelque chose, les ouvriers sont aussitôt obligés de tout refondre. Voici Henri qui peut l'attester.

SCÈNE VII

LES PRÉCÉDENTS, HENRI.

HENRI. — Il y a là dehors un homme qui vient chercher de l'argent pour le charbon qu'il nous a vendu hier.

MADAME BREME. — Mais où prendre cet argent? Il faut qu'il attende mon mari. Pourrais-tu me dire où il est allé aujourd'hui?

HENRI. — Oui, si vous voulez ne pas me trahir.

MADAME BREME. — Je te le jure.

HENRI. — Il va tous les jours à un cercle qu'on appelle le cercle politique. Il y a là douze personnes qui se réunissent, qui causent et se consultent sur les affaires les plus importantes de l'Etat.

MADAME BREME. — Où se tient donc cette assemblée?

HENRI. — Tantôt chez l'un, tantôt chez l'autre. Aujourd'hui elle doit venir ici. Mais, pour l'amour du ciel! ne me trahissez pas.

MADAME BREME. — Ah! ah! maintenant je vois pourquoi il m'a tant priée aujourd'hui d'aller rendre visite à la femme du forgeron.

HENRI. — Allez-y et revenez bientôt, vous surprendrez tout le cercle. Hier, il était réuni chez Holzmann, dans son cabaret à bière. Je les ai vus là tous rangés sur deux lignes le long de la table ; mais M. Breme tenait le haut bout.

MADAME BREME. — Connais-tu quelques membres de cette société ?

HENRI. — Je les connais tous : mon maître et l'aubergiste, en voilà deux; Franz le coutelier, trois; le peintre Pensel, quatre; Gilbert le fabricant de chaises, cinq; Rothmann le teinturier, six; le pelletier Fuchs, sept; Hennig le brasseur, huit; Sauer, neuf; Niclas le maître d'écriture, dix; David le maître d'école, onze; Richard le fabricant de brosses, douze.

EHRLICH. — Voilà vraiment des hommes choisis et bien habiles à discuter les affaires d'État! Mais ne sais-tu pas de quoi ils s'entretenaient?

HENRI. — J'ai voulu écouter, mais j'ai peu compris. Je sais seulement qu'ils détrônaient des empereurs, des électeurs, pour les remplacer par d'autres. Tantôt ils parlaient de la douane, des impôts, de la consommation; tantôt des membres du conseil, de l'administration de la ville, des moyens de l'améliorer; tantôt ils consultaient leurs livres, puis ils parcouraient la carte. Richard était là tranquillement assis, un curedent à la main, ce qui m'a fait penser qu'il pouvait bien être le secrétaire du conseil.

EHRLICH. — Ah! ah! un fabricant de brosses secrétaire! La première fois que je le rencontrerai, je le saluerai sous ce nouveau titre.

HENRI. — Mais ne lui laissez pas voir que c'est moi qui vous l'ai dit; car je ne veux rien avoir à débattre avec des gens qui déposent ainsi les rois, les princes, et jusqu'au bourgmestre et aux conseillers eux-mêmes.

MADAME BREME. — Mon mari parlait-il?

HENRI. — Pas beaucoup. Il se pinçait le nez, prenait du tabac, laissait parler les autres, et, quand tout était tranquille, il portait le dernier coup.

MADAME BREME. — Il ne t'a pas reconnu.

HENRI. — Il ne pouvait me voir; j'étais dans l'autre chambre. Mais, quand même il m'aurait aperçu, je crois que sa fierté l'eût empêché de me reconnaître; car il avait une mine comme un staroste, ou comme le premier bourgmestre quand il donne audience à un ministre. Aussitôt que ces hommes-là sont réunis, on dirait qu'ils s'imposent l'obligation de ne pas reconnaître leurs meilleurs amis.

MADAME BREME. — Hélas! pauvre femme que je suis! Mon mari nous plongera tous dans le malheur si l'on vient à apprendre au conseil qu'il s'occupe de réformer la ville. Les braves gens de cette ville ne veulent aucune réformation. Faites attention! peut-être notre maison va-t-elle être entourée par la garde, et mon bon Hermann conduit en prison.

HENRI. — Cela pourrait bien arriver; le conseil n'a jamais eu tant de force que depuis quelque temps. Toute la bourgeoisie ne pourrait protéger M. Breme.

EHRLICH. — Bah! ce sont des plaisanteries. Des gens comme ceux dont vous nous parlez font rire. Qu'est-ce qu'un potier d'étain, un fabricant de brosses, un empailleur de chaises connaissent aux affaires d'Etat? Le conseil s'amusera d'eux, car il ne peut pas en avoir peur.

MADAME BREME. — Je veux voir si je pourrai les surprendre. Entrez ici.

FIN DU PREMIER ACTE.

ACTE DEUXIÈME

SCÈNE I

BREME, FRANZ, FUCHS, SAUER, DAVID, RICHARD, HOLZMANN, HENRI.

BREME. — Henri, fais attention que tout soit arrangé comme il faut. Mets les pots de bière sur la table, et n'oublie pas les pipes. Ils vont venir à l'instant.

(Henri prépare les choses qu'on lui a indiquées. Les associés entrent, saluent Breme, s'asseoient. Breme se met au bout de la table.)

BREME. — Soyez les bienvenus, dignes gens que vous êtes. Eh bien ! de quoi parlions-nous la dernière fois ?

RICHARD. — Si je ne me trompe, c'était des intérêts de la Pologne.

FUCHS. — Oui, oui, c'est juste. Tout s'arrangera à la prochaine diète. Je voudrais bien être là une heure ; je pourrais dire à quelque vayvode certaines choses dont il me saurait gré. Les braves gens ne savent pas en quoi consiste le véritable intérêt de la Pologne. Où a-t-on jamais vu qu'une ville capitale comme Varsovie n'eut pas une flotte et pas une galère ? Il faudrait entretenir là une flotte armée pour protéger le royaume. Regardez comme les Turcs sont plus sages ; personne mieux qu'eux ne peut nous apprendre à faire la guerre. Il y a en Pologne assez de bois pour faire des mâts et des vaisseaux. Une fois cette flotte mise en état, on n'aurait pas à craindre que les Turcs et les Russes vinssent assiéger Chorzim, et l'on naviguerait en droite ligne vers Moscou et vers Constantinople. Mais personne n'a encore eu cette idée-là.

SAUER. — Non, vraiment, personne. Nos ancêtres savaient mieux se conduire. La Pologne n'est maintenant pas plus petite qu'elle ne l'était il y a longtemps. Alors, non-seulement elle se défendait avec courage contre les attaques de ses voisins, mais encore elle s'empara d'une grande partie de la Russie et assiégea Moscou par mer et par terre.

FRANZ. — Mais Moscou n'est pas une ville maritime.

SAUER. — Il faut donc que je comprenne mal la carte du pays. Je sais très bien où est situé Moscou. Voici la Russie, là où je mets le doigt; ici la mer Noire, à côté Oczakow et Moscou.

FRANZ. — Non, frère! Voici la situation de la Russie, elle touche immédiatement à la Turquie; ainsi Moscou ne peut pas être une ville maritime.

SAUER. — N'y a-t-il donc point de lac à Moscou?

FRANZ. — Non, pas le moindre. Le Moscovite qui n'est jamais sorti de son pays ne peut se faire une idée d'un navire ou d'un bateau. Demande plutôt à maître Breme. N'est-ce pas vrai, maître Breme?

BREME. — Je vais en un instant décider la question. Henri, donne-moi la carte d'Europe.

HENRI. — La voici, mais elle est déchirée.

BREME. — N'importe. Je connais la situation de Moscou, mais je demande cette carte pour convaincre les autres. Regardez, Sauer, voilà la Russie.

SAUER. — C'est juste, on la reconnaît au fleuve de la Volga qui coule ici.

(En disant cela, il renverse son verre, et la bière se répand tout le long de la carte.)

HENRI. — Cette fois la Volga coule un peu trop fort.

(Tous rient.)

BREME. — Ecoutez, nous nous occupons trop de choses étrangères. Parlons aussi de Dantzig; il y a là de quoi faire. Je me suis souvent demandé d'où vient que nous n'avons point de ville dans les Indes, et qu'il nous faille toujours acheter nos épices; le bourgmestre et le conseil ne pourraient-ils pas s'occuper d'une telle question?

RICHARD. — Bah! ne me parlez pas du bourgmestre et du conseil; si nous voulions attendre jusqu'à ce qu'ils pensent, nous attendrions longtemps. Ici, à Dantzig, on ne fait l'éloge du bourgmestre que quand il entrave la liberté de la bourgeoisie.

BREME. — Je pense qu'il n'est pas encore trop tard ; car pourquoi le roi des Indes ne nous accorderait-il pas les privilèges qu'il a accordés aux Hollandais, qui ne lui portent cependant que du beurre et du fromage? encore cela se gâte-t-il en route. Je pense que nous ferions bien d'adresser à ce sujet une demande au conseil. Combien sommes-nous ici?

SAUER. — Nous sommes seulement six, et je ne crois pas que les autres viennent aujourd'hui.

BREME. — Cela suffit. Qu'en pensez-vous, Holzmann?

HOLZMANN. — Je ne puis guère me rendre à votre proposition ; car, après de telles démarches, je vois s'en aller de mon auberge un grand nombre de personnes qui avaient l'habitude de m'apporter chaque jour leur argent.

SAUER. — Je crois que l'on doit moins consulter son intérêt particulier que l'intérêt général. La proposition de Breme me paraît être l'une des plus admirables que l'on ait faites depuis longtemps. Plus le commerce fleurit, plus il arrive des vaisseaux, plus il y a là pour nous de serviteurs. Mais ceci ne me touche pas ; l'intérêt de la ville est le seul motif qui me fasse accéder à cette proposition.

FUCHS. — Pour moi, je ne puis être du même avis ; je propose d'envoyer des compagnies de commerce vers le Groënland ; ce serait beaucoup plus avantageux pour la ville.

FRANZ. — Il est aisé de voir que Fuchs vote dans un intérêt personnel, et non pas en vue du bien public ; car un voyage dans les Indes ne présente pas à un pelletier le même attrait qu'un voyage dans le Nord. Quant à moi, je suis persuadé que le commerce indien est au-dessus de tous les autres. Dans les Indes, on peut recevoir en échange d'un couteau et d'une fourchette, etc., un morceau d'or du même poids. Mais il faut rédiger notre demande, si nous voulons la présenter au conseil, et la rédiger de manière à ce qu'on voie bien que nous agissons avec le plus grand désintéressement.

RICHARD. — Moi, je suis complètement de l'opinion exprimée par Niclas, le maître d'école.

BREME. — Tu votes comme un fabricant de brosses. Niclas n'est pas ici... Mais que veut cette femme ? C'est sans doute la mienne.

SCÈNE II

Madame BREME, les précédents.

MADAME BREME. — Ah ! te voilà donc, vaurien d'homme ! Il vaudrait bien mieux que tu fusses à ton ouvrage, ou que du moins tu fisses attention à tes ouvriers. Nous souffrons de tes négligences, et c'est ta mauvaise conduite qui est cause de tout cela.

BREME. — Tranquillise-toi, ma chère, tu seras femme de bourgmestre, avant que tu puisses seulement le deviner. Ne t'imagine pas que si je sors ainsi, c'est pour le plaisir de passer mon temps. Oui, oui, j'ai dix fois plus à faire que vous tous. Vous autres, vous travaillez seulement des mains, mais moi je travaille avec la tête.

MADAME BREME. — C'est ainsi que font les gens dépourvus de raison. Ils bâtissent des châteaux en l'air et se tourmentent le cerveau avec d'incroyables folies. Ils se figurent connaître les affaires les plus importantes et ne peuvent pas mettre en ordre la plus petite chose.

FUCHS. — Si j'avais une telle femme, en vérité il ne faudrait pas qu'elle me parlât deux fois de la sorte.

BREME. — Allons, monsieur Fuchs, un homme politique ne doit pas faire attention à de telles paroles. Il y a trois ans, je n'aurais sans doute pas pu rester assis ; mais, depuis que j'ai commencé à lire des livres de politique, j'ai appris à dédaigner tout cela. *Qui nescit simulare nescit regnare,* a dit un vieux politique qui certainement n'était pas un fou. Je crois qu'il s'appelait Agrippa ou Albert le Grand. C'est là la base de toute la politique.

Celui qui ne peut supporter quelques paroles injurieuses d'une femme en colère n'est pas propre à remplir de hautes fonctions. Le sentiment de calme, de tranquillité est la plus grande de toutes les vertus. C'est là le bijou qui sied le mieux aux princes et aux grands de ce monde. Ainsi je suis d'avis que personne dans notre ville ne devrait être admis au conseil sans avoir auparavant donné des preuves de ce sang-froid, sans avoir montré qu'il peut supporter les injures et même les coups. Je suis de ma nature assez violent, mais je cherche à vaincre ces défauts par l'étude. J'ai lu dans la préface d'un livre intitulé *la Merluche politique* (stockfisch [1]), que, s'il vous vient un mouvement subit de colère, vous devez compter jusqu'à vingt et votre colère se passe.

FUCHS. — Eh bien! pour moi, cela serait très inutile, quand je compterais même jusqu'à cent.

BREME. — Aussi ne faut-il regarder cela que comme un moyen secondaire. Henri, verse de la bière à ma femme sur la petite table.

MADAME BREME. — Tais-toi, mauvais homme; crois-tu donc que je ne sois venue ici que pour boire?

BREME. — Un, deux, trois, quatre, cinq, six, sept, huit, neuf, dix, onze, douze, treize. Maintenant c'est déjà passé. Ecoute, ma bonne femme; tu ne dois pas te conduire si grossièrement envers ton mari. Vois-tu, c'est d'un genre si commun!

MADAME BREME. — Est-ce plus distingué d'aller mendier? Il me semble qu'une femme est assez en droit de se plaindre si elle a un mari comme toi, qui ne fais rien et qui nous plonges tous dans le besoin.

BREME. — Henri, donne à ma femme un verre d'eau-de-vie, car elle est échauffée.

MADAME BREME. — Henri, donne à mon mari une paire de soufflets.

HENRI. — Soyez assez bonne pour le faire vous-mê-

---

1. Stockfisch est en Allemagne un mot proverbial dont on se sert pour désigner un sot, un être ridicule. On dit d'un homme : C'est un stockfisch, comme on dirait dans un autre sens : C'est un étourneau.

me; je n'aime pas à me charger de pareilles commissions.

MADAME BREME. — Soit.

(Elle donne un soufflet à son mari.)

BREME. — *Il compte depuis un jusqu'à vingt et fait encore un geste comme pour rendre le soufflet, mais il compte de nouveau jusqu'à vingt.* — Femme, femme, si je n'étais pas un politique, il t'en serait mal advenu de cette sottise.

FUCHS. — Bah! si vous ne voulez pas tenir la bride plus serrée à votre femme, moi je m'en charge. *(Il la chasse.)* Allons, partez.

(Madame Breme leur crie des injures du dehors.)

SCÈNE III

LES PRÉCÉDENTS, *hors* MADAME BREME.

FUCHS. — Je veux lui apprendre à rester une autre soir chez elle. J'avoue que, si, pour être politique, il faut ainsi se laisser prendre aux cheveux par sa femme, moi je ne le serai jamais.

BREME. — Bah! bah! *Nescit simulare, nescit regnare.* C'est facile à dire, mais beaucoup moins à pratiquer. J'avoue que ma femme m'a offensé; je devrais courir après elle et lui donner dans la rue mon pour-boire. Mais un, deux, trois, quatre, vingt! Maintenant c'est passé; parlons d'autre chose.

FRANZ. — Les femmes de Dantzig ont toujours trop à dire.

FUCHS. — C'est vrai. J'ai souvent voulu vous entretenir d'un projet qui pourrait bien soulever un grand débat entre elles; c'est là le malheur, mais le projet est bon.

BREME. — En quoi consiste-t-il?

FUCHS. — Il renferme peu d'articles. 1° Je voudrais que le contrat de mariage ne se fît pas pour toute la vie, mais seulement pour quelques années. Si l'homme n'était pas content de sa femme, il pourrait former un contrat avec une autre; mais il serait obligé de la prévenir trois mois d'avance, comme lorsque l'on quitte une maison à Pâques, ou à la Saint-Michel. Si, au contraire, il se trouvait bien avec elle, le contrat durerait indéfiniment. Croyez-moi, avec une telle loi on ne trouverait pas une seule méchante femme; toutes chercheraient à plaire à leurs maris pour prolonger le contrat. Avez-vous quelque objection à faire à ce premier article? Voyons, Franz, je te vois rire d'un air malin ; tu as sans doute quelque chose à dire?

FRANZ. — Ne pourrait-il pas arriver souvent qu'une femme fût enchantée de se séparer de son mari, si c'est un homme de mauvaise conduite, qui ne sait que boire et que manger, qui ne travaille pas et ne fait rien pour être utile à sa femme et à ses enfants? Ou ne pourrait-elle pas en aimer un autre, et faire tant de sottises à son mari qu'il fût forcé, malgré lui, de la quitter? Je suis persuadé qu'il résulterait de tout cela de grands désordres; il y a toujours assez de moyens de mettre une femme à la raison. Si chacun voulait recevoir des soufflets de la sienne, rester tranquillement assis, et compter jusqu'à vingt comme maître Breme, certainement nous aurions de méchantes femmes. Pour moi, je ne connais pas de meilleur moyen pour gouverner une femme que de la menacer de faire ménage à part, et de ne retourner auprès d'elle que quand elle est devenue plus douce.

BREME. — Parlons d'autre chose. Les gens qui nous écoutent pourraient penser que nous tenons un consistoire. Cette nuit, je ne pouvais pas dormir et je me demandais quelle serait la meilleure forme de gouvernement à établir à Dantzig, et quel moyen il y aurait de repousser des hautes dignités certaines familles, où l'on va toujours prendre les conseillers et les bourgmestres, et d'établir une liberté complète. L'idée m'est venue alors que le meilleur moyen serait de choisir le bourgmestre tantôt dans un métier, tantôt dans un autre; par là toute la bourgeoisie prendrait part au gouvernement et toutes les classes de la société fleuriraient. Si, par exemple, un orfèvre devient bourgmestre, il encouragerait l'orfévrerie ; un tailleur prendrait soin des tailleurs et un potier d'étain chercherait à relever sa profession. Personne ne devrait exercer les fonctions de bourgmestre plus d'un mois, afin qu'un métier ne fût pas plus favorisé que l'autre; si l'administration était une fois établie de cette manière, on aurait raison d'appeler Dantzig ville libre.

TOUS. — Cette idée est excellente, maître Breme; vous parlez comme un Salomon.

FRANZ. — C'est très bon, mais....

FUCHS. — Tu viens toujours avec tes mais! Qu'as-tu à dire?

BREME. — Il est libre d'exprimer son opinion. Que pensez-vous avec vos mais?

FRANZ. — Je pense qu'il serait difficile de trouver dans chaque métier un homme assez habile pour être bourgmestre. Maître Breme, c'est bien; lui a étudié; mais, quand il sera mort, quel est celui des potiers d'étain qui pourrait remplir de telles fonctions? Car, s'il survient de grandes affaires à une ville, il est moins facile de les diriger comme il faut que de refondre une assiette ou un vase dont on ne pourrait plus se servir.

FUCHS. — Plaisanteries! Il y a parmi les ouvriers des hommes fort intelligents.

BREME. — Ecoute, mon cher Fuchs; tu es encore un jeune homme, tu ne peux pas voir les choses avec un coup d'œil aussi pénétrant que nous autres. Je remarque cependant que tu as une bonne tête; et qu'avec le temps tu pourras en faire usage; je veux seulement te montrer que tes observations ne peuvent s'appliquer à aucun de nous. Nous formons une société de douze personnes, tous ouvriers; il n'y en a pas un parmi nous qui ne puisse remarquer dans l'administration une masse de fautes qui échappent au conseil. Figure-toi donc que l'un de nous devienne bourgmestre et qu'il corrige les erreurs dont nous nous sommes si souvent entretenus; crois-tu que Dantzig perdrait à une telle administration? Ainsi, messieurs, je rédigerai ma proposition et je vous la remettrai.

TOUS. — C'est bien, monsieur Breme.

SAUER. — Mais en voilà assez sur ce sujet; le temps presse, et nous n'avons pas encore lu les journaux. Henri, apporte-nous les dernières feuilles d'avis.

HENRI. — Les voilà.

BREME. — Donne-les au fabricant de brosses qui nous les lira.

RICHARD *lit*. — « On écrit du camp de Varo que l'on attend les renforts de la Sardaigne pour entrer en Provence et porter la guerre sur le sol français. » —

BREME. — Voilà la deuxième fois qu'on écrit la même chose. Cela m'ennuie à la mort d'en entendre encore parler. Voyons plus loin.

RICHARD. — Le général Broune et le général Botta repoussent les Français près d'Antibes, s'emparent de Toulon[1], et veulent prendre Marseille, pour pouvoir recevoir par mer des secours de Gênes et de la Sardaigne. »

BREME. — Ah! ah! Ces gens sont en vérité frappés d'aveuglement. Ils sont tous perdus; je ne donnerais pas deux sous de toute l'armée.

FUCHS. — Je soutiens que le comte a très bien agi; mais ils doivent aller à Lyon et ruiner les manufactures françaises, prendre tous les ouvriers en soie, en bijouterie, et les amener à Vienne, afin que l'Allemagne ne soit plus obligée de porter son argent à la France; car le roi de France a fait jusqu'à présent la guerre aux frais de l'Allemagne. Il y a tant de fous qui croient que ce qui ne vient pas de la France n'est bon à rien! N'est-ce pas là ce que je vous disais la dernière fois? N'est-ce pas ainsi qu'on aurait dû commencer?

FRANZ. — Non, je ne m'en souviens pas.

FUCHS. — Je l'ai dit plus de cent fois : Pourquoi envoyons-nous notre argent en France? Nos jeunes messieurs s'en vont tous faire une tournée à Paris, et, quand ils nous arrivent, ils sont bariolés comme des arlequins. Pourquoi les femmes de marchands ne portent-elles que des robes qui viennent de France?

---

1. Je pense que ceci doit se rapporter à la guerre de 1707, à l'époque où le prince Eugène et le duc de Savoie assiégeaient Toulon par terre, tandis que la flotte anglaise et hollandaise l'assiégeait par mer. Malgré tous les efforts des assaillants, ils furent obligés de lever le siège. Holberg ne s'est pas cru obligé de mettre entre les mains des associés de Breme un journal qui leur donnât des nouvelles bien exactes. (*N. du traducteur.*)

BREME. — Henri, donne-moi un verre d'eau-de-vie. Je puis vous assurer que je ne sais ce qui se passait en moi pendant que j'entendais lire ce journal. Eh bien! je vous l'avoue, voilà ce que j'appelle une affaire grave! Se hasarder jusqu'à pénétrer en France!

SAUER. — J'en aurais fait tout autant, si l'on m'avait confié l'armée.

FRANZ. — Quelle idée! Crois-tu donc que l'on pourrait faire de toi un général?

SAUER. — Tu n'as pas besoin de te moquer de moi. Je remplirais cette place tout aussi bien qu'un autre.

FUCHS. — Tu as raison, Sauer, de dire qu'ils ont bien fait de marcher droit au-devant de l'ennemi et de pénétrer dans le pays.

BREME. — Mon cher Fuchs, vous êtes beaucoup trop occupé de votre sagesse. Vous avez encore beaucoup à apprendre.

FUCHS. — Je n'apprendrai au moins rien d'un coutelier!

(Une violente dispute s'élève entre eux tous. Ils se lèvent, se provoquent, se font des menaces.)

BREME *frappe sur la table et crie.* — Paix! silence! Ne parlons plus de cela; chacun peut avoir son opinion. Ecoutez, messieurs, écoutez; pensez-vous que le comte Broune n'ait pas réfléchi à ce qu'il entreprenait? Oui, il avait lu la chronique d'Alexandre le Grand, qui poursuivit ainsi Darius jusque dans son royaume et remporta sur lui une victoire aussi mémorable que celle de Hochstædt[1].

HENRI. — Voilà minuit qui sonne.

---

1. La plus malheureuse de toutes les batailles qui se livrèrent pendant cette fatale guerre de la Succession que Louis XIV voulut soutenir contre l'Europe entière. Elle se donna le 13 août 1704. L'armée française unie à l'armée bavaroise se composait d'environ 56,000 hommes. L'armée ennemie, commandée par Marlborough et le prince Eugène, en avait 52,000. L'armée française fut mise complètement en déroute; plus de 10,000 hommes restèrent sur le champ de bataille; le maréchal de Tallard fut fait prisonnier. C'est depuis cette bataille funeste que la fortune de Louis XIV alla toujours en déclinant. *(N. du trad.)*

BREME. — Il faut donc nous séparer. A une autre fois les autres questions.

(Ils s'en vont et se disputent le long du chemin.)

FIN DU TROISIÈME ACTE.

ACTE TROISIÈME

SCÈNE I

Une rue.

Le docteur REHFUSS, SAND, CHRISTOPHE.

REHFUSS. — Je veux vous raconter une chose dont toute la ville rira. Savez-vous ce que j'ai imaginé, avec trois autres de mes amis qui ont comme moi l'humeur joyeuse ?

SAND. — Non.

REHFUSS. — Vous connaissez le sage par excellence, le potier d'étain, Hermann Breme ?

SAND. — C'est celui, si je ne me trompe, qui demeure dans cette maison et qui croit être un si grand homme politique.

REHFUSS. — Lui-même. Je me trouvais dernièrement avec quelques membres du conseil, qui étaient très fâchés contre lui parce qu'il s'en allait dans une auberge parler mal du conseil et qu'il voulait tout réformer. Ils eussent été d'avis qu'on lui dît de se tenir sur ses gardes, et qu'au besoin on lui infligeât une punition pour servir d'exemple aux autres.

SAND. — Ce serait très bien fait de punir cette espèce de gens-là. A peine se trouvent-ils en face d'un pot de bière qu'ils se mettent à crier contre le roi, les princes et les personnes en charge ; c'est effroyable à écouter, et cela peut même être dangereux. Car le peuple n'a pas assez d'intelligence pour sentir ce qu'il y a de faux, d'absurde à entendre un potier, un chapelier, un fabricant de brosses raisonner sur des choses qui sont tellement au-dessus de leur portée.

REHFUSS. — C'est vrai. Un potier d'étain de cette trempe anéantirait le royaume de Pologne en moins de temps qu'il ne lui en faut pour fondre une assiette, et sous sa main le pays changerait de forme aussitôt qu'un vase. Cependant je ne pus pas être de l'opinion des membres du conseil, qui voulaient que l'on sévît contre lui; car si l'on punit cet homme, si on le jette en prison, il s'élèvera une rumeur parmi le peuple et tout cela ne fera que jeter plus d'intérêt sur cette espèce de fou. Je suis d'avis, au contraire, que l'on joue avec lui une comédie, et je suis sûr qu'elle produira un meilleur effet.

SAND. — Mais comment?

REHFUSS. — Il faut lui envoyer, de la part du conseil, des députés qui lui annoncent qu'il vient d'être investi des fonctions de bourgmestre et qui lui demandent ensuite une solution à diverses affaires assez difficiles. D'abord on verra par là combien il a peu de ressources et ensuite il apprendra lui-même qu'il y a une grande différence entre le plaisir de critiquer et la difficulté de faire.

SAND. — Mais qu'en résultera-t-il?

REHFUSS. — Qu'il demandera lui-même qu'on le délivre de ses fonctions et qu'il avouera humblement son incapacité. Je me suis adressé à vous précisément pour vous prier de m'aider, car je sais que vous êtes en pareil cas on ne peut plus habile.

SAND. — C'est bon; j'y consens. Nous sommes les députés, nous n'avons qu'à aller le trouver.

REHFUSS. — Voici sa maison. Christophe, frappe, et dis que deux membres du conseil sont ici et désirent parler à M. Breme.

SCÈNE II

Les précédents, BREME.

BREME. — Qui demandez-vous?

CHRISTOPHE. — Il y a là deux membres du conseil qui

désireraient avoir l'honneur de faire la connaissance de monsieur Breme.

BREME. — Ah! diable, comme cela arrive! Je suis si mal mis, si sale!

REHFUSS. — Votre très humble serviteur, mon puissant seigneur et bourgmestre. Nous sommes envoyés par le conseil pour vous dire quelles hautes fonctions viennent de vous être confiées et vous adresser nos félicitations. Le conseil, en vous choisissant, a voulu montrer qu'il savait apprécier votre mérite.

SAND. — Le conseil éclairé n'a pas pu se déterminer à voir un homme comme vous continuer plus longtemps des occupations indignes de lui et emporter peut-être au tombeau son grand trésor de science.

BREME. — Dignes et respectables collègues, veuillez présenter au conseil, dont j'admire la sagesse, mes salutations et mes remerciements, et assurez-le qu'il aura ma protection. J'aime à voir que l'on en vienne enfin à agir, non plus dans l'intérêt des individus, mais dans celui de la ville; car mes vues se seraient élevées bien haut, si j'avais pu les rendre utiles à mes concitoyens.

REHFUSS. — Très noble bourgmestre, le conseil et la bourgeoisie ne peuvent attendre d'une administration comme la vôtre que la plus grande prospérité de la ville.

SAND. — Et cependant il y a beaucoup de gens riches, puissants, distingués, qui ont sollicité cette place.

BREME. — Oui, oui; eh bien! j'espère que le conseil n'aura pas à se repentir de son choix.

REHFUSS ET SAND. — Nous nous recommandons à votre bienveillance.

BREME. — Ce sera pour moi un vrai plaisir si je puis vous rendre quelque service. Excusez-moi si je ne vous accompagne pas plus loin.

SAND. — Je vous en prie; il ne conviendrait pas que Votre Seigneurie se donnât la peine...

BREME *appelle Christophe*. — Tiens, camarade, voilà pour boire un verre de vin.

CHRISTOPHE — Je rends grâces à Votre Seigneurie; je n'ose accepter.

SCÈNE III

La maison de Breme.

Monsieur BRÊME, Madame BREME.

BREME. — Femme! femme!
MADAME BREME *répond de l'autre chambre.* — Je n'ai pas le temps.
BREME. — Viens vite! je veux t'apprendre une nouvelle que tu n'aurais jamais imaginée, pas même en rêve.
MADAME BREME. — Eh bien! qu'est-ce donc?
BREME. — As-tu du café à la maison?
MADAME BREME. — Qu'est-ce que tu nous chantes là? Il y a des années, quand j'étais enceinte, j'en buvais.
BREME. — Maintenant tu en auras besoin; dans une demi-heure peut-être toutes les femmes de conseillers viendront se présenter chez toi.
MADAME BREME. — Écoute, Breme, ne me mets pas encore en colère; tu sais ce qui est arrivé la dernière fois.
BREME. — N'as-tu pas vu ces deux messieurs qui viennent de sortir avec leur domestique?
MADAME BREME. — Oui, vraiment je les ai vus.
BREME. — Eh bien! ils venaient précisément m'annoncer que j'avais été élu bourgmestre.
MADAME BREME. — Ah! mon Dieu! que dis-tu là?
BREME. — Applique-toi donc dès maintenant, ma bonne femme, à me traiter avec plus de respect; tâche aussi de prendre un air plus distingué, et cache, aussi bien que possible, tout ce qui pourrait trahir notre ancien métier de poterie.
MADAME BREME. — Ainsi c'est donc vrai, mon petit cœur d'homme, te voilà bourgmestre!
BREME. — Aussi vrai que me voilà devant toi. Nous allons bientôt voir pleuvoir autour de nous toutes les félicitations des très humbles serviteurs et servantes, et notre maison sera pleine d'envoyés étrangers et de grands seigneurs.

MADAME BREME, *à genoux*. — Ah! mon cher et digne mari, mon cœur, pardonne-moi de t'avoir quelquefois offensé.

BREME. — C'est déjà pardonné. Le bourgmestre ne punit pas les fautes commises envers le potier d'étain [1]. Tâche seulement de ne pas avoir l'air si commun, et je te promets mes bonnes grâces. Mais où pourrons-nous trouver tout de suite un laquais? car il faut que j'en aie un.

MADAME BREME. — Nous donnerons à Henri un de tes vieux habits jusqu'à ce que nous puissions faire une livrée en règle. Mais écoute; à présent que tu es bourgmestre, je te supplie de faire punir, comme ils le méritent, Fuchs et Kurschner, pour les injures qu'ils m'ont dites l'autre jour.

BREME. — Non, ma chère; une femme de bourgmestre ne doit penser à rien d'injuste et ne pas songer à se venger des injures qu'elle a subies comme femme de potier. Nous allons appeler Henri. — Henri!

(Breme se promène très gravement de long en large dans la chambre, l'esprit tout occupé de réflexions.)

SCÈNE IV

Monsieur BREME, Madame BREME, HENRI.

HENRI. — Eh!

MADAME BREME. — Henri, tu ne dois plus répondre de la sorte. Sais-tu quel bonheur nous est arrivé?

HENRI. — Non, je ne sais pas.

MADAME BREME. — Pense donc! mon mari a pourtant été nommé bourgmestre!

HENRI. — Où donc? à Hela [2]?

MADAME BREME. — Non, mauvais serpent! à Dantzig.

HENRI. — Pourquoi pas à Paris! C'est là ce que j'appelle le saut désespéré; de potier d'étain devenir bourgmestre.

---

1. Parodie de ces admirables paroles: « Le roi de France ne venge pas les injures faites au duc d'Orléans. »

2. Pauvre petit amas de cabanes au bord d'un lac dans le cercle de Dantzig.

BREME. — Henri, parle plus modestement. Tu es maintenant laquais chez un homme distingué.

HENRI. — Laquais! laquais! cela ne veut pas dire grand'chose.

BREME. — Avec le temps tu peux avancer, tu pourrais devenir employé de l'État; prends seulement ton parti. Tu seras mon laquais pendant quelques jours, jusqu'à ce que je m'en sois procuré un autre, et tu porteras ma grande redingote brune, en attendant que la livrée soit faite.

MADAME BREME. — Mais j'ai peur qu'elle ne soit trop longue.

BREME. — Sans doute qu'elle lui sera trop longue; mais il faut se hâter de l'arranger aussi bien que possible.

HENRI. — La redingote me descend plus bas que les talons; j'aurai l'air d'un juif polonais.

BREME. — Écoute, Henri.

HENRI. — Oui, maître.

BREME. — Allons! âne que tu es! ne reviens pas encore me jeter ton *maître*. Désormais, quand je t'appellerai, tu répondras : Votre Seigneurie; et, si quelqu'un vient me demander, tu diras : Monsieur le bourgmestre de Bremenfeld n'est pas à la maison.

HENRI. — Dois-je toujours répondre ainsi, que monsieur soit à la maison ou qu'il n'y soit pas?

BREME. — Si je ne suis pas à la maison, tu diras : Monsieur le bourgmestre de Bremenfeld n'est pas à la maison; et, si je ne veux voir personne, tu diras : Monsieur le bourgmestre ne donne point d'audience aujourd'hui. Ecoute, ma femme, il faut préparer du café afin de pouvoir en offrir aux femmes de conseillers. Il faut que notre réputation se fasse à tous deux ; il faut que l'on dise de nous : Le bourgmestre de Bremenfeld donne de bons conseils et sa femme de bon café. Je crains bien que tu ne commettes quelques gaucheries avant que de savoir prendre le ton convenable à la position où tu es parvenue. Henri, cours vite; tâche de te procurer une théière et quelques tasses. Dis à la fille d'acheter pour quelques sous de café, on pourra en acheter davantage quand on voudra. (*Le domestique sort.* —

A sa femme.) Prends ceci pour règle, mon enfant : ne parle pas beaucoup en société jusqu'à ce que tu aies appris à conduire passablement la conversation ; ne te montre pas trop humble ; maintiens ta dignité, et surtout efforce-toi de faire disparaître la vieille nature de potier d'étain et de te présenter comme si tu étais femme de bourgmestre depuis longtemps. Le matin, la table à thé doit être prête pour les personnes qui nous viendraient ; l'après-midi, le café, et alors on jouera aux cartes. Il y a un certain jeu qu'ils appellent l'hombre ; je donnerais bien cent écus pour que notre fille Louise pût le jouer. Tâchez donc de regarder attentivement quand les autres le jouent afin de l'apprendre. Le matin, tu resteras au lit jusqu'à neuf ou dix heures, car il n'y a que les gens du commun qui se lèvent avec le jour en été. Mais le dimanche tu te lèveras un peu plus tôt, car ce jour-là je veux prendre médecine. Il faut te procurer une jolie petite tabatière que tu placeras sur la table près de toi pendant que tu joueras. Si quelqu'un boit à ta santé, tu ne diras pas : Je vous remercie, mais : Votre très humble serviteur [1] ; et, si tu bâilles, ne mets pas la main devant ta bouche, ce n'est plus l'usage parmi les gens distingués. Enfin, quand tu te trouveras en société, ne te montre pas trop modeste et mets parfois l'honnêteté un peu de côté... Ah ! j'oubliais encore quelque chose. Il faudra que tu aies un petit chien que tu aimeras autant que ton enfant, car c'est là le bon genre. No-

---

[1]. Dans cette fine satire des ridicules du grand monde, Holberg ne pouvait pas oublier la manie qui s'était répandue au xviiie siècle en Allemagne, en Hollande, et dans les états du Nord de l'Europe d'entremêler sans cesse à la conversation des phrases françaises. Ce besoin de montrer que l'on savait le français allait même si loin qu'il se manifeste, de la façon la plus ridicule, jusque dans les compositions littéraires de cette époque. Il n'est pas rare, par exemple, de trouver des poésies allemandes où un mot français arrive tout à coup pour rimer avec le mot allemand. On ne parlait que français à la cour des princes, et dans la haute société, et les bourgeois qui voulaient imiter les grands seigneurs, et qui n'étaient pas aussi versés dans la connaissance de la langue à la mode, cherchaient du moins, comme M. Breme, à en retenir quelques mots. De là des marqueteries d'entretien sur lesquelles on a déjà écrit d'excellentes plaisanteries. (*N. du trad.*)

tre voisine en a un très joli, elle te le prêtera bien. Tu lui donneras un nom français que je t'indiquerai moi-même, quand j'aurai le temps d'y songer. Le chien reposera constamment sur toi et tu lui donneras, pendant que tu auras du monde, au moins deux gros baisers.

MADAME BREME. — Oh! non, mon cher, cela ne se peut pas. On ne sait où un chien va se traîner, et, en l'embrassant comme tu dis, on court risque de se salir.

BREME. — Qu'est-ce que cela signifie? Veux-tu être une femme distinguée? Alors sache donc prendre les manières qui conviennent aux femmes distinguées. Un chien de cette sorte peut aussi servir de sujet d'entretien; car, si tu ne sais rien de mieux à dire, tu peux te mettre à raconter les vertus et les talents de ton petit chien. Ainsi fais ce que je te dis; je sais mieux que toi comment agissent les gens du grand monde. Prends-moi pour exemple, tu ne remarqueras pas en moi la plus petite trace de mon ancienne manière de vivre. Mais nous avons encore plusieurs préparatifs à terminer; va, mon enfant, et arrange tout pour le mieux. J'ai quelque chose à dire à Henri; envoie-le-moi. (Elle sort.)

SCÈNE V

BREME, HENRI.

BREME. — Ecoute, Henri.

HENRI. — Monsieur le bourgmestre.

BREME. — Penses-tu que ma subite fortune ne m'attire pas beaucoup d'ennemis?

HENRI. — Eh! bien que vous importent vos ennemis? Je voudrais bien voir que l'on me nommât bourgmestre. Comme je dompterais ceux qui ne m'aimeraient pas!

BREME. — La seule chose qui m'inquiète encore, ce sont quelques cérémonies. Le monde se laisse gouverner par le pédantisme et il s'attache plus à de misérables détails qu'au fond des choses mêmes. Ah! que je me trouverais soulagé si le jour de mon installation au conseil était passé; car une affaire importante ce n'est rien pour moi, mais il faut songer comment je saluerai mes collègues sans manquer aux usages reçus.

HENRI. — Bah! monsieur le bourgmestre, un brave homme ne s'attache pas ainsi aux cérémonies. Pour moi, en pareil cas, je donnerais ma main à baiser aux conseillers et je me rendrais le front aussi sérieux que possible, afin de leur faire voir que je ne suis pas un oiseau de trafic.

BREME. — Mais pense donc que le même jour il faudra prononcer un discours. Je sais que je puis faire un discours aussi bien que qui ce soit, car je pourrais prêcher, et même demain s'il le fallait; mais, comme je n'ai jamais vécu dans une telle assemblée, j'ignore de quelles formules on se sert.

HENRI. — Mon digne monsieur Breme, ce sont les maîtres d'école qui tiennent aux formules. Si j'étais bourgmestre, je dirais en deux mots tout simplement : Nobles et sages seigneurs, il doit paraître étrange de voir un malheureux potier d'étain élevé tout à coup à la dignité de bourgmestre.

BREME. — Fi donc! ce serait un mauvais commencement.

HENRI. — Non, c'est vrai, cela ne devrait pas commencer ainsi; je dirais : Je vous remercie, nobles et sages seigneurs, d'avoir choisi un misérable potier d'étain comme moi pour...

BREME. — Tu reviens toujours avec ton maudit potier d'étain. Ce serait de la dernière inconvenance que je m'en allasse parler de la sorte au conseil, car je dois me présenter comme si j'étais né bourgmestre. Un discours comme celui que tu m'indiques n'attirerait sur moi que les risées. Non, Henri, tu ne serais qu'un méchant orateur. Pas un homme ne doit me dire désormais que j'ai été potier d'étain. Je me suis occupé de ce travail par passe-temps; quand j'avais longtemps étudié, que j'étais las, je me mettais pour me distraire à mouler une assiette.

HENRI. — C'est vrai. Je ne conseillerais non plus maintenant à personne de venir me reprocher d'avoir servi chez un potier d'étain.

BREME. — Tu n'imagines donc pas de quelle manière je pourrais arranger mon discours?

HENRI. — Patience, vous voulez tout savoir tout de suite. Je voulais vous dire que s'il y avait là, moi étant à votre place, quelqu'un qui se moquât de ce que j'ai été potier d'étain, il s'en trouverait mal ; et, si je découvrais un sourire sarcastique, un regard de dédain, je m'écrierais : Nobles et sages seigneurs, vous vous êtes peut-être imaginés en me nommant bourgmestre que vous pourriez vous amuser de moi comme d'un fou ? Et alors je frapperais sur la table de manière à leur faire sentir qu'il n'y a pas à plaisanter avec moi et qu'ils ont choisi un bourgmestre qui sait maintenir sa dignité. Car, si vous vous laissez une fois dominer, vous deviendrez bientôt le jouet du conseil.

FIN DU TROISIÈME ACTE.

ACTE QUATRIÈME

SCÈNE I

HENRI, seul.

HENRI. *Il est couvert d'une longue redingote qui lui tombe jusque sur les talons, et dont les manches sont garnies de cordons et le dessus des poches de papier blanc.* — Je ne comprends pas encore comment le conseil a eu l'idée de confier à mon maître les fonctions de bourgmestre. Je ne peux me figurer quel rapport il y a entre un potier d'étain et un bourgmestre, à moins que le bourgmestre, s'il voit une ville tomber en décadence, puisse lui donner une nouvelle forme, comme le potier d'étain qui d'une vieille assiette en fait une toute neuve. Mais les nobles seigneurs n'ont pas pensé qu'il n'y a pas dans tout Dantzig un plus mauvais potier que mon maître, et qu'il sera aussi le plus mauvais bourgmestre qui existe, s'ils l'ont choisi en songeant à ce rapport entre les deux états comme je viens de l'établir. Le seul avantage réel qui résulte de ce choix, c'est que je suis serviteur de l'État. C'est là une place qui m'a toujours vivement tenté. Tout jeune encore, il n'y avait rien pour moi de si agréable que de voir conduire les gens en prison. C'est aussi une charge très avantageuse pour celui qui sait en tirer parti. Il faut seulement que je me représente comme étant très bien avec le bourgmestre, et, quand on aura une fois compris ce que cela signifie, je gagnerai au moins cent ou deux cents écus. Et je ne les prendrai, certes, ni par avarice, ni par ambition, mais seulement pour faire voir que je m'entends à remplir mon emploi. Quelqu'un vient-il pour parler au bourgmestre? je lui dis qu'il n'est pas à la maison ; si l'on ajoute qu'on l'a vu à la fenêtre, je réponds : C'est possible, mais il n'est pas à la maison. Le monde devine tout de suite ce que cela veut dire. On me glisse un écu dans la main et à l'instant mon maître est chez lui. Est-il malade? Le voilà sur-le-champ bien portant. A-t-il des étrangers auprès de lui? il se retrouve seul. Est-il au lit? le voici debout. J'ai fréquenté quelquefois les laquais des grands seigneurs, et je sais comment ils agissent. Dans le vieux temps, quand les hommes étaient encore simples comme des chevaux, on appelait l'argent ainsi gagné argent néfaste; maintenant on l'appelle : pourboire, récompense, etc. Mais, voici notre Anna ; elle ne sait sans doute rien encore de ce changement, car elle a gardé toutes les manières et la tournure d'une servante de potier d'étain.

SCÈNE II

ANNA, HENRI.

ANNA. — Ha! ha! ha! regardez donc s'il n'a pas l'air d'un revenant?

HENRI. — N'as-tu jamais vu de livrée? Les gens du commun sont comme les animaux sans raison ; ils sont là à s'arrêter et à bayer comme des veaux devant une porte, s'ils aperçoivent quelqu'un de leur connaissance habillé aujourd'hui autrement qu'il ne l'était hier.

ANNA. — Non, être sérieux et plaisant ce n'est pas la même chose. Sais-tu que, cette semaine, j'ai appris à prophétiser? Il y avait ici dernièrement une vieille femme qui regardait dans la main. Je lui donnai une petite aumône, et elle m'apprit l'art de prévoir l'avenir en observant les veines de la main. Veux-tu que je regarde la tienne, je te dirai de suite ce qui doit t'arriver?

HENRI. — C'est bon, c'est bon, Henri n'est pas si niais que tu le penses. Je vois ce que tu veux faire ; tu as déjà appris l'avancement que l'on m'a promis aujourd'hui.

ANNA. — Non, je n'en sais rien du tout.

HENRI. — Voilà comme elle sait se contrefaire! Oui, tu en as sans doute entendu parler, et après cela il est facile de prophétiser. Mais je suis trop vieux pour me laisser tromper ainsi.

ANNA. — Je puis t'affirmer par serment que je ne sais pas le moindre mot de ce dont tu me parles.

HENRI. — N'as-tu pas causé, il y a quelques instants, avec la femme du bourgmestre?

ANNA. — Je crois que tu rêves? Est-ce que je connais des femmes de bourgmestre?

HENRI. — C'est mademoiselle qui te l'a raconté.

ANNA. — Ecoute, Henri, cesse de parler si follement.

HENRI. — Eh bien! voilà ma main; devine ce que tu voudras. Je suis sûr que tu sais déjà les nouvelles de la maison, quoique tu sembles les ignorer. Mais c'est bien d'être aussi politique, il faudra que nous en venions tous là. Allons, que vois-tu dans ma main?

ANNA. — Je vois que M. Breme, qui est maintenant derrière le poêle, fera passer aujourd'hui sur ton dos une jolie danse. N'est-ce pas une honte de se mettre ainsi des idées folles en tête et de revêtir les habits de ton maître, tandis que tu as tant de choses à faire dans la maison?

HENRI. — Et moi je puis prophétiser sans regarder ta main. Je déclare qu'à cause de ta liberté de parole tu recevras une paire ou deux de soufflets; tiens, la réalisation de ma prophétie ne se fait pas attendre longtemps.

(Il la soufflette.)

ANNA. — Ah! tu paieras cher cette offense.

HENRI. — Que cela t'apprenne à traiter une autre fois avec plus de respect le laquais d'un homme distingué!

ANNA. — Attends. Notre maîtresse va venir; c'est à elle que je me plaindrai.

HENRI. — Tu te plaindras de moi, le premier valet du bourgmestre!

ANNA. — Ton dos s'en ressentira.

HENRI. — Un futur serviteur de l'Etat!

ANNA. — Oui, je te le répète : tes soufflets te coûteront cher.

HENRI. — Un homme qui peut beaucoup auprès du bourgmestre !

ANNA. — Je n'ai jamais été battue dans la maison, pas même par madame.

HENRI. — Moi, à qui toute la bourgeoisie viendra faire les plus grandes caresses et les plus belles révérences !

ANNA. — Je crois que ce garçon est complètement fou. Eh ! maître, maître !

HENRI — St, st, st. Tu vas t'attirer de graves reproches si tu prononces ce nom. Je remarque que tu ne sais vraiment rien de tout ce qui s'est passé ici ; ainsi je veux te pardonner en bon chrétien ta sotte conduite. Le conseil a nommé, à la pluralité des voix, notre maître bourgmestre. Maintenant tu comprends qu'il serait inconvenant à moi de vouloir travailler. Et voilà pourquoi j'ai pris cette livrée.

ANNA. — Allons, fou, veux-tu encore me tourmenter ?

HENRI. — Tout ce que je te dis est vrai. Mais voici mademoiselle, qui le confirmera.

SCÈNE III

LOUISE, LES PRÉCÉDENTS.

LOUISE. — Ah ! que je suis malheureuse ! Maintenant je n'ai plus rien à espérer.

HENRI. — Comment, mademoiselle, est-ce le moment de pleurer, quand vos parents viennent d'être élevés à un rang si haut ?

LOUISE. — Tais-toi, Henri, tais-toi, je ne veux point de toutes ces distinctions.

HENRI. — Que voulez-vous donc être ?

LOUISE. — Je voudrais être la fille d'un paysan ; alors je pourrais conserver l'espoir d'épouser celui auquel je me suis unie de cœur.

HENRI. — Si vous n'avez pas d'autre motif de pleurer que le désir de vous marier bientôt, le conseil peut y pourvoir et vous n'avez qu'à choisir qui vous voudrez ; car toute la ville va tomber dans cette maison, et il n'y a pas un jeune homme qui n'ambitionne l'honneur d'être gendre du bourgmestre.

LOUISE. — Mais moi je n'en veux pas d'autre que celui envers lequel je me suis déjà engagée.

HENRI. — Ah! que feriez-vous d'un homme à qui je ne voudrais pas obéir, tout mauvais serviteur que je sois. Non, vous devez désormais porter vos prétentions plus haut.

LOUISE. — Tais-toi, grossier; je mourrai plutôt que de donner ma parole à un autre.

HENRI. — Ne vous inquiétez pas, mademoiselle; moi et monsieur le bourgmestre, nous tâcherons de procurer un bon emploi à M. Ehrlich et alors vous pourrez l'épouser. — Pourquoi pleures-tu, Anna?

ANNA. — Je pleure de joie, en songeant au grand bonheur qui vient d'arriver à notre maison.

HENRI. — C'est vrai, tu as raison de te réjouir; car qui aurait jamais pensé qu'un être de ton espèce deviendrait une *mamzelle*?

ANNA. — Et qui aurait dit qu'un inutile lourdaud comme toi pourrait être serviteur de l'Etat?

HENRI. — Je n'ai pas de temps à perdre. Madame Breme attend du monde; il faut que je prépare le café. La voici, je cours chercher la table.

SCÈNE IV

HENRI, Madame BREME, une servante, deux laquais.

MADAME BREME, *avec un gros chien sous le bras.* — Dis-moi, Henri, la mélasse est-elle déjà dans le café?

HENRI. — Non, madame.

MADAME BREME. — Va la chercher, et verse-la dans la cafetière. *(Henri sort.)* Autrefois je ne connaissais rien de toutes ces inquiétudes, mais je pense qu'elles diminueront quand je serai bien habituée à mon nouvel état.

HENRI. — Voici la mélasse.

MADAME BREME. — Verse-la. Au diable!... on frappe. Je vais voir arriver les femmes de conseillers!

HENRI, *à la porte*. — A qui voulez-vous parler?

UNE SERVANTE. — Dis à ton maître qu'il est plus menteur que dix potiers d'étain à la fois. J'ai déjà usé plus d'une paire de souliers à venir ici réclamer ce que j'avais commandé.

HENRI. — Je demande à qui vous voulez parler.

LA SERVANTE. — A maître Hermann Breme.

HENRI. — Vous vous trompez. Ici demeure le bourgmestre de Bremenfeld.

LA SERVANTE. — C'est inouï; vous ne pouvez pas obtenir ce qui vous appartient, et il faut encore se laisser berner par un vaurien de potier.

HENRI. — Si vous avez une plainte à porter contre le potier, allez au conseil; là on vous rendra raison, si je connais bien le bourgmestre de Bremenfeld.

DEUX LAQUAIS. — Nos maîtresses font demander si Mme Breme serait assez bonne pour leur accorder l'honneur de les recevoir.

HENRI, *à la servante*. — Voyez-vous maintenant qu'il n'y a point ici de potier d'étain? *(Aux laquais.)* Je vais m'informer si madame est à la maison? *(A Mme Breme.)* Il y a là des femmes de conseillers qui désirent vous voir.

MADAME BREME. — Fais-les entrer.

SCÈNE V

MADAME REHFUSS, MADAME SAND, MADAME BREME, HENRI
Les dames entrent et baisent la robe de Mme Breme.

MADAME REHFUSS. — Nous venons vous présenter nos très humbles vœux de bonheur, et vous témoigner la grande joie que nous cause le choix que l'on a fait de M. Breme. Nous voulions aussi nous recommander à votre bienveillance.

MADAME BREME. — Très humble serviteur. Je désire beaucoup... — Voudriez-vous prendre une tasse de café?

MADAME REHFUSS. — Nous vous remercions. Notre but aujourd'hui était seulement de vous adresser nos félicitations.

MADAME BREME. — Très humble serviteur. Mais je suis sûre que vous prendrez bien une tasse de café. Vous voulez vous faire prier. Asseyez-vous ; il est tout prêt. Henri !

HENRI. — Madame ?

MADAME BREME. — As-tu versé la mélasse dans la cafetière ?

HENRI. — Oui, madame.

MADAME BREME. — Ayez donc la bonté, mesdames...

MADAME SAND. — Excusez-nous, je vous en prie, nous ne prenons jamais de café.

MADAME BREME. — Qu'est-ce que cela signifie ? Je le sais, vous en prenez. Asseyez-vous donc.

MADAME REHFUSS, *à madame Sand*. — Ah ! mon Dieu ! j'en deviendrai malade, rien que de songer à cette mélasse.

MADAME BREME. — Approche, Henri, et verse le café dans les tasses.

MADAME SAND. — C'est assez, mon ami. Je puis à peine en prendre une demie.

HENRI. — M. le bourgmestre fait prier madame de passer un instant chez lui.

MADAME BREME. — Veuillez m'excuser. Je ne sors qu'une minute. Vous aurez tout de suite l'honneur de me revoir.

SCÈNE VI

Madame REHFUSS, Madame SAND.

MADAME SAND. — Ha ! ha ! qui de nous est le mieux jouée, de cette femme dont nous rions en secret, ou de nous qui sommes forcées de prendre du café à la mélasse ?

MADAME REHFUSS. — Je vous en prie, ne m'en parlez pas ; j'en deviendrai malade.

MADAME SAND. — Avez-vous vu quelle mine elle faisait quand nous avons baisé sa robe ? Ha ! ha ! ha ! Et le très humble serviteur, je ne l'oublierai de ma vie.

MADAME REHFUSS. — Ne riez pas si haut, elle pourrait entendre.

Madame Sand. — Ah! mon Dieu! voilà précisément le difficile, c'est de cacher l'envie qu'on a de rire. N'avait-elle pas sous le bras le plus charmant petit chien du monde? Je pense qu'il doit s'appeler *Joli*. Il est donc vrai cependant que personne n'est plus orgueilleux que celui qui sort de la poussière pour atteindre quelque haute dignité; aussi rien n'est-il plus dangereux que ces rapides changements de fortune! Celui qui appartient par sa naissance à une maison distinguée et qui a reçu une noble éducation, celui-là ne changera pas et peut-être même le verra-t-on devenir plus humble à mesure qu'il montera plus haut; mais, pour des gens qui éclosent ainsi tout d'un coup comme des champignons, ils n'auront jamais la vraie politesse.

Madame Rehfuss. — C'est une chose dont je ne comprends pas le motif. Ils devraient plutôt être humbles et bienveillants, s'ils songeaient à leur fortune passée.

Madame Sand. — Je crois que le motif, le voici. Les gens distingués ne craignent jamais de se voir dédaignés, ainsi ils n'ont pas besoin de se mettre sur leurs gardes quand on va au devant d'eux. Les gens du commun, au contraire, se défient de tout le monde; un mot, un geste leur semble toujours une allusion à leur ancien état. Voilà pourquoi ils cherchent à appuyer leur force par la cruauté. Croyez-moi, ce n'est pas un petit avantage que d'être issu d'une maison distinguée. Mais voici le domestique; il vaut mieux interrompre nos réflexions.

SCÈNE VII

Les précédentes, HENRI.

Henri. — Tâchez de ne pas trouver le temps long; Sa Seigneurie va revenir à l'instant. M. le bourgmestre lui a donné un nouveau ruban pour mettre au cou de son chien; mais, comme il était trop long, il a fallu appeler le tailleur pour prendre la mesure du cou du chien et faire un collier comme il faut; sitôt que cela sera prêt, elle viendra. Si vous voulez bien ne pas le trouver mauvais, j'aurais une prière à vous faire; ce serait de me donner un petit pourboire; j'ai beaucoup d'ouvrage dans cette maison, et je travaille comme un cheval.

MADAME SAND. — Ah! très volontiers, mon ami. Tiens, voilà un florin.

HENRI. — Je vous remercie. Je désirerais pouvoir vous rendre quelque service. Buvez donc du café; quoique ma maîtresse ne soit pas ici, elle ne s'en fâchera sans doute pas, et, si elle s'en fâchait, je me chargerais de l'apaiser.

MADAME SAND. — Mon ami, vous ne pouvez pas nous rendre de plus grand service que de ne pas nous forcer à boire.

HENRI. — Mais je vous assure que Mme Breme ne s'en formalisera pas du tout. Buvez donc. Peut-être n'est-il pas assez doux? Nous aurons bientôt plus de mélasse. Voici ma maîtresse qui vient.

SCÈNE VIII

Les précédents, Madame BREME.

MADAME BREME. — Je vous demande pardon d'être restée si longtemps dehors. Mais vous n'avez pas bu; il faut pourtant que nous vidions cette cafetière, ensuite vous boirez bien un petit verre de bière. Elle est, sans vouloir trop la vanter, de la meilleure espèce que l'on trouve dans la ville.

MADAME SAND. — Ah! mon Dieu, je me trouve mal. Ne m'en veuillez pas si je ne puis rester plus longtemps; ma sœur restera ici et acceptera votre offre avec reconnaissance.

MADAME REHFUSS. — Je serais impardonnable si j'abandonnais ma sœur. Nous nous recommandons à votre bienveillance.

MADAME BREME. — Buvez avant de partir un petit verre d'eau-de-vie, vous vous trouverez mieux; l'eau-de-vie est bonne pour plusieurs maladies. Henri, cours en chercher un verre, madame n'est pas bien.

MADAME SAND. — Non, non, il faut que je m'en aille. Ne nous retirez pas pour cela vos bonnes grâces.

SCÈNE IX

UNE AUTRE FEMME DE CONSEILLER, MADAME BREME, HENRI.

LA FEMME DE CONSEILLER. — Votre très humble servante, madame ; je viens vous offrir mes félicitations.

MADAME BREME, *lui donnant sa main à baiser*. — Ce sera un grand plaisir pour moi, si nous pouvons, moi ou monsieur le bourgmestre, vous rendre service. Ne voulez-vous pas vous asseoir ? Je vous en prie, ne faites point de façons ; agissez seulement comme si vous étiez chez vos égaux.

LA FEMME DE CONSEILLER. — Je vous remercie très humblement, madame.

(Elle s'asseoit.)

MADAME BREME. — Il y avait ici tout à l'heure deux dames qui ont pris du café avec moi. Je crois qu'il doit en rester encore quelques tasses. Le meilleur est au fond. Pour moi, je ne peux plus boire ; j'ai déjà tant bu que mon estomac est raide comme un tambour.

LA FEMME DE CONSEILLER. — Je vous remercie ; je viens de prendre mon café.

MADAME BREME. — Comme vous voudrez. Nous autres gens distingués, nous ne forçons personne. Mais dites-moi, madame, ne connaîtriez-vous point de Française que je puisse donner pour maîtresse à ma fille ? car je veux qu'elle apprenne le français.

LA FEMME DE CONSEILLER. — Oui, madame, j'en connais une qui est très bien. Mais ne pourrais-je pas avoir l'honneur de baiser les mains de mademoiselle votre fille ?

MADAME BREME. — Bien volontiers. Henri, appelle mamoiselle, et dis-lui qu'une dame de conseiller est ici et voudrait lui baiser les mains.

HENRI. — Je ne crois pas qu'elle puisse venir, car elle est très occupée, elle raccommode ses bas.

MADAME BREME. — Seigneur Dieu! comme ce garçon-là est mal élevé! Il veut dire qu'elle brode.

SCÈNE X

Les précédents, Madame HUFEIS, *veuve d'un maréchal-ferrant.*

MADAME HUFEIS. — Ah! ma chère voisine, est-il bien vrai que ton mari est devenu bourgmestre? C'est pour moi un plaisir comme si on me faisait cadeau d'un écu. Montre-moi donc que tu n'es pas devenue fière et que tu reconnais encore ton ancienne sœur. *(Madame Breme ne répond rien.)* Quand ton mari a-t-il été nommé bourgmestre? *(Madame Breme ne répond rien.)* Tu demeures plongée dans tes pensées, sœur; je te demande quand ton mari a été nommé bourgmestre?

LA FEMME DE CONSEILLER. — Vous devriez vous montrer plus polie envers madame Breme.

MADAME HUFEIS. — Moi, pas du tout. Je ne fais avec ma voisine aucun compliment; nous n'avons formé ensemble qu'un cœur et qu'une âme. Mais que dois-je penser, sœur? Il me semble que tu es devenue dédaigneuse.

MADAME BREME. — Ma chère femme, je ne vous connais pas.

MADAME HUFEIS. — Non! et quand tu as eu besoin d'argent, tu m'as pourtant bien connue. Si mon mari n'était pas mort, peut-être serait-il devenu un homme aussi distingué que le tien.

(Madame Breme se trouve mal, prend sa tabatière et en respire l'odeur.)

HENRI. — Hors d'ici, femme grossière! Te crois-tu encore dans ta forge et penses-tu que l'on puisse causer ici avec autant de liberté?

(Il la prend par le bras et l'emmène.)

MADAME BREME. — Ah! quel tourment, quel tourment de fréquenter des gens de cette espèce! Henri, tu t'en trouveras mal, si tu laisses jamais entrer chez moi une femme du peuple.

ACTE IV, SCÈNE X.

HENRI. — Celle-ci était ivre, et on pouvait s'en apercevoir facilement.

LA FEMME DE CONSEILLER. — Cet incident m'intéresse; je crains que vous ne vous soyez tourmentée. Il y a beaucoup de choses que les gens comme il faut ne peuvent pas supporter. Plus notre fortune s'accroît, plus le corps devient impressionnable et délicat.

MADAME BREME. — C'est vrai. Je puis vous assurer que je ne me sens plus ni aussi fraîche, ni aussi bien portante que je l'étais autrefois.

LA FEMME DE CONSEILLER. — Je le crois. Vous serez à l'avenir obligée de prendre médecine chaque jour, comme toutes les femmes de bourgmestre l'ont fait avant vous.

HENRI, *à part*. — Il me semble aussi que je ne suis plus si robuste depuis que je suis devenu serviteur de l'État. J'ai reçu des coups au côté gauche, ici juste. Il n'y a pas là de quoi rire et je ne plaisante pas. J'ai vraiment peur de devenir podagre, sans m'en douter.

LA FEMME DE CONSEILLER. — Il vous faudra attacher un médecin au service de votre maison. Dites-lui de vous donner quelques gouttes, et mettez-en toujours dans un verre, que vous en ayez besoin ou non.

MADAME BREME. — Je veux suivre votre conseil. Henri, va trouver le docteur Hermelin, et demande-lui quand il aura le temps de venir me voir.

LA FEMME DE CONSEILLER. — Il faut que je vous quitte, madame. Je vous salue très humblement et je me recommande à vous.

MADAME BREME. — Vous êtes déjà recommandée, madame; vous pouvez vous adresser à moi ou à maître Br..., je voulais dire à M. le bourgmestre de Bremenfeld, nous serons toujours à votre service.

LA FEMME DE CONSEILLER, *lui baisant la main*. — Votre très humble servante.

MADAME BREME. — Henri, viens; mon mari veut donner audience ici.

FIN DU QUATRIÈME ACTE.

ACTE CINQUIÈME

SCÈNE I

HENRI, DEUX AVOCATS.

HENRI. — Eh bien! maintenant il va y avoir quelque chose à gagner; voici le temps de l'audience. On verra si un homme qui a été vingt ans au service sait mieux se conduire que moi. On frappe. A qui voulez-vous parler, messieurs.

UN AVOCAT. — Nous voudrions avoir l'honneur de parler à M. le bourgmestre.

HENRI. — Il n'est pas encore levé.

L'AVOCAT. — Pas encore levé? Il est quatre heures après midi.

HENRI. — Oui, il est bien levé; mais il est sorti.

L'AVOCAT. — Nous avons rencontré à la porte quelqu'un qui venait précisément de lui parler.

HENRI. — C'est vrai. Il est à la maison, mais il est malade. *(A part.)* Ces gens-là sont si bornés qu'ils ne peuvent pas me comprendre.

L'AVOCAT, *se tournant vers son compagnon*. — Je vois bien que ce garçon veut avoir de l'argent. Nous n'avons qu'à lui mettre un florin dans la main, son maître viendra tout de suite. Ecoutez, mon ami, voici une couple de florins pour boire à notre santé.

HENRI. — Non, messieurs, je n'accepte jamais aucun présent.

L'AVOCAT. — Que devons-nous donc faire? Nous reviendrons une autre fois.

HENRI, *leur faisant signe*. — Vous vous en allez trop vite. Puisque c'est vous, je veux bien prendre l'argent, afin de ne pas vous faire croire que je suis fier, et pour pouvoir soutenir l'honneur de notre maison.

L'AVOCAT. — Tenez, voilà deux florins ; ne les dédaignez pas et soyez assez bon pour nous procurer une audience.

HENRI. — Votre très humble serviteur. Par considération pour vous, je ferai tout ce qui me sera possible. M. le bourgmestre est, à la vérité, bien portant... pas assez cependant pour causer avec tout le monde. Mais, puisque c'est vous, c'est une autre affaire. Voulez-vous attendre un moment? je vais vous annoncer. Mais quelqu'un frappe. — A qui voulez-vous parler, monsieur?

SCÈNE II

LES PRÉCÉDENTS, UN ÉTRANGER.

L'ÉTRANGER, *cherchant dans sa poche.* — Je voudrais avoir l'honneur de parler à M. le bourgmestre.

HENRI, *à part.* — Au moins celui-ci sait vivre ; il met tout de suite la main à la poche. *(Haut.)* Monsieur est à la maison ; vous allez le voir.

(Henri tend la main ; mais l'étranger, au lieu de tirer de l'argent, tire sa montre.)

L'ÉTRANGER. — Je vois qu'il est déjà quatre heures.

HENRI. — A qui voulez-vous parler, Monsieur?

L'ÉTRANGER. — A M. le bourgmestre.

HENRI. — Il n'y est pas.

L'ÉTRANGER. — Vous venez de dire qu'il y était.

HENRI. — C'est possible ; mais je me suis trompé.

(L'étranger sort.)

HENRI. — Voyez donc cette figure d'avare. Oui, mon maître va se hâter de venir, sois-en sûr... *(aux avocats.)* Maintenant je vais vous annoncer.

L'AVOCAT. — Regarde comme ce garçon s'est déjà fait à son nouveau service. Tiens-toi bien ; nous voulons nous arranger de manière à tourmenter ce brave potier ; nos amis viendront l'achever. Mais le voici.

SCÈNE III

BREME, LES DEUX AVOCATS, HENRI.

UN AVOCAT. — Nous vous souhaitons du fond du cœur, monsieur le bourgmestre, tout le bonheur imaginable, et nous avons l'espérance de vous voir surpasser tous vos prédécesseurs en affabilité, en sagesse, en vigilance, puisque ce n'est ni la fortune, ni la naissance, ni les protections qui vous ont conduit aux fonctions que vous occupez, mais votre habileté et votre expérience dans les affaires de l'État.

BREME. — Très humble serviteur.

L'AUTRE AVOCAT. — Nous nous réjouissons d'avoir pour chef un homme qui est non-seulement doué d'une intelligence divine...

BREME. — Je la dois à Dieu.

L'AVOCAT. — Mais qui s'est acquis un grand renom par la bienveillance avec laquelle il allait au-devant de chacun, prenant plaisir à entendre les plaintes des opprimés et à leur faire rendre justice. Certainement je puis dire que la joie m'a mis comme hors de moi quand j'ai appris par les journaux le choix que l'on venait de faire de M. Breme pour bourgmestre.

HENRI. — M. Breme de Bremenfeld, messieurs.

L'AUTRE AVOCAT. — Je vous demande très humblement pardon; je voulais dire de Bremenfeld. Nous sommes venus ici pour vous exprimer nos vœux de bonheur, et ensuite pour soumettre à Votre Seigneurie un débat qui s'est élevé entre nos propriétaires. Les deux parties voulaient d'abord faire juger le procès d'après les lois du pays; mais après y avoir réfléchi davantage, pour éviter la perte de temps et les frais, nous avons préféré nous en rapporter à votre jugement, qui aura sa pleine et entière exécution.

(M. Breme s'asseoit et laisse les autres debout.)

PREMIER AVOCAT. — Nos deux propriétaires sont voisins,

mais une petite rivière les sépare l'un de l'autre. Il y a trois ans que la rivière a enlevé une grande partie du sol de mon client et l'a transportée sur celui de mon adversaire. Un tel abus peut-il être permis? N'est-il pas dit : *Nemo alterius damno debet locupletari?* Le client de mon adversaire s'enrichira aux dépens du mien. N'est-ce pas là une attaque *contra æquitatem naturalem*? Il n'est pas possible de voir la chose autrement, monsieur le bourgmestre.

BREME. — Sans doute; c'est très injuste. Vous avez raison, monsieur.

DEUXIÈME AVOCAT. — Mais Justinien dit formellement : *Libro secundo institutionum, titulo primo de alluvione...*

BREME — Au diable la citation! Que m'importe ce que dit Justinien ou Alexandre le Grand, qui vivaient peut-être quelques milliers d'années avant que Dantzig fût bâti? Comment pourraient-ils avoir porté un jugement sur des choses qui ne se sont pas passées de leur temps?

DEUXIÈME AVOCAT. — Je ne veux pas croire que Votre Seigneurie repousse des lois auxquelles l'Allemagne, la France et l'Italie se sont soumises.

BREME. — Non, ce n'était pas là ce que je pensais. Vous ne m'avez pas bien compris. Je voulais seulement dire que dans le droit de Culm il y avait autre chose... Cependant, ceci... *(Il tousse.)* Ayez la bonté de continuer.

DEUXIÈME AVOCAT. — Justinien s'exprime ainsi : *Quod per alluvionem agio tuo flumen adjecit jure gentium tibi adquiritur.*

BREME. — Monsieur l'avocat, vous parlez extraordinairement vite; ayez la bonté de me répéter ces paroles d'une manière plus claire. *(L'avocat les répète très lentement.)* Oh! vous prononcez horriblement mal le latin. Parlez plutôt votre langue maternelle, cela me convient mieux. Si je vous dis cela, il ne faudrait pas croire que je n'aime pas le latin. Je l'aime beaucoup, au contraire, et je passe quelquefois des heures entières à causer latin avec mon domestique. N'est-ce pas vrai, Henri?

HENRI. — C'est réellement quelque chose d'extraordinaire que d'entendre mon maître parler latin. Je puis vous jurer que les larmes m'en viennent aux yeux rien que d'y penser. C'est absolument comme lorsque l'on entend les pois cuire dans un pot, tant les mots tombent rapidement de sa bouche. Je ne comprends pas qu'un homme puisse parler si vite. Mais à quoi n'arrive-t-on pas avec un long et patient exercice?

DEUXIÈME AVOCAT. — Voici donc les paroles de Justinien : Ce qu'un fleuve enlève à un champ pour le porter sur le tien est à toi légitimement d'après le droit des nations.

BREME. — Oui, Justinien a parfaitement raison, car c'était un grand homme. Je le vénère trop pour oser attaquer son jugement.

PREMIER AVOCAT. — Mais, monsieur le bourgmestre, mon adversaire lit et interprète la loi comme le diable la Bible. Il a grand soin de mettre de côté ce qui suit : *Per alluvionem autem videtur id adjici quod ita paulatim adjicitur est intelligi non possit, quantum quoque temporis momento adjiciatur.*

BREME. — Messieurs, je vous demande pardon. Deux envoyés étrangers se sont fait annoncer chez moi. Henri, regarde, en ta qualité de serviteur de l'Etat, si tout est bien en ordre dans l'antichambre.

PREMIER AVOCAT. — Ah! monsieur le bourgmestre, dites-nous au moins en quelques mots quelle est votre opinion.

BREME. — Vous avez raison tous deux, messieurs, chacun à sa manière.

DEUXIÈME AVOCAT. — Comment pouvons-nous avoir tous deux raison? Si le bon droit est de mon côté, mon adversaire doit nécessairement avoir tort. La loi de Justinien s'exprime formellement en ma faveur.

BREME. — Veuillez m'excuser; j'entends les voitures venir, je dois aller au-devant de ces étrangers.

PREMIER AVOCAT, *le retenant*. — J'ai clairement démontré que les paroles de Justinien plaident pour moi.

BREME. — Oui, c'est vrai; vous pouvez vous partager Justinien; vous le connaissez aussi peu que moi, et, s'il porte le manteau sur les deux épaules, c'est comme s'il voulait dire : Allez-vous-en, fous, et tâchez de vous accorder.

DEUXIÈME AVOCAT. — Monsieur le bourgmestre, pour connaître parfaitement la pensée du législateur, il faut comparer un article avec un autre, et le paragraphe suivant ne dit-il pas : *Quod si vis fluminis de tuo prædio?*

BREME. — Mais laissez-moi donc aller; vous entendez bien que les voitures arrivent.

PREMIER AVOCAT. — Monsieur le bourgmestre, encore un moment. Ecoutez ce que dit Hugo Grotius, *Libro de jure belli et pacis.*

BREME. — Eh! que m'importe votre Hugo Grotius? C'était un Arménien. Que nous font les lois des gens qui sont en Arménie! Henri, chasse-les dehors.

(Ils s'en vont. — Henri lutte avec quelques personnes dans l'anti-chambre. Quand il revient, une femme le suit qui prend Breme à la gorge.)

LA FEMME, *en criant*. — Ah! voilà un sage magistrat qui donne des lois maudites pour permettre à un homme d'avoir deux femmes à la fois? Croyez-vous donc ne pas attirer par là la vengeance du ciel sur vous?

BREME. — Etes-vous folle? Qui a jamais pensé à cela?

LA FEMME. — Eh! eh! tu es un brave bourgmestre, je ne veux pas sortir avant de m'être rassasiée de ton sang.

BREME. — Au secours! au secours! Henri! Pierre!

(Pierre entre et chasse la femme. Henri, qui s'était caché dans un coin, vient aussi et lui aide.)

SCÈNE IV

BREME, HENRI.

BREME. — Henri, il t'arrivera malheur si, à l'avenir, tu laisses encore entrer chez moi des avocats ou des femmes. Peu s'en est fallu aujourd'hui que je ne fusse égorgé. Une autre fois, quand de pareilles gens viendront pour me parler, tu leur diras de ne pas parler latin, parce que je me suis promis pour certains motifs particuliers de ne plus faire usage de cette langue.

HENRI. — Moi, je me le suis promis aussi, sans doute par la même raison.

BREME. — Tu peux dire que je parle seulement grec.

(On frappe. Henri va à la porte et revient avec une énorme liasse de papiers.)

HENRI. — Voici des actes que le syndic envoie à monsieur le bourgmestre, en le priant de les voir et d'en donner avis.

BREME *s'asseoit près d'une table, parcourt ces papiers et dit.* — Il n'est cependant pas si facile que je croyais d'être bourgmestre. Voici des affaires auxquelles le diable lui-même ne comprendrait rien. *(Il commence à écrire, se lève, essuie la sueur de son front, puis vient se rasseoir et efface ce qu'il avait écrit.)* Henri !

HENRI. — Monsieur le bourgmestre?

BREME. — Quel bruit fais-tu là ? Ne peux-tu rester tranquille?

HENRI. — Je ne bouge pas, monsieur le bourgmestre.

BREME *se lève de nouveau, ôte sa perruque, la jette par terre comme s'il devait mieux méditer tête nue. Il marche sur la perruque et la jette avec le pied de côté. Il revient s'asseoir et se met à écrire.* — Henri !

HENRI. — Monsieur le bourgmestre?

BREME. — Je te ferai pendre si tu ne restes pas tranquille. Voilà déjà la seconde fois que tu me troubles dans mes inspirations.

HENRI. — Je n'ai pourtant rien fait que de mesurer sur mes jambes de combien ma redingote est trop longue.

BREME *se lève encore et se frappe le front comme pour en faire jaillir une idée.* — Henri !

HENRI. — Monsieur le bourgmestre?

BREME. — Va dire aux femmes qui vendent du poisson dans la rue qu'elles ne doivent pas crier en passant devant la maison que j'habite, car elles me dérangent dans mes combinaisons politiques.

HENRI *crie trois fois ces mots à la porte.* — Ecoutez, marchandes de poissons, populace, femmes mal apprises, n'avez-vous pas honte de crier d'une manière si effroyable dans la rue où demeure le bourgmestre et de le troubler dans ses méditations?

BREME. — Henri.

HENRI. — Monsieur le bourgmestre?

BREME. — Cesse, c'est assez.

HENRI. — Cela ne sert d'ailleurs à rien. La ville est pleine de gens de cette espèce; aussitôt que l'une est passée, une autre revient. Elles ressemblent...

BREME. — C'est bon. Tais-toi. *(Il s'assoit et efface encore ce qu'il avait écrit, puis recommence à écrire, se lève, frappe du pied avec colère, et appelle :)* Henri!

HENRI. — Monsieur le bourgmestre?

BREME. — Je voudrais qu'un autre que moi fût bourgmestre. Veux-tu être bourgmestre à ma place, et moi je prendrai ton poste?

HENRI. — Je serais un fou d'accepter, et celui qui me le propose n'est pas plus sage.

BREME *veut s'asseoir pour écrire, mais il manque la chaise et tombe à la renverse.* — Henri!

HENRI. — Monsieur le bourgmestre?

BREME. — Je suis par terre.

HENRI. — Je le vois bien.

BREME. — Viens m'aider à me relever.

HENRI. — Ne m'avez-vous pas dit que je ne dois pas bouger de place?

BREME. — Maudit garçon! *(Il se relève.)* On frappe.

HENRI. — Oui. *(A la porte).* A qui voulez-vous parler?

UN BOURGEOIS. — Je suis le chapelier Acttermann; j'ai une plainte à faire au bourgmestre.

HENRI. — C'est le chapelier Acttermann qui désire se plaindre à monsieur le bourgmestre de plusieurs choses.

BREME — Mais je ne puis pas m'occuper de plus d'une affaire à la fois. Demande-lui sur quoi repose sa plainte.

LE BOURGEOIS. — C'est trop long à raconter; il faut que je parle au bourgmestre lui-même. Je ne demande qu'une heure, et mes griefs se divisent en vingt-quatre points.

BREME. — Ah! que le ciel vienne à mon secours! J'ai déjà la tête tout en désordre. Fais-le entrer.

SCÈNE V

Le CHAPELIER, les précédents.

LE CHAPELIER. — Hélas! monsieur le bourgmestre, je suis un pauvre homme qui ai souffert beaucoup d'injustices, comme vous pourrez vous en convaincre, si vous me permettez de vous les raconter.

BREME. — Il faut porter vos plaintes par écrit.

LE CHAPELIER. — C'est ce que j'ai fait. Les voilà dans ce cahier.

BREME. — Henri! on frappe encore.

HENRI, *à la porte*. — A qui voulez-vous parler?

UN AUTRE BOURGEOIS. — Je désirerais remettre à monsieur le bourgmestre une plainte contre le chapelier.

BREME. — Qui est-ce?

HENRI. — C'est l'adversaire de cet homme.

BREME. — Demande-lui sa réclamation écrite, et qu'ils attendent tous deux dehors la décision... Henri!

(Le chapelier sort.)

HENRI. — Oui, monsieur.

BREME. — Ne pourrais-tu m'aider un peu? Je ne sais en vérité par où commencer. Lis-moi ce que le chapelier a écrit.

HENRI, *lisant*. — « Noble, puissant, ferme et sage seigneur bourgmestre, en tête de tous les métiers qui fleurissent dans cette ville parmi la bourgeoisie, je m'avance comme l'ouvrier le plus distingué pour vous exprimer la joie respectueuse et sincère que j'ai éprouvée à voir choisir pour les hautes fonctions de la magistrature un homme aussi estimé, aussi éclairé que vous, et pour vous représenter un des abus les plus dangereux, les plus graves, les plus horribles que la méchanceté du temps et des hommes ait pu produire dans notre ville. Dans l'espérance que vous saurez bien arrêter le mal à sa source, je m'adresse à Votre Seigneurie. Voici le fait. Les marchands de Dantzig n'ont pas honte de faire fabriquer et de vendre publiquement certains vêtements en castor; ils se sont même entendus pour tisser ainsi des bas, ce qui est inouï, car le commerce du poil de castor nous appartient exclusivement [1]. De là il résulte que nous autres, pauvres chapeliers, ne pouvons plus trouver de castor qu'à des prix exorbitants, et, comme on ne se soucie pas de donner dix ou vingt florins pour un chapeau, notre corporation est dans un état de souffrance déplorable et tout son avenir peut être compromis. Que Votre Seigneurie veuille donc bien réfléchir aux vingt-quatre motifs que nous avons de réclamer le commerce exclusif du poil de castor. 1° Depuis les temps les plus anciens, l'usage général, non-seulement dans ce pays, mais dans le monde entier, a été de porter des chapeaux de castor; c'est ce qu'il serait facile de prouver par diverses citations, aussi bien que par des témoins. D'après l'histoire... »

BREME. — Laisse l'histoire de côté.

HENRI. — « 2° Par des témoins. Adrien Nuler, qui a maintenant soixante-dix ans, se souvient très bien que mon aïeul disait... »

BREME. — Laisse là encore ce qu'il disait.

HENRI. — « 3° Il y a une prodigalité excessive à employer une matière aussi précieuse que le poil de castor à faire des bas et des vêtements, et c'est manquer au bon ordre et aux mœurs, d'autant plus qu'il nous arrive sans cesse de France, d'Angleterre et de Hollande des vêtements assez élégants pour que l'on puisse s'en contenter, sans qu'il soit besoin de ruiner quelques braves gens. »

BREME. — Assez, assez, Henri, je vois déjà que cet homme a raison.

HENRI. — Mais j'ai toujours entendu dire qu'un magistrat devait entendre les deux parties avant de prononcer un jugement. Faut-il lire aussi la réclamation de l'adversaire?

BREME. — Oui, vraiment.

---

[1]. On sait qu'en France, avant la révolution de 1789, toutes les corporations d'ouvriers et de marchands étaient très distinctes l'une de l'autre, et que chacune d'elles avait son genre de travail ou de commerce dont elle jouissait exclusivement. La même organisation existe encor dans le Nord, et notamment en Allemagne. (*N. du trad.*)

HENRI, *lisant*. — « Noble Excellence, savant et sage politique, seigneur bourgmestre, de même que votre intelligence surpasse toutes les autres, de même la joie que j'ai ressentie en apprenant que vous étiez nommé bourgmestre surpasse celle de tous mes concitoyens. Si j'ai l'honneur aujourd'hui de me présenter devant vous, c'est pour me plaindre des chapeliers qui ne veulent pas me permettre de vendre des étoffes et des bas de castor. Je vois bien que ces gens-là voudraient se réserver la fabrication du castor; mais ils n'entendent rien à cette affaire. C'est une folie de porter un chapeau de castor; on le met sous son bras, il ne donne point de chaleur et ne sert à rien d'autre. Un chapeau de paille serait tout aussi bon. Mais les vêtements et les bas de castor sont souples et chauds, et, si monsieur le bourgmestre l'avait éprouvé, il l'avouerait lui-même. »

BREME. — C'est assez. Cet homme-là a aussi raison.

HENRI. — Ils ne peuvent cependant pas avoir tous les deux raison.

BREME. — Et de quel côté est donc le bon droit?

HENRI. — C'est ce que Dieu sait et monsieur le bourgmestre.

BREME, *se levant, marchant en long et en large.* — C'est une question bien épineuse. Henri, ne peux-tu pas me dire qui a raison? Pourquoi donc, imbécile que tu es, faut-il que je te nourrisse et que je te paie? (*On entend du bruit dehors.*) Qu'est-ce donc que ce tumulte?

HENRI. — Ce sont les deux bourgeois qui se battent.

BREME. — Va les trouver et dis-leur qu'ils devraient se conduire avec plus de réserve devant la maison du bourgmestre.

HENRI. — Il vaut mieux que nous les laissions suivre leur caprice; ils en deviendront plus tôt amis. Je crois, sur ma parole, qu'ils veulent enfoncer la porte. Ecoutez comme ils frappent.

(Breme va se cacher derrière la table.)

BREME. — Qui a frappé?

UN LAQUAIS. — Je suis domestique d'un envoyé étranger. Mon maître aurait une communication importante à faire à monsieur le bourgmestre.

HENRI. — Allez au diable! Je ne sais ce qu'est devenu le bourgmestre. Eh! monsieur le bourgmestre?

BREME. — Prie-le de revenir dans une demi-heure, et dis-lui que j'avais auprès de moi deux chapeliers qu'il fallait expédier tout de suite. Henri, dis au bourgeois de revenir demain. Hélas! malheureux que je suis! j'ai la tête si troublée que je ne sais plus ce que je dis ni ce que je fais. Ne peux-tu pas m'aider, Henri?

HENRI. — Je ne connais pas de meilleur conseil à vous donner que de vous pendre.

BREME. — Va me chercher la *Merluche politique* qui est sur la table de ma chambre; peut-être verrai-je là comment on reçoit les envoyés étrangers.

(Pendant que Henri est dehors, Breme se promène, plongé dans ses réflexions, et déchire la pétition du chapelier.)

HENRI. — Voici le livre. Mais que déchirez-vous donc là? Je parie que c'est la demande du chapelier.

BREME. — C'est vrai. Je l'ai déchirée sans y songer. (*Il jette son livre par terre.*) Hélas! Henri, je crois que le meilleur sera de suivre ton conseil.

HENRI. — On frappe encore. (*Il sort, revient et crie.*) Ah! monsieur le bourgmestre, aidez-moi, monsieur le bourgmestre.

BREME. — Que faut-il faire?

HENRI. — Il y a là tout un régiment de matelots qui crient que, si le bourgmestre ne leur rend pas justice, ils casseront portes et fenêtres. L'un d'eux m'a jeté une pierre dans le dos. Ahi! ahi!

BREME, *se cachant sous la table*. — Henri, va prier ma femme de leur parler et de les adoucir. Peut-être auront-ils plus de respect pour une femme.

HENRI. — Oui, oui, croyez-vous donc que des gens de cette sorte aient du respect pour une femme? Si elle sort, ils peuvent s'emparer d'elle, et le mal serait encore plus grand.

BREME. — Mais c'est une vieille femme.

HENRI. — Les matelots ne sont pas si difficiles. Pour

moi, je ne voudrais pas exposer ma femme à un tel danger. On frappe. Faut-il ouvrir ?

BREME. — Non, je crains que ce ne soient les matelots. Ah ! mon Dieu ! que ne suis-je mort ! Va voir, Henri, qui c'est.

HENRI. — Ce sont deux membres du conseil.

SCÈNE VI

SAND, LE DOCTEUR REHFUSS, LES PRÉCÉDENTS.

REHFUSS. — M. le bourgmestre n'est-il pas à la maison ?

HENRI. — Oui, il est sous la table.

SAND. — Pourquoi donc vous êtes-vous mis là, monsieur le bourgmestre ?

BREME. — Hélas ! mes dignes messieurs, je n'ai jamais demandé à être bourgmestre. Pourquoi m'avez-vous jeté dans ce labyrinthe de malheur ?

REHFUSS. — Vous avez accepté. Allons, levez-vous. Nous venons vous représenter la grande faute que vous avez commise envers le ministre étranger en le renvoyant d'une manière aussi outrageante. La ville pourrait en éprouver beaucoup d'ennui. Nous pensions que monsieur le bourgmestre connaissait mieux le *jus publicum* et le cérémonial.

BREME. — Mes bons messieurs, ôtez-moi mes fonctions de bourgmestre. Par là je serai débarrassé d'un poids que je ne puis supporter, et l'envoyé sera satisfait.

SAND. — Eh ! comment pourrions-nous vous retirer vos fonctions ? Venez avec nous au conseil et l'on en délibérera.

BREME. — Je ne veux pas aller au conseil, quand vous m'y traîneriez par les cheveux. Je ne veux pas être bourgmestre. Je n'ai pas cherché à l'être ; je suis un potier d'étain avec Dieu et avec honneur, et je mourrai potier d'étain.

SAND. — Quoi ! voulez-vous faire une insulte à tout le conseil ! N'a-t-il pas, dites-moi, accepté la place de bourgmestre ?

REHFUSS. — Certainement ; ici même.
SAND. — Nous allons délibérer là-dessus. Tout un conseil ne se laisse pas ainsi jouer.

(Ils sortent.)

SCÈNE VII

BREME, HENRI.

BREME. — Henri !
HENRI. — Monsieur le bourgmestre ?
BREME. — Que penses-tu qu'ils veuillent faire de moi ?
HENRI. — Je ne sais. J'ai bien vu qu'ils étaient très en colère, et je m'étonnais de les entendre parler aussi librement dans la chambre de monsieur le bourgmestre. Si j'avais été à votre place, je leur aurais dit : Mais, imprudents que vous êtes, songez donc où vous vous trouvez !
BREME. — Ah! si tu étais bourgmestre, Henri ; ah! si tu étais bourgmestre !
HENRI. — S'il m'était permis de troubler le cours de vos réflexions, je voudrais bien demander une chose, c'est que l'on m'appelât M. de Henri.
BREME. — Cesse ces plaisanteries. Il est temps d'en finir avec toutes ces sottes ambitions, car je n'y ai trouvé que soucis et malheur.
HENRI. — Ce que j'en dis, ce n'est pas par présomption ni par orgueil ; mais c'est que je ne serais pas fâché d'être un peu plus convenablement traité par les autres domestiques de la maison, notamment par Anna. Car...
BREME. — Si tu ne te tais pas, je te tords le cou... Henri !
HENRI. — Monsieur le bourgmestre ?
BREME. — Ne pourrais-tu pas m'aider ? Tiens, regarde ; tâche d'arranger ces affaires à ma place, ou tu t'en trouveras mal.
HENRI. — Je ne peux assez m'étonner que vous me demandiez un tel service, vous qui êtes un homme si habile et qui avez été élevé à vos hautes fonctions uniquement à cause de votre expérience.

BREME. — Veux-tu encore te moquer de moi ?
(Il prend une chaise pour le battre. Henri se sauve.)

SCÈNE VIII

BREME, seul.

BREME. *Il s'asseoit, pose la main sur son front, et rêve un instant. Puis il s'élance avec tristesse et demande :* Quelqu'un a-t-il frappé ? *(Il se glisse doucement vers la porte ; mais ne trouve personne. Il s'asseoit encore, commence à pleurer et s'essuie les yeux. Enfin, il se lève avec impétuosité.)* — Que faire ? par où commencer ? Voilà une masse d'actes de pauvres diables... Le chapelier, l'adversaire du chapelier, une plainte en vingt points, une révolte des matelots, un envoyé étranger, remontrances du conseil, menaces. N'y a-t-il donc là point de corde ? Oui, en voici une. *(Il y fait un nœud.)* On m'a prophétisé que mes études politiques m'élèveraient plus haut que les autres ; la prophétie sera accomplie si la corde tient bon. Et puis, le conseil n'a qu'à venir ; je m'en moque si je suis mort. Je ne demanderais qu'une chose ; ce serait de voir l'auteur de la *Merluche politique* avec ses seize cabinets d'état pendus auprès de moi. *(Il prend le livre sur la table et le déchire en entier.)* Tiens, maudit bouquin, tu ne tromperas au moins, désormais, pas un autre honnête potier. C'est pourtant une petite consolation que j'emporte avant de mourir. Maintenant il faut que je cherche un coin pour exécuter mon projet. Ce sera cependant assez remarquable, quand on dira après ma mort : Quel bourgmestre actif que ce Breme de Bremenfeld ; tant qu'il a été en fonctions, il n'a pas dormi un seul instant.

SCÈNE IX

EHRLICH, BREME.

EHRLICH. — Eh bien ! que diable faites-vous donc ?

BREME. — Je ne me soucie pas de juger, et je veux me pendre pour me délivrer de mes fonctions. Si vous voulez me tenir compagnie, vous me ferez plaisir.

EHRLICH. — Non ; je vous remercie. Mais quelle raison avez-vous de prendre une résolution si désespérée ?

BRÈME. — A quoi sert de disserter là-dessus ? il faut toujours que je sois pendu ; si ce n'est aujourd'hui, ce sera demain. Je vous prie seulement de faire mes adieux à ma femme et à ma fille, et de les prier de mettre sur ma tombe, cette épitaphe : « Arrête, voyageur. Ici s'est pendu le bourgmestre de Bremenfeld, qui, pendant le temps qu'ont duré ses fonctions, n'a pas pris une seule minute de repos. Fais-en de même. » Peut-être ne savez-vous pas, monsieur Ehrlich, que j'ai été bourgmestre, c'est-à-dire que j'ai eu à remplir une charge où je ne pouvais pas distinguer ce qui était noir de ce qui était blanc, et où je me suis montré complètement incapable. Après tous les ennuis que jai éprouvés, j'ai reconnu qu'il n'est pas aussi facile d'exercer de hautes fonctions que de porter un jugement sur ceux qui les exercent.

EHRLICH. — Ha ! ha ! ha !

BREME. — Ne vous moquez pas de moi ; c'est mal.

EHRLICH. — Ha ! ha ! Maintenant je vois comme tout cela s'est passé ; j'étais hier dans une auberge, et il y avait là des gens qui se mouraient de rire en entendant raconter un tour qu'on vous avait joué. On disait que quelques jeunes gens s'étaient amusés à vous persuader que vous étiez bourgmestre, pour voir comment vous vous en tireriez ; tout ce que j'entendis alors m'affligea, et je venais précisément auprès de vous pour vous en parler.

BREME. — Ainsi, je n'ai donc pas été bourgmestre ?

EHRLICH. — Non, c'est une pure fiction que l'on a employée pour vous montrer la folie qu'il y a à vouloir parler de choses qui sont au-dessus de notre portée.

BREME. — Et l'histoire de l'envoyé étranger n'est pas vraie !

EHRLICH. — Non, sans doute.

BREME. — Et celle du chapelier non plus ?

EHRLICH. — Non plus.

BREME. — Ni celle des matelots?

EHRLICH. — Non, non.

BREME. — Eh bien! je ne me pendrai pas. Ma femme, Louise, Henri, venez tous.

SCÈNE X

BREME, EHRLICH, Madame BREME, LOUISE, HENRI.

BREME. — Ma bonne femme, retourne à ton travail; notre vie de bourgmestre est finie.

MADAME BREME. — Comment, finie?

BREME. — Oui, c'était une plaisanterie que quelques personnes ont voulu me faire.

MADAME BREME. — Comment, une plaisanterie? Il faut qu'ils s'en repentent, et toi aussi.

(Elle veut lui donner un soufflet. Il la bat.)

MADAME BREME. — Ah! mon cher petit homme, arrête, je t'en prie; mon amour, arrête.

BREME. — Je dois te dire que je renonce à la politique, et que, par conséquent, je ne compterai plus jusqu'à vingt si je reçois un soufflet. Je veux recommencer un nouveau genre de vie; je jette mes livres au feu, et je me remets à mon métier. J'avertis tous ceux qui sont ici que, si je les trouve jamais avec un livre politique, ou s'ils essaient d'en introduire dans la maison, je les punirai sévèrement.

HENRI. — Là-dessus il n'y a rien à me reprocher, monsieur le bourgmestre.

BREME. — Laisse cette folie de côté, et appelle-moi maître comme autrefois; je suis potier, je veux mourir potier. Ecoutez, maître Ehrlich, je sais que vous aimez ma fille; j'ai d'abord voulu mettre obstacle à cette union, mais à présent je vous donne mon consentement, ma femme vous donne le sien, et, si vous êtes encore dans les mêmes dispositions, tout est décidé.

EHRLICH. — Mes sentiments n'ont pas changé, et je désire que le mariage se fasse bientôt.

BREME. — Le désires-tu aussi, ma femme?

HENRI. — Ah! que demandez-vous-là? Mme Breme a toujours souhaité ce mariage.

MADAME BREME. — Tais-toi, je puis bien répondre moi-même. J'ai donné mon consentement à Ehrlich il y a trois ans.

BREME. — Et toi, Louise, je ne t'interroge pas; je pense que tu l'aimes? N'est-ce pas vrai? Allons, donnez-vous la main, et demain le mariage aura lieu. Henri!

HENRI. — Monsieur le bourgm... Ah! pardon, maître, voulais-je dire!

BREME. — Tu brûleras tous mes livres politiques; je ne veux plus les voir après toutes les folies où ils m'ont conduit. C'est vrai; nous jugeons nos magistrats avec les livres, et nous ne comprenons rien nous-mêmes; c'est une tout autre affaire de connaître une carte marine ou de guider un vaisseau; on peut bien apprendre dans les livres à parler de différentes choses, mais ce n'est pas encore ce qu'il faut pour gouverner une ville. Que ceux qui auraient le même penchant prennent exemple sur ce qui m'est arrivé. Un pauvre potier d'étain qui se voit subitement appelé à remplir les fonctions de bourgmestre est comme un grand homme d'état qui devrait tout à coup exercer la profession de potier.

FIN DU POTIER D'ÉTAI

L'AFFAIRÉ

COMÉDIE EN TROIS ACTES

TRADUCTION DE M. SOLDI

NOTICE

SUR

L'AFFAIRÉ

Holberg est assurément le plus habile parmi les imitateurs de Molière; il a su donner à ses pastiches un remarquable cachet d'originalité en les appropriant aux mœurs, à l'esprit et à la scène de son pays avec tant d'adresse et d'habileté, que, dans le Nord, tout le monde s'accorde à le considérer comme le créateur du théâtre qu'il a livré au public. Le type de l'*Affairé* appartient exclusivement au poète danois, malgré les quelques critiques qui ont voulu y voir une pâle imitation du *Malade imaginaire* ou d'une pièce insignifiante intitulée : *Busy body* de *Mistress Centlivre*. A chaque scène, Holberg place l'*Affairé* dans une nouvelle situation, et développe le caractère de *Criesanscesse* jusqu'au dénouement, où ayant marié sa fille sans y penser, il sort en n'ayant encore en tête que ses prétendues occupations. Du reste, ne connaissons-nous pas tous de ces personnages affairés, toujours accablés de besogne, n'ayant jamais le temps de vous parler, et dont, au fond, toute l'occupation n'est que babioles et bagatelles ?

Ce type est si vrai, si frappant, que nous sommes convaincus que l'*Affairé*, remanié, approprié à la scène française, obtiendrait un légitime succès. Holberg, lui-même, regardait cette œuvre comme la meilleure de ses comédies.

L'*Affairé* fut représenté pour la première fois à Copenhague, le 21 janvier 1750. Parmi les différentes critiques que l'on a faites de cette comédie, nous relèverons la suivante : *Oldfux* et *Pernille* paraissent doués d'une trop grande dose d'intelligence : mais il faut songer que la malice et l'esprit étaient le partage des domestiques, à l'époque où vivait Holberg, et que celui-ci, autant que Regnard et Molière, a pris pour modèles Aristophane, Plaute et Térence.

D'ailleurs, quant à l'intelligence extraordinaire d'Oldfux, il faut observer qu'il n'est pas un valet semblable à ceux de Molière, mais bien un aventurier auquel les voyages ont donné beaucoup d'expérience. Aux reproches d'exagération nous répondrons que ce qu'il y a de grotesque dans quelques passages est indispensable pour l'effet de la scène; Holberg a pu rendre les deux principaux personnages comiques au plus haut degré sans dépasser la vérité, comme nous pouvons en juger, car il a fait allusion à une classe d'individus dont la race existe encore.

Il résulte de quelques écrits de Holberg, qu'il n'a que trop connu de *Criesanscesse* et qu'à différents points de vue, il a eu à en souffrir et à en être importuné. Il dit par exemple, dans les *Pensées morales* : « Une partie de l'existence humaine se passe à faire le mal; la plus grande partie à ne rien faire, et la vie, presque tout entière, est employée à faire de la besogne inutile....... Le travail de certaines gens ne vaut pas mieux que celui de Diogène qui roulait son tonneau à travers les rues, ou celui du vieux magister de notre époque, qui, pour se chauffer, montait du bois de sa cave et le redescendait en recommençant alternativement cet exercice..... Les gens affairés sont souvent ceux qui font le moins de besogne : ils ressemblent aux coqs qui chantent souvent, mais qui chantent mal, ou aux poules qui chantent bien, mais qui pondent peu d'œufs, ou encore aux chats qui miaulent agréablement mais n'attrapent point de souris. Ceux au contraire qui font le plus de besogne, font ordinairement le moins de bruit; les rameurs d'un bateau se remuent fortement, mais celui qui tient le gouvernail et dont le travail est le plus important, ne bouge presque pas. L'on peut comparer *Criesanscesse* et ses semblables au cheval, dont un écuyer exige des exercices au milieu de la rue, le faisant tantôt se cabrer, tantôt appuyer les hanches; avant d'arriver au bout de la rue, la pauvre bête écume et succombe sous la sueur et la fatigue. »

Un peu plus loin, Holberg applique la même argumentation aux livres et aux écrits. « Les occupations, dit-il, ne sont pas aussi importantes qu'elles paraissent l'être, et celui qui se plaint de manquer de temps en aurait plus qu'il ne lui en faudrait, s'il savait distinguer entre les choses utiles et les choses inutiles....... Théophraste se plaignait de ce que les corneilles et les cerfs vivent si longtemps, tandis que l'existence de l'homme, bien plus importante, est si courte et si restreinte....... Sénèque, au contraire, dit que la plupart des hommes se plaignent de la nature qui leur a donné une si courte existence : mais la vérité est que nous ne savons pas utiliser notre temps en travaux bons et utiles. La richesse dans la main du prodigue disparaît bientôt. Mais un bon père de famille sait, au contraire, conserver sa fortune, et même l'augmenter....... La vie est longue pour celui qui sait en profiter. »

Pour ce qui est des deux teneurs de livres, père et fils, Holberg a voulu faire allusion, en les ridiculisant, à quelques individualités de son époque, professeurs de tenue de livres en partie simple et partie double, et traitant de cette science en prose et en vers. « La tenue de livres, dit un de ces Messieurs, est le conseiller de la mémoire........ elles nous enseigne toutes sortes de choses bonnes à savoir, quoique *l'envoyé de Satan* cherche à la tourner en ridicule. » On ne peut douter que l'envoyé de Satan ne soit Holberg lui-même.

Représentée pour la première fois, à Copenhague, en 1726, la pièce de l'*Affairé* est jouée encore en Danemark avec grand succès.

L'AFFAIRÉ

COMÉDIE

PERSONNAGES*

CRIESANSCESSE.
LÉONARD, son frère.
ÉLÉONORE, sa fille.
MADELEINE, sa femme de charge.
PERNILLE, sa servante.
ANNE, cuisinière.
CHRISTEN CRAYON,
JEAN SABLIER,   ses
CHRISTOPHE CANIF, employés.
LARS ENCRIER,

LÉANDRE, amant d'Éléonore.
CORFITZ, oncle de Léandre.
ERIC MADSEN, teneur de livres.
PIERRE ERICSEN, son fils.
OLDFUX, aventurier.
UN PAYSAN.
UN BARBIER.
UN TAILLEUR.
UN NOTAIRE.

ACTE PREMIER

SCÈNE PREMIÈRE

PERNILLE

PERNILLE. — Quoiqu'on fasse de nos jours tant de comédies, personne n'a encore songé à mettre en scène un homme affairé. Si quelqu'un voulait se charger de cette besogne, je lui fournirais un sujet excellent, en offrant mon maître comme type. On dit, il est vrai, que ce caractère est rare, mais moi, je trouve qu'il y a dans ce pays un tas de gens affairés, qui, à propos de rien, font un tapage du diable. Lorsque j'étais au service d'un juge, il y a quelques années, je me souviens d'avoir accompagné madame

---

* Dans l'original, les noms de Criesanscesse et de ses quatre employés sont en allemand.

dans un voyage. Chemin faisant, nous sommes entrées chez une bonne femme qui ne savait comment faire pour nous bien recevoir. Tantôt elle était dans la chambre, tantôt elle courait à la cave; la voilà sur une planche, la voici sous la table; dans un moment elle gronde les servantes, l'instant d'après elle querelle les garçons. Nous avons eu beau la prier de ne pas se donner tant de mal, parce que quelques tartines nous suffisaient, elle nous répondit en essuyant la sueur sur son front, et nous pria de patienter une demi-heure. Madame m'assura que si elle avait prévu que son arrivée causerait tant d'embarras, elle eut préféré entrer à l'auberge se faire servir quelque chose; d'autant plus, disait-elle, qu'elle n'eût pas voulu avoir grande obligation à cette femme qui plaidait devant M. le juge, mon maître. Enfin la table fut servie, et je m'attendais à voir pour premier plat un pâté délicieux... Mais, bon Dieu! Tous ces préparatifs n'avaient abouti qu'à un méchant morceau de bouilli, suivi de huit œufs durs. Toutefois, c'était quelque chose! Si mon maître, avec tout le bruit qu'il fait, savait produire un œuf, je le trouverais moins blâmable. S'il se donnait tout ce mouvement pour se guérir de la fièvre ou du scorbut, je dirais encore : Cela sert à quelque chose. C'est ainsi qu'un vieux magister, pour se chauffer, descendit dans sa cave chercher du bois, puis le redescendit, et continua cet exercice jusqu'à ce qu'il n'eût plus froid. Mais mon maître ne travaille à rien, ne se préoccupe de rien et n'arrive à rien. Moi, je suis la seule personne de la maison dont il soit satisfait; cependant il n'y a personne qui fasse moins de besogne que moi, quoique j'ai toujours l'air d'être occupée. Avant-hier, lorsqu'on lui demanda combien de personnes il employait, il répondit : « Une! Pernille me sert de bonne, de cuisinière, de valet de chambre, de secrétaire, de femme. » Mais cela, c'est un mensonge. Ce n'est pas que je sois plus vertueuse qu'une autre, mais monsieur n'a pas le temps de me courtiser, et je ne suis jamais plus belle à ses yeux que lorsque j'ai la plume derrière l'oreille, en attendant qu'il me dicte. Mais voilà Madeleine, la femme de charge qui arrive.

SCÈNE II

MADELEINE, PERNILLE

MADELEINE. — Quels vauriens que ces fainéants d'employés! Je voudrais pouvoir les envoyer tous au diable.

PERNILLE. — Elle gronde toujours; qu'avez-vous, mademoiselle?

MADELEINE. — J'ai eu l'idée de regarder par la fente de la porte dans le bureau de monsieur, qu'est-ce que j'aperçois? Les quatre commis en train de vider bouteille sur bouteille, et l'un d'eux s'écriant : A la santé de Mlle Madeleine, au prochain mariage de ce *vieil orgue!*

PERNILLE. — Ha! ha! ha!

MADELEINE. — Je ne suis, Dieu merci, pas assez âgée pour que l'on ait besoin de me comparer à un *vieil orgue*.

PERNILLE. — Parbleu!

MADELEINE. — J'ai à peine quarante ans.

PERNILLE. — C'est un âge magnifique, jusqu'à cinquante ans, une femme peut servir sous tous les rapports.

MADELEINE. — Et j'ose dire que je porte bien mon âge, je n'ai pas encore une seule ride.

PERNILLE. — Et quand même il y en aurait? Est-ce que d'ailleurs tout votre corps n'est pas dans un état superbe? Aussi les commis ne vous en veulent pas à cause de votre figure ou de votre personne, mais bien parce que vous les noircissez parfois auprès de monsieur.

MADELEINE. — J'en conviens, Pernille, c'est ma grande honnêteté qui m'attire toutes ces vexations. Mais ils font accroire à monsieur qu'ils se tuent à son service, ils réclament toujours de nouvelles augmentations, et Dieu sait ce que vaut leur besogne. Ils finiront par réduire notre maître à la mendicité.

PERNILLE. — Oh! ne dites pas cela! Monsieur n'a que trop d'yeux à la tête, il est trop partout pour qu'on puisse le tromper.

MADELEINE. — Mais voilà précisément la raison pour laquelle on le trompe. Il est constamment accablé de travail, à tel point qu'il ne m'écoute presque pas lorsque je le préviens de l'infidélité de ses commis. Aussi ne serais-je plus ici depuis longtemps, s'il ne s'agissait pas pour moi de... de...

PERNILLE. — S'il ne s'agissait pas de quoi?

MADELEINE. — De trouver un mari; monsieur m'en a promis un, seulement jusqu'ici ses affaires l'ont empêché de s'en occuper.

PERNILLE. — Je le crois bien, il n'a pas le temps de se marier lui-même, comment voulez-vous qu'il marie les autres?

MADELEINE, *en pleurant*. — Je serais peut-être mariée depuis longtemps déjà, si je ne m'étais pas fiée à ses promesses.

PERNILLE. — Cependant, vous ne voudriez pas faire vous-même la cour aux hommes! Si c'était la mode, je vous promets que moi aussi je ne serais plus vacante.

MADELEINE. — Gertrude, la marieuse, m'a proposé plusieurs bons partis, mais j'attends toujours la décision de monsieur.

PERNILLE. — Enfin, tâchez de jeter le grappin sur lui, lorsque, par hasard, il n'aura rien à faire.

MADELEINE. — Mais quand n'a-t-il rien à faire, Pernille? Quel malheur, que ces gens si affairés! Je voudrais savoir à quoi cela tient.

PERNILLE. — Je pense qu'il en est d'eux comme de ceux qui sont venus au monde la nuit de Noël, lesquels voient toujours des revenants, ou de ceux encore qui sont nés en temps de pluie et qui pleurnichent toujours. Je me figure que les gens affairés doivent avoir vu le jour dans un bureau, au moment de l'arrivée des courriers.

MADELEINE. — Quelle bêtise!

PERNILLE. — Bêtise tant que vous voudrez : je ne fais que dire mon opinion; j'ai remarqué que monsieur, lorsqu'il entend parler de lettres ou d'affaires, ressemble à Don Quichotte lorsqu'il entend parler de chevaliers errants. Il faut qu'il y ait dans le ventre de monsieur quelques matières sans cesse remuantes et qui commencent à fermenter chaque fois qu'il aperçoit un morceau de papier; ou peut-être, a-t-il de l'encre au lieu de sang dans les veines.

MADELEINE. — En tous cas, c'est moi qui en souffre, car ses occupations empêchent mon bonheur.

PERNILLE. — Elles empêchent bien le bonheur de sa propre fille; cent fois il a voulu la marier et cent fois il l'a oublié. M. Léandre, qui l'aime depuis une année, n'a pu trouver encore un moment opportun pour la lui demander en mariage.

MADELEINE. — Et pensez-vous que mademoiselle serait disposée à épouser M. Léandre?

PERNILLE. — Sans doute, et bientôt vous pourrez vous en convaincre.

SCÈNE III

PERNILLE, MADELEINE, ÉLÉONORE

ÉLÉONORE. — Où est Madeleine? mon père l'appelle.
MADELEINE. — J'y cours.

(Elle sort.)

PERNILLE. — Elle a bien fait de s'en aller, nous pourrons causer un moment ensemble.

ÉLÉONORE. — Hélas! Pernille, je compte sur ton savoir-faire et sur l'influence dont tu jouis auprès de mon père.

PERNILLE. — Soyez sans crainte, mademoiselle, je ne perdrai pas mon temps aujourd'hui, car jamais, que je sache, monsieur n'a eu moins à faire. M. Léandre doit venir à neuf heures, et j'espère que je trouverai l'occasion de le faire parler un quart d'heure à votre père. Il s'agit tout bonnement de saisir le moment favorable.

ÉLÉONORE. — J'aime à croire que mon père, quand il aura vu Léandre et qu'il aura pris connaissance de sa position et de sa fortune, ne mettra aucun obstacle à notre mariage.

PERNILLE. — J'en serais heureuse, vraiment, mademoiselle, mais j'entends venir monsieur; vous feriez bien de vous retirer.

(Éléonore sort.)

SCÈNE IV

CRIESANSCESSE, CHRISTEN CRAYON, JEAN SABLIER, CHRISTOPHE CANIF, LARS ENCRIER, PERNILLE.

(Pernille s'assied et commence à tailler des plumes; Criesanscesse entre suivi de ses quatre commis portant tous des plumes d'oie derrière l'oreille.)

CRIESANSCESSE, *se promenant de long en large, les yeux fixés sur un papier*. — Lars Encrier!

LARS, *accourt*. — Me voici, monsieur!

CRIESANSCESSE. — Christophe Canif!

CHRISTOPHE, *accourt*. — Voilà, voilà, monsieur?

CRIESANSCESSE. — Que me veux-tu? ne vois-tu pas que je suis occupé.

CHRISTOPHE. — Monsieur m'a appelé.

CRIESANSCESSE. — Ce n'est pas vrai, attends que je t'appelle. Où est Jean Sablier? il n'est donc pas venu aujourd'hui.

CHRISTOPHE. — Pardon, il est ici.

CRIESANSCESSE. — Jean Sablier!

JEAN. — Me voici, monsieur!

CRIESANSCESSE *va de l'autre côté et l'appelle encore une fois*. — As-tu mis au net la copie des dépenses de la semaine passée?

JEAN. — Oui, monsieur, la voilà!

CRIESANSCESSE. — L'as-tu comparée au brouillon?

JEAN. — Oui, monsieur, nous avons fait ce travail ce matin de bonne heure, Christen Crayon et moi.

CRIESANSCESSE. — Pourvu que vous ne l'ayez pas fait comme la dernière fois : désormais, avant de laisser passer quelque chose, je le vérifierai moi-même... Que fais-tu, Pernille?

PERNILLE. — J'arrange les plumes pour ces messieurs.

CRIESANSCESE. — A la bonne heure. Cette fille là m'est plus utile à elle seule que vous tous ensemble, affreux fainéants que vous êtes! Lève-toi, Pernille, nous allons comparer, Christen Crayon, commence, tu lis le mieux.

CHRISTEN. — Dépense du 21 : *Primo,* payé au tailleur, pour façon d'un vêtement brun à monsieur, trois écus, deux marcs; *secundo,* pour une paire de pantoufles à Pernille, quatre marcs.

PERNILLE. — Ah! c'est vrai, j'ai oublié d'en remercier monsieur : grand merci, mon cher maître. Je les userai en faisant des vœux pour votre santé.

CRIESANSCESSE. — Remercie-moi une autre fois, Pernille, mais pas maintenant, je suis accablé de besogne. Ton interruption nous a déjà fait perdre pas mal de temps..... Continue.

CHRISTEN. — *Tertio,* quatre livres de veau, trois marcs ; *quarto,* quatre pots de lait, un marc ; *quinto,* pourboire pour le panier de poires pourries dont on nous a fait présent, un marc ; total : cinq écus, cinq marcs ; *sexto,* une livre de café, un écu ; *septimo,* thé, deux sous ; *octavo,* une chanterelle pour la guitare de mademoiselle, trois sous.

CRIESANSCESSE. — Arrêtez :... Qu'est-ce qui vient après les deux sous de thé?

CHRISTEN. — Trois sous pour une chanterelle.

CRIESANSCESSE. — Que le diable emporte vos copies et vos vérifications?... Après deux sous de thé viennent deux sous donnés à un mendiant.

PERNILLE. — Quelle négligence d'oublier cela. Maintenant toute l'addition va être fausse.

CRIESANSCESSE. — Ah! oui! Pernille, ne suis-je pas bien à plaindre, avec des employés pareils? Au lieu de me faciliter mon travail, ils me le rendent plus pénible encore! Refaites ce compte, fainéants, que vous êtes!... Prenez-en chacun une copie ; j'espère au moins que de cette manière il n'y aura plus d'erreur possible.

PERNILLE. — Monsieur, ne veut-il pas prendre son thé?

CRIESANSCESSE. — Est-ce que j'ai le temps de boire et de manger? Il faut que j'écrive deux lettres; certes, cela ne paraît rien aux gens qui ne savent pas ce que c'est; ils ne songent pas que pour écrire une lettre, il vous faut du papier, des plumes, de l'encre, une bougie, un cachet; n'y a-t-il pas souvent de quoi perdre la tête!

PERNILLE. — Et vous oubliez encore la cire à cacheter.

CRIESANSCESSE. — Je te dis, Pernille, cela n'en finit pas... Voyons, que faites-vous là-bas? Travaillez-vous?
LES QUATRE COMMIS. — Oui, monsieur.
CRIESANSCESSE. — Où est mon écritoire?
PERNILLE. — Voilà, monsieur, et voici du papier à lettre, un cachet et de la cire à cacheter.
CRIESANSCESSE. — Cette fille m'est devenue indispensable! Quelle mémoire! *(Il s'assied, mais se relève aussitôt:)* Pernille!
PERNILLE. — Monsieur!
CRIESANSCESSE. — Avez-vous donné à manger aux poules?
PERNILLE. — Non, monsieur a l'habitude de le faire lui-même.
CRIESANSCESSE. — Où sont les croûtes de fromage que j'ai coupées hier?
PERNILLE. — Là, dans le tiroir.
CRIESANSCESSE *prend des croûtes et les jette par la fenêtre.* — P'tit, p'tit, ptit!

SCÈNE V

Les MÊMES, LÉANDRE

PERNILLE. — Ah! vous venez au bon moment, monsieur Léandre, monsieur n'a pas encore commencé à écrire. Allez lui parler tout de suite.
LÉANDRE. — Je vous demande bien pardon! monsieur, j'ai à vous entretenir d'une affaire importante.
CRIESANSCESSE. — Qu'est-ce que c'est? Esprimez-vous brièvement, le temps presse.
LÉANDRE. — Je suis le fils de Jérome Christoffersen...
CRIESANSCESSE. — Je connais M. Jérome, c'est un brave homme.
LÉANDRE. — Avec l'approbation de mon père, je viens vous prier, monsieur, de...
CRIESANSCESSE, *à ses commis.* — Ecrivez-vous?
LES COMMIS. — Oui, monsieur.

CRIESANSCESSE. — Voyons un peu où vous en êtes. *(A Léandre).* Pardon, monsieur, un instant.

(Il va examiner le travail des commis.)

SCÈNE VI

LES MÊMES. *Un* BARBIER; *un instant après, un* PAYSAN; *puis un* TAILLEUR. *Ce dernier parle avec un fort accent allemand.*

LE BARBIER. — Je suis déjà venu deux fois aujourd'hui pour raser monsieur, mais il n'était pas encore levé.

CRIESANSCESSE. — Expédiez-moi le plus promptement possible, j'ai mille affaires entre les mains.

(Il s'assied.)

LE BARBIER, *en savonnant Criesanscesse.* — Il fait un temps horrible aujourd'hui.

CRIESANSCESSE. — Je m'en aperçois.

LE BARBIER. — Je ne comprends pas ce qui ce passe dans le monde maintenant, tout va à tort et à travers, on n'entend parler que de malheurs. Est-ce que monsieur a lu ce qui s'est passé un de ces derniers jours ?

CRIESANSCESSE. — Je n'ai rien lu et je ne veux rien apprendre; j'ai assez de mes propres affaires qui me permettent à peine de causer un instant avec un homme que j'estime.

LE BARBIER. — Sachez donc, monsieur, que la femme d'un matelot vient de mettre au monde trente-deux enfants à la fois et cependant elle n'était pas plus grosse qu'une femme ordinaire. Qu'en dites-vous, monsieur?

CRIESANSCESSE. — Je ne veux pas me casser la tête avec ces histoires-là. D'ailleurs j'ignore si c'est vrai.

LE BARBIER. — C'est aussi vrai que je suis ici. Je connais tous les détails. Les enfants ont été baptisés, et un instant après ils sont morts tous les trente-deux à la fois.

LE PAYSAN, *qui arrive.* — Bonjour, monsieur! Je viens payer à monsieur deux boisseaux d'orge et un cochon de lait.

CRIESANSCESSE *se lève, la figure toute savonnée et*

va examiner un registre; puis il revient. — Mais vous me devez trois boisseaux d'orge.

LE PAYSAN. — Oui, monsieur, mais l'année a été si mauvaise qu'il faut bien me décharger d'un boisseau.

CRIESANSCESSE. — C'est toujours le même refrain ; des plaintes continuelles.

LE PAYSAN. — Oui, monsieur ! la pousse a été trop forte cette année, le blé n'a pas donné, il y en a encore moins que l'année passée et l'on n'en offre pas un écu par sac. Est-ce que monsieur ne pourrait pas me dire quel en sera le cours moyen cette année?

CRIESANSCESSE. — Je n'en sais rien. Payez-moi mes trois boisseaux.

LE PAYSAN. — Je ne demanderais pas mieux, monsieur, ayez seulement un peu de patience et foi d'honnête homme je paierai l'année prochaine tout ce que je vous dois.

CRIESANSCESSE. — C'est ce que vous me répétez chaque année.

LE PAYSAN. — Oui, monsieur, pourvu que la maladie ne tombe point sur notre bétail, que la morve ne nous enlève pas nos chevaux. Grand ciel ! nous serions obligés de louer ceux de notre voisin pour labourer la terre.

(Il sort de la monnaie serrée dans un vieux bas et la remet à Criesanscesse.)

UN TAILLEUR, *qui arrive.* — Je viens prendre mesure d'un vêtement pour monsieur.

CRIESANSCESSE, *laisse l'argent sur la table et va se faire prendre mesure.* — On dirait que le diable s'en mêle, tout vient à la fois.

LE TAILLEUR. — Ce sera l'affaire de quelques minutes, monsieur.

LE PAYSAN. — Est-ce que monsieur a compté l'argent que je lui ai donné?

CRIESANSCESSE, *retourne à la table.* — C'est vrai, j'ai oublié de compter l'argent. Il y a de quoi vous rendre fou.

(Il compte l'argent encore une fois.)

LE BARBIER. — Si monsieur le désire, je reviendrai une autre fois.

CRIESANSCESSE. — Vous n'avez donc pas fini de me raser? *(Il se tâte le menton et se remplit les doigts de savon.)* Ah! malheur et misère! *(Il se rassied.)* Allons, rasez-moi, quelle patience. Il n'est pas permis d'être aussi accablé de besogne. *(A ses commis.)* Ecrivez-vous là bas?

LES COMMIS. — Oui, monsieur.

PERNILLE. — Mais, monsieur, vous oubliez tout à fait ce jeune étranger qui vous attend depuis si longtemps.

CRIESANSCESSE. — Mille diables! c'est vrai. Allez-vous-en, vous autres, et revenez dans une heure. *(Le paysan, le barbier et le tailleur sortent.)* Pardon, mon cher monsieur, de vous avoir fait attendre, mais voyez comme les occupations m'accablent; qu'y a-t-il pour votre service?

LÉANDRE. — Monsieur, je suis le fils de Jérome Christoffersen, et je viens, avec l'approbation de mon père, vous prier de m'accorder la main de votre fille que j'aime. Mon père serait venu lui-même vous présenter ses respects, s'il n'était indisposé depuis plusieurs jours.

CRIESANSCESSE. — Votre demande me flatte. Mais voudriez-vous me dire quelle est votre profession?

LÉANDRE. — Mon père n'a rien épargné pour mon éducation; il m'a fait voyager longtemps à l'étranger; je me suis adonné à l'étude de plusieurs langues modernes et anciennes.

CRIESANSCESSE. — Tout cela est fort bon; mais il me faudrait un gendre qui eût une bonne plume et qui pût m'aider dans mes affaires.

LÉANDRE. — Quant à cela, je pourrais immédiatement vous donner des preuves de mon savoir-faire. J'ai sur moi plusieurs lettres que j'ai écrites et sur lesquelles je vous prie de vouloir bien jeter un coup d'œil.

CRIESANSCESSE, *à ses commis.* — Travaillez-vous, là-bas?

LES COMMIS. — Oui, monsieur!

CRIESANSCESSE. — Voyons vos lettres, monsieur.

LÉANDRE. — En voici quelques-unes en français et en anglais.

CRIESANSCESSE. — Ce n'est pas cela que je vous demande; savez-vous la tenue des livres?

LÉANDRE. — Non, monsieur; à quoi cela me servirait-il?

CRIESANSCESSE. — Mais cela me servirait, à moi. Je n'ai pas besoin d'autres écritures. Je veux pour gendre un bon teneur de livres, et comme monsieur ne l'est point, il trouvera tout naturel que je lui refuse ma fille.

LÉANDRE. — Si cela peut vous faire plaisir, en considération de l'amour que j'ai pour Mlle Eléonore, j'étudierai la tenue des livres.

CRIESANSCESSE. — Non, monsieur, ce serait inutile; il faut avoir cultivé cette science dès la première enfance; et d'ailleurs j'ai promis ma fille au fils aîné d'Eric Madsen, un excellent comptable qui a élevé ses enfants dans sa profession.

LÉANDRE. — Je suis sûr que mademoiselle ne consentira jamais à épouser un tel pédant, et je m'étonne que vous pensiez à la lui sacrifier.

CRIESANSCESSE. — Voilà ce que c'est! Ces jeunes cavaliers traitent tous les hommes capables, de pédants! Pierre Ericsen me facilitera l'énorme besogne qui m'écrase.

LÉANDRE. — Je ne conçois pas l'énorme besogne d'un homme qui n'exerce aucune espèce de commerce.

CRIESANSCESSE. — Et cependant mes occupations m'empêchent souvent de boire et de manger. Pernille! il dit que je n'ai rien à faire, donne ton témoignage.

PERNILLE. — Monsieur fait la besogne de dix hommes! Il n'y a que ses ennemis pour soutenir le contraire. Au reste, monsieur emploie, sans me compter moi-même, quatre commis, ce qui prouve le mieux la chose.

CRIESANSCESSE. — Oui, et je serai peut-être obligé d'en prendre d'autres encore... Ecrivez-vous là-bas?

LES COMMIS. — Oui, monsieur!

LÉANDRE. — Je vous assure, monsieur, que jamais votre fille n'épousera ce pédant.

CRIESANSCESSE. — Et qui diable y mettra obstacle!

LÉANDRE. — Moi! et votre fille elle-même.

CRIESANSCESSE. — Par exemple!

LÉANDRE. — Ce mariage ne se fera jamais!

CRIESANSCESSE. — Ce mariage sera conclu avant le coucher du soleil. Adieu, monsieur, mes occupations me réclament. *(Léandre sort.)* Pernille, as-tu jamais vu un homme pareil?

PERNILLE. — Foi d'honnête fille, si le respect que je dois à monsieur ne m'avait point retenue, je lui aurais fermé la bouche de ma main.

CRIESANSCESSE. — Ce fat veut m'imposer un gendre et ose mépriser un teneur de livres. Malgré mes affaires, il faut que je cause avec ma fille. Eléonore!

SCÈNE VII

CRIESANSCESSE, PERNILLE, ÉLÉONORE, LES COMMIS.

CRIESANSCESSE. — Ma fille, quoique j'aie en tête mille choses qui me tracassent, je pense à ton bonheur.

ÉLÉONORE. — Je vous remercie de tout mon cœur, mon père.

CRIESANSCESSE. — J'ai l'intention de te marier.

ÉLÉONORE. — Merci, mon père.

CRIESANSCESSE. — Avec un honnête et capable garçon.

ÉLÉONORE. — Je n'en doute pas.

CRIESANSCESSE. — Je veux que l'affaire soit terminée avant ce soir.

ÉLÉONORE. — Que mon bon père fasse à sa volonté.

CRIESANSCESSE. — Je n'ai pas voulu te consulter, car je suis assuré d'avance de ton obéissance.

ÉLÉONORE. — D'autant plus que j'épouserai l'homme que je préfère à tous.

CRIESANSCESSE. — C'est le jeune homme dont je t'ai parlé hier soir.

ÉLÉONORE. — Vous vous trompez, mon père, vous ne m'en avez pas parlé.

CRIESANSCESSE. — Tu l'auras oublié; moi qui ai mille choses en tête, j'ai meilleure mémoire que toi. C'est un jeune homme capable.

ÉLÉONORE. — Je me plais à le croire.

CRIESANSCESSE. — Le fils d'un excellent homme et qui marchera sur les traces de son père.

ÉLÉONORE. — Il fera bien.

CRIESANSCESSE. — Et avant quatre ans, il sera le premier teneur de livres de la ville.

ÉLÉONORE. — Comment, mon père! Léandre, teneur de livres!

CRIESANSCESSE. — Il ne se nomme point Léandre, mais Pierre, fils d'Eric Madsen.

ÉLÉONORE. — Ciel! qu'entends-je! Je croyais que vous parliez de Léandre, fils de Jérôme.

CRIESANSCESSE. — Ha! ha! ha! non, mon enfant, il n'y a là rien pour toi. Ce jeune fat est venu, mais je l'ai éconduit.

ÉLÉONORE. — Oh! malheureuse que je suis! Vous voulez me livrer à un sot.

CRIESANSCESSE. — Ecoute, ma fille, mes occupations ne me permettent pas de perdre mon temps. Rentre dans ta chambre et prépare-toi à épouser le fils de mon ami, Eric Madsen. *(Éléonore se retire en pleurant.)* Pernille, accompagne-la, et fais-lui comprendre qu'elle doit l'obéissance à son père.

PERNILLE. — Rassurez-vous, monsieur, je vous servirai en ceci aussi fidèlement qu'en toute autre chose.

CRIESANSCESSE, *aux commis.* — Venez, vous autres, nous allons reprendre nos travaux dans le salon.

(Il sort à la tête des quatre commis qui mettent leurs plumes derrière l'oreille.)

SCENE VIII

PERNILLE, *peu après* ÉLÉONORE.

PERNILLE. — Lorsqu'on veut jouer une bonne farce à quelqu'un, il faut d'abord savoir gagner la confiance de sa dupe. Lorsque, dans une maison, les maîtres sont bigots, tous les domestiques habiles se donnent un air bigot, afin d'agir à leur guise. Lorsque les grands seigneurs se font une gloire de rouler sous la table, les valets gagnent leurs bonnes grâces en s'y roulant comme eux. Lorsque les maîtres font beaucoup de bruit pour peu de chose, les domestiques qui ne font rien, font semblant de s'essuyer la sueur sur le front. En un mot *(Éléonore entre)*, le domestique qui veut mener son maître par le nez, doit étudier son caractère, afin de se l'identifier. Ayant pris ces principes à cœur, je fais beaucoup d'embarras, mais, en fin de compte, je ne fais que ce que je veux. Monsieur se plaint, je me plains aussi ; il crie, je crie ; il s'essuye le front, j'en fais autant ; il juge convenable de marier sa fille à un teneur de livres, j'approuve fort ce projet ; cependant, au fond du cœur, cela me convient si peu, que, même si mademoiselle donnait son consentement, je deviendrais son ennemie.

ÉLÉONORE. — Tu ne dois avoir aucune inquiétude à cet égard.

PERNILLE. — Que cet âne aille se marier avec une vieille boîte à poudre, il est aussi peu fait pour une demoiselle comme vous, que vous êtes née pour être la femme d'un teneur de livres.

ÉLÉONORE. — Fais tout au monde, je t'en prie, Pernille, pour que mon père renonce à ses projets et qu'il me donne à Léandre. As-tu pensé à quelque moyen ?

PERNILLE. — Oui, mademoiselle, mais je ne l'exposerai que lorsque toute la commission consultative sera réunie.

ÉLÉONORE. — Léandre et son domestique ne tarderont pas à venir.

PERNILLE. — Ils feront bien, car sans cela, la journée serait perdue. Laissez-moi travailler, je me prépare à mettre au monde deux jumeaux, dont Oldfux, le favori de Léandre, sera le parrain. Je veux les envoyer chercher... Mais, les voici qui arrivent.

SCÈNE IX

LÉANDRE, OLDFUX, ÉLÉONORE, PERNILLE

LÉANDRE. — Hélas, mademoiselle, depuis l'affront que

j'ai reçu de votre père, de ma vie je n'ai passé une heure aussi triste.

ÉLÉONORE. — Hélas, mon cher Léandre, j'en ai souffert autant que vous.

PERNILLE. — Pardon, monsieur et mademoiselle, mais nous n'avons pas le temps de jaser de choses inutiles. J'ai dans la tête plusieurs machines qu'il s'agit de mettre en mouvement.

LÉANDRE. — Qu'avez-vous trouvé pour nous sauver?

PERNILLE. — Sauriez-vous, monsieur, en cas de nécessité, jouer le rôle d'un pédant?

OLDFUX. — Ce qu'il ne saurait pas faire, moi je m'en charge.

PERNILLE. — Connaissez-vous Pierre Ericsen, fils du teneur de livres?

OLDFUX. — Je l'ai vu souvent dans la rue.

PERNILLE. — Il faut que M. Léandre joue le rôle d'Eric Madsen, auprès de mon maître pour demander la main de mademoiselle.

OLDFUX. — Je me permettrai de faire deux légères observations. D'abord M. Criesanscesse vient d'avoir une entrevue avec Léandre; ensuite, il connaît le sieur Ericsen qu'il a choisi pour gendre.

PERNILLE. — Permettez-moi de répliquer à vos deux observations. Monsieur n'a causé avec M. Léandre qu'une fois, il lui aurait causé dix fois, qu'il ne le reconnaîtrait pas. Un homme dans la tête duquel s'agitent autant d'affaires qu'il s'agite de fourmis dans une fourmilière, ne reconnaît pas facilement son monde. Pas plus tard qu'hier, il me parlait longtemps en m'appelant Madeleine. Du reste, M. Léandre doit s'appliquer à imiter Pierre Ericsen, le mieux possible. En outre, je suis certaine que monsieur ne s'est entretenu qu'avec le vieux teneur de livres, et qu'il a à peine échangé deux paroles avec le jeune. Vous voyez donc qu'il n'y a aucune difficulté.

OLDFUX. — Je retire mes observations. Cependant il me semble que, lorsque le véritable Pierre Ericsen arrivera, tout sera découvert.

PERNILLE. — Qu'il vienne! rien ne sera découvert. L'important, c'est que M. Léandre se présente le premier.

OLDFUX. — Alors il faudrait empêcher l'autre d'entrer.

PERNILLE. — Si je pouvais l'empêcher, je n'aurais point eu recours à tant de combinaisons. Mais je ne puis rester constamment clouée près de la porte comme une sentinelle. Que M. Léandre vienne à deux heures, il verra monsieur et aura sa promesse. L'autre n'arrivera qu'à trois heures et, à ce moment, grâce à mes petites manœuvres, il trouvera monsieur tellement affairé, qu'il n'y aura pas moyen de lui parler.

OLDFUX. — Vous pensez donc qu'il s'en ira sans avoir reçu de réponse.

PERNILLE. — Il s'en ira content et heureux.

OLDFUX. — Que le diable m'emporte si je vous comprends!

PERNILLE. — Nous avons dans la maison une femme de charge, Madeleine, qui meurt d'envie de se marier. Monsieur lui a promis un mari, je lui ferai accroire que le teneur de livres vient pour elle. Monsieur étant accablé de besogne jusque par dessus la tête, je lui conseillerai de faire descendre mademoiselle afin de s'entretenir avec Pierre Ericsen, et au lieu de ma maîtresse, j'amènerai Madeleine, la femme de charge.

OLDFUX. — Peste! quelle imagination! Mais s'il ne trouve pas la femme de charge à son goût?

PERNILLE. — S'il n'en veut pas, tant mieux. Si, au contraire, il se résigne à la prendre, ce dont je suis convaincue, ces féroces calculateurs ne regardant qu'à l'argent, Madeleine sera mariée ; je le lui souhaite de toute mon âme, et nous assisterons à une gentille petite comédie dont le dénouement sera amusant.

OLDFUX. — Ha! ha! ha! Bonne chance! Mais ne craignez-vous pas que M. Criesanscesse, si chargé d'occupations, ne diffère le mariage, et qu'ainsi la vérité puisse se faire jour?

PERNILLE. — Il n'y a pas de danger ; car je lui jurerai que M. Léandre rôde autour de la maison avec le dessein d'enlever mademoiselle, de sorte qu'il faudra qu'il se presse autant que possible.

OLDFUX. — Je n'ai plus rien à dire.

PERNILLE. — Mais, en attendant, je ne veux point que vous restiez les bras croisés.

OLDFUX. — Je ne vois pas à quoi je pourrai vous être utile en tout ceci, à moins que vous ne pensiez à me marier aussi par la même occasion et recueillir l'honneur d'avoir formé une triple alliance.

PERNILLE. — J'en ai de la besogne pour vous! D'abord vous viendrez ici, de la part de M. Léandre, annoncer à monsieur que votre maître veut lui intenter un procès; car sachez que mademoiselle s'est engagée vis-à-vis de M. Léandre dans plusieurs lettres. En entendant parler de procès, il aura la tête tout à fait bouleversée et je lui conseillerai de faire une réponse adroite à M. Léandre. Je lui persuaderai en même temps de consulter un avocat afin de savoir s'il peut procéder au mariage projeté. Bref, vous m'aiderez à créer toutes sortes d'embarras à monsieur.

OLDFUX. — Mais l'avocat tranquillisera votre maître et lui conseillera de se moquer de toutes les menaces.

PERNILLE. — Aussi, est-ce vous qui ferez l'avocat et emploierez tant de verbiage qu'après la consultation il sera plus embarrassé qu'avant. Vous imaginerez tous les moyens de perdre du temps; la colère et la besogne sont les deux roues qui feront avancer notre machine.

OLDFUX. — Saprelotte! quelle combinaison! la tête me tourne rien qu'à en entendre parler. En vérité, les femmes ont une imagination!

PERNILLE. — Procurez-vous donc les costumes nécessaires et je vous avertirai par un messager dès qu'il faudra paraître; par conséquent, vous avez trois rôles à jouer: d'abord l'envoyé de M. Léandre, puis l'avocat, et enfin le barbier, car il doit être rasé cette après-midi. Soyez ici dans une heure avec l'attirail indispensable, je vous cacherai dans une chambre d'où vous sortirez au moment opportun. Je me charge du reste.

LÉANDRE. — Mais si la machine casse, qu'arrivera-t-il?

ÉLÉONORE. — Advienne que pourra! Jamais je ne vous trahirai, Léandre, j'aimerais mieux mourir qu'épouser un sot.

PERNILLE. — Oui, je vous tuerais plutôt de ma propre main, que de vous entendre appeler madame Pierre Ericsen, *teneuse* de livres.

LÉANDRE. — Je récompenserai votre fidélité, Pernille.

OLDFUX. — Vous la récompenserez parce qu'elle se déclare prête à tuer votre maîtresse !

LÉANDRE. — Vous m'avez mal compris.

OLDFUX. — Soit, je voudrais qu'on renonçât au mariage de Madeleine, la femme de charge; cela rendrait l'intrigue moins difficile.

PERNILLE. — Toujours des objections. Je vous prie, maître Oldfux, de bien vouloir vous occuper de ce qui vous regarde; si je tiens à marier Madeleine, c'est que j'ai mes raisons. Maintenant retirez-vous,...... non, il faut d'abord que je voie comment M. Léandre saura jouer son rôle de pédant.

LÉANDRE. — Ma foi, je n'en sais rien; je prierai Oldfux de m'instruire.

OLDFUX. — Je voudrais me présenter à votre place. Voyons un peu. Figurez-vous que je suis M. Criesanscesse et que vous venez me demander la main de ma fille.

LÉANDRE. — D'après l'ordre de mon papa auquel il a plu à monsieur d'adresser des propositions relativement à.....

OLDFUX. — Non, non, ce n'est pas ça, vous parlez comme un gentilhomme, tandis qu'il s'agit de tenir le langage d'un pédant. Voyons, regardez-moi un peu : moi, Pierre rejeton aîné d'Eric Madsen, ayant vu le jour pour la première fois au numéro 100, dans la rue d'Apenrade, je viens recommander mon humble personne à la bonté et à la bienveillance de monsieur, en le priant de me donner pour épouse sa fille bien-aimée, et cela, conformément aux promesses qui ont été, vis-à-vis de mon père chéri Eric Madsen, teneur de livres, faites à vue, en double et en bonne et due forme. J'attribue aux bontés de monsieur cette haute distinction, et nullement à la valeur de mes pauvres mérites personnels, confessant qu'en comparant mon modeste individu à la personne de mademoiselle, sur laquelle il vous a plu de me faire transport, je me reconnais indigne de dénouer le cordon de ses souliers ; autrement dit, et pour parler valeur intrinsèque, comme un simple billet de banque, de même qu'un grand livre dépasse en volume et en importance un crayon, ainsi la vertu, la beauté et le mérite de mademoiselle dépassent la position et les facultés de son très humble et très obéissant serviteur.

PERNILLE. — Ce n'est pas mal, mais vous exagérez un peu.

OLDFUX. — Vous pouvez marchander, j'en rabattrai quelque chose. Maintenant il est temps de partir.

(Il sort avec Léandre.)

SCÈNE X

ÉLÉONORE, PERNILLE

ÉLÉONORE. — Hélas, Pernille, je tremble en pensant à toutes ces intrigues ; je crains à la fois un insuccès, et l'opinion que donnera de moi cette mystification faite à mon père.

PERNILLE. — Hé ! mademoiselle, si votre amour n'est pas plus solide, j'ai un expédient excellent. Laissez M. Léandre là et soyez la femme de Pierre Ericsen.

ÉLÉONORE. — Quelle mauvaise plaisanterie, Pernille !

PERNILLE. — Ce serait peut-être le chemin le plus court, et nous n'aurions pas besoin de tant de ruses.

ÉLÉONORE. — Ecoute-moi, Pernille.

PERNILLE. — Au fond, mademoiselle a raison, il ne faut pas tromper ses parents, surtout pour une bêtise.

ÉLÉONORE. — Comment pour une bêtise ?

PERNILLE. — Certainement, puisque vous hésitez à jouer une bonne farce qui n'aura pas de conséquences graves et que vous...

ÉLÉONORE. — Je n'hésite point, je dis seulement que...

PERNILLE, *en s'inclinant*. — Adieu, madame Éléonore Ericsen, *teneuse* de livres.

ÉLÉONORE. — Hélas, je meurs de chagrin.

PERNILLE. — Adieu, madame Registre.

ÉLÉONORE. — Si tu m'abandonnes, je me tue.

PERNILLE. — Suivant le désir de mademoiselle, je me casse la tête pour lui être utile et puis il lui vient des scrupules!

ÉLÉONORE. — Non, ma chère Pernille, je n'ai point de scrupules.

PERNILLE. — Comme si son père n'était pas déjà connu dans toute la ville pour un homme affairé, et qui ne sait pas ce qu'il fait.

ÉLÉONORE. — Ne me tourmente plus, Pernille.

PERNILLE. — Et après tout, si la supercherie était découverte qui courrait le plus grand danger, de vous ou de moi?

ÉLÉONORE. — Pardonne-moi, Pernille.

PERNILLE. — Je vous pardonne, à une seule condition.

ÉLÉONORE. — Laquelle?

PERNILLE. — C'est que vous m'embrasserez.

ÉLÉONORE. — De tout mon cœur.

PERNILLE. — A la bonne heure, voilà qui est oublié. Je vais commencer la comédie avec Madeleine que je vois venir.

(Eléonore sort.)

SCÈNE XI

PERNILLE, MADELEINE

PERNILLE. — Consolez-vous, Madeleine, l'heure de la délivrance est arrivée, vous pouvez préparer votre lit de noces.

MADELEINE. — Que dites-vous là, Pernille? Est-ce la vérité?

PERNILLE. — Sans doute.

MADELEINE, *avec bonheur*. — Et qui épouserai-je?

PERNILLE. — Un jeune homme beau et riche.

MADELEINE. — Je sens mon cœur battre avec une violence extrême.

PERNILLE. — Il est teneur de livres. *(Madeleine se met à pleurer.)* C'est un second Alexandre le Grand dans la science des fractions et de la règle de trois. *(Madeleine pleure plus fort.)* Mais monsieur a mis pour condition qu'il l'aidera dans sa besogne.

MADELEINE. — Qu'il le garde tout le jour, pourvu qu'il me le laisse la nuit...

PERNILLE. — Parbleu ! c'est tout naturel... qui diable voudrait d'un homme à d'autres conditions ?

MADELEINE. — Et vous dites qu'il est beau garçon.

PERNILLE. — Il est superbe, il ressemble à un licencié en philosophie qui a heureusement soutenu sa thèse. Dans la rue, il a l'air si modeste et si grave qu'on dirait toujours qu'il suit un convoi funèbre.

MADELEINE. — Et vous dites qu'il est capable, vigoureux et entreprenant ?

PERNILLE. — Lorsque vous serez mariée, vous en saurez plus que moi ; mais sa plume et son crayon suffiront pour satisfaire à tous vos besoins.

MADELEINE. — Pourvu que monsieur ne m'oublie pas encore une fois.

PERNILLE. — Non, c'est une affaire toute bâclée ; il ne manque qu'une entrevue entre vous et lui. S'il ne vous convient pas, moi, je le prendrai.

MADELEINE. — Merci bien ! ce n'est pas à vous que monsieur a promis de trouver un mari.

PERNILLE. — Mais enfin, s'il changeait d'idée, si vous le trouviez un peu trop âgé ?

MADELEINE. — Quel âge pensez-vous que j'aie, Pernille ?

PERNILLE. — Vous devez être dans les quarante...

MADELEINE. — Je le croyais aussi autrefois, mais, foi d'honnête fille, je viens de trouver une lettre de feu mon père qui prouve que je n'ai que trente-quatre ans.

PERNILLE. — Il en est de vous comme de moi ; tout le monde me donne vingt-quatre ans, mais je suis sûre que le jour où il s'agira de me marier, je trouverai bien quelque document qui prouvera que je n'ai que vingt ans. Ma sœur Anne s'est trouvée dans un cas tout à fait contraire ; à l'âge de quatorze ans, il se présenta pour elle un parti avantageux ; mais son extrême jeunesse fit réfléchir mes parents ; heureusement on eut l'idée de faire des recherches et l'on trouva bientôt un papier qui prouvait qu'elle avait dix-huit ans.

MADELEINE. — Oui, rien n'est trompeur comme l'âge. Mais, quand mon futur doit-il venir ici ?

PERNILLE. — A trois heures précises. Je vous conseille de faire un peu de toilette, et surtout n'oubliez pas ce que vous m'avez promis, car c'est à mes démarches que vous devez ce mariage.

MADELEINE. — Vous aurez au moins cinquante écus, en voici ma main pour gage.

(Elle lui tend la main.)

PERNILLE, *à part*. — Le commencement est fait, je lui fais là une bonne aumône, en lui procurant un mari. Si l'âge seul l'empêchait de se marier, elle jurerait bien qu'elle n'a que vingt ans. *(Haut.)* Allons, Madeleine, nous allons monter dans votre chambre.

FIN DU PREMIER ACTE.

ACTE DEUXIÈME

SCÈNE Ire

CRIESANSCESSE, LES QUATRE COMMIS, PERNILLE.

Criesanscesse entre, suivi de Pernille et des quatre commis ; tous ont des plumes derrière l'oreille.

CRIESANSCESSE, *s'essuyant le front*. — Pernille !
PERNILLE. — Monsieur !
CRIESANSCESSE. — Je pense encore à ce chenapan qui disait que je n'ai rien à faire.
PERNILLE. — Un tel homme peut vous faire perdre la raison.
CRIESANSCESSE. — Pernille, j'ai été voir Eric Madsen.
PERNILLE. — Déjà ? j'en suis enchantée ; son fils viendra-t-il à trois heures ?
CRIESANSCESSE. — C'est convenu.
PERNILLE. — Il viendra probablement avant, les amoureux sont pressés.
CRIESANSCESSE. — J'aimerais mieux qu'il vînt à l'heure précise, car j'ai cinq ou six lettres à rédiger que je veux envoyer tout de suite à quelques bons amis.
PERNILLE. — Et vous espérez qu'ils viendront assister à la noce ?
CRIESANSCESSE. — Non ! ce n'est que pour la forme. Mes occupations ne me permettent pas de faire une noce en règle. Nous ne ferons que signer le contrat en présence de quelques amis intimes. Je suis heureux, du reste, d'apprendre que ma fille a changé d'idée.
PERNILLE. — Oui, monsieur, je puis vous garantir que,

de son côté, il n'y aura pas le moindre empêchement. Mais il faut battre le fer pendant qu'il est chaud. Profitons de la bonne disposition de mademoiselle.

CRIESANSCESSE. — Ce soir tout sera terminé, et demain M. Léandre pourra mesurer la longueur de son nez. Pernille, assieds-toi à cette table et écris avec les autres commis sous ma dictée.

PERNILLE. — Oui, monsieur.

CRIESANCESSE. — Messieurs! prenez vos ciseaux! préparez votre papier!

(Ils prennent leurs ciseaux et coupent leur papier en mesure.)

CRIESANSCESSE. — Y êtes-vous?

LES COMMIS. — Nous y sommes.

CRIESANSCESSE. — Les plumes en main! — Prenez de l'encre! *(Il jette sa perruque.)* Ecrivez! Vu qu'il a plu au ciel, virgule! ça y est-il? *(Les commis écrivent et répètent)* de réunir par un amour pur et tendre, virgule! *(Même jeu.)* ma fille aimée, Eléonore, et le respectable sieur Pierre Ericsen, teneur de livres, virgule! y êtes-vous! *(Même répétition.)* je viens vous prier... tiens! voilà les poules qui sont encore une fois entrées à la cuisine! Quelle maudite fille que cette cuisinière! *(Il sort et revient un instant après; en attendant, les commis se jettent des boulettes de papier.)* Cette coquine, qui n'a que cela à faire, ne peut donc pas veiller à la porte, il faut que je sois partout! Voyons, où en sommes-nous? Christen Crayon, répétez! *(Christen répète le tout)*... je viens vous prier de vouloir bien honorer de votre présence la signature du contrat, un point. Y êtes-vous? *(Répétition.)* Cette formalité aura lieu le 1er avril prochain. *(Répétition.)* Un point! *(Les commis répètent :* un point. — *Criesancesse appelle :* Jeanne! Jeanne! — *(Jeanne, la cuisinière, passe la tête à la porte de la cuisine et appelle son maître.)* Ecoute, Jeanne, il ne faut pas laisser la poule noire avec les autres. Elles lui en veulent toutes; c'est ma favorite; depuis le jour de Noël elle a pondu quarante œufs. Christophe Canif, toi qui tiens le registre des poules, des oies et des pigeons, regarde un peu combien d'œufs la poule noire a pondus cette année.

CHRISTOPHE. — C'est exactement comme monsieur vient de le dire, quarante œufs! Elle a peut-être fourni autre chose encore, mais je ne l'ai pas inscrit.

CRIESANSCESSE. — Quelle bonne poule! Aie bien soin d'elle, Jeanne!

JEANNE. — Soyez tranquille, monsieur!
(Elle retire la tête.)

CRIESANSCESSE. — Continuons notre besogne. Jean Grattoir, répète! *(Jean répète ce qui a été dicté.)* Ouvrez la parenthèse! Certains motifs exigent l'accomplissement le plus prompt du mariage. Fermez la parenthèse! Répétez! Je compte, cher monsieur, sur... qui vient là?

PERNILLE. — C'est le prétendant, vous voyez qu'il s'est pressé.

SCÈNE II

LES MÊMES, LÉANDRE ET OLDFUX, *habillés en pédants.*

LÉANDRE, *après plusieurs courbettes.* — Mon cher maître, Mécenas et protecteur! De même que le paon qui, en voyant ses plumes, s'effraye...

OLDFUX *le pousse dans le dos, et lui dit à voix basse.* — Ses pattes!

LÉANDRE. — Je voulais dire ses pattes, s'effraye et se redresse en voyant ses plumes; de même moi, Pierre Ericsen, indigne teneur de livres...
(Les commis ne peuvent plus retenir leur rire.)

CRIESANSCESSE. — De quoi riez-vous, stupides fainéants! Occupez-vous de vos écritures et pas d'autre chose.

LÉANDRE. — En regardant mon individu et mes mérites, je m'effraye comme le paon, mais, en pensant à mon grand bonheur futur, je me redresse comme lui. Je dois à la gracieuse et seule bonté de monsieur, et nullement à l'excellence de mes qualités, l'abandon qu'il me fait de sa belle et vertueuse fille, dont je suis indigne de dénouer les cordons de souliers. Car de même qu'une simple obligation comparée à un billet de banque...

CRIESANSCESSE. — Cela suffit, monsieur! vous avez tort de tant abaisser votre propre mérite, la préférence que je vous ai donnée témoigne assez de mon estime.

LÉANDRE. — Mille remerciments pour votre grande générosité, monsieur.

CRIESANSCESSE. — Maintenant, permettez-moi seulement de terminer deux ou trois lignes que j'adresse à quelques amis afin de les informer du mariage.

LÉANDRE. — Faites, mon digne bienfaiteur, faites!

CRIESANSCESSE *aux commis.* — Où en sommes-nous restés? Dis-moi les derniers mots, Lars Encrier.

LARS. — Fermez la parenthèse.

CRIESANSCESSE. — Imbécile!... les derniers mots que vous avez écrits.

LARS. — Je compte, cher monsieur, sur...

CRIESANSCESSE. — Sur votre présence, virgule! et je demeure pour la vie votre très humble et très obéissant serviteur.

(Les commis répètent.)

PERNILLE. — Je ne connais pas le latin [1], monsieur, comment ferai-je pour écrire la fin?

CRIESANSCESSE. — Va voir comment les autres l'ont écrit. *(Il s'adresse à Oldfux, le prenant pour son gendre.)* Désormais je veux que vous m'appeliez beau-père, et je vous appellerai mon fils, car c'est une affaire conclue. Il ne vous reste qu'à causer avec ma fille.

OLDFUX. — Mon cher monsieur, ce n'est pas moi qui...

CRIESANSCESSE. — Ne faites plus de phrases, appelez-moi beau-père.

OLDFUX. — Cependant j'oserai faire observer à monsieur que...

CRIESANSCESSE. — Au diable les compliments, appelez-moi beau-père, vous dis-je.

OLDFUX. — Non, monsieur se trompe, ce n'est pas moi qui épouse; je m'appelle Jonas.

---

1. Suivant l'usage alors parfois adopté, Criesanscesse a dicté la fin de la lettre en français; c'est ce qui fait l'embarras de Pernille.

CRIESANSCESSE. — Pardon ! j'ai tant de choses dans la tête ! que désirez-vous ?

OLDFUX. — Je suis Jonas Corfitsen, oncle germain de votre futur gendre, et, quoiqu'il ne m'appartienne pas de faire son éloge, j'ose dire que, quant à la tenue des livres, nul n'est digne de baiser la poussière sous ses pieds. Il vient d'inventer une nouvelle règle de trois qu'il a nommée la règle de quatre, et qui est ingénieuse au plus haut degré.

CRIESANSCESSE. — Je suis heureux de faire votre connaissance, monsieur, et je regrette de ne pas avoir une autre fille à marier, je vous aurais volontiers choisi pour second gendre. Pernille, va appeler Eléonore... Dans le principe, messieurs, elle trouvait singulier que je voulusse lui faire épouser un teneur de livres ; mais aujourd'hui elle est revenue de son erreur. J'aurais dix filles, que je les marierais toutes à des teneurs de livres.

SCÈNE III

Les précédents, ÉLÉONORE.

CRIESANSCESSE *aux commis*. — Montez au bureau, comparez les lettres, puis fermez-les et cachetez-les. Plus tard nous mettrons les adresses. *(Les commis s'en vont.)* Je suis heureux, ma fille, que tu aies changé d'idée et que tu ne penses plus à ton fol amour pour cet écervelé de Léandre. Les jeunes filles ne s'attachent souvent qu'aux apparences, et courent ainsi à leur propre perte. J'ai choisi ce jeune homme pour gendre, parce que sa science suffirait à pourvoir aux besoins d'un ménage s'il n'avait point de fortune.

ÉLÉONORE. — Mon cher père, je vous supplie de ne plus songer au passé ; je me suis raisonnée et j'ai compris combien j'aurais tort de résister à votre volonté. La personne qui vous conviendra me conviendra aussi, car je suis certaine que vous ne voulez que mon bonheur.

CRIESANSCESSE. — Je t'aime trop, mon enfant, pour

agir autrement; va maintenant faire connaissance avec ton futur mari.

LÉANDRE. — Mademoiselle et fiancée adorable! En songeant, malgré les éloges qu'il a plu à votre très respectable père d'introduire au grand livre de ses pensées, au zéro de mes mérites, je sens mes facultés intellectuelles près de faire faillite. Oui, mademoiselle! lorsque j'additionne mon faible talent à votre zéro *(Oldfux lui pousse le dos),* je voulais dire lorsque j'additionne le zéro de mon faible talent aux admirables qualités de mademoiselle, je ne doute point qu'il n'en sorte un total satisfaisant, vu qu'un zéro seul ne signifie rien, mais, quand on y joint...

ÉLÉONORE. — Monsieur est trop modeste!

LÉANDRE. — Recevez, mademoiselle, mes hommages les plus humbles et les plus respectueux.

OLDFUX. — Pierre, voici la bague que ton père nous a remise pour mademoiselle.

LÉANDRE. — Merci, Jonas. Mon père, mademoiselle, vous présente ses compliments dévoués et vous prie de bien vouloir accepter cette marque d'affection des mains de son fils.

ÉLÉONORE. — Je l'accepte avec reconnaissance.

LÉANDRE. — De même que cette faible marque d'amour est ronde, c'est-à-dire sans commencement ni fin, ainsi l'amour que...

CRIESANSCESSE. — Taisez-vous un instant, mes enfants... je gage que c'est le pot-au-feu qui s'en va, coquine de cuisinière!

(Il sort en courant.)

PERNILLE. — Ha, ha, ha! Vous jouez vos rôles à la perfection.

OLDFUX. — Seulement, M. Léandre s'est fourvoyé deux fois, en parlant du paon qui se redresse en regardant ses pattes et en touchant au zéro de mademoiselle.

LÉANDRE. — Comment, diable, ne pas s'embrouiller dans tout ce galimatias?

ÉLÉONORE. — Enfin, cher Léandre, me voilà fiancée à vous par mon père lui-même... mais, hélas!

PERNILLE. — Vous voilà encore avec votre hélas! laissez-moi faire et tout ira bien.

LÉANDRE. — Cependant qu'est-ce qui va arriver, lorsque le véritable teneur de livres viendra?

PERNILLE. — Cela me regarde! Vous n'avez qu'à obéir à mes ordres. Voilà monsieur !....

CRIESANSCESSE, *qui revient*. — Il faut décidément que je me débarrasse de cette fille! Est-ce qu'elle ne prend pas du sable, au lieu de cendres, pour nettoyer la vaisselle ' ! Je ne peux pourtant pas continuellement m'occuper de tout à la fois ; je n'ai point d'yeux derrière la tête et je n'ai que deux mains. Jamais je n'aurai donc le bonheur de pouvoir manger tranquillement, et de pouvoir me coucher sans avoir mille choses en tête. Mes occupations ressemblent à une avalanche qui plus elle avance, plus elle grossit. Pernille, quels sont ces étrangers?

PERNILLE. — Mais, monsieur, votre gendre et son oncle.

CRIESANSCESSE. — Ma foi, c'est vrai. Pardon, messieurs, ma besogne fait quelquefois que je m'oublie moi-même. Eh bien! mon cher gendre, trouvez-vous chez ma fille des qualités propres à vous inspirer une grande affection?

LÉANDRE. — Je ressens pour mademoiselle un amour si profond, qu'à peine puis-je me tenir debout.

CRIESANSCESSE. — Bien! nous signerons le contrat ce soir. Pernille! quelle sera, à ton avis, l'heure la plus commode?

PERNILLE. — Je pense que monsieur n'aura le temps qu'à six heures du soir. Nous avons à nous occuper des adresses et de l'envoi des lettres d'invitation, puis, vous savez, il survient toujours quelque travail imprévu.

CRIESANSCESSE. — Tu as raison. Soyez donc ici, mon gendre, avec quelques-uns de vos parents, à six heures. Quant à moi, je n'aurai besoin que de mon frère Léonard et du notaire. Cependant, avant de partir, mon cher gendre, je voudrais vous consulter à propos d'un calcul qui me présente quelque difficulté.

PERNILLE. — Remettez-donc cela à une autre fois, monsieur. Ce cher homme doit penser à toute autre chose qu'à des chiffres.

---

1. A l'époque à laquelle vivait Holberg, l'on se servait, même dans les bonnes maisons, d'assiettes d'étain. Le sable y faisait des raies.

ACTE II, SCÈNE IV. 417

CRIESANSCESSE. — Ce n'est qu'une bagatelle qu'il m'obligera d'expliquer.

PERNILLE. — Je ne suis jamais contraire à l'avis de monsieur, mais il a vraiment tort de vouloir tourmenter avec des chiffres un jeune amoureux qui vient lui demander la main de sa fille.

CRIESANSCESSE. — Bêtise! Voici toute la question : je vends cent boisseaux de blé, mesure rase, dix écus ; combien pourrai-je les vendre, mesure comble ?

PERNILLE. — Monsieur ! voilà la poule noire qui se bat avec les autres ! Elles vont la tuer !

CRIESANSCESSE *court dehors*. — Quel malheur !

LÉANDRE. — Nous sommes pincés !

OLDFUX. — Que le diable enlève toutes les mesures rases et combles !

PERNILLE. — Sauvez-vous bien vite ! j'arrangerai le reste.

LÉANDRE. — Mais, s'il avait un soupçon...

ÉLÉONORE. — Il pourrait croire que...

PERNILLE. — Allez-vous en tous, vous dis-je, il n'y a pas d'autre moyen.

SCÈNE IV

PERNILLE, CRIESANSCESSE.

CRIESANSCESSE. — Coquine de cuisinière ! N'ose-t-elle pas soutenir que les autres poules ne lui ont rien fait !

PERNILLE. — Comme si je ne l'avais pas vu de mes propres yeux. Du reste, cela ne m'étonne pas de sa part; si vous saviez le malheur que je lui ai empêché de faire l'autre jour.

CRIESANSCESSE. — Elle voulait faire un malheur ?

PERNILLE. — Oui, mais je ne le dirai à monsieur qu'autant qu'il me promettra de ne pas en parler.

CRIESANSCESSE. — Je me tairai.

PERNILLE. — Figurez-vous qu'elle avait pris le registre du linge de la cuisine pour faire griller du saumon.

CRIESANSCESSE. — Non! c'est trop fort! il faut que je lui donne une leçon.

PERNILLE. — Si monsieur ne tient pas sa promesse, je ne le croirai plus jamais.

CRIESANSCESSE. — Non, Pernille, c'eût été un trop grand malheur, pour que je puisse me taire.

PERNILLE. — Monsieur, elle est tombée à genoux en me suppliant de ne pas la trahir; mais je ne le lui promis que lorsqu'elle eut juré de ne plus jamais toucher aux écritures.

CRIESANSCESSE. — Toucher à mes écritures, c'est toucher aux prunelles de mes yeux!

PERNILLE. — A l'avenir, elle fera plus attention.

CRIESANSCESSE. — Qu'on me vole mon argent! mais voler mes papiers, c'est m'arracher l'âme du corps!

PERNILLE. — Aussi me suis-je immédiatement assurée qu'il ne manque rien; tout est en bon ordre.

CRIESANSCESSE. — C'est heureux. Personne n'entrera plus dans mon bureau sans ma permission. Mais où est mon gendre?

PERNILLE. — Monsieur l'a congédié en le priant de revenir à cinq heures.

CRIESANSCESSE. — C'est vrai, Pernille, je ne sais plus ce que je fais. Est-ce que j'ai dîné?

PERNILLE. — Non, monsieur, la table est servie.

CRIESANSCESSE. — Je vais donc pouvoir manger un morceau!

(Il sort.)

PERNILLE. — Enfin, l'orage est détourné!

SCÈNE V

OLDFUX, PERNILLE.

OLDFUX, *déguisé en domestique.* — Saprelotte! Pernille, il nous a drôlement empoignés avec son calcul des mesures rases et des mesures combles.

PERNILLE. — Par bonheur j'ai su l'engager dans une discussion sur les affaires de la maison.

OLDFUX. — Et qu'a-t-il dit après avoir appris notre départ?

PERNILLE. — Je lui ai fait croire qu'il vous avait renvoyés lui-même. Il n'y a qu'à lui parler affaires, et il oublie tout.

OLDFUX. — Je lui en créerai des affaires.

PERNILLE. — Vous ferez bien, car la partie est difficile. Dans une demi-heure le teneur de livres sera de retour. Mais j'entends monsieur qui revient. Eloignez-vous et apportez immédiatement la lettre de M. Léandre.

(Oldfux sort.)

SCÈNE VI

CRIESANSCESSE, PERNILLE.

PERNILLE. — Monsieur a déjà fini son repas?

CRIESANSCESSE. — Je n'ai jamais le temps de me rassasier, Pernille. Monte auprès des commis et vois s'ils ont plié et cacheté les lettres.

PERNILLE. — Voilà un domestique qui apporte une lettre pour monsieur.

(Oldfux remet un papier et se retire.)

CRIESANSCESSE. — Si quelqu'un vient me demander, Pernille, tu diras que je suis sorti. Les domestiques des grandes maisons reçoivent souvent l'ordre de faire cette réponse.

PERNILLE. — Souvent les personnes prennent la liberté d'entrer tout droit sans rien demander. Mais, si monsieur veut faire croire qu'il est sorti, je le prie de ne pas regarder par la fenêtre pour voir qui vient. L'autre jour, j'ai rencontré dans la rue une personne qui me dit : Conseille à ton maître, lorsqu'il sort, d'emporter sa tête, car j'ai vu qu'il l'avait oubliée à la fenêtre.

CRIESANSCESSE. — J'y ferai attention ; mais voyons cette lettre... est-il possible ! il aurait cette insolence ! Le sieur

Léandre qui est venu ce matin m'annonce qu'ayant appris que je veux marier ma fille à un autre, il fera valoir devant la justice les promesses qu'Eléonore lui a faites dans plusieurs lettres; il prétend qu'elle y fait serment de ne donner sa main à d'autre qu'à lui et, par conséquent, il proteste contre le mariage avec Pierre Ericsen en m'intentant un procès en règle.

PERNILLE. — Cette menace me paraît de peu d'importance, monsieur; mademoiselle pourra répondre qu'elle a agi sans le consentement de son père. Du reste, je conviens que c'est fâcheux pour monsieur d'être impliqué dans un procès, car, quoiqu'il soit sûr de gagner, cela lui causera une grande perte de temps.

CRIESANSCESSE. — Ne suis-je pas bien à plaindre! Quelle tête pourrait supporter tant de tourments? Pernille, je ne sais que faire.

PERNILLE. — A votre place, monsieur, je répondrais bravement afin de lui donner à réfléchir sur la gravité d'un procès, puis je consulterais un bon avocat.

CRIESANSCESSE. — Que Lars aille immédiatement chercher un avocat.

PERNILLE. — Je vais le lui dire. En attendant, monsieur pourra faire sa réponse..

CRIESANSCESSE *se met à écrire*. — Je n'y résiste plus, la besogne me tuera.

PERNILLE, *bas*. — Ça va bien, mais ce n'est pas encore assez. Lorsque le teneur de livres reviendra, il faut qu'il trouve monsieur accablé d'affaires à un tel point que tout entretien raisonnable devienne impossible. Je ferai en sorte qu'il soit fiancé à la femme de charge en présence de monsieur et j'aurai gagné mes cinquante écus.

CRIESANSCESSE. — Que personne n'entre, excepté l'avocat et le barbier.

PERNILLE. — Et le futur époux. Celui-là, nous ne pouvons pas le laisser dehors *(on frappe à la porte; elle va ouvrir)*. C'est déjà lui.

SCÈNE VII

PIERRE ÉRICSEN, CRIESANSCESSE, PERNILLE.

PIERRE. — D'après la convention faite avec mon père, chère demoiselle, je viens vous offrir mon cœur et ma main.

PERNILLE. — Vous vous trompez, monsieur ; je ne suis que la femme de chambre. Mademoiselle ne tardera pas à venir.

PIERRE. — Quel honneur pour moi. Et monsieur, mon futur beau-père ?

PERNILLE. — Monsieur s'est vu subitement chargé d'une quantité d'affaires, toutes plus importantes les unes que les autres ; il n'a le temps ni de boire, ni de manger. Aussi m'a-t-il priée de vous faire ses excuses, de vous dire que de son côté tout est décidé et que vous n'avez plus qu'à parler à mademoiselle. Elle ne peut plus tarder à venir... Mon pauvre maître se tue à force de travail.

SCÈNE VIII

MADELEINE *en grande toilette*, PERNILLE, PIERRE, CRIESANSCESSE, *assis au fond et écrivant*.

PIERRE. — Mademoiselle, d'après la convention faite entre mon père et le vôtre, je viens respectueusement mettre à votre disposition mon cœur et ma main, espérant que mademoiselle me fera l'insigne honneur de m'accepter pour son indigne époux.

MADELEINE, *s'inclinant*. — Monsieur, je vous remercie infiniment de vos politesses.

PIERRE. — J'ose donc offrir cette bague à mademoiselle.

MADELEINE. — Je vous en suis fort obligée, monsieur, donnez-vous la peine de vous asseoir.

PIERRE. — Merci, ma belle demoiselle, je préfère rester debout.

MADELEINE. — Je vous en prie, prenez un siège.

(Tous les deux s'asseoient.)

CRIESANSCESSE, *sans se déranger*. — Pernille, qui est là ?

PERNILLE. — Monsieur, c'est votre fille et son futur mari.

CRIESANSCESSE. — Bien ! qu'ils causent ensemble jusqu'à ce que j'aie fini ma lettre.

PIERRE. — Je suis convaincu, mademoiselle, que les mariages sont prévus par le ciel. J'ai eu plusieurs fois le bonheur de voir votre charmante personne en rêve, de sorte que notre union a dû être décidée là-haut.

PERNILLE *à part*. — Le vilain hypocrite, il ne vient que pour l'argent.

MADELEINE. — La même chose m'est arrivée à moi aussi, cher monsieur. Un jour que j'adressais des prières au ciel par rapport à mon mariage, j'eus une vision; il m'apparut un ange dans lequel je reconnais aujourd'hui la personne de monsieur.

PIERRE. — Vous avez un corps superbe, mademoiselle [1].

MADELEINE. — Monsieur est d'une amabilité...

CRIESANSCESSE. — Pernille, qui est donc là ?

PERNILLE. — C'est mademoiselle et son futur mari.

CRIESANSCESSE. — Bien, je suis à eux ; il ne me reste que deux lignes à écrire.

PERNILLE. — Peste ! il faut que je me dépêche. Est-ce que monsieur et mademoiselle ne voudraient pas aller causer dans la chambre voisine ? ils seraient moins gênés et ils ne troubleraient pas monsieur dans son travail.

PIERRE. — Si cela vous est agréable, mademoiselle.

MADELEINE. — Allons-y.

(Ils sortent.)

PERNILLE. — Il faut maintenant que je fasse venir Old-fux.

(Elle tousse.)

---

1. Dans le texte, le teneur de livres demande à Madeleine la permission de lui mettre la main sur la gorge.

SCÈNE IX

OLDFUX, CRIESANSCESSE, PERNILLE

OLDFUX. — J'ai appris que monsieur avait besoin d'un avocat, et j'ai pris la liberté de me présenter à lui.

CRIESANSCESSE. — Je vous suis obligé.

OLDFUX. — Quels sont les désirs de monsieur?

CRIESANSCESSE. — Je voudrais vous consulter.

OLDFUX. — Ce mot consulter vient du latin, *consulere*, qui a une double signification. Il signifie : donner un bon conseil à quelqu'un, et, en ce cas, il gouverne en latin le datif, *consulere alicui* ; ou bien il signifie demander un bon conseil à quelqu'un, et, en ce cas, il gouverne l'accusatif : *consulere aliquem*.

CRIESANSCESSE. — On dirait que ces gens savants ne jouissent pas tout à fait de leur raison. Monsieur, je ne vous ai pas envoyé chercher pour vous consulter sur l'orthographe, mais...

OLDFUX. — Monsieur, notre discours ne concerne en rien l'orthographe : ne confondez pas l'orthographe avec *syntaxi, orthographia est ars vocabula recte scribendi*, c'est l'art ou la science d'écrire les mots d'une manière exacte ; mais je ne parle pas de cela. J'ai corrigé, monsieur, votre style; *non orthographiam, sed phrases corrigo*.

CRIESANSCESSE. — Pardon, monsieur, je vous prie de vous retirer; j'ai autre chose à faire que de passer ma journée à bavarder.

OLDFUX. — Les docteurs comme les avocats se rendent volontiers aux ordres de chacun, mais la loi leur alloue une indemnité pour chaque démarche ou chaque consultation.

CRIESANSCESSE. — Vous voulez que je vous paye parce que vous me faites perdre un temps précieux par un bavardage inutile !

OLDFUX. — Enfin, que voulez-vous de moi, monsieur?

CRIESANSCESSE. — J'ai besoin de vous consulter sur quelques articles.

OLDFUX. — Monsieur, le mot article est tout à fait inusité dans la profession de jurisconsulte ; on ne s'en sert que dans *foro theologico*. Le droit romain ne le cite jamais ; il est divisé par *libros, capita* et *paragraphos*. Parcourez, monsieur, les *Codicem, Pandectas Institutiones, Novellas,* et regardez si jamais vous y trouvez le mot article. J'aimerais mieux résigner mes fonctions que de me servir de ce mot : article!... Du reste, monsieur, de quoi s'agit-il ?

CRIESANSCESSE. — Un jeune homme s'est fiancé secrètement à ma fille, et je lui ai fait espérer mon consentement. Mais j'ai changé d'idée, et, au moment où je vais donner la main de ma fille à un autre qu'elle consent à épouser, le premier me menace d'un procès, alléguant qu'il a ma parole... Qu'en dites-vous, monsieur l'avocat ? Je pense que ces menaces ne signifient rien ; aussi, pour l'effrayer, j'ai dressé un écrit et...

OLDFUX. — Pardon, monsieur, le mot dresser a plusieurs significations ; voulez-vous dire dresser avec une plume ?

CRIESANSCESSE. — Cet homme doit être Lucifer sous la robe d'un avocat... Oui, monsieur, j'ai écrit une lettre.

OLDFUX. — Il faut qu'une telle lettre soit écrite avec beaucoup d'esprit, si vous voulez éviter un procès ; voyons cette lettre.

(Criesanscesse lui donne la lettre qu'Oldfux lit.)

CRIESANCESSE. — Est-ce assez fort ?

OLDFUX. — Ces arguments ne valent rien ; je vais vous dicter une lettre qui sera plus efficace.

CRIESANSCESSE. — Je ne demande pas mieux.

OLDFUX. — Nous allons procéder, dans notre dictée, à la manière espagnole, adoptée par les avocats en général ; c'est plus court et plus résumé.

CRIESANSCESSE. — Tant mieux, car mon temps est précieux, je suis très affairé.

OLDFUX. — Si monsieur connaît déjà cette manière, nous irons très vite. *(Il lui tape sur l'épaule.)* Y êtes-vous ?

CRIESANSCESSE. — Vous ne m'avez rien dit.

OLDFUX. — Eh ! monsieur, lorsque je vous tape sur l'épaule, cela signifie que vous devez écrire le nom et le titre de votre homme.

CRIESANSCESSE. — Seigneur! qu'est-ce qu'on n'invente pas! Enfin, il est bon de le savoir... J'y suis.

OLDFOX. — Continuez. Puisque le sieur Léandre... Y êtes-vous?

CRIESANSCESSE. — Oui, monsieur.

OLDFOX *siffle*. — Avez-vous compris?

CRIESANSCESSE. — Quoi!

OLDFOX. — Et, monsieur, lorsque je siffle, cela signifie virgule.

CRIESANSCESSE. — Quelle maudite invention!... Ça y est.

OLDFOX. — Fils du sieur Jérôme, domicilié à...
(Il crache.)

CRIESANSCESSE. — Domicilié où?

OLDFOX. — Eh! monsieur, lorsque je crache, cela signifie que vous devez mettre le nom de la ville de votre adversaire. Je vois bien que vous ne connaissez pas la vraie manière de dicter à l'espagnole; mais vous l'aurez bientôt apprise, et alors vous dicterez avec beaucoup plus de facilité aux autres... Où en êtes-vous?

CRIESANSCESSE. — Puisque le sieur Léandre, fils du sieur Jérôme, domicilié dans cette ville...

OLDFOX. — Bien.
(Il siffle.)

CRIESANSCESSE. — Virgule!

OLDFOX. — Prétend, l'année passée, avoir... *(Il lui tire les oreilles.)* Comprenez-vous cela?

CRIESANSCESSE *se lève en colère*. — Pourquoi m'avez-vous tiré les cheveux?

OLDFOX. — Cela signifie : entre parenthèses.

CRIESANSCESSE *lui donne un soufflet*. — Et voilà qui signifie : *claudatur parenthesis!*

OLDFOX. — Vous venez de vous porter contre moi à des voies de fait. Je vous ferai assigner.

CRIESANSCESSE. — Et moi, je vous ferai une assignation reconventionnelle.

OLDFOX. — Je prouverai que je n'ai agi que légalement, d'après les usages adoptés par les plus grands avocats.

CRIESANSCESSE. — Et moi, je prouverai que vous et tous les autres qui s'en servent ne sont que des chenapans !

OLDFUX *pince l'oreille à Pernille.* — *Antestaminor.*

PERNILLE *crie.* — Ah ! ah ! ah !

CRIESANSCESSE. — Comment, des violences dans ma maison !

OLDFUX. — Comment, vous êtes un homme instruit, et vous ne savez pas que, suivant le droit romain, lorsqu'on prend quelqu'un par l'oreille en disant : *Antestaminor*, cela signifie : Je vous prends pour témoin.

CRIESANSCESSE. — Et ne savez-vous pas que, d'après le droit romain, on jette à la porte des coquins comme vous qui viennent molester les gens chez eux ? *(Oldfux se sauve.)* Ne suis-je pas l'homme le plus malheureux sur la terre, les tourments tombent sur moi comme une averse, j'ai travaillé aujourd'hui comme un cheval et cependant rien n'a été fait encore. Il doit exister dans l'air de mauvais esprits qui troublent les gens soit dans leur piété, soit dans leur besogne. L'un d'eux s'est assurément logé aujourd'hui chez moi, il me dérange à chaque minute, il vient de m'envoyer ce maudit avocat, il me vole mon temps avec une méchanceté infernale. Je sais bien qu'il y en a qui se diraient : Ce sera pour demain, mais tous les jours m'apportent de nouvelles affaires, je n'en finis jamais,... j'ai presque envie de me pendre... non, je n'en aurais pas le temps ; je vais m'adjoindre un écrivain habile qui ne cessera de copier depuis le matin jusqu'au soir.

PERNILLE. — Tout a été comme ensorcelé aujourd'hui.

CRIESANSCESSE. — Pernille ! je suis fatigué de vivre.

PERNILLE. — Cela ne m'étonne pas. Vous avez une besogne qui dépasse toutes les forces humaines. On dirait que quelqu'un, pour se venger d'avoir été renvoyé, nous envoie tous ces gens sur le dos... Mais, Dieu me pardonne, voilà un nouveau diable qui arrive.

SCÈNE X.

Les mêmes, OLDFUX, *en homme d'affaires.*

OLDFUX, *d'un air servile.* — Pardon, mon très gracieux seigneur, pardon, si je viens vous déranger.

CRIESANSCESSE. — Que voulez-vous !... Comment osez-vous pénétrer ainsi dans l'intérieur d'une maison ?

OLDFUX. — Je n'ai pas osé frapper à la porte... C'eût été trop hardi.

CRIESANSCESSE. — Trop hardi !... Enfin, que voulez-vous ?

OLDFUX. — On m'a appris que monsieur était accablé d'occupations.

CRIESANSCESSE. — Et c'est pour cela que vous venez me faire perdre mon temps ?

OLDFUX. — Que Dieu m'en préserve ! monseigneur ; *per contrarium! per contrarium!...* monseigneur !

CRIESANSCESSE. — Je n'ai aucun droit à ce titre.

OLDFUX. — Ne dites pas cela... monseigneur... ne dites pas cela !

CRIESANSCESSE. — C'est donc encore le diable qui m'envoie cet homme ?

OLDFUX. — Je suis un érudit, très érudit ; je connais vingt-quatre langues.

CRIESANSCESSE. — L'autre jour, j'ai rencontré un individu qui prétendait savoir vingt langues... tandis qu'il n'en savait pas une seule.

OLDFUX. — Mais moi, monsieur, il n'en est pas ainsi ; sans me flatter, je suis un homme capable, très capable ; je suis patricien de naissance...

PERNILLE. — Qu'est-ce qu'un patricien ?

OLDFUX *baise le tablier de Pernille.* — Serviteur très humble, digne et gracieuse demoiselle !

PERNILLE. — Voilà un galant homme !

OLDFUX. — Mille excuses, si je n'ai pas présenté plus tôt mes hommages respectueux à mademoiselle.

PERNILLE. — Je vous pardonne.

OLDFUX. — Il vous faudra convenir que j'ai fait des études extraordinaires. Un homme qui est gradué par les universités de Wittemberg, Helmstadt, Francfort, Prague, Leipzig, Rostock, Kœnigsberg, Nuremberg, Heidelberg. Cracovie, Landau, Tubingen, Uri, Schwitz, Unterwalden, Francfort-sur-le-Main, Francfort-sur-l'Oder, Francfort-sur-la-Meuse, Mecklenbourg, Grubenhagen, Kiel, Zerbst, etc., etc., sans compter plusieurs gymnases... un homme, dis-je, qui a étudié dans un si grand nombre d'universités, doit avoir des connaissances extraordinaires... j'ose demander l'avis de mademoiselle.

CRIESANSCESSE. — J'entends, monsieur, que vous vous connaissez en pédanterie, et que...

OLDFUX. — Mille excuses, noble et vertueux seigneur ! Songez que j'ai fait plus de cinquante cours *tam privata quam privatissima,* tels que *Collegia practica, didactica, tactica, homiletica, exegotica, ethica, rhetorica, oratorica, metaphysica, chiromantica, necromantica, logica, talismanica, juridica, parasitica, politica, astronomica, geometrica, arithemetica.*

CRIESANSCESSE. — Cessez donc, démon que vous êtes!

OLDFUX. — *Chronologica, horoscopica, metascopica, physica tam theoretica quam practica.*

CRIESANSCESSE. — Pernille, donne-moi ma canne.

OLDFUX. — Sur les *Institutiones, Codicem, Pandectas, jus naturæ, jus civile, jus municipale, jus feudale, jus gentium, jus jusculum,* et d'autres sciences.

CRIESANSCESSE. — Monsieur, sortez !

OLDFUX. — Monsieur, ne vous emportez pas. Je suis venu dans de bonnes intentions ; je vous offre mes services, car on m'a dit que vous aviez beaucoup à faire. C'est aux affaires que vous verrez quel homme je suis.

CRIESANSCESSE. — Je vous connais, vous et vos pareils : une fois qu'on vous met quelque chose dans les mains, on ne peut plus le ravoir.

OLDFUX. — Je ne demande pour mon travail que la nourriture... Je ne sers que par honneur, par honneur seulement !

CRIESANCESSE. — Et de quelle manière pensez-vous pouvoir m'être utile?

OLDFOX. — Je m'engage à remplir une feuille de papier tout entière en dix minutes.

CRIESANSCESSE. — En effet, voilà qui est fort ; je vais essayer. Voilà une feuille de papier. *(Oldfux s'assied et fait semblant d'écrire.)* Je suis curieux de savoir comment il s'y prendra. Je vais voir où il en est.

OLDFOX *va à la rencontre de Criesanscesse*. — Regardez, monseigneur, j'ai fini plus tôt que je ne le pensais.

CRIESANSCESSE. — Ciel ! que vois-je, il n'a fait que barbouiller tout le papier avec de l'encre... Ma canne, ma canne! *(Oldfux, en se sauvant, renverse la table où se trouvent tous les papiers.)* Pernille, au secours !... Quel malheur ! tous mes papiers sont par terre... je ne vaux pas deux sous maintenant.

PERNILLE. — Ah ! monsieur, ne vous désespérez pas ; je vais tâcher de remettre tout en ordre, mais tout cela n'est pas naturel ; je parierais ma vie qu'on vous a envoyé tous ces gens, exprès pour vous harceler.

CRIESANSCESSE. — Hélas! c'en est fait de moi!

PERNILLE. — Mon cher maître, montez vous jeter un instant sur votre lit, je vous en supplie ; rassurez-vous, dans une demi-heure, tout sera rangé.

CRIESANSCESSE. — Je monte, je ne puis plus me tenir debout.

(Il sort.)

PERNILLE. — Tout réussit à merveille. Maintenant je vais aller rejoindre Madeleine et le teneur de livres. Je lui donnerai rendez-vous pour sept heures, car alors M. Léandre aura signé le contrat de mariage. Puis, lorsque l'autre viendra et que toute la maison sera sens dessus-dessous, je me sauverai avec mademoiselle. Quel homme que cet Oldfux ! On voit qu'il a l'habitude des intrigues. La dernière scène qui est de son invention nous a fait gagner la partie. Personne n'est plus facile à duper que les gens affairés, dès qu'on leur crée quelques petits embarras.

FIN DU DEUXIÈME ACTE.

ACTE TROISIÈME

SCÈNE I

CRIESANSCESSE, *un instant après*, LÉONARD.

CRIESANSCESSE. — Depuis que je suis au monde, j'ai passé bien des journées fatales, mais elles ne sont rien en comparaison de celle d'aujourd'hui; je ne comprends pas comment je ne suis pas devenu fou. L'un me menace de devenir mon gendre malgré moi ; l'autre me tire les cheveux en me disant que cela signifie : par parenthèse. Un autre encore renverse ma table avec tous mes papiers ; si Pernille n'était pas là pour me consoler, je mourrais de chagrin. Quelle différence entre elle et Madeleine, la femme de charge ! Celle-ci ne me sert à rien, elle ne pense qu'à se marier, et souvent elle est méchante comme un chien enragé. Je voudrais pouvoir la marier ce soir en même temps que ma fille, pour me débarrasser d'elle. Mais voilà mon frère Léonard. Bonsoir, mon frère, je vous ai justement envoyé chercher.

LÉONARD. — Oui, cela m'a étonné, car ce n'est pas dans vos habitudes.

CRIESANSCESSE. — Je suis près de mourir d'indignation. Quelqu'un, pour se venger de moi, — je crois bien que c'est Babillard, — m'a envoyé un tas de gens qui m'ont tourmenté à en devenir fou.

LÉONARD. — Et qu'est-ce que vous avez donc fait à ce Babillard pour qu'il vous en veuille?

CRIESANSCESSE. — L'autre jour, il voulait me raconter un procès interminable et je suis parti sans l'écouter.

LÉONARD. — Et pourquoi ne l'avez-vous point écouté?

CRIESANSCESSE. — Croyez-vous donc que je n'aie rien de mieux à faire?

LÉONARD. — C'est vrai, mon frère. Vous n'avez jamais le temps, quoique vous n'ayez aucune occupation.

CRIESANSCESSE. — Ne me raillez pas, je vous prie; si je n'étais pas accablé de besogne, est-ce que j'occuperais quatre commis?

LÉONARD. — Dites-moi, en quoi consistent vos travaux?

CRIESANSCESSE. — Puis-je compter les étoiles du ciel?

LÉONARD. — Enfin, qu'avez-vous fait aujourd'hui?

CRIESANSCESSE. — Aujourd'hui, j'ai été surchargé d'affaires et de contrariétés à un tel point, que je n'ai rien pu faire du tout.

LÉONARD. — Probablement comme hier et avant hier.

CRIESANSCESSE. — Je n'ai eu le temps que de faire écrire cinq invitations pour la signature du contrat de mariage, et elles ne sont même pas encore parties.

LÉONARD. — De quel mariage voulez-vous parler?

CRIESANSCESSE. — De celui de ma fille Eléonore. Il aura lieu ce soir. Je vous ai envoyé chercher, mon frère, afin d'y assister.

LÉONARD. — Et qui épouse-t-elle?

CRIESANSCESSE. — Le sieur Pierre Ericsen, teneur de livres.

LÉONARD. — Vous plaisantez, mon frère. Est-ce que vous donneriez votre fille à un pédant?

CRIESANSCESSE. — Je veux un gendre qui puisse m'aider dans mes affaires.

LÉONARD. — Dans quelles affaires?

CRIESANSCESSE. — Mon frère, si vous voulez me tourmenter, je vous prie de choisir un autre jour; j'en ai assez pour aujourd'hui.

LÉONARD. — Mais il s'agit du bonheur de votre fille, demain sera trop tard.

CRIESANSCESSE. — Quelle objection avez-vous à faire à ce mariage?

LÉONARD. — Une seule. Il est inconvenant sous tous les rapports.

CRIESANSCESSE. — Est-ce qu'un teneur de livres n'est pas un homme?

LÉONARD. — Ce n'est pas un homme tel qu'il en faudrait un à votre fille. Elle est belle, bonne et bien élevée; je suis sûr qu'elle mourrait de chagrin si elle épousait un tel niais.

CRIESANSCESSE. — Vous êtes dans l'erreur, mon frère. Ma fille raffole de lui, c'est elle-même qui a hâté la signature du contrat.

LÉONARD. — Jamais vous ne me le ferez croire, mon frère.

CRIESANSCESSE. — Eh bien, je vais vous convaincre! Eléonore et Pernille! Venez un peu.

SCÈNE II

PERNILLE, ÉLÉONORE, *en toilette de fiancée*, CRIESANSCESSE, LÉONARD

CRIESANSCESSE. — Ma fille, ton oncle ne veut pas croire que le mariage convenu te soit agréable. Il le regarde comme une mésalliance et veut que je retire ma promesse.

(Eléonore et Pernille se mettent à pleurer.)

LÉONARD. — Je le pensais bien, mon frère; elle n'a consenti que par contrainte. Voyez donc son émotion.

CRIESANSCESSE. — Pourquoi pleures-tu, mon enfant?

ÉLÉONORE. — Je pleure, parce qu'on veut me séparer de celui que j'adore, de mon chéri Pierre Ericsen.

PERNILLE. — Si elle ne l'épouse pas, je quitte la maison.

CRIESANSCESSE. — Ha, ha, ha! Entendez-vous, mon frère? Ma fille, console-toi, je n'ai voulu que te mettre à l'épreuve.

PERNILLE. — Monsieur Léonard, que peut-il dire contre ce mariage?

LÉONARD. — Plus rien, Pernille, puisqu'elle y consent.

ÉLÉONORE. — C'est un excellent garçon, mon oncle.

LÉONARD. — Oui, tu as bien choisi, mon enfant.

PERNILLE. — Il a inventé une nouvelle règle de trois : la règle de quatre.

LÉONARD. — Ah!... c'est différent !

PERNILLE. — S'il n'avait pas de fortune, sa plume suffirait pour satisfaire aux besoins d'une femme.

LÉONARD. — Certes, elle ne manquera jamais de rien.

PERNILLE. — Il passe pour le premier comptable de la ville.

LÉONARD. — Prenez-le, prenez-le.

PERNILLE. — Son oncle Jonas dit qu'il a un talent incommensurable.

LÉONARD. — Prenez-le, prenez-le.

PERNILLE. — Tous ses ancêtres étaient des teneurs de livres en remontant à la seizième génération.

LÉONARD. — Prenez-le, prenez-le.

PERNILLE. — C'est la science incarnée.

LÉONARD. — C'est un parti magnifique. *(A part.)* Il y a quelque chose là-dessous.

CRIESANSCESSE. — Eh bien, mon frère, pensez-vous encore que j'aie contraint ma fille ?

LÉONARD. — Je n'ai plus rien à dire, puisque vous êtes tous d'accord. Mais voilà des étrangers qui arrivent ; il y a parmi eux un notaire, ce doit être le futur et les témoins.

SCÈNE III

LÉANDRE et OLDFUX, *déguisé en pédant*, CORFITZ, *oncle de Léandre en vieillard*, UN NOTAIRE, LES PRÉCÉDENTS.

CRIESANSCESSE. — Soyez le bienvenu, mon cher gendre.

LÉANDRE. — Ainsi qu'il a été convenu, je viens humblement pour signer le contrat de mariage, amenant comme témoins mon bon cousin Jonas et mon cher oncle Corfitz. Mon père bien aimé, étant toujours en état de souffrance, regrette profondément de ne pouvoir assister en personne à cette réunion solennelle.

CORFITZ. — Permettez-moi, cher monsieur, de représenter mon frère dans cette heureuse circonstance.

CRIESANSCESSE. — Monsieur, je suis le vôtre. Nous allons

28

abréger autant que possible, car l'heure est déjà avancée ; allons, mes enfants, donnez-vous la main.

(Toutes les personnes présentes vont féliciter les deux fiancés.)

CORFITZ. — Monsieur le notaire, veuillez dresser l'acte de mariage.

LE NOTAIRE. — Je n'ai besoin que des noms, âges et professions.

CRIESANSCESSE. — Ma fille s'appelle Eléonore, elle est née dans cette ville et est âgée de vingt ans. Quant au fiancé...

LÉANDRE. — Ne vous donnez pas la peine, cher beau-père, je vais donner moi-même les renseignements nécessaires.

(Le notaire écrit ce que Léandre lui dicte à voix basse.)

CORFITZ. — Je vous assure, monsieur, que vous trouverez dans mon neveu Pierre un gendre dévoué qui se fera un plaisir de vous faciliter vos travaux.

CRIESANSCESSE. — Aussi l'ai-je préféré à tous les autres, surtout à un certain Léandre qui a eu l'audace de me menacer d'un procès parce que ma fille lui a écrit quelques lettres. Qu'il fasse son procès maintenant!

CORFITZ. — Il en sera pour ses frais et on se moquera de lui par-dessus le marché.

PERNILLE. — Monsieur, permettez-moi de vous adresser une humble prière.

CRIESANSCESSE. — Qu'est-ce que c'est, Pernille ? Tu sais que je n'ai rien à te refuser, car tu m'as fidèlement et honnêtement servi. Voudrais-tu aussi un mari?

PERNILLE. — Non, monsieur. C'est Madeleine, la femme de charge, qui vous demande, par mon organe, la permission de se marier aussi.

CRIESANSCESSE. — Qu'elle se marie! grand Dieu! qu'elle se marie! Je ne demande pas mieux ; depuis longtemps j'y ai pensé, mais mes occupations ne m'ont point permis de m'en occuper. Elle a donc trouvé un amoureux?

PERNILLE. — Un homme superbe et majestueux, monsieur.

CRIESANSCESSE. — Et quel est cet heureux mortel ?

PERNILLE. — L'ordonnateur des pompes funèbres. Nous lui avons donné rendez-vous pour tout à l'heure afin que cette affaire ne dérange pas monsieur.

CRIESANSCESSE. — Vous avez bien fait, car il m'aurait été difficile de m'occuper de cette question en tout autre temps.

PERNILLE. — D'autant plus que M. le notaire est ici et que tout pourra être terminé en quelques minutes.

CRIESANSCESSE. — Monsieur le notaire, veuillez rester encore un peu ; votre mission n'est pas encore terminée.

PERNILLE. — Quelle chance de pouvoir faire quatre heureux dans la même soirée !

SCÈNE IV

PIERRE ERICSEN, ERIC MADSEN, *son père*, LES MÊMES.

ERIC. — Je viens, monsieur, conformément à ce qui a été convenu, conclure le mariage de mon fils avec mademoiselle votre fille.

CRIESANSCESSE *à Pernille*. — Qu'est-ce qu'il dit ?

PERNILLE. — Il se sert toujours du style des pompes funèbres. Ces hommes-là ont une manière de parler à eux ; ils appellent les bonnes d'une maison, les filles de la maison ; en me parlant de monsieur, au lieu de dire votre maître, il a dit votre père.

CRIESANSCESSE. — Quelles singulières habitudes ! — *(A Eric Madsen.)* Monsieur, je puis vous assurer que la fiancée est une femme honnête et dévouée.

ERIC. — Je n'en doute point. Un arbre aussi beau que vous ne peut produire que les meilleurs fruits.

CRIESANSCESSE, *à part*. — C'est vrai ; quelle étrange façon de parler ! Pernille, va appeler Madeleine. *(Pernille sort et revient tout de suite ; il s'adresse à Eric.)* Monsieur, il me semble que j'ai eu déjà l'honneur de vous voir.

ERIC *à Pernille*. — Qu'est-ce qu'il dit ? Il a l'air de ne pas me reconnaître ; cependant il est venu lui-même, en plein jour, offrir sa fille à mon fils.

PERNILLE. — N'y faites pas attention, monsieur ; mon maître a toujours mille affaires en tête, de sorte que souvent il ne sait ce qu'il dit.

ERIC *rit*. — Ha, ha, ha !

CRIESANSCESSE. — Madeleine va-t-elle venir, Pernille?

PERNILLE. — A la minute, monsieur.

ERIC. — Mademoiselle votre fille fait peut-être un brin de toilette.

CRIESANSCESSE, *bas*. — Style de pompes funèbres. *(Haut.)* Probablement; d'ailleurs elle n'est pas coquette, mais enfin, en une telle occasion...

ERIC. — Vos enfants seront comme vous, sobres et modestes.

CRIESANSCESSE, *bas*. — Toujours style de pompes funèbres. *(Haut.)* Certainement. Ce n'est pas moi qui leur donnerai des leçons de prodigalité.

ERIC. — Oui, monsieur, vous me l'avez déjà dit.

CRIESANSCESSE. — J'ai donc eu déjà l'honneur de parler à monsieur?

ERIC, *bas*. — Ha, ha, ha! Voilà qu'il s'embrouille de nouveau. *(Haut.)* Monsieur doit avoir bien des affaires en tête?

CRIESANSCESSE. — Malheureusement, monsieur; auss ai-je choisi un gendre qui puisse m'aider un peu.

ERIC. — J'espère que vous en serez content.

CRIESANSCESSE, *bas*. — Il est superbe!

PERNILLE *à Criesanscesse*. — N'est-ce pas qu'il tient un langage bizarre?

CRIESANSCESSE. — Enfin, monsieur, vous ne m'avez pas encore dit si vous m'avez déjà vu autre part.

ERIC, *bas*. — Il radote. *(Haut.)* J'aperçois, monsieur, la fiancée, votre demoiselle qui arrive.

CRIESANSCESSE, *bas*. — Il se croit à un enterrement. Quel diable d'homme!

SCÈNE V

Les mêmes *et* MADELEINE

CRIESANSCESSE. — Approchez, Madeleine; je suis bien aise que vous vous mariiez dans ma maison et que vous épousiez un brave homme qui aura soin de vous.

MADELEINE. — Je vous remercie, monsieur; et je promets...

PERNILLE. — Pressons-nous, monsieur est exténué de fatigue.

ERIC. — Nous allons donc signer le contrat ce soir?

CRIESANSCESSE. — Je le désire, monsieur.

PERNILLE. — Donnez-vous la main ; vous ne languirez pas trop longtemps.

<small>(Eric et Madeleine se donnent la main ; ils reçoivent les félicitations des autres personnages. Pernille dicte au notaire qui écrit.)</small>

CRIESANSCESSE. — Adieu, monsieur le notaire; je vous enverrai l'argent demain. *(Le notaire sort.)* Cette journée qui a si mal commencé s'est, Dieu merci, bien terminée ; je marie à la fois ma fille et ma femme de charge.

ERIC *à Pernille*. — Il a donc aussi marié sa femme de charge?

PERNILLE, *montrant Eléonore*. — Oui, monsieur, c'est la jeune personne que vous voyez là.

ERIC. — Elle est bien gentille et qui épouse-t-elle?

PERNILLE. — Le jeune homme que vous voyez là-bas, l'ordonnateur des pompes funèbres.

<small>(Pendant tout ce dialogue, les personnes qui ne sont pas en jeu causent ensemble.)</small>

CRIESANSCESSE. — J'ai presque oublié toutes mes vexations.

ERIC. — Je comprends votre satisfaction; car, quoique les ordonnateurs de pompes funèbres et les teneurs de livres ne soient point des gens de haute condition, leur état est respectable et bien rétribué. Comptez, cher beau-frère, sur...

CRIESANSCESSE. — Comment, beau-frère!

ERIC. — Je suis homme du bon vieux temps et je préfère le bon vieux langage à tous les brillants propos des gens à la mode.

CRIESANSCESSE, *bas*. — Oui, le style des pompes funèbres. *(Haut.)* Je ne fais pas cette observation par fierté, mais uniquement parce que vous avez une manière de parler à vous.

ERIC. — Je m'en vante, ne faudrait-il pas toujours dire monsieur ?

CRIESANSCESSE. — Vous ne m'en voudrez pas, j'espère.

ERIC. — Au contraire ; d'ailleurs je n'ai pas besoin de rougir de ma profession ; mon fils et moi, nous vivons convenablement et faisons tous les ans de jolies petites économies.

CRIESANSCESSE. — J'en suis persuadé. Toutefois, vous devez regretter l'année de la peste.

ERIC, *bas*. — Voilà qu'il bat de nouveau la campagne. *(Haut.)* Qu'est-ce que j'ai à faire avec la peste ?

CRIESANSCESSE. — Je veux dire : cette année-là, vous avez eu un nombre extraordinaire d'enterrements.

ERIC. — Qu'est-ce que j'ai à faire avec les enterrements ?

CRIESANSCESSE. — Puisque vous êtes ordonnateur des pompes funèbres.

ERIC, *bas*. — Il est fou. *(Haut.)* Ecoutez, beau-frère ; si vous parlez ainsi par distraction, je vous plains; si c'est pour vous moquer de moi, vous êtes un méchant homme.

CRIESANSCESSE. — Alors cessez de m'appeler beau-frère, que je sois damné si je le suis.

ERIC. — Mon fils n'est-il pas le mari de votre fille ?

PERNILLE, *à part*. — L'orage va éclater..., tenons-nous ferme.

CRIESANSCESSE. — Je sais bien qu'en style de pompes funèbres vous avez l'habitude d'appeler une bonne, la fille de la maison et le maître votre beau-frère ; mais au fond vous n'êtes pas mon frère, parce que votre fils a épousé ma femme de charge ; parole d'honneur, elle ne m'a jamais tenté.

PERNILLE, *à part*. — Gare à toi, Pernille !

ERIC. — Mille tonnerres ! Que parlez-vous de femme de charge ! Est-ce que votre fille est une servante ?

CRIESANSCESSE. — Tranquillisez-vous, monsieur l'ordonnateur des pompes funèbres ; je connais aussi bien ma fille que je connais ma femme de charge.

ERIC. — Que l'enfer vous confonde ! je ne suis pas ordonnateur des pompes funèbres.

CRIESANSCESSE. — Pernille ! il prétend qu'il n'est pas ordonnateur des pompes funèbres !

PERNILLE. — Comme si toute la ville ne le connaissait pas.

ERIC. — Malheur à toi, vilaine menteuse ! Je suis Eric Madsen, teneur de livres, et voilà mon fils Pierre qui vient d'épouser votre fille suivant toutes les formalités de la loi.

CRIESANSCESSE. — Que diable signifie tout ceci ? On veut donc à toute force me rendre fou ! *(A Léandre.)* Monsieur, n'êtes-vous pas Pierre Ericsen, teneur de livres ?

LÉANDRE. — Pardonnez-moi, cher beau-père, je suis Léandre, fils de Jérôme.

CRIESANSCESSE, *à Oldfux*. — Et vous, monsieur Jonas Corfitzen, n'êtes-vous pas le cousin de ce jeune homme ?

OLDFUX. — Pardon, monsieur, je me nomme Oldfux, connu de tous pour ses bonnes plaisanteries.

CRIESANSCESSE, *à Eric*. — Je vous somme encore une fois de me dire si vous n'êtes pas ordonnateur des pompes funèbres !

ERIC. — Et je vous le déclare une fois pour toutes : je suis Eric Madsen, teneur de livres.

CRIESANSCESSE *à Pierre*. — C'est alors vous, jeune homme, qui venez d'épouser Madeleine, ma femme de charge, qui êtes ordonnateur des pompes funèbres ?

PIERRE. — Je suis Pierre Ericsen, teneur de livres, fils de mon père, ici présent, lui-même teneur de livres.

CRIESANSCESSE. — Mais vous êtes fou ! *(Montrant Léandre.)* Voilà Pierre Ericsen !

LÉANDRE. — Non, monsieur; je suis Léandre.

CRIESANSCESSE. — Grand Dieu ! ou j'ai perdu la raison ou vous l'avez perdue tous, ou les métamorphoses d'Ovide ont eu lieu dans ma maison. Ma fille ! n'es-tu pas ma fille ?

ÉLÉONORE. — Votre fille qui vous aime, mon cher père.

CRIESANSCESSE. — Et vous, Madeleine, n'êtes-vous pas Madeleine, ma femme de charge ?

MADELEINE. — Si, monsieur.

CRIESANSCESSE. — Ma fille, n'êtes-vous pas la femme de Pierre Ericsen, teneur de livres ?

ÉLÉONORE. — Non, mon cher père ; je suis la femme de Léandre, fils de Jérôme.

CRIESANSCESSE, *désespéré*. — Madeleine, n'avez-vous pas épousé l'ordonnateur des pompes funèbres ?

MADELEINE. — Non, mon bon maître ; c'est moi qui suis la femme de Pierre Ericsen.

(Criesanscesse se jette dans un fauteuil et tombe dans de profondes réflexions.)

ERIC à *Léonard*.—Monsieur, votre frère a perdu la tête; vous feriez bien d'envoyer chercher un médecin.

LÉONARD. — J'ai assisté à tout ce qui vient de se passer avec le plus grand étonnement. Il faut absolument qu'on nous ait joué quelque mauvaise plaisanterie.

CRIESANSCESSE, *se levant brusquement*. — Je suis Alexandre le Grand, et vous êtes des coquins que j'exterminerai tous de ma main.

(Il prend une chaise, la brandit et en menace les autres ; Léonard parvient à le calmer.)

LÉONARD. — Mon cher frère, vous me reconnaissez bien ?

CRIESANSCESSE. — Oui, mon bon frère..., hélas ! j'avais le délire.

LÉONARD. — Ne vous chagrinez plus. Examinons les choses avec calme et vous verrez bientôt qu'on vous a impliqué dans un tissu d'intrigues. Ma chère Eléonore, avoue-moi la vérité ! Ton père ayant voulu te contraindre, n'as-tu pas eu recours à la ruse?

ELÉONORE, *à genoux*. — Mon père, ayez pitié de votre fille et pardonnez-lui ; mon amour pour Léandre, d'un côté, et le désespoir, de l'autre, m'ont fait recourir à des moyens blâmables.

LÉANDRE, *à genoux*. — Cher beau-père, c'est moi que vous avez si durement renvoyé ce matin. Je me suis présenté chez vous, comme étant Pierre Ericsen, afin d'obtenir le trésor que j'adorais.

PERNILLE, *à genoux*. — Pardonnez-moi, monsieur, je suis le capitaine de toute cette compagnie d'intrigues. Je les ai imaginées dans le seul but de sauver ma maîtresse qui se serait tuée si on l'avait forcée à épouser le teneur de livres.

OLDFUX, *à genoux*. — Monsieur! je suis Oldfux, entrepreneur de bonnes farces et aventures; c'est moi qui ai joué le rôle de l'avocat afin de vous empêcher de parler à

ACTE III, SCÈNE V.

Pierre Ericsen, qui, suivant notre combinaison, devait épouser la femme de charge, que nous avons fait passer pour votre fille.

CRIESANSCESSE, *en colère*. — Et vous ne voulez pas que je me venge, mon frère!

LÉONARD. — Mon frère, je vous assure que s'ils avaient voulu m'associer à leurs intrigues, j'y aurais pris part, malgré l'estime que j'ai pour vous. Il faut pardonner à ces jeunes gens et mettre tout ce qui est arrivé sur le compte de l'amour. D'ailleurs votre fille a fait un mariage fort convenable, que voulez-vous de plus?

CRIESANSCESSE. — Mais M. Léandre ne connait pas la tenue de livres. J'eusse voulu marier ma fille à un homme capable, pouvant me faciliter mes nombreux travaux.

LÉONARD. — Mon frère, si vous voulez suivre un bon conseil, commencez d'abord par renvoyer vos quatre commis, allez inviter quelques bons amis à venir vous voir, mettez-vous en tête que vous n'avez rien à faire, faites une petite sieste après-diner, et vous verrez si tout n'ira pas bien dans la maison.

CRIESANSCESSE. — Quelles absurdités! parlez donc raisonnablement, mon frère. Est-ce que vous connaissez mes affaires mieux que moi?

LÉANDRE. — Mon cher beau-père, si vous voulez tout oublier, je vous promets d'étudier la tenue des livres pour vous être utile.

PERNILLE. — Et je vous garantis, monsieur, qu'il sera bientôt de première force.

CRIESANSCESSE. — Veux-tu te taire, coquine, c'est toi qui me payeras le tout.

PERNILLE. — Si je n'avais pas eu tant à cœur les intérêts de la maison, je ne me serais mêlée de rien. Vous auriez été compromis, et votre fille désespérée.

LÉONARD. — Elle a raison. Certes, mon frère, si elle s'est exposée à votre colère, c'est par dévouement.

CRIESANSCESSE *à Léandre*. — Vous me promettez donc d'étudier la tenue des livres?

LÉANDRE. — Je vous en fais le serment.

CRIESANSCESSE. — Eh bien, levez-vous tous, je vous pardonne. Mon cher Eric, vous voyez ce qui est arrivé ; j'ai voulu marier votre fils avec ma fille, mais, malgré moi, on lui a fait épouser ma femme de charge. Quoi qu'il en soit, Madeleine est une personne honnête et laborieuse ; elle n'a pas encore quarante ans, et il faut espérer qu'elle ne laissera pas s'éteindre la tenue des livres dans votre famille.

ERIC. — Epousez-la, vous-même, votre femme de charge, jamais je ne la reconnaîtrai pour ma bru.

CRIESANSCESSE. — Cela vous regarde.

ERIC. — Je vous ferai citer.

CRIESANSCESSE. — Faites citer Pernille et maître Oldfux, ce sont eux qui ont forcé ce mariage ; quant à moi, je jurerai que je n'y suis pour rien.

ERIC. — Hélas ! malheureux que je suis !

PIERRE. — Et moi donc !

MADELEINE. — Mon cher ange, ne sois pas fâché !

PIERRE. — Allez au diable !

MADELEINE. — J'ai dix mille livres d'économie, c'est plus que monsieur ne donne à sa fille.

PIERRE. — Quelle imposture ! Enfin, puisque c'est fait, papa...

ERIC. — Fais comme tu voudras, mais ne restons plus une minute avec tous ces trompeurs.

CRIESANSCESSE. — Adieu, monsieur, je vous recommanderai à mon gendre pour que vous lui donniez des leçons de tenue de livres.

ERIC. — Je donnerais plutôt des leçons à Satan.

LÉANDRE. — Sans rancune, monsieur !

OLDFUX. — Monsieur Pierre Ericsen, je vous fais mes félicitations sincères.

PERNILLE. — Monsieur le teneur de livres, je vous souhaite beaucoup de plaisir.

PIERRE, *en sortant avec Madeleine*. — Tas d'imbéciles !

LÉONARD. — Et maintenant plus de préoccupations, allons-nous réjouir de l'heureuse issue de toutes ces intrigues.

FIN DE L'AFFAIRÉ

ULYSSE D'ITHAQUE

ou

UNE COMÉDIE ALLEMANDE

COMÉDIE EN CINQ ACTES AVEC PROLOGUE

NOTICE

SUR

ULYSSE D'ITHAQUE

Ulysse d'Ithaque fut représenté pour la première fois, le 8 juillet 1750, sur le théâtre de Copenhague. Cette farce obtint un grand succès.

Un certain M. *de Quoten* ayant obtenu l'autorisation de faire représenter des comédies allemandes à Copenhague, dans la rue des Paveurs, cette circonstance suggéra à Holberg l'idée de sa pièce d'*Ulysse*.

Holberg a voulu ridiculiser le genre emphatique qui s'épanouissait alors sur certaines scènes allemandes et par cette tentative menaçait de s'introduire sur les théâtres du Nord. Cette farce peut, du reste, constituer une vraie critique de quelques pièces du répertoire moderne, aussi bien que du répertoire ancien, surtout de ces mélodrames remplis d'horreurs et de crimes, où l'acteur, roulant les yeux d'un air farouche, marchant d'un pas mesuré et tragique, cherche, d'une voix sépulcrale, à provoquer les applaudissements. Aussi sommes-nous persuadés que, dans *Ulysse*, Holberg a voulu donner en même temps une excellente leçon aux auteurs, aux directeurs et aux acteurs qui, tous se faisant trop souvent une fausse idée des moyens qui doivent produire de l'effet sur le public, arrivent à oublier les premières conditions de l'art.

Quoique la pièce soit franchement une farce, on y rencontre de fines satires des mœurs et des usages de tous les temps. La scène entre Chilian et le paysan, cette réponse agaçante et perpétuelle : « *Absolument comme chez nous,* » démontre que les mêmes abus se retrouvent à toutes les époques et dans tous les pays. Nous avons dit que cette pièce obtint un grand succès; la qualité du jeu des acteurs y contribua beaucoup, ce qui a lieu encore aujourd'hui. Nous avons vu, il y a à peine un an, *Ulysse* joué à Copenhague, et nous avons eu à constater une représentation assez parfaite pour amuser au plus haut degré un Français de nos amis qui n'entendait pas un mot de danois. *Ulysse* est incontestablement une pièce originale, quoiqu'il soit vraisemblable que Holberg ait connu une comédie de Ghérardi intitulée *Ulysse et Circé*, dans laquelle on trouve quelques scènes conçues dans la même donnée que certains passages de la farce de Holberg. Peut-être s'est-il aussi un peu inspiré de Don Quichotte, qui ne devait pas lui être inconnu. Chilian est un véritable arlequin; c'est un mélange d'esprit, de naïveté, de bêtise, un grand enfant dont toutes les méprises ou maladresses ont quelque chose de piquant, qui raille agréablement, avec verve et originalité. Il est on ne peut plus amusant, il ferait parfois rire aux éclats l'homme le plus mélancolique. Les arlequins de l'ancienne comédie italienne n'ont jamais eu plus de verve et d'entrain.

Le dénouement imaginé par Holberg pour terminer cette très excentrique parodie, n'est-il pas d'une originalité extrême? Deux juifs, marchands d'habits, viennent sur la scène réclamer à Ulysse le payement du costume qu'ils lui ont loué pour son rôle; comme notre héros ne leur donne que des paroles au lieu d'argent, ils lui reprennent de force leur costume. Cette scène ferait supposer que la profession d'acteur n'offrait que de bien médiocres ressources au temps de Holberg.

Quelques critiques ont été fort sévères pour *Ulysse*, prétendant que la pièce est immorale, et cela quoique le rire fasse immédiatement disparaître le mauvais effet que pourraient produire certains propos. Cependant *Ulysse*, si on en retire quelques expressions, ce que l'auteur lui-même a recommandé de faire, n'est certes pas plus immoral et nuisible aux mœurs que les autres œuvres de Holberg et que la plupart des pièces de Molière, et nous affirmons que le talent, le jeu et les gestes de l'acteur sont de nature à trancher catégoriquement la question dans l'un ou l'autre sens. Du reste, de même que dans l'*Affairé*, nous avons introduit quelques modifications dont personne, nous l'espérons, ne nous saura mauvais gré, d'autant mieux que dans l'ensemble nous nous sommes attachés à conserver le caractère original de l'œuvre de notre auteur.

D. S.

ULYSSE D'ITHAQUE

COMÉDIE

PERSONNAGES

Prologue.	ULYSSE	HÉLÈNE.
	PARIS.	DIDON.
JUNON.	HOLOPHERNE.	ROSEMONDE.
VÉNUS.	MITHRIDATE.	ELISA.
PALLLAS.	TIRESIUS.	Officiers. Soldats. Domestiques. Un paysan. Deux juifs. Compagnons d'Ulysse.
IRIS.	CHILIAN.	
PARIS, prince.	MARCOLFUS.	
	ERASME.	
	Un troyen.	

La scène se passe à Ithaque et à Troie.

PROLOGUE

SCÈNE I

IRIS, *une auréole autour de la tête.*

IRIS. — Je suis Iris ou l'Arc-en-ciel, femme de chambre de la grande Junon [1]. Du reste, j'exerce auprès de ma maîtresse les mêmes fonctions que Mercure remplit auprès de Jupiter. Au moindre signe de la reine des déesses, il faut que je fasse mes préparatifs de voyage ; je suis tantôt dans le ciel, tantôt sur la terre ; aujourd'hui au pôle arctique,

---

1. Cette entrée est évidemment une imitation de celle de Mercure dans l'*Amphitryon* de Plaute.

demain au pôle antarctique; un instant dans les villes, le moment d'après à la campagne, au milieu des bergers et des bergères. Ce qui rend surtout ma besogne pénible et fatigante, c'est l'extrême jalousie de ma puissante maîtresse. Dès que le souverain des dieux arrête son puissant regard sur une nymphe ou sur une bergère, madame sonne le tocsin. Il faut alors que je descende sur un nuage, d'abord à terre pour prendre toutes sortes de renseignements sur la nature de l'affaire et qu'ensuite je me rende dans la sombre demeure de Pluton porter l'ordre à quelque divinité infernale de punir la nymphe ou la bergère pour laquelle Jupiter s'est laissé enflammer. Cependant, aucune époque de l'année ne m'est aussi pénible que le onze juin; c'est ce jour-là que ma maîtresse touche ses rentes et ses revenus, et, comme elle est la plus riche dame du ciel et de la terre, je n'en finis pas. Aujourd'hui, je suis descendue pour une affaire extraordinaire. Je dois parler à Paris, prince de Troie, que Junon et deux autres déesses ont choisi pour décider d'une querelle qui s'est élevée entre elles. On m'a dit que le prince vient souvent soupirer au milieu de ces bocages, et, si je ne me trompe, c'est lui qui approche.

SCÈNE II

IRIS, PARIS

PARIS. — J'aperçois Iris, la fidèle messagère de Junon. Soyez la bienvenue sur la terre, créature céleste. Puis-je vous être de quelque utilité dans l'affaire qui a motivé votre présence ici ?

IRIS. — J'ai l'ordre de parler à Paris, prince de Troie.

PARIS. — Paris, c'est moi.

IRIS. — Ecoutez alors, Paris, vous dont la beauté et l'intégrité ont fait retentir le nom depuis la Chine jusqu'à l'extrémité de l'Amérique ! Ma haute et puissante maîtresse, Junon, ainsi que deux autres déesses, Pallas et Vénus, vous ont choisi pour juge dans une querelle qui s'est élevée entre elles.

paris. — Dites-moi, Iris, quelle est la cause de cette querelle?

iris. — Le treize de ce mois, le grand Jupiter a jeté entre les trois déesses une pomme portant cette inscription : « A la plus belle! » Or, vous savez ce que c'est qu'une femme; quelque laide qu'elle soit, elle ne veut le céder en beauté à aucune autre ; il en est ainsi sur la terre, et il en est de même dans le ciel. Aussi, comme Junon, Pallas et Vénus sont toutes les trois célèbres par leur beauté, l'affaire est-elle difficile à juger. Cependant elles ont unanimement consenti à se soumettre à votre arrêt, sans appel, quoique d'abord elles voulussent porter le différend devant la haute cour de justice.

paris. — J'attendrai leur arrivée et justice sera faite.

iris. — C'est ce que Junon demande. Elle prie Votre Altesse de bien vouloir accepter ces dix ducats, nullement pour que vous jugiez en sa faveur, mais uniquement comme preuve d'amitié.

paris. — Non, mademoiselle Iris, je n'accepterai point de présent; un juge ne doit jamais se laisser corrompre. Si j'avais été marié, vous eussiez pu offrir ce don à mon épouse, elle l'aurait accepté, et ma conscience n'en eût point souffert.

iris. — Prince, pardonnez-moi, si j'insiste; que dirait la céleste Junon de votre refus. Regardez ces ducats comme ils sont beaux, c'est de l'or à 24 carats, acceptez-les comme marque d'affection.

paris. — Soit; j'accepte ces ducats, pour ne point vous causer de désagrément auprès de votre maîtresse ; par le temps qui court, il ne faut pas faire fi de l'argent. Présentez mes humbles respects à Junon, et dites-lui que je me souviendrai de sa bonne amitié.

(Iris sort.)

Nul emploi n'est aussi difficile que celui de juge. Pour bien se pénétrer d'une affaire, il faut de la tête; pour apprécier les arguments à leur juste valeur, il faut de la perspicacité, et pour résister à la tentation, de l'intégrité. Mon mérite comme juge est reconnu par les dieux et par les hommes. Mais je vois venir les intéressées.

SCÈNE III

JUNON, PALLAS, VÉNUS, PARIS. *Ils se font des compliments.*

JUNON. — Il t'arrive aujourd'hui, ô Paris! un honneur dont peu de tes semblables peuvent se vanter d'avoir été l'objet. Trois puissantes déesses se soumettent à ton jugement. Celle de nous que tu déclareras être la plus belle, gardera la pomme de Jupiter.

PARIS. — Altesses sérénissimes [1] et très gracieuses dames, comment voulez-vous que l'on décide de la beauté d'une femme en en voyant la face seulement; c'est ce qu'aujourd'hui les vrais connaisseurs regardent le moins. Je vous avouerai donc franchement, Altesses, que pour que je me prononce avec impartialité, il faut vous déshabiller complètement.

JUNON. — Grand ciel, nous déshabiller!

PARIS. — Je ne puis pas juger des choses que je ne vois point.

PALLAS. — Jamais de la vie, je ne me déshabillerai devant un homme!

VÉNUS. — Et pourquoi pas? Si vous ne voulez pas, moi, je ne fais pas la moindre difficulté, puisque c'est la seule manière de décider la chose.

PALLAS. — Ah! ma sœur [2], comme je vous reconnais là! probablement ce n'est pas la première fois que vous vous êtes montrée toute nue devant les jeunes gens.

VÉNUS. — Ah! vous pensez, madame la maîtresse d'école; je ne crois pas plus à la vertu des femmes savantes qu'à celle de toutes les autres femmes.

---

1. Allusion faite au titre de *Durchlauchtigkeit*, appartenant exclusivement aux petits princes d'Allemagne.
2. Pallas dit : *ma sœur*, en français, probablement pour faire preuve d'érudition.

JUNON. — Il me semble, madame, que vous devriez parler un peu plus bas. Vulcain, votre époux, vous a déjà fait assigner trois fois devant le tribunal pour adultère et tout le monde connaît les histoires scandaleuses que vous avez eues avec Mars et quelques autres officiers de la garde.

VÉNUS. — Je vous défie, vous et qui que ce soit, de dire la moindre chose qui puisse porter atteinte à ma bonne réputation. Il est vrai que Vulcain m'a fait assigner en justice, mais j'ai été acquittée et tout le déshonneur en a rejailli sur lui. Si Jupiter était aussi jaloux que Vulcain, je suis sûre que nous en entendrions de belles sur votre compte, madame Junon.

(Elles commencent à se disputer toutes les trois à la fois et se menacent du poing.)

PARIS. — Paix, mesdames, respect à la justice. Vous vous conduisez comme de véritables poissardes; parlez donc l'une après l'autre.

JUNON. — Ecoute, Paris; douter de ma beauté, ce serait accuser de mauvais goût Jupiter qui m'a choisie pour épouse. Prends donc garde à toi; adjuge-moi la pomme et je te rendrai l'homme le plus riche et le plus puissant de la terre.

PALLAS. — La richesse et la puissance ne valent pas la vertu et la sagesse. Je te les donne, Paris, au suprême degré si tu me fais gagner ce procès.

VÉNUS. — Certes, la richesse et la sagesse sont de fameux dons; cependant combien d'hommes sont devenus malheureux à cause de leurs richesses mêmes. Combien y en a-t-il qui, tout en possédant la vertu et la sagesse, deux qualités qui du reste aujourd'hui sont bien peu de mode, soient arrivés au véritable bonheur? Quant à moi, Paris, si tu m'adjuges la pomme précieuse de la beauté, je te promets pour épouse la plus belle femme qui ait jamais existé sur la terre.

PARIS, *à lui-même*. — De la richesse, j'en ai plus qu'il ne m'en faut. De la sagesse, je n'en demande pas davantage. La plus belle femme du monde, c'est là un aimant qui vous attire. Je n'ai donc pas à hésiter un seul instant.

(*Il prend une chaise et s'asseoit au milieu de la scène.*)
La cause est entendue ; le tribunal, après avoir entendu les débats concernant l'affaire des trois gracieuses déesses, Junon, Pallas et Vénus ; considérant que Junon et Pallas ont refusé de se déshabiller et que par ce refus, elles ont paru se méfier elles-mêmes de leur beauté ; considérant que Vénus, comptant sur son bon droit, n'a refusé de produire devant la justice aucune pièce pouvant servir à éclairer le tribunal ; par ces motifs, adjuge la pomme d'or à Vénus comme étant la plus belle des déesses ; condamne Junon et Pallas à payer à ladite Vénus la somme de deux cents écus à titre de dommages et intérêts ; et, à raison des propos inconvenants qu'elles ont tenus devant la justice, condamne, en outre, lesdites Pallas et Junon à payer, à titre d'amende, la somme de dix écus, laquelle sera allouée à l'église de Christianshavn [1].

JUNON, *à part*. — Et moi qui lui ai envoyé dix ducats ! Jamais il ne m'arrivera plus de faire d'avance des cadeaux à un juge. — Ecoute, Paris, la belle femme que Vénus te donnera causera ta perte, celle de ta famille et de tout le royaume de Troie !

---

1. Le roi Frédéric III avait accordé un privilège de théâtre à un Allemand du nom de Wulff, qui, pour obtenir cette faveur, s'était engagé à payer la somme d'un florin d'or, ou neuf marcs danois pour chaque semaine qu'il donnerait des représentations. Cet argent avait été alloué par le roi à la construction de l'église allemande de Christianshavn, faubourg de Copenhague.

FIN DU PROLOGUE.

ACTE PREMIER

SCÈNE I

MARCOLFUS

MARCOLFUS. — Serviteur très humble, messieurs, je ne sais pas si vous me connaissez; je suis le domestique du prince Paris, fils de Priape [1], roi de Troie. Nous avons fait plus de quatre mille lieues pour enlever la belle Hélène, — secret que je vous prie de ne pas trahir. — Depuis que Paris a vu l'image de cette superbe femme à Troie, il n'a pu dormir une seule nuit. Aussi, à le voir tel qu'il est aujourd'hui, on ne le prendrait guère pour un prince, mais plutôt pour un contrôleur des contributions dégommé. Nous nous sommes tant pressés en route que, pardonnez-moi ma franchise, nous n'avons pas eu le temps, pendant tout le voyage, de mettre une chemise propre; mais enfin que ne fait pas l'amour? dit l'Allemand [2]. Je voudrais bien savoir l'heure qu'il est. *(Il regarde l'horloge d'une église).* Sapristi, il est déjà huit heures; mon maître va arriver. J'ai appris que la belle Hélène, à cette heure, se promène dans cet endroit avec sa suivante. L'intention de Paris est de l'enlever et de l'emmener à Troie; car, entre nous soit dit, je crois qu'il ne la veut que pour maîtresse et non pour femme; et il a, ma foi, bien raison. S'il restait ici et si elle avait un enfant, il pourrait, malgré sa haute condition, être con-

---

1. Holberg a voulu provoquer le rire en substituant Priape à Priam.
2. Vieux dicton allemand, fort usité même aujourd'hui.

damné à l'épouser [1]. Ces coureuses ne vous lâchent pas facilement; elles ne refusent rien pour avoir des certificats d'honnêteté et de bonnes mœurs. Mais voilà mon maître qui vient.

SCÈNE II

PARIS, MARCOLFUS

paris. — Cupidon, tu n'es qu'un tyran.

marcolfus. — Oui, Monsieur, j'oserais le lui dire même en présence de sa maman, madame Vénus.

paris. — Ah! Marcolfus, mon fidèle serviteur, c'est ici le lieu ou plutôt l'horizon où doit paraître aujourd'hui le plus bel astre d'Ithaque.

marcolfus. — Oui, c'est ici.

paris. — J'ai peur, Marcolfus, de perdre connaissance en la voyant et de ne pouvoir mettre mon projet à exécution. Ah! Vénus, quel mal t'ai-je fait pour que Cupidon, ton fils ailé et aveugle, ait blessé si cruellement mon cœur princier?

marcolfus. — Oui, monsieur, c'est là une mauvaise farce de la part de Vénus; j'oserais le lui dire en face. Cette femme devrait s'associer à un agent matrimonial. Si j'étais Jupiter, que le diable m'enlève si je ne lui dirais pas de se tenir tranquille et de prendre sa quenouille en main; mais les voilà, monsieur, les voilà qui arrivent, il s'agit de garder son sang-froid.

paris. — Soutiens-moi, Marcolfus; mes jambes ne sont plus en état de me porter.

marcolfus. — Allons, voyons, mon maître, tenez-vous donc droit; on vous prendrait pour un étudiant tremblant à l'approche de ses examinateurs.

1. La recherche de la paternité est admise en Danemark.

SCÈNE III

HÉLÈNE, GERTRUDE, PARIS, MARCOLFUS

HÉLÈNE. — Ma chère Gertrude, as-tu vu cette charmante pomme d'or dont maman m'a fait cadeau : j'ai oublié de l'emporter pour la montrer à mes compagnes.

GERTRUDE. — Ma charmante demoiselle, vous devriez donner cette pomme à quelque seigneur ou noble chevalier que vous honoreriez de votre estime. Mais qu'y a-t-il ? Mademoiselle se trouve-t-elle mal.

(Elle tire de sa poche un petit flacon qu'elle lui met sous le nez.)

HÉLÈNE. — Ah ! Gertrude, ma pudeur ne souffre pas qu'on parle d'un homme en ma présence. Je t'en prie, que cela ne t'arrive plus.

MARCOLFUS, *tout bas*. — Que le diable croie un mot de ce qu'elle dit. Une femme d'une aussi grande beauté doit en savoir plus long que toutes les autres.

HÉLÈNE. — Entendez-vous comme le rossignol chante admirablement.

MARCOLFUS, *tout bas*. — Il me semble plutôt que j'entends des gamins casser des noisettes à la troisième galerie.

GERTRUDE. — Tous les oiseaux chantent de bonne heure en voyant le soleil, je veux dire la figure divine de mademoiselle qui est le soleil d'Ithaque.

MARCOLFUS. — Moi, j'aime beaucoup mieux la suivante, je me contenterais d'elle. (*A Paris.*) Monsieur, il est temps, allons, vite à la besogne.

(Il pousse Paris en avant. Tous deux s'emparent d'Hélène et l'emmènent).

HÉLÈNE, *jetant son collier à Gertrude :* — Porte ce collier au noble chevalier Ulysse, et dis-lui de venger cet outrage. Ah ! ah ! ah !

MARCOLFUS. — Ne criez donc pas si haut, mademoiselle, il n'y a pas de mal. C'est Paris, le fils du roi Priape de Troie ; vous êtes tombée dans de bonnes mains.

(Lui et Paris s'en vont en enlevant Hélène.)

SCÈNE IV

GERTRUDE, *seule*.

GERTRUDE. — Ah! ciel! est-il possible! on vient d'arracher de mes mains la chaste Hélène, le plus bel ornement d'Ithaque. Tout le pays sera au désespoir. Mais que m'importe le pays ; c'est à moi-même qu'il faut que je pense. Je ne trouverai jamais une condition aussi avantageuse. Oh! malheureuse beauté, je suis sûre que lorsque le brigand te suppliera de répondre à son amour, tu te tueras aussitôt. Assemblez-vous, géants d'Ithaque, vengez ce rapt ; faites voir que tous vos sacrifices, tous vos soupirs et toutes vos génuflexions partaient bien du cœur. Je vois là le valeureux Ulysse, le neveu de l'empereur qui arrive.

SCÈNE V

ULYSSE, GERTRUDE, CHILIAN, *deux domestiques*.

ULYSSE. — Dis-moi, Chilian[1], mon fidèle serviteur, quel est le chevalier qui présentait le plus bel aspect dans le tournoi d'hier? quel est le chevalier sur lequel la belle Hélène, le soleil d'Ithaque, a dardé le plus les rayons de son brillant regard? Il me semble que ses yeux de diamant se sont surtout fixés sur le noble chevalier Polydorus. Je voyais la venimeuse jalousie peinte sur la figure de tous les autres courtisans, et certes le chevalier brillant de vertu et de valeur ne peut en être plus exempt que la lune éclairée par les rayons dorés du soleil. Car, je le jure, par la couronne et le sceptre de notre glorieux monarque, Polydorus est le plus fameux chevalier qui se trouve

---

1. Ce nom est probablement employé au lieu d'Harlequin.

entre la mer Rouge et la mer Jaune. Mais que veut ici cette demoiselle?

GERTRUDE, *à genoux*. — Au secours, monseigneur, au secours !

ULYSSE. — Relevez-vous, nymphe, et dites-moi ce qui vous tourmente.

GERTRUDE. — Je ne lâcherai pas vos pieds avant que vous ne me promettiez pas votre assistance.

ULYSSE. — Je vous la promets, si votre demande n'est pas contraire à la vertu et aux bonnes mœurs. Relevez-vous.

GERTRUDE. — Monseigneur, le soleil d'Ithaque est éclipsé. La belle Hélène a été enlevée par Paris, fils du roi Priape. Voici le collier qu'elle m'a jeté en me priant de le présenter au brave chevalier Ulysse afin qu'il venge ce méfait et l'arrache aux mains des Troyens.

ULYSSE. — Dieu! qu'entends-je ! quel malheur ! je jure par l'âme chérie de Pénélope que cet outrage sera vengé par la perte de tout le royaume de Troie. Éloignez-vous, mademoiselle, et laissez-moi préparer ma vengeance.

SCÈNE VI

ULYSSE *et* CHILIAN

ULYSSE. — Chilian, faisons nos préparatifs. Que le temple de la paix soit fermé, que celui de Bellone soit ouvert, qu'on sorte du fourreau mon épée enduite de sang de dragons, la fameuse Picaquita ; que l'on m'apporte le bouclier que j'enlevai au roi de Mésopotamie, à la grande bataille d'Aboukir. Qu'on me revête de ma cuirasse diamantée et de ce casque que la reine du Brésil, madame de Saba, mit sur ma tête elle-même avec ses mains d'albâtre, le jour où je devais combattre Languilamisosopolidorius, chevalier infernal à quatre têtes. Que l'on selle mon cheval fougueux Pégasianus qui autrefois n'était que l'orgueilleux chevalier Polyphème de Mundie et que sa belle-mère jalouse, Constantinopolitania, métamorphosa en cheval; qu'on le garnisse de ma selle d'ivoire et de la housse d'or et de perles brodée par mademoiselle Rosemonde de la Lombardie.

CHILIAN. — Tout cela ne serait pas bien long, monsieur, si nous avions seulement une armée.

ULYSSE. — Une armée! nous allons bientôt avoir autant d'hommes qu'il y a de grains de sable dans le désert du Sahara. Je te nomme mon ambassadeur. Tu vas te rendre d'abord près de Mithridate, roi de Mundie, qui habite un château d'or et tu le prieras de me prêter son armée composée de mille fois mille hommes d'infanterie munis de boucliers d'argent et de cinq cent mille cavaliers montés sur des chevaux ailés, afin que je combatte le roi Priape, dont le fils Paris a osé enlever le plus bel ornement d'Ithaque, la chaste Hélène. Ensuite tu te rendras auprès du duc Nicolas de Bolie qui habite un château d'argent, et tu lui diras qu'il m'envoie ses dix mille vaisseaux couverts de velours, dont les voiles sont en soie et les mâts en cornes de cerfs. Enfin tu iras voir Holopherne, comte de Béthulie, qui habite un immense château d'ivoire, car il est lui-même haut de douze pieds, pour qu'il me prête ses six mille canons d'ivoire à boulets de soixante-douze. Pars, Chilian, je ne me raserai pas que tu ne sois revenu.

(Il se retire.)

SCÈNE VII

CHILIAN, *seul*.

CHILIAN. — Ce voyage me paraît un peu long. Avant que je ne sois de retour, il est probable que Mlle Hélène sera morte. Il y a un ancien proverbe qui dit : pendant que l'herbe pousse, la vache crève. Enfin il faut partir. Je vais aller me commander une paire de souliers en cuir de Russie, car il est impossible que je fasse un tel voyage avec ceux que je porte. Quand je pense à cette guerre et au motif qui y pousse, j'y perds mon latin. Je vous demande un peu qu'est-ce qu'elle a cette Hélène pour faire tant de bruit dans le monde. Paris qui l'a enlevée n'est, suivant moi, qu'un petit imbécile et nous qui allons faire une guerre terrible pour la reprendre, nous ne sommes, ma foi, que de gros imbéciles. J'ose soutenir que je suis le premier ambassadeur qui soit parti à pied. C'est bien triste, hélas! mais il faut que j'exécute les ordres de mon maître. Ah! voilà Rosemonde, la sœur d'Hélène, qui arrive. Je ne veux pas l'entendre pleurnicher, aussi je décampe.

SCÈNE VIII

ROSEMONDE

ROSEMONDE. — Ah! ma sœur chérie, soleil d'Ithaque, ornement et bonheur de notre famille, comment pourrai-je vivre sans toi. Depuis trois mois qu'on t'a enlevée, mon corps est tellement amaigri de tristesse que mes amies et compagnes ne me regardent plus sans verser un torrent de larmes. Rosemonde, me disent-elles, où est ta figure florissante, tes joues couleur de rose, tes yeux ardents? Oui, tout cela est fané, tombé comme des fleurs coupées dont la beauté n'est plus alimentée par aucune sève naturelle. Quel bonheur! si j'avais pu prendre part à l'expédition que les géants d'Ithaque, sous les ordres du fier chevalier Ulysse, préparent contre le brigand de Troie. Hélas! hélas! *(Elle pleure.)* Mais voilà la vertueuse Pénélope, la femme de l'invincible Ulysse, qui arrive; elle me dira où on en est des préparatifs.

SCÈNE IX

PÉNÉLOPE et ROSEMONDE

PÉNÉLOPE. — Ah! c'est vous, madame; je suis bien aise de vous rencontrer, nous verrons si mon époux courra le monde pour chercher votre pie-grièche de sœur.

ROSEMONDE. — Comment, madame, vous osez parler

ainsi de celle que tout le monde regarde comme le plus précieux bijou d'Ithaque ?

PÉNÉLOPE. — Ma foi, il est propre, le bijou ! Il vaut bien la peine que l'on fasse prendre les armes à tous les habitants du pays.

ROSEMONDE. — A-t-on jamais vu rien de pareil ? Croyez-moi, ma belle, votre jalousie vous aveugle. Jamais vous ne pourrez empêcher les géants d'Ithaque d'exécuter leur noble projet.

PÉNÉLOPE. — Je les empêcherai, coûte que coûte.

ROSEMONDE. — Vous n'empêcherez rien du tout, madame.

PÉNÉLOPE. — C'est peut-être vous qui me le défendrez ?

ROSEMONDE. — Oui, moi, madame ; l'expédition aura lieu, dussiez-vous en perdre l'esprit.

PÉNÉLOPE. — Quel toupet ! *(Elle lui donne une chiquenaude.)* Voilà pour vous, ma chère.

ROSEMONDE, *lui rendant la chiquenaude.* — Et voilà pour vous, ma grosse.

(Elles se disputent et se battent.)

SCÈNE X

CHILIAN, *en costume de voyage,* PÉNÉLOPE, ROSEMONDE

CHILIAN. — Mille malheurs, qu'avez-vous donc, mes braves dames ? Est-ce que vous voulez vous assassiner ? *(Il cherche à les séparer ; elles tombent sur lui, le renversent par terre et l'accablent de coups. — Il crie :)* Je suis ambassadeur ; c'est contre le droit des gens.

(Les deux femmes sortent.)

SCÈNE XI

CHILIAN, *seul.*

CHILIAN. — Quelle insolence de traiter ainsi un ambassadeur dont non-seulement la personne doit être sacrée, mais aussi son cheval, son chien et le dernier de sa suite. Je leur apprendrai à ces gueuses, ce qu'il en coûte de maltraiter un homme tel que moi ; mais il faut que je diffère ma vengeance. Pour le moment, je dois continuer mon voyage.

(Il sort.)

SCÈNE XII

ASSUÉRUS, *avec une suite de courtisans et de gardes puis un recruteur.*

(Fanfares).

ASSUÉRUS. — Nobles chevaliers et fameux géants, jugez vous-mêmes de la tristesse de mon cœur lorsque je pense à cette lointaine expédition de mon neveu, le vaillant Ulysse ! Mais, qui pourrait jamais le faire renoncer à l'exécution d'un si noble projet? Je lui ai permis d'enrôler qui bon lui semblera et je permets de même à mes plus braves géants de servir sous ses ordres. Les enrôlements auront lieu dans toute l'étendue de mon empire au son du tambour.

UN CHEVALIER. — Sire, nous vous remercions du fond de notre cœur de la faculté qui nous est accordée de venger ce rapt. La belle Hélène était le bonheur de la chevalerie, l'astre le plus resplendissant d'Ithaque ; l'espoir d'assister à sa délivrance nous fera affronter tous les périls, tous les dangers.

ASSUÉRUS. — Je sais apprécier votre valeur et votre désintéressement, nobles chevaliers ; soyez convaincus que lorsque vous reviendrez victorieux du combat, une honnête récompense vous sera accordée.

(Il sort.)

Entre UN RECRUTEUR *avec un tambour et suivi d'une grande foule.*

LE RECRUTEUR, *après avoir battu la caisse.* — Habitants d'Ithaque, avis est donné à tous et à chacun que tous ceux qui voudraient prendre part à l'expédition que le vaillant chevalier Ulysse, a résolu de faire dans le but de venger le rapt commis par Paris, fils du roi Priape, auront à se présenter au milieu du grand marché, près de l'étendard, où leur inscription aura lieu; trois mois de solde seront payés d'avance.

(Il bat le tambour et sort.)

SCÈNE XIII

ULYSSE, *avec une longue barbe.*

ULYSSE. — Voilà toute une année passée en préparatifs de combat. Je n'attends plus que le retour de Chilian ; je n'ai pas voulu me raser avant d'avoir reçu la réponse des princes auxquels je l'ai adressé. Mais je sens que Morphée, dieu du sommeil et frère de la mort, vient me rendre une visite. Je ne puis plus tenir mes yeux ouverts, il faut que je me livre au repos.

(Il s'asseoit sur une chaise et s'endort.)

SCÈNE XIV

CHILIAN, ULYSSE

CHILIAN. — Me voilà enfin, après toute une année d'absence, revenu sain et sauf dans ma patrie. Comme une année se passe vite ! il me semble qu'il n'y a pas une demi-heure que je suis parti. Tiens, c'est mon maître qui s'est endormi. Saprelotte ! quelle barbe ! Comme elle a poussé promptement ! C'est-à-dire non, puisqu'elle a poussé durant toute une année. Et moi donc. *(Il se tâte le menton.)* Mais je n'en ai pas, moi. Ah ! c'est que peut-être dans les pays étrangers la barbe ne pousse pas comme ici. *(Il tâte la barbe d'Ulysse, qui lui reste dans la main.)* Diable ! *(Il attache la barbe à son propre menton.)* Voyez-vous, messieurs, que je n'ai pas menti. Il y a une année entière que je suis absent. En voici la preuve.

(Ulysse se réveille et passe la main sur son menton.)

ULYSSE. — Grand Dieu ! mon rêve s'est accompli. J'ai rêvé que Mercure, le messager des dieux, venait à moi en me disant : Chilian, ton fidèle serviteur, est de retour et là-dessus il me coupa la barbe. Sois le bienvenu, mon fidèle serviteur, je ne doute point que tu n'aies réussi dans ta mission; le ciel a dû t'accompagner en allant et en revenant.

CHILIAN. — « Spœlandissimo reenkaalavet, speckavœt. »

ULYSSE. — Ciel! aura-t-il oublié la langue de son pays?

CHILIAN. — « Copisoisandung slœstimund spœlandisimo reenkalavet speckavœt. »

ULYSSE. — Chilian, je ne comprends pas un mot de ce que tu dis.

CHILIAN. — « Juchatan skabhatsiaskomai klemmebasiopodolski. »

ULYSSE, *avec tristesse*. — Tu ne sais plus un seul mot de ta langue.

CHILIAN. — « Ski olski dolski Podolski opodolski iopodolski siopodolski asiopodolski basiopodolski ebasiopodolski mebasiopodolski emmebasiopodolski klemmebasiopodolski. »

ULYSSE. — La langue mésopotamienne est une langue bizarre; quel malheur que je ne puisse la comprendre. Comment faire pour savoir le résultat de son voyage? Chilian, tu ne te souviens donc plus d'un seul mot de la langue d'Ithaque?

CHILIAN. — Je l'ai presque entièrement oubliée, mon maître; tout ce que je pourrai vous dire, c'est que les princes que j'ai vus vous présentent tous leurs compliments sincères et dévoués et qu'ils se trouveront devant les murs de Troie le plus tôt possible.

ULYSSE. — Alors, suis-moi; nous n'avons plus un instant à perdre. Partons pour Troie.

FIN DU PREMIER ACTE.

ACTE DEUXIÈME

SCÈNE I

La ville de Troie.

CHILIAN, *seul*.

CHILIAN. — Mille légions ! comme le temps passe vite ! Nous sommes déjà à Troie, à quatre mille lieues de notre patrie. Si je ne voyais pas la ville devant mes yeux, je penserais assister à une tragédie allemande, où l'on fait quelquefois une enjambée de plus de mille lieues et où l'on vieillit dans une seule soirée de plus de cinquante ans. Non ! je ne me trompe pas. Du reste, voilà un indicateur. *(Il allume une chandelle et va lire).* « A gauche la ville de Troie [1]. » Oui, c'est bien ici. Mais voilà un habitant de l'endroit qui s'approche, je veux le faire jaser un peu.

SCÈNE II

CHILIAN, un Troyen.

CHILIAN. — Bonjour, l'ami ; êtes-vous d'ici ?
LE TROYEN. — Certainement, je suis de Troie.

---

1. A l'époque où vivait notre auteur, l'on ne changeait pas encore de décors ; l'on avait recours à un expédient bien plus simple et bien moins coûteux : une affiche indiquait le lieu où la scène se passait. Chilian raille cet usage.

CHILIAN. — En ce cas, vous connaîtriez peut-être une dame étrangère du nom d'Hélène?

LE TROYEN. — Comment, si je la connais, cette bonne demoiselle? Elle vient d'accoucher de deux jumeaux.

CHILIAN. — Pour lors il me semble qu'elle ne doit plus être demoiselle.

LE TROYEN. — Si ; chez nous, une demoiselle pourrait avoir seize enfants qu'on ne l'appellerait pas madame, avant qu'elle ne soit mariée.

CHILIAN. — Absolument comme chez nous.

LE TROYEN, — Mais de quel pays êtes-vous, vous qui me questionnez ainsi?

CHILIAN. — Je suis un marchand étranger. Du reste quel genre de peuple sont les Troyens?

LE TROYEN. — Ils sont hâbleurs et très orgueilleux. Dès qu'un individu est parvenu à une petite fortune, il singe les grands seigneurs jusqu'à ne plus vouloir aller à pied.

CHILIAN. — Absolument comme chez nous. Mais comment finissent ces gens-là à Troie?

LE TROYEN. — Ils finissent par faire prendre hypothèque sur leurs biens, ensuite par emprunter aux autres et finalement ils vont se loger dans quelque grand monument aux frais du gouvernement.

CHILIAN. — Absolument comme chez nous. Mais les juges chez vous, sont-ils impartiaux et intègres?

LE TROYEN. — Je crois fichtre bien! jamais ils n'acceptent le moindre cadeau ; afin d'avoir la conscience nette, ils chargent leurs femmes de ce soin.

CHILIAN. — Toujours comme chez nous. Y a-t-il des usuriers à Troie?

LE TROYEN. — Non, il n'y a que d'honnêtes gens qui, en public, vous prêtent à cinq pour cent; ils tiennent à ne pas violer la loi. Seulement ils se font, en dessous main, donner vingt pour cent d'avance.

CHILIAN. — Absolument comme chez nous. Mais les femmes, chez vous, gardent-elles bien leurs maisons?

LE TROYEN. — Oui ; mais le malheur est que les maisons ne peuvent les garder, elles. Cependant elles ne sortent jamais avant dix heures du matin.

CHILIAN. — Toujours comme chez nous. Et la ville est-elle bien entretenue, bien propre?

LE TROYEN. — Oui, au mois de juillet lorsqu'il fait 40 degrés de chaleur et au mois de janvier lorsqu'il gèle à 15°. Quant au reste de l'année, il faut se plonger dans le macadam jusqu'au genou, au risque de se noyer. Mais dix mois se passent bien vite. Si l'on pouvait seulement inventer un moyen qui empêchât la pluie de tomber, notre ville serait la plus belle du monde.

CHILIAN. — Absolument comme chez nous. Vos femmes, vont-elles tous les jours faire leur petite promenade?

LE TROYEN. — On ne peut pas les accuser de se promener trop à pied; toutes, jusqu'à la femme de l'ouvrier, prennent des voitures; au besoin, elles pourraient se passer des pieds.

CHILIAN. — Absolument comme chez nous. Mais travaillent-elles?

LE TROYEN. — Pas trop.

CHILIAN. — Alors elles pourraient aussi bien se passer des mains.

LE TROYEN. — Oh non! Avec quoi joueraient-elles aux cartes? Où les jeunes gens les embrasseraient-ils?

CHILIAN. — C'est vrai; il en est de même chez nous. Les savants de Troie font-ils beaucoup de livres?

LE TROYEN. — Non, ils font beaucoup d'enfants.

CHILIAN. — Absolument comme chez nous. Les domestiques, chez vous, sont-ils vifs et laborieux?

LE TROYEN. — Si vifs qu'ordinairement une bonne change de condition douze fois par an.

CHILIAN. — Absolument comme chez nous. Vos compatriotes sont-ils dévots?

LE TROYEN. — Très dévots.

CHILIAN. — Alors ils font beaucoup de bonnes actions?

LE TROYEN. — Non! mais ils font beaucoup de prières.

CHILIAN. — Absolument comme chez nous. Mais, pour parler d'autres choses; quelles sont vos distractions? Allez-vous beaucoup au spectacle?

LE TROYEN. — Beaucoup; surtout à l'opéra.

CHILIAN. — Comment sont vos opéras?

LE TROYEN. — Ils sont assez drôles. Lorsque, par exemple, un monsieur a besoin de ses bottes, il appelle son domestique en chantant ainsi : « Pierre, apporte-moi mes bottes. »

(Il chante ces derniers mots en faisant force trilles et roulades.)

CHILIAN. — Absolument comme chez nous.

LE TROYEN. — Pardonnez-moi, mon ami, mais il faut que je me rende à mes affaires. Votre très dévoué serviteur.

CHILIAN. — Mon serviteur; vous ne le pensez pas, j'en suis sûr.

LE TROYEN. — Pour dire la vérité, non; chez nous, on ne pense guère ce que l'on dit et on ne dit pas souvent ce que l'on pense.

(Il sort.)

CHILIAN. — Absolument comme chez nous. Vraiment c'est dommage de faire la guerre à un peuple qui a tant de ressemblances avec nous et cela à cause d'une demoiselle qui a eu des jumeaux. Mais il est trop tard pour renoncer à notre projet; tous les préparatifs de guerre sont faits. Maintenant que j'ai espionné l'état de la ville, je ne pense pas qu'elle soutienne un siège de huit jours. Quel malheur d'être subalterne! Une fois la ville prise, tout l'honneur en reviendra à Ulysse ou à Holopherne; quant à moi, je suis sûr que l'on ne me nommera pas, même dans les journaux. Mais voilà l'armée qui arrive.

SCÈNE III

CHILIAN, ULYSSE, HOLOPHERNE, *suivis de l'armée.*

HOLOPHERNE. — Nobles chevaliers et combattants, nous ne sommes pas venus dans ce pays pour faire des conquêtes ni pour nous enrichir, mais tout simplement pour venger un enlèvement qui est sans exemple dans l'histoire. Imitez-moi; visez bien l'ennemi et surtout observez bien la discipline. L'exercice principal consiste dans le commandement de un, deux, trois, et à mettre bien la main sur vos gibernes; si vous négligez cette instruction, je ne donne pas deux sous du reste.

ULYSSE. — Ecoutez, Messeigneurs, avant de commencer le siège, je crois convenable d'envoyer Chilian, un rameau d'olivier à la main, au roi Priape, afin de lui offrir la paix s'il veut nous rendre la belle Hélène.

TOUS. — Oui, oui.

CHILIAN. — Superbe héros! ne pourriez-vous pas choisir un autre ambassadeur? Car, voyez-vous, si le roi Priape, dans sa vivacité, me coupait la tête, je resterais là sans rien dire.

ULYSSE. — Il n'y a point de danger, Chilian. S'il te faisait couper la tête, nous prendrions notre revanche en faisant couper la tête à vingt des principaux Troyens.

CHILIAN. — Tout cela est bien beau, Monsieur, mais peut-être pas une de ces vingt têtes n'irait à mon cou.

ULYSSE. — Tranquillise-toi, Chilian, et obéis. Jamais Priape n'osera violer le droit des gens.

CHILIAN. — J'obéis, mon maître, et je m'exécute.

ULYSSE. — En attendant, nous nous retirerons avec l'armée.

SCÈNE IV

CHILIAN, *seul.*

CHILIAN. — Comment trouver tout de suite un rameau d'olivier. *(Il regarde autour de lui et va prendre un balai dans la coulisse.)* Heureusement, en voici un. Il y en a peut-être qui le prendraient pour un balai, mais ces gens-là doivent être aveugles; puisque je suis ambassadeur, cela ne peut être qu'un rameau d'olivier. Allons à Troie.

(Il va frapper à la porte de la ville.)

SCÈNE V

HÉLÈNE, CHILIAN

HÉLÈNE. — Qui ose frapper à la porte de Troie en temps de guerre? Que voulez-vous? Mon nom est Hélène.

CHILIAN. — Comment c'est vous, ma charmante demoiselle. Je suis fâché de vous avoir donné la peine de m'ouvrir. Est-ce que mademoiselle ne me reconnaît plus?

HÉLÈNE. — Il me semble bien vous avoir déjà vu quelque part.

CHILIAN. — Je suis Jean-Jacques de Chilian, ambassadeur en mission extraordinaire.

HÉLÈNE. — Ah! je me souviens maintenant. Vous êtes le domestique du vaillant chevalier Ulysse.

CHILIAN. — Je l'ai été, mais je ne le suis plus. Aujourd'hui, je suis ambassadeur extraordinaire et envoyé plénipotentiaire, et je ne dépends que du général Holopherne qui a une taille de douze pieds et demi de hauteur. Lorsque je passe devant l'armée, on me présente les armes. Sachez, mademoiselle, qu'un ambassadeur extraordinaire ne pousse pas sur les arbres.

HÉLÈNE. — Il est vrai qu'on ne peut pas voir un ambassadeur plus extraordinaire que vous. Mais quelle est votre mission?

CHILIAN. — Le général Holopherne, haut de douze pieds et trois quarts, présente ses salutations au roi Priape et l'invite à rendre Mlle Hélène ou à se préparer au siège de la ville.

HÉLÈNE. — Tant qu'il restera un seul homme vivant à Troie, on ne me rendra jamais. Le roi Priape l'a juré.

CHILIAN. — En ce cas, mademoiselle, que toute funeste conséquence retombe sur ce peuple obstiné. Je vais retourner mettre des bottes à l'écuyère, car demain j'espère marcher dans le sang des Troyens jusqu'aux genoux.

HÉLÈNE, *en pleurant*. — Quel malheureux jour que celui où je suis venue au monde! Qui aurait pensé que ma grande beauté deviendrait la cause d'une si horrible effusion de sang? Mieux aurait valu que je fusse née bossue et bancale! J'aurais alors vécu heureuse et paisible. Aujourd'hui, au contraire, toutes les femmes, oui, les déesses même, me portent envie à cause de ma ravissante figure.

CHILIAN. — Mademoiselle, maintenant que je vous ai communiqué ma mission officielle, je vous ferai connaître mes instructions secrètes. J'ai l'ordre de demander si mademoiselle a su garder sa virginité intacte.

HÉLÈNE. — Chilian, je vous jure...

CHILIAN. — Appelez-moi Excellence, s'il vous plaît.

HÉLÈNE. — Je jure à Votre Excellence que jamais un homme ne m'a touchée, même de son petit doigt.

CHILIAN. — Ah bah! mademoiselle. Le doigt n'y fait rien. J'ai connu un homme qui avait les deux bras coupés et cependant il a été condamné six fois pour délit d'adultère.

(Hélène se retire.)

SCÈNE VI

CHILIAN, seul.

CHILIAN. — Ou je dois être aveugle, ou tous les autres le sont, à mes yeux elle ressemble plutôt à une sage-femme qu'à une beauté douée d'une grâce divine. J'aimerais mille fois mieux Dorothée, la fille de Pierre le voiturier. Enfin il faut que je rende réponse à l'armée. (*L'armée rentre.*) Présentez armes, imbéciles! Comme ils ont l'air bête; n'importe, ce sont de fiers soldats!

SCÈNE VII

ULYSSE, HOLOPHERNE, CHILIAN, *les chefs et l'armée.*

CHILIAN. — Aux armes, messieurs, aux armes! voilà ma

réponse. On ne nous rendra pas Hélène, tant qu'il y aura un homme à Troie.

ULYSSE. — Nobles chevaliers, vous venez d'entendre la réponse ; préparons-nous donc à attaquer la ville de toutes nos forces réunies. Cependant j'ai encore un conseil à donner, il me semble que, suivant les anciens usages, nous devrions offrir le combat à un Troyen. Je sais bien que vos têtes chevaleresques ne demandent qu'à être couvertes de lauriers et chacun de vous brûle d'envie de voir élever pour lui le monument d'honneur qui conviendrait au vainqueur ; aussi, pour empêcher que le grain de l'envie ne soit semé parmi nous, je vous conseille, fiers chevaliers, de laisser faire le sort. Les dés décideront du combattant.

HOLOPHERNE. — Brave Ulysse, c'est la sagesse même qui sort de votre bouche. Nous consentons tous à cette noble proposition.

ULYSSE. — Qu'on apporte les dés !

(Un soldat apporte des dés ; on les jette.)

CHILIAN. — Quant à moi, messieurs, je m'abstiendrai ; mes fonctions sont purement civiles : ambassadeur extraordinaire.

ULYSSE. — Comment, Chilian ? J'ai trop de considération pour un ancien et fidèle serviteur comme toi pour lui ôter une si belle occasion de s'immortaliser dans l'histoire des peuples. Peut-être la déesse de la fortune a-t-elle tressé pour toi le laurier qui doit couronner le glorieux vainqueur.

CHILIAN. — Est-ce que monsieur penserait que j'ai peur ? Détrompez-vous, je prendrai Hector lui-même sur ma conscience. Mais vous savez combien il y a de méchantes langues ; déjà on médit de nous partout ; on nous accuse d'avoir quitté nos foyers, nos femmes et nos enfants pour courir après un mauvais sujet Paradis, fils du roi Priape, et lui enlever une femme dont il a maintenant joui depuis plus d'une année. Qui sait les farces que font nos femmes pendant notre absence ? Un de mes amis, qui s'amusait à courir après son fils unique qu'on lui avait enlevé, en retrouva quatre à son retour. Vous concevez que lorsqu'on saura qu'un ambassadeur extraordinaire s'est permis de provoquer un Troyen au combat, on ne manquera pas de faire mille mauvaises plaisanteries sur son compte pour le ridiculiser.

ULYSSE. — Chilian, tes observations sont téméraires et dénuées de fondement. Je t'ordonne de jeter les dés.

(Chilian jette les dés et fait sortir les deux six; tout le monde le félicite.)

CHILIAN. — Messieurs et nobles gentilshommes, je vous jure que ces dés sont faux. Jamais de la vie, je n'ai pu jeter un six ; comment voulez-vous qu'en cette circonstance, ils m'arrivent tous les deux ?

ULYSSE. — Ne me fais pas rougir, Chilian ; je viens de vanter ta valeur au général Holopherne. Va te préparer au combat ; je te prêterai Picquiquita, mon épée enduite du sang du dragon ; ne laisse pas croire que tu as peur.

CHILIAN. — Que le diable m'emporte si j'ai peur ; mais je suis un homme politique; je ne voudrais pas entreprendre quelque chose qui ferait une tâche à ma qualité. Je risquerais ma vie et mon sang pour la politique, mais ne me forcez pas à me battre comme un simple soldat pour une misérable femme.

HOLOPHERNE. — Puisqu'il ne veut pas obéir de bon gré, nous allons le traduire devant un conseil de guerre.

CHILIAN. — Ah! monsieur Holopherne, j'aimerais mieux me battre; seulement je vous prie d'empêcher celui que je provoquerai, de me blesser. Faire du mal à un ambassadeur, ce serait violer le droit des gens.

HOLOPHERNE. — Fiers chevaliers, afin de lui ôter ces préjugés, je vais le nommer colonel et il n'y aura plus la moindre difficulté.

CHILIAN, *tout bas*. — C'est Lucifer qui t'a inspiré cette idée, grand chien que tu es. *(On arme Chilian de pied en cap.)* Qu'on m'apporte un petit verre d'eau-de-vie, afin que je m'excite au combat. (Il boit.)

ULYSSE. — Nous allons nous retirer un peu et, lorsque tu reviendras vainqueur, tu peux compter sur une couronne de lauriers.

CHILIAN, *tout bas*. — J'aime assez les lauriers dans un pâté ou dans une tourte, du reste je m'en fiche.

(L'armée se retire au fond.)

SCÈNE VIII

CHILIAN

CHILIAN. — Maudit soit celui qui a le premier inventé la guerre! quelle chose absurde d'aller tuer des personnes qu'on ne connaît pas. J'espère, toutefois, trouver un moyen de les mettre dedans. Je connais un peu le domestique de Paris, Marcolfus, avec qui je me suis grisé quelquefois à Ithaque. Je lui donnerai une pièce de quarante sous pour qu'il se laisse mettre en fuite. *(Il s'adresse à un homme placé sur le mur.)* Monsieur, ne pourriez-vous pas m'envoyer le domestique de Paris, Marcolfus? J'ai une communication importante à lui faire.

SCÈNE IX

CHILIAN, MARCOLFUS

CHILIAN. — Bonjour, mon cher Marcolfus, comment vas-tu?

MARCOLFUS. — Tiens, c'est toi, Chilian? Comme tu es crânement armé!

CHILIAN. — C'est ce qu'il faut en temps de guerre. Du reste, toi aussi, tu portes une brochette à ton côté.

MARCOLFUS. — Mais pourquoi êtes-vous arrivés ici avec une aussi formidable armée? Est-ce la peine de faire tant de bruit pour une femme?

CHILIAN. — Non! ma foi, ça ne vaut pas la peine; je l'ai même avoué au général Holopherne, lui-même; aussi crois-je, Marcolfus, que toi et moi, quoique nous ne soyons que deux domestiques, nous sommes les deux têtes les plus raisonnables de la ville.

MARCOLFUS. — Sans me flatter, je suis de ton avis. Cette Hélène, pour qui on fait tant d'embarras, je n'en voudrais, ma foi, pas pour rien; j'ai vu à Ithaque d'autres personnes du sexe qui étaient mille fois préférables; je me rappelle encore une femme que j'ai souvent fréquentée et qui restait au coin du grand marché, près de l'obélisque.

CHILIAN. — Une femme qui s'appelait Polydore.

MARCOLFUS. — Oui, Polydore.

CHILIAN. — Et qui restait au coin du grand marché, près de l'obélisque.

MARCOLFUS. — Oui, je te l'ai déjà dit.

CHILIAN — Ce n'est pas possible.

MARCOLFUS. — Comment, pas possible? Est-ce que par hasard ce serait la tienne?

CHILIAN. — Oui, Marcolfus. C'est ma femme même; malheur à elle quand je serai de retour.

MARCOLFUS. — Vraiment, mon cher ami, je regrette sincèrement de t'avoir fait c... malgré moi.

HOLOPHERNE, *s'approchant*. — Pourquoi les deux héros causent-ils tant avant de se battre?

ULYSSE. — Je pense, mon général, qu'ils se rendent compte de leurs généalogies, de leurs naissances et des exploits de leurs ancêtres, avant de commencer le combat.

CHILIAN. — Ecoute, Marcolfus, je te pardonne l'affront que tu m'as fait, mais à une seule condition.

MARCOLFUS. — Est-ce que tu voudrais prendre ta revanche auprès de ma femme, afin que nous soyons beaux-frères des deux côtés?

CHILIAN. — Non! ce n'est pas cela. Je suis envoyé par l'armée pour provoquer, malgré moi, un Troyen au combat. Crois-moi, je n'ai jamais craint de regarder mon homme en face, mais pourquoi irais-je tuer quelqu'un qui ne m'a jamais fait de mal? Je désire donc que tu fasses semblant de te battre avec moi et que tu finisses par prendre la fuite. Tu me rendras ainsi un service qui ne te coûtera rien. Les Troyens ignorent pourquoi tu es sorti et l'armée est là à attendre l'issue du combat.

MARCOLFUS. — Me promets-tu, si la ville est prise, d'épargner toute ma famille?

CHILIAN. — Je te le jure.

(Les trompettes sonnent. Chilian et Marcolfus se battent à l'épée d'une manière comique.)

ULYSSE. — Tiens-toi, Chilian, pense à l'honneur de ton pays. Ciel! il recule, l'ennemi gagne du terrain ; si nous lui envoyions du renfort?...

HOLOPHERNE. — Non; ce serait contre les lois de la guerre.

ULYSSE. — Il se redresse ; il fond courageusement sur son adversaire ; l'ennemi prend la fuite, nous sommes sauvés.

(Chilian poursuit Marcolfus jusqu'à la porte de la ville; les trompettes sonnent. Ulysse pose un laurier sur la tête de Chilian l'armée le porte en triomphe en faisant le tour de la scène.)

FIN DU DEUXIÈME ACTE

ACTE TROISIÈME

SCÈNE I

ULYSSE, HOLOPHERNE, LES CHEFS DE L'ARMÉE, CHILIAN

ULYSSE. — Nobles chevaliers, après la dernière victoire et la mort d'Hector, je pense que nous ferons bien d'attaquer immédiatement la reine de l'Asie ; je veux dire la ville forte de Troie. Mais, avant de procéder au siège, je vous conseille de consulter quelque devin qui puisse faire sortir un esprit quelconque des sombres demeures de Plutarque [1], pour nous prédire l'issue de cette grande entreprise. Chilian, allez-nous chercher Tirésius, ce savant si célèbre par ses connaissances dans les sciences surnaturelles.

CHILIAN. — Voilà encore une ambassade extraordinaire. J'y cours, car j'ai envie moi-même de voir comment tout cela finira.

(Il sort.)

ULYSSE. — Le grand Tirésius, quoique aveugle, voit les choses les plus profondément cachées aux autres mortels. Etant un jour appelé à décider d'une querelle entre le dieu de la musique, Apollon, et le grand veneur de l'Olympe, Pan, il eut l'imprudence d'adjuger à Pan le premier prix de la musique et, pour se venger, Apollon le frappa de cécité. Mais Tirésius se plaignit à Jupiter qui le prit en pitié et lui donna le pouvoir de faire sortir les esprits des cavernes lugubres de Pluton. Le voilà qui arrive, silence et attention !

---

1. On raconte que Holberg, dans une soirée, avait entendu ce quiproquo, Plutarque pour Pluton, s'échapper de la bouche d'un respectable savant ; c'était un peu méchant de le reproduire dans cette parodie.

SCÈNE II

LES MÊMES, MITHRIDATE, TIRÉSIUS, CHILIAN

ULYSSE. — Sage Tirésius, toi que les dieux ont doué de la précieuse faculté de prédire l'avenir ; nous, les héros invincibles de la Grèce et de la Mésopotamie, t'avons fait appeler ici afin que tu nous fasses connaître le temps qu'il nous faudra pour prendre la reine des villes de l'Asie, la fameuse Troie aux triples murailles. Nous savons que rien n'est caché pour toi, qui surpasses Nestor en âge et en expérience. Parle donc franchement et délivre-nous de toute inquiétude.

TIRÉSIUS. — Héros grecs et mésopotamiens, vous dont les exploits ont rempli les quatre coins de l'univers, je vous déclare à vous tous que vous n'êtes qu'un tas d'imbéciles et que votre expédition n'est qu'une farce. Vous feriez mieux de retourner chez vous pour vous occuper de vos femmes et de vos ménages et de me laisser tranquille.

(Il veut sortir.)

ULYSSE. — Arrête, vieillard entêté, tu ne sortiras pas sans avoir satisfait à notre demande.

TIRÉSIUS. — Je suis épuisé par l'âge et mes facultés devineresses m'ont abandonné depuis longtemps.

ULYSSE. — Chilian, va faire attacher ce vieux avec des chaînes d'or et qu'il soit enfermé dans une prison sous bonne garde.

CHILIAN, *tout bas.* — Où diable prendrai-je des chaînes d'or? Je n'ai qu'une vieille corde usée ; mais enfin elle passera aussi bien pour une chaîne d'or que le balai pour un rameau d'olivier.

TIRÉSIUS. — Epargnez-moi, nobles chevaliers, je ne vous ai refusé ni par méchanceté ni par entêtement ; mais je savais que ma prédiction serait de nature à plonger toute votre armée dans la tristesse.

ULYSSE. — Parle franchement et ne crains rien.

TIRÉSIUS. — Qu'il soit donc fait selon vos désirs ! Je vous déclare que vous ne prendrez la ville de Troie qu'après avoir immolé votre fidèle et courageux serviteur Chilian, qui doit mourir pour la victoire.

(Il sort.)

ULYSSE. — Si ce n'est que cela, Chilian ne demande pas mieux.

CHILIAN, *tout bas.* — Malheur à toi qui oses parler ainsi !

ULYSSE. — Il s'offrira volontiers lui-même comme victime, si je le connais bien.

CHILIAN, *tout bas.* — Tu connais le diable ; il faudrait que je fusse fou.

ULYSSE. — Il mourra avec joie.

CHILIAN, *tout bas.* — Ah bien oui ! je m'en moque. J'aimerais mieux voir pendre toute l'armée que de perdre mon petit doigt.

ULYSSE. — Chilian, écoute bien le message que je t'annonce. Les dieux t'ont choisi pour l'instrument qui doit nous procurer la victoire. L'oracle dit qu'il faut que tu meures pour sauver l'armée.

CHILIAN. — Mon noble maître, l'oracle doit avoir perdu la tête ; sans cela comment demanderait-il une chose pareille ?

ULYSSE. — Mourir pour sa patrie est certes la plus belle mort.

CHILIAN. — C'est absolument comme si l'on venait vous dire : réjouis-toi, tu vas être pendu.

ULYSSE. — Point d'observations, Chilian ; tu mourras volontairement, ou nous te ferons périr par la force.

CHILIAN. — Hélas ! mes bons seigneurs, ne vous pressez pas tant de verser du bon sang chrétien. Tel ne peut être le sens de l'oracle. Tirésius est si vieux qu'il est tombé en enfance. Il n'a parlé que d'après les menaces que vous lui avez faites et alors il a dit la première chose absurde qui lui est venue sur les lèvres ; mais tout près d'ici demeure un autre prophète bien supérieur à Tirésius, le grand Nabuchodonosor, dont jamais une seule prophétie n'a manqué de s'accomplir. Celui-là se fera un honneur de prédire librement notre sort. Lorsqu'un prophète parle malgré lui, il ne prédit jamais rien de bon. Il en est de cela comme pour faire des vers, il ne faut jamais y être forcé.

MITHRIDATE. — Chilian n'a pas tort dans ce qu'il vient de dire.

ULYSSE. — Qu'il aille donc de suite chercher cet autre devin.

CHILIAN, *tout bas*. — C'est pour le coup que je me moquerai d'eux. Je vais faire le prophète et parler tout au rebours de l'autre.

MITHRIDATE. — J'ai entendu beaucoup parler de Nabuchodonosor comme d'un esprit d'une perspicacité incroyable.

ULYSSE. — Mais si sa prédiction est l'opposé de la première, qui des deux faudra-t-il croire?

MITHRIDATE. — Celui qui aura parlé librement. Si Tirésius nous avait dit d'immoler le noble Ulysse lui-même, lui aurions-nous obéi? Non, certainement non. Faisons donc plutôt de brillantes promesses à Nabuchodonosor et faisons-lui espérer une digne récompense si sa prédiction s'accomplit.

ULYSSE. — Mais s'il nous trompe aussi?

MITHRIDATE. — Nous le traiterons avec mépris; il en est des prophètes comme des poètes. Si on les tue, on en fait des martyrs. Mais voilà un homme dans un costume étrange, qui s'approche; ce doit être le grand prophète.

SCÈNE III

Les mêmes, CHILIAN, *déguisé en devin*.

CHILIAN, *avec un accent étranger*. — Vaillants héros, vous êtes inquiets de savoir l'issue de la guerre. Cette nuit, pendant mon sommeil, un esprit s'est révélé à moi. Rends-toi au camp des Grecs, a-t-il dit, pour réfuter les mensonges de Tirésius. Empêche ces vaillants héros de répandre le sang d'un homme aussi précieux pour les affaires tant civiles que militaires, que le fidèle Chilian.

ULYSSE. — Tirésius nous a donc induits en erreur?

CHILIAN. — Sans doute. Mais c'est vous-mêmes qui en êtes la cause. Vous l'avez forcé à dire des choses qui auraient fait votre malheur. Tout le succès de l'armée dépend, au contraire, de la conservation de Chilian.

ULYSSE. — Alors dites-nous, ô sage vieillard, que faut-il faire pour réussir?

CHILIAN. — La volonté des dieux est que vous épargniez, autant que possible, l'existence de Chilian; que pendant le siège vous ne l'employiez que pour le consulter; si vous suivez ce conseil, la ville de Troie sera détruite et vous retournerez vainqueurs dans votre patrie.

ULYSSE. — Ne vous fâchez pas, grand prophète, si je vous demande une preuve comme quoi vous nous dites la vérité plutôt que Tirésius.

CHILIAN. — O incrédules que vous êtes! Comment saurais-je tout ce qui vous est arrivé, si ce n'est par une révélation divine?

ULYSSE. — Notre messager eût pu vous l'apprendre.

CHILIAN. — Je jure par Apollon que je n'ai pas encore aujourd'hui parlé à un seul être mortel.

ULYSSE. — Dites-moi alors incontinent qui je suis.

CHILIAN. — Vous êtes le vaillant Ulysse d'Ithaque. Votre épouse est Pénélope; votre fils unique, âgé de trois ans, s'appelle Télémaque; votre fille, Osmarina. Voilà tous les chefs de l'armée : celui-là est le grand Holopherne, comte de Béthulie; l'autre est Polyphème, grand duc de Padolie. Voici...

ULYSSE. — Assez, célèbre devin, nous sommes convaincus, rien n'est caché à ton esprit.

CHILIAN. — Ne soyez donc plus si méfiant. (Il sort.)

HOLOPHERNE. — En voilà un véritable prophète!

ULYSSE. — Oui; non-seulement il connaît l'avenir, mais aussi le passé.

HOLOPHERNE. — Il faut suivre ses conseils.

ULYSSE. — Nous allons immédiatement lui immoler un bœuf et une brebis.

HOLOPHERNE. — Attendons d'abord le retour de Chilian, nous ne devons rien faire sans le consulter. Précisément le voilà qui arrive d'un air tout affligé.

SCÈNE IV

CHILIAN, *dans son premier costume*; LES MÊMES.

CHILIAN. — Malheureux que je suis! Je n'ai pu trouver le prophète que je cherchais. Enfin, puisqu'il n'y a aucun autre moyen pour sauver l'armée, il faut bien que je me résigne ; écoutez, nobles chevaliers, j'ai réfléchi à tout ce qui arrive. Je suis prêt à mourir, je ne demande qu'une seule chose pour ma satisfaction : vous éléverez sur ma tombe une épitaphe avec cette inscription : *Ci-gît Chilian, l'intrépide*..... Vous trouverez bien le reste tout seuls.

ULYSSE. — Non, Chilian, mon fidèle serviteur; ta personne nous est trop sacrée pour que nous la perdions.

CHILIAN. — Puisque l'oracle a voulu que je succombe...

ULYSSE. — Non, nous avons entendu une prédiction plus heureuse pour toi. Tu vivras et nous aurons soin de toi comme de la prunelle de nos yeux.

CHILIAN. — Si vous ne voulez pas me tuer vous-mêmes, c'est moi qui me sacrifierai. (*Il tire son couteau, les chefs tombent à genoux en suppliant.*) Relevez-vous et dites-moi ce qui est arrivé.

ULYSSE. — Pendant ton absence, le grand prophète Nabuchodonosor, envoyé par le ciel, est venu nous annoncer que tout le succès de la guerre dépendait de ta conservation. Aussi te traiterons-nous avec tous les ménagements possibles.

CHILIAN. — Comment vous voulez que je reste tranquille pendant que tous les autres risqueront leur vie dans le combat? non, jamais!

ULYSSE. — Chilian, cherche à dompter ton courage martial.

CHILIAN. — Non, maintenant je suis tout feu et flammes.

TOUS LES CHEFS, *à genoux*. — Modère-toi, Chilian, modère-toi.

CHILIAN. — Soit; je me modérerai autant que possible puisque le succès de la guerre en dépend. Mais, croyez-moi, c'est bien dur.

ULYSSE. — Lorsque la ville de Troie sera prise, tu auras la liberté de choisir le butin le plus précieux. Ta seule mission sera de rester ici afin d'empêcher l'ennemi de recevoir du renfort; tu vas avoir une nombreuse cavalerie pour te seconder et nous-mêmes allons commencer le siège à l'instant.

(Les chefs sortent.)

SCÈNE V

CHILIAN, *seul*.

CHILIAN. — Ha! ha! ha! ha! je ferai de ces braves gens tout ce que je voudrai. Si je n'avais pas eu cette bonne idée de jouer au prophète, ils auraient été assez bêtes pour me couper le cou. Je ne manquerai certes pas une occasion pour les mettre dedans. Ah! voilà ma cavalerie qui arrive. *(Une dizaine de chevaliers sur des chevaux de carton entrent sur la scène.)* Quel beau régiment! ils ne sont pas bien nombreux, mais quelle tenue! Je suis sûr qu'on n'en a jamais vu de pareils. — Attention, mes braves garçons! Rien ne doit entrer dans la ville, pas même un jambon. Tout être vivant, ne serait-ce qu'un chat, doit être porteur d'un passe-port signé Ulysse, Holopherne et Cie. — Comme ils ont l'air bête! ils me laissent, depuis une demi-heure parler tout seul sans me répondre un mot. — Mais quel est ce vieillard qui approche? — Saprelotte! c'est mon maître, Ulysse! où diable a-t-il été chercher cette grande barbe?

SCÈNE VI

CHILIAN, ULYSSE.

ULYSSE, *avec une longue barbe*. — Dix ans se sont maintenant passés depuis que nous avons commencé le siège de la ville de Troie. Il y a trois ans que le grand Holopherne est tombé dans le combat qui a eu lieu par suite d'une sortie inattendue des assiégés.

CHILIAN. — Quel galimathias! Comment il y a dix ans que je garde cette place! Je ne veux pas discuter si c'est vrai ou non ; mais ce que je prouverai, aussi clairement que deux et trois font cinq, c'est que pendant ces dix ans, je n'ai ni cassé une croûte de pain, ni bu un verre d'eau, et je serais bien capable de jeûner dix ans encore.

ULYSSE. — Te voilà, Chilian, mon fidèle serviteur; je suis heureux de te voir garder avec tant de persévérance le poste que je t'ai confié depuis dix ans.

CHILIAN. — Je vous jure, mon vaillant maître, que je n'ai pas bougé de place depuis le jour où vous m'avez placé ici. Mais que sont devenus les autres chefs et l'armée? Il me semble qu'ils ont eu le temps de détruire tout le monde.

ULYSSE. — Nous avons résolu de faire un assaut général; nous prendrons la ville, ou nous périrons tous. Entends-tu les trompettes qui sonnent? Il faut que je m'en aille, garde toujours bien ta position. Adieu et à revoir.

SCÈNE VII

CHILIAN, *seul*.

CHILIAN. — Adieu, monsieur!... Si je n'avais pas devant moi la ville de Troie, je dirais que tout cela se passe comme dans une tragédie allemande... Que personne ne s'approche de la ville. Arrière, manants, arrière! — Mais quel bruit entends-je! On crie victoire! on crie grâce! On plante nos drapeaux sur les murs ; que le diable reste plus longtemps ici à ne rien faire. Je vais courir pour attraper ma part du butin.

FIN DU TROISIÈME ACTE.

ACTE QUATRIÈME

SCÈNE Ire

ULYSSE, CHILIAN

ULYSSE. — Hélas! Chilian, j'ai tenté tous les moyens pour apaiser la colère de Neptune, mais prières, sacrifices, tout est resté inutile. Voilà vingt ans que nous errons d'un pays à l'autre. Aujourd'hui nous habitons la Cajanie [1], royaume gouverné par la fameuse Didon, qui nous a promis des navires pour continuer notre voyage, mais je crains, Chilian, que nous ne partions pas de sitôt... je crains... je crains que... hélas! je n'ose pas même y penser.

CHILIAN. — Parlez sans crainte, monsieur.

ULYSSE. — Je crains que la reine Didon ne soit tombée amoureuse de moi.

CHILIAN. — Peut-être...

ULYSSE. — Quel malheur! en ce cas, nous ne trouverons jamais le moyen de nous échapper.

CHILIAN. — Oserai-je demander à monsieur quel était son âge lorsque nous sommes partis de chez nous.

ULYSSE. — J'étais à la fleur de l'âge, j'avais quarante ans.

CHILIAN. — Bien! quarante et dix années de siège font cinquante, cinquante et vingt années de voyage malheu-

---

1. Aucun pays ne porte plus ce nom. Charles IX, roi de Suède, s'intitulait roi des Lapons et des Cajaniens. Sur une ancienne carte, on trouve ce nom employé pour désigner la Bothnie orientale où il existe encore un village nommé Cajanie.

reux font soixante-dix ; la bonne Didon doit furieusement aimer les antiquités ; elle envoie tous les jeunes gens au diable, afin de satisfaire son caprice pour un vieillard à longue barbe grise.

ulysse. — Chilian, je ne veux pas que tu raisonnes de moi avec si peu de respect. Du reste, ton compte est faux. Je suis encore jeune et vert, on n'a qu'à me regarder pour s'en convaincre. Si tu voyais de la neige au milieu de l'été, est-ce que tu dirais : ce n'est pas de la neige, car nous sommes dans l'été. Il doit te suffire de voir la neige.

chilian. — Votre raisonnement, monsieur, est on ne peut plus logique ; aussi ne ferai-je plus de commentaires, mais je penserai uniquement au moyen d'échapper aux pièges de Didon.

ulysse. — Mais comment faire ?

chilian. — Il faut chercher à nous enfuir secrètement.

ulysse. — Je vais aller délibérer sur cette affaire avec mes compagnons ; en attendant, reste ici.

SCÈNE II

CHILIAN, seul.

chilian. — Je voudrais bien avoir une prise de tabac pour dégager un peu mon cerveau. Je suis certain que monsieur, en revenant, va dire qu'il a dix ans de plus, de cette manière nous aurons peut-être cinq ou six mille ans avant d'être de retour chez nous. Nous ne marchons pas avec le temps, il nous fuit en nous plantant là. Voici un morceau de fromage de gruyère que j'ai emporté d'Ithaque, il y a trente ans. Il n'est, ma foi, pas encore trop dur. *(Il mange le fromage.)* Fumons une pipe ; avant que je ne l'aie finie, nous serons probablement à mille lieues d'ici.

SCÈNE III

ULYSSE, CHILIAN

ULYSSE. — Ah ! oui ! Est-il possible qu'un tel miracle puisse s'accomplir dans la nature ?

CHILIAN. — Qu'y a-t-il, seigneur ?

ULYSSE. — Si je ne l'avais vu de mes propres yeux, je ne l'aurais jamais cru.

CHILIAN. — Quoi donc, monsieur ?

ULYSSE. — Didon, Didon ! que t'ai-je fait pour que tu exerces tes maléfices sur mes fidèles compagnons ?

CHILIAN. — Est-ce qu'elle les aurait ensorcelés ?

ULYSSE. — Chilian, depuis le déluge de Deucalion, jamais un événement aussi remarquable ne s'est passé sur la terre. Pendant les quatre semaines que j'ai été absent...

CHILIAN. — Comment ! il n'y a que quatre semaines, j'aurais juré qu'il y avait quatre ans.

ULYSSE. — Pendant les quatre semaines que j'ai été absent, j'ai délibéré avec mes compagnons sur la manière la plus facile de nous échapper ; déjà nous étions d'accord lorsque Didon, pour nous retenir, les a tous changés en porcs.

CHILIAN. — Pas possible, monsieur ! *(Tout bas.)* Ils l'étaient déjà avant.

ULYSSE. — Ce n'est que trop vrai, Chilian. J'espérais cependant qu'ils n'avaient pas perdu leur langage habituel, mais la métamorphose a été complète ; à toutes mes questions ils n'ont fait que grogner. Je me suis enfui, de crainte d'être transformé en cochon moi-même. Mais les voilà qui arrivent ! Je ne puis supporter un tel spectacle.

(Il sort.)

SCÈNE IV

Les compagnons d'Ulysse, *marchant sur les pieds et sur les mains*, CHILIAN

chilian, *éclatant de rire*. — Que je sois pendu, si jamais j'ai vu rien de pareil.

les compagnons. — Hon! hon, hon, hon.

chilian. — Voyons, mes amis! est-ce que vous avez perdu la tête?

les compagnons. — Nous sommes des porcs! Hon, hon, hon.

chilian, *se mettant à terre à côté d'eux*. — Bah! de véritables porcs?

les compagnons. — Hon, hon, hon, hon.

chilian. — Alors avalez-moi ce tas d'ordures.

les compagnons. — Nous n'avons pas faim! Hon, hon, hon.

chilian *se lève et prend un bâton*. — Mangez ou je vous casse les côtes.

(Il les frappe)

les compagnons, *se redressant*. — Parole d'honneur, vous nous payerez ces coups, monsieur.... *(Le nom de l'acteur.)* Quelle infamie de gâter ainsi toute cette bonne histoire.

(Ils sortent.)

SCÈNE V

ULYSSE, CHILIAN

chilian. — Je n'ai rien gâté du tout; je les ai seulement rendus à leur forme primitive; cela ne les empêche pas d'être des porcs.

ulysse. — Sont-ils partis, Chilian?

chilian. — Oui, Monsieur; ils viennent de partir à deux pattes comme autrefois.

ULYSSE. — Comment! ne seraient-ils plus des animaux immondes?

CHILIAN. — Pour cela, je n'en sais rien; mais j'ai employé une médecine qui les a faits se relever et marcher sur deux jambes.

ULYSSE. — O grand fils d'Esculape! on devrait élever des temples et des autels à ton honneur. Mais quel dieu ou quelle déesse t'a enseigné une recette aussi miraculeuse?

CHILIAN. — Je m'endormis sur le gazon en pleurant amèrement le sort de nos compagnons; tout à coup se révèle devant moi Proserpine, la déesse de la médecine. « Chilian, dit-elle, tes larmes et tes prières m'ont touchée. Relève-toi et va couper une branche du premier arbre que tu trouveras à ta gauche. Cet arbre est sacré. Dès que tu en auras touché tes compatriotes, l'ensorcellement de Didon sera détruit. » C'est ce que j'ai fait, Monsieur. Cependant ils m'ont dit mille injures parce que je les ai touchés de la branche sacrée. Je crois qu'ils resteront un peu porcs.

ULYSSE. — Chilian, tu es mon sauveur; viens que je t'embrasse.

CHILIAN. — Merci, Monsieur, merci. Ce serait pour moi un véritable plaisir de voir monsieur transformé en porc, car j'aurais le bonheur de le guérir.

ULYSSE. — Ne perdons pas de temps, Chilian; le navire est prêt. Allons rassembler nos gens afin de fuir le plus tôt possible. Dépêche-toi, Didon arrive.

(Ils sortent.)

SCÈNE VI

DIDON, ERASME

DIDON. — Qui aurait pensé que moi, modèle de chasteté et de froideur, serais ainsi consumée par les flammes de l'amour dans la neuvième année de mon veuvage? Ah! Ulysse, néfaste était le jour où tu mis pied à terre dans la Cajanie! Néfaste était la vague qui a causé ton naufrage ! car elle causera aussi le naufrage de mon honneur et de ma réputation. Hélas ! Diane, que t'ai-je fait pour que tu me blesses ainsi de tes flèches empoisonnées !

ERASME. — Madame veut dire Cupidon.

DIDON. — Tu as raison, Erasme! hélas! Cupidon, tu as frappé mon cœur et détruit mon repos pour jamais !

ERASME. — Oui, malheur à Cupidon ! Pourquoi n'a-t-il pas aussi bien blessé Ulysse ? Ce coquin, en même temps qu'il lâche une flèche brûlante sur la personne qui est amoureuse, en lâche une autre toute glacée sur celle que vous aimez. J'en ai fait l'expérience par moi-même. Toutes celles que j'aime me tournent le dos lorsque je leur parle de mon amour, et celles dont je ne veux pas courent après moi. On est bien bon de brûler de l'encens en l'honneur de Cupidon !

DIDON. — Ulysse conserve avec moi une froideur qui me fait souffrir les plus terribles tortures; il avait l'intention de s'échapper, lorsque j'ai métamorphosé tous ses compagnons en porcs et ils resteront ainsi jusqu'à ce qu'il consente.

ÉRASME. — Qu'il consente à quoi?

DIDON. — Quelle sotte question? Jusqu'à ce qu'il consente à ce que je lui demande.

ÉRASME. — Et que demandez-vous donc, madame?

DIDON. — Rien, si ce n'est ce qu'un cœur amoureux peut demander.

ÉRASME. — Ah ! je comprends.

DIDON. — Qui sait si tu as assez d'intelligence pour me comprendre ? Mais j'entends quelqu'un.

ÉRASME. — C'est Mlle Elisa ! elle a l'air tout effarée. Est-ce qu'elle serait devenue amoureuse d'un des compagnons d'Ulysse que madame a transformés en porcs.

SCÈNE VII

LES MÊMES, ELISA

ÉLISA. — Hélas, ma maîtresse, je vous apporte de bien

tristes nouvelles ; les compagnons d'Ulysse sont redevenus des hommes et marchent tout droit sur leurs deux jambes.

DIDON. — Ce n'est pas possible, Elisa.

ÉLISA. — Je vous le jure, madame, sur votre honneur et sur tout ce qu'il y a de plus sacré.

DIDON. — En ce cas, je vais remonter dans le ciel afin d'exercer ma magie d'une autre manière.

(Elle siffle dans un sifflet; aussitôt arrive un dragon vomissant du feu, sur lequel elle monte et disparaît dans l'air.)

SCÈNE VIII

ÉRASME, ÉLISA

ÉRASME, *qui s'est jeté ventre à terre à la vue du dragon*. — Est-ce que le dragon est parti, Elisa ?

ÉLISA. — Oui, relève-toi sans crainte, Erasme.

ÉRASME. — Ma foi, j'ai envie de donner mon congé à madame. Qui sait si, un jour, un pareil monstre ne pourrait pas venir m'enlever ?

ÉLISA. — Console-toi. Jamais un imbécile de ton espèce n'aura l'honneur de monter sur un dragon. C'est une distinction que Jupiter réserve à des têtes couronnées et à des prophètes seulement.

ÉRASME. — Mais vous, Elisa, êtes-vous quelquefois montée dans le ciel sur un dragon ?

ÉLISA. — Oui, quelquefois lorsque ma maîtresse, pendant son séjour dans le firmament, a eu besoin de moi.

ÉRASME. — Et alors, où allez-vous ?

ÉLISA. — Je monte trois ou quatre mille lieues dans l'air. Mais voilà une lettre qui tombe du ciel. (*Elle lit la lettre*) Quel honneur pour toi, Erasme ! Didon a besoin de toi, elle va envoyer son dragon pour te chercher.

ÉRASME. — Non, Elisa, non, non ! Jamais je n'irai. Allez-y à ma place, je vous rendrai quelque autre petit service. Vous pouvez dire que je suis malade.

ÉLISA. — Pas d'observations ; il faut que les ordres de

notre souveraine soient strictement exécutés. Voilà le dragon qui arrive; prépare-toi à partir, Erasme.

(Le dragon redescend.)

ÉRASME, *à genoux.* — Grâce, monsieur le dragon, grâce, Monseigneur. Epargnez-moi; emportez plutôt Elisa, je n'ai jamais su monter à cheval, pas même sur un âne. Je vous supplie, céleste Scorpion, laissez-moi, gracieux monstre, Altesse, Excellence, Eminence [1].

(Pendant qu'il dit ces dernières paroles, Elisa le pousse vers le dragon, qui l'emporte. Il crie de toutes ses forces.)

SCÈNE IX

ELISA, *seule.*

ÉLISA. — J'ai vraiment compassion de ma maîtresse, qui souffre d'un si violent amour pour le prince d'Ithaque. S'il ne fléchit pas, je crains que l'issue ne devienne semblable à celle d'une tragédie allemande; l'un ou l'autre en mourra. Je m'étonne que Didon, qui est une grande magicienne, pouvant disposer d'une légion d'esprits, ne sache pas rendre Ulysse amoureux, de son côté. Il en est probablement d'elle comme d'un certain genre d'artistes qui savent dompter l'orage et le vent; qui prennent toute espèce de formes, qui font mille lieues en une heure et qui, cependant, malgré toute leur puissance, n'ont pas de pain à se mettre sous la dent [2]. *(Le fond du théâtre s'ouvre et on aperçoit les compagnons d'Ulysse en chemise blanche tenant des branches à la main, comme s'ils étaient transformés en arbres.)* Ciel! voilà un nouvel effet de la magie de Didon. Elle a changé les compagnons d'Ulysse en arbres; elle doit être revenue, je vais me rendre auprès d'elle.

(Elle sort.)

---

1. Cette scène rappelle le voyage de Sancho Pança sur le cheval de bois.
2. Allusion aux poètes.

SCÈNE X

CHILIAN, *un bâton et un paquet sur le dos.*

CHILIAN. — Enfin, me voilà prêt à partir ; j'aurais bien voulu emmener la femme de chambre de Didon qui est diantrement bien taillée et qui..... *(Il aperçoit les compagnons d'Ulysse.)* Que diable ! qu'est-ce que cela ? Que signifient ces farces à l'instant suprême où nous allons partir ?

UN DES ARBRES. — Nous sommes des arbres.

CHILIAN. — Soit. Que je devienne donc arbre aussi !

(Il va couper quelques branches et se met dans la même posture que les autres.)

SCÈNE XI

LES MÊMES, ULYSSE

ULYSSE. — Grand Jupiter, que vois-je ? Mes chers et fidèles compagnons ont été transformés en arbres. Didon, Didon, quand cesseras-tu de me tourmenter ? J'aimerais mieux périr comme un misérable que de manquer à la fidélité que j'ai jurée à Pénélope, ma vertueuse épouse. *(Il s'approche des arbres.)* Mes chers compagnons, vous êtes donc maintenant perdus pour jamais, car Chilian, qui vous a sauvés la première fois est devenu lui-même victime de la cruelle magicienne. Je vais, comme lui, me rendre au repos. Peut-être Esculape ou Apollon me viendront en aide pendant mon sommeil. *(Il se couche à terre sur le ventre, Chilian le frappe de sa branche.)* Je crois que quelque dieu ou quelque déesse m'a touché, je vais me préparer à une révélation protectrice.

(Il se recouche ; Chilian lui applique avec la main un rude coup sur le derrière. Ulysse prend la fuite.)

SCÈNE XII

CHILIAN, LES COMPAGNONS.

CHILIAN. — Avez-vous encore envie de rester longtemps ainsi ? A votre aise, messieurs. Je partirai tout seul avec mon maître. Seulement, avant de m'en aller, je veux, comme souvenir, graver dans le tronc de l'un de ces arbres ces cinq mots : *Chilian, Ithacus, manu mea propria.*

(Il tire son couteau et va tailler dans le dos d'un des compagnons ; l'arbre le prend par les cheveux ; il attaque un autre arbre. Tous se battent, après quoi le rideau du fond tombe.)

SCÈNE XIII

DIDON, ÉRASME

DIDON. — J'espère, Erasme, qu'une autre fois tu ne seras pas aussi effrayé lorsqu'il s'agira de te mettre en route. Tu as déjà, dans ton voyage extraordinaire, vu bien des choses qu'il est rarement donné aux mortels de voir.

ÉRASME. — Pour dire la vérité, ma gracieuse maîtresse, je n'étais pas précisément effrayé ; seulement je tremblottais un peu. Toutefois, je n'ai pas manqué de faire attention aux corps célestes devant lesquels nous avons passé. J'avais une peur terrible de me cogner contre la lune, car j'en étais si près, que si j'avais eu un couteau j'en aurais coupé un morceau pour le garder comme souvenir. Autrefois, je me suis toujours imaginé que la lune n'était pas plus grande qu'une omelette de huit ou dix œufs, mais je me suis convaincu que sa dimension est si considérable que ce serait à peine si Mlle Élisa, en s'asseyant dessus, pourrait la cacher avec sa crinoline. Par contre-coup, la lune est tellement mince que je ne conçois pas comment on ose prétendre qu'elle soit habitée, à moins que ce ne soit par des asticots.

DIDON. — Erasme, ne dis donc pas des choses aussi stupides. Tu n'es monté que de quelques lieues dans l'air.

ÉRASME. — Comment, madame, que quelques lieues seulement, et cependant j'ai passé par la voie lactée.

DIDON. — Ah! ah! ah! ah! Qu'entends-tu par la voie lactée?

ÉRASME. — Mais la voie lactée, madame, c'est le produit de deux signes du zodiaque. Le lait qui provient des œuvres du taureau et de la demoiselle. Quel excellent fromage ne pourrait-on pas en préparer!

DIDON. — Si tu faisais un second voyage dans l'air, tu deviendrais complètement fou. Parlons de choses importantes : j'ai envoyé Elisa épier les actions d'Ulysse depuis le moment où ses compagnons ont été transformés en arbres ; la voilà précisément qui arrive.

SCÈNE XIV

Les mêmes, ELISA

ÉLISA. — Grand ciel! ma superbe maîtresse, tous nos sortilèges se sont envolés en fumée. Ulysse et ses compagnons sont déjà si loin qu'on ne les voit plus.

DIDON. — Que dis-tu, Elisa? C'est impossible.

ÉLISA. — Ce n'est que trop vrai. J'ai moi-même vu leurs navires bien loin dans la mer.

DIDON. — Je ne veux plus vivre, Elisa. *(Elle tire un poignard, Elisa et Erasme retiennent son bras.)* Lâchez-moi ou je vous perce de mon poignard. Je n'ai plus qu'à mourir et il faut que je meure.

ÉLISA, *à genoux*. — O ma noble souveraine, que dirait de vous la postérité? Une fin aussi tragique ne servirait qu'à tacher votre nom dans l'histoire, et quelle ne serait point la misère de vos états, que votre mort imprévue livrerait peut-être à l'ennemi et à l'anarchie?

DIDON. — Rien ne m'empêchera d'exécuter ma triste

résolution; lâchez-moi ou craignez l'effet de mon désespoir.

ÉLISA. — Dans un cas aussi extraordinaire, puissante Didon, notre devoir est de vous désobéir.

DIDON. — Cependant vous n'entraverez pas toujours ma résolution. Le sacrifice de ma vie sera fait tôt ou tard. Seulement je vous ferai traiter en rebelles avant de mourir.

(Elle se dégage et menace du poignard Elisa et Erasme.)

ÉRASME. — Grâce, ma bonne maîtresse, grâce, ne me poignardez pas! Je ne vous empêcherai plus jamais de vous tuer. Au contraire, je vous donnerai même un coup de main.

DIDON. — Tu n'y mettras donc plus aucun obstacle?

ÉRASME. — Non, je vous le jure.

DIDON. — Honte à toi, méchant traître. Comment, tu verrais ta souveraine prête à se tuer et tu ne l'en empêcherais point?

ÉRASME. — Ma foi non.

DIDON. — Eh bien! je vivrai en dépit de vous tous; du reste, cette résolution est beaucoup plus sublime.

(Elle sort avec Elisa.)

ÉRASME. — J'étais sûr que cela finirait ainsi. Toutes les anciennes héroïnes sur lesquelles les poètes ont fait des milliers de vers n'ont pas agi différemment.

FIN DU QUATRIÈME ACTE.

ACTE CINQUIÈME

SCÈNE I

La ville d'Ithaque.

ULYSSE, CHILIAN

ULYSSE. — Voilà donc, Chilian, l'heureux moment où je revois ma patrie chérie. Suivons l'exemple des anciens héros et baisons le sol natal.

(Tous deux se jettent à terre et embrassent le sol.)

CHILIAN *se relève et crache.* — Tui! tui! quel malheur! Je crois que quelqu'un a lâché de l'eau à l'endroit que j'ai touché de ma bouche.

ULYSSE. — Allons maintenant nous déguiser en pèlerins afin de surprendre Pénélope.

CHILIAN. — Pourquoi nous déguiser, mon maître? Nous avons été absents trente et quelques années, ce déguisement doit suffire. Ensuite, je ne tiens pas du tout à surprendre ma femme, *ce qui est caché à l'œil, du cœur ne cause point le deuil.*

ULYSSE. — Je te permets de douter de la fidélité de ton épouse, mais, quant à la vertu de Pénélope, elle est au-dessus de toute épreuve.

CHILIAN. — C'est égal, monsieur, depuis trente et quelques années, les principes ont dû changer avec les mœurs; voilà un paysan qui s'approche, je vais le questionner un peu.

SCÈNE II

Les mêmes, un Paysan.

CHILIAN. — Bonjour, mon ami, êtes-vous d'ici?
LE PAYSAN. — Oui et non !
CHILIAN. — Comment, oui et non ; il me semble que cela doit être l'un ou l'autre.
LE PAYSAN. — Point du tout, j'habite la ville, mais je travaille ordinairement à la campagne. Et vous, d'où venez-vous avec vos longues barbes de bouc?
CHILIAN. — C'est bien ridicule, de votre part, de ne point vouloir parler raisonnablement.
LE PAYSAN. — C'est encore plus ridicule de la vôtre de demander que je vous parle raisonnablement.
CHILIAN. — Pourquoi? Est-ce que vous me connaissez?
LE PAYSAN. — Il me semble que oui ! N'êtes-vous pas le valet de trèfle?
ULYSSE. — Le campagnard est pétri d'esprit.
CHILIAN. — Voyons, camarade, parlons sérieusement; avez-vous entendu parler de la guerre de Troie?
LE PAYSAN. — Il me semble que j'en ai rêvé ; n'y avez vous pas été pendu pour vous être échappé d'une bataille?
CHILIAN. — Si j'avais été pendu, je ne serais probablement pas ici.
LE PAYSAN. — Cela n'y fait rien; vous avez, ma foi, l'air d'un revenant ou du moins d'un homme qui a été pendu.
CHILIAN. — Je n'ai jamais éprouvé cet agrément.
LE PAYSAN. — C'est dommage; car vous paraissez bien digne d'une potence ; mais enfin êtes-vous des boucs, des hommes ou des ânes. Je vous demande cela par simple curiosité, ici on aime à tout savoir.
ULYSSE. — Soyez moins insolent, campagnard, et n'insultez pas les étrangers.
LE PAYSAN. — Ah! vous êtes étrangers; alors vous auriez dû rester chez vous. Nous avons assez de vagabonds comme cela ; quel est le nom de votre pays?

CHILIAN. — Monomotapabrésiliadelphia.

LE PAYSAN. — Et dans l'hiver, lorsque les jours sont courts, est-ce qu'il ne change pas de nom?

CHILIAN. — Non, c'est un pays riche et béni où les porcs rôtis se promènent dans les champs, un couteau et une fourchette dans le dos; le conseil municipal vous donne un écu pour chaque heure que vous dormez.

LE PAYSAN. — On vous prendrait aussi bien pour des Jutlandais [1], car vous ne blaguez pas mal. Vous auriez dû rester dans votre pays à toujours dormir, vous auriez gagné une bonne retraite pour votre vieillesse.

ULYSSE. — Mon brave homme, nous venons ici pour des affaires importantes, cessez donc de plaisanter. Voilà pour vous divertir ailleurs.

(Il lui donne de l'argent.)

LE PAYSAN. — Merci, mon patron, je serais bien heureux si je pouvais vous être de quelque utilité.

ULYSSE. — Répondez seulement d'une manière convenable à mes questions. Connaissez-vous la noble dame Pénélope?

LE PAYSAN. — Certainement je la connais; j'ai travaillé toute la semaine passée dans la maison de son amant.

ULYSSE. — Comment, son amant! N'est-elle pas mariée à un illustre héros qui est parti pour une expédition lointaine?

LE PAYSAN. — Je le plains, ce pauvre homme; il aura de la peine à passer sous la porte Saint-Denis; mais, du reste, il n'a que ce qu'il mérite. Il a quitté sa femme et ses enfants pour courir après une fille qu'on appelle Hélène. Mieux aurait valu, s'il était resté dans le pays, servir les intérêts de notre glorieux monarque Assuérus.

ULYSSE *à Chilian*. — Chilian! je suis un homme déshonoré! Oh! pourquoi n'ai-je pas succombé dans le combat!

CHILIAN *au paysan*. — Connaissez-vous aussi une femme que l'on nomme Polydore?

---

1. Les Jutlandais avaient, en Danemark, à peu près la même réputation que les Gascons en France.

LE PAYSAN. — Polydore, cette catin, sapristi ! quelle farceuse !

CHILIAN. — Vous dites cela peut-être pour la rime [1].

LE PAYSAN. — Que cela se rime oui ou non, il n'y en a pas de plus forte qu'elle. Sapristi, jamais une femme n'a fait pareille noce !

CHILIAN. — Son mari se vengera, à son retour, d'une manière terrible. Il y aura des pleurs et des grincements de dents.

LE PAYSAN. — Ah bah ! ce vaurien fait probablement ses farces, de son côté, à l'étranger.

CHILIAN. — Et le frère de Chilian, Langalenvers, qu'est-il devenu ?

LE PAYSAN. — Il n'habite plus la ville.

CHILIAN. — Et savez-vous par quel motif ?

LE PAYSAN. — Parce qu'il a été pendu en province.

CHILIAN. — Merci, mon ami, merci de vos bons renseignements.

(Le paysan se retire.)

SCÈNE III

ULYSSE, CHILIAN

CHILIAN. — Eh bien, mon maître !

ULYSSE. — Chilian, j'ai le cœur brisé.

(Chilian ôte son chapeau, en abat le large bord et le remet sur sa tête.

ULYSSE. — Que signifient ces grimaces ?

CHILIAN. — Cela signifie que chacun doit prendre la mine qui convient à sa position.

ULYSSE. — Comment as-tu le cœur de plaisanter après des nouvelles aussi désolantes ?

CHILIAN. — Je ne plaisante pas du tout, monsieur, je cherche seulement à cacher mon front.

ULYSSE. — Avant le coucher du soleil, je me serai vengé

---

1. En danois, Polydore rime avec catin.

de son infidélité. Elle mourra en même temps que tous ses amants. Ciel! que diront les autres nobles chevaliers en apprenant cette horrible trahison?

CHILIAN. — Parbleu! ils diront que nous sommes c...

ULYSSE. — C'est égal, j'agirai sans pitié, je les tuerai jusqu'au dernier! Pénélope aura beau invoquer sa jeunesse et ma longue absence, je me boucherai les oreilles et elle subira sa peine. Elle a déshonoré en moi, non seulement son époux, mais aussi l'un des plus grands héros d'Ithaque, celui qui, de son bras victorieux, a détruit le plus bel ornement de l'Asie, je veux dire la superbe ville de Troie.

CHILIAN. — Mais, monsieur, vous parlez de la jeunesse de Pénélope, quel âge avait-elle donc lorsque nous avons quitté Ithaque?

ULYSSE. — Elle n'avait que vingt-cinq ans. Elle mit au monde mon charmant fils, Télémaque, à l'âge de seize ans, et ce noble rameau n'avait que neuf ans à notre départ.

CHILIAN. — Et nous avons été absents trente-six ans. Trente-six et vingt-cinq font soixante-un, oui, c'est vrai, elle est à la fleur de l'âge. *(Tout bas.)* Je ne veux plus raisonner là-dessus, car j'en perdrais la tête. *(Haut.)* Oui, mon noble maître, vous avez raison, il faut nous venger et d'une manière exemplaire. Ma femme aussi est à la fleur de l'âge et elle a non seulement souillé l'honneur de son époux, mais aussi celui d'un ambassadeur extraordinaire, de l'homme qui, dans un duel, a mis en fuite le guerrier le plus fort de Troie, selon ce qu'on m'a dit, Hector lui-même. Oui, elle brise le cœur d'un brave qui, pendant dix ans, est resté sur la même place sans manger et, ce qui pis est, sans boire; car, si je n'avais pas eu cette inconcevable persévérance, vous autres, tant que vous êtes, vous seriez...

ULYSSE. — A l'œuvre donc, mon fidèle serviteur; apporte-moi mon plus bel uniforme, afin que la magnificence de mon aspect inspire de la terreur à mes ennemis.

(Chilian sort et revient de suite avec un brillant costume et un chapeau à plume et à large bord.)

CHILIAN, *en revêtant Ulysse du costume.* — Mille bombes! comme vous avez l'air martial, monsieur! On voit Mars dans vos yeux et Vulcain sur votre front.

(Il abat le bord du chapeau et le met sur la tête d'Ulysse.)

ULYSSE. — Misérable, pourquoi arranges-tu ainsi mon chapeau?

CHILIAN. — Je vous supplie, mon noble maître, laissez-le tel qu'il est. Est-ce que le mien n'a pas la même coupe?

ULYSSE. — Chilian, n'excite pas ma colère, ou je te perce de mon épée.

CHILIAN. — Je vous obéis, monsieur, je vous obéis. Mais ne croyez pas que je l'aie fait par méchanceté; c'était par politique. *(Il se met à pleurer.)* Monsieur, je vous supplie, laissez votre chapeau tel qu'il est.

ULYSSE, *tirant son épée*. — Chien! est-ce que tu te moquerais de moi?

CHILIAN, *à genoux*. — Grâce, monsieur, j'exécute vos ordres. *(Il se lève et remet le bord du chapeau d'Ulysse.)* Voilà, maintenant il n'y a plus rien de caché.

ULYSSE. — Rends-toi maintenant dans la ville, cherche dans mon arsenal le fameux arc qui m'a été donné par l'immortel Iphitos, l'infortunée victime d'Hercule, et annonce mon retour et ma résolution inébranlable de tirer une vengeance sanglante de tous ceux qui ont porté ombrage à mon honneur.

CHILIAN. — Pourvu que je ne rencontre point de chien en route. Je pourrais avoir le même sort qu'Actéon, qui fut changé en cerf et déchiré par ses propres chiens.

(Il sort.)

SCÈNE IV

ULYSSE, *seul*.

ULYSSE. — Chaque instant me paraît long comme une année; le feu de la vengeance dévore mes entrailles. Quel triste sort! moi qui pensais qu'après avoir erré tant d'années, je trouverais enfin ma récompense dans les tendres baisers de Pénélope; moi qui, pour elle, ai su si bien observer les lois de la chasteté, qui me suis bouché les oreilles pour ne pas entendre les soupirs amoureux de Didon ; moi qui ai détruit la ville de Troie, abattu l'orgueil des géants, vaincu les Amazones, percé les Sirènes et combattu des monstres à cent têtes, il faut que je sois un objet de pitié pour mes semblables ! — Pénélope, une telle trahison doit te faire haïr, même par les bêtes fauves ! Dans quel écrit, dans quelle histoire, dans quel empire, a-t-on jamais trouvé exemple d'une pareille perfidie ? Qu'on aille du Nord au Sud, de l'Est à l'Ouest, que l'on fouille au fond de la mer, que l'on fasse tomber les rocs élevés et les chênes puissants, trouvera-t-on jamais des malheurs comparables à ceux du grand Ulysse ? Que la terre s'écroule et se confonde avec les autres éléments, qu'une dissolution complète du globe fasse disparaître toute trace des êtres vivants, que la foudre de Jupiter, accompagnée d'un terrible tonnerre, éclaire les mystères terrifiants du chaos... que... que... Mais je sens Morphée, le dieu du sommeil et le frère de la mort qui s'approche de mes paupières, je vais me livrer au repos jusqu'à ce que mon fidèle serviteur soit de retour.

(Il s'endort au son d'une douce musique qui joue : *Fais dodo, mon petit frère.*)

SCÈNE V

ISAAC *et* SALOMON ; ULYSSE *endormi* ; DEUX JUIFS, *marchands d'habits.*

ISAAC, *accent juif.* — Ces farceurs de comédiens, lorsqu'on leur loue des costumes, ils ne les renvoient jamais au temps convenu, et par dessus le marché il faut attendre huit jours pour le paiement.

SALOMON. — C'est vrai, Isaac ; aussi devons-nous prendre plus de précaution à l'avenir. Mais, Dieu me pardonne, le voilà qui dort, dans mon précieux vêtement. *(Il secoue Ulysse par le bras.)* Monsieur, croyez-vous que ce beau costume a été fait pour coucher avec ?

ULYSSE. — Quel est l'insolent qui ose me réveiller pendant mon sommeil?

SALOMON. — C'est moi, Salomon David.

ULYSSE. — Je ne te connais pas, noble chevalier.

SALOMON. — Mais moi, monsieur, je vous connais bien.

ULYSSE. — Je suis l'homme qui a détruit la ville de Troie, la plus belle perle de l'Asie.

SALOMON. — Et moi, je suis un homme dont les ancêtres ont habité la grande ville de Jérusalem.

ULYSSE. — Je suis venu ici pour tirer vengeance sanglante de Pénélope, ma perfide épouse.

SALOMON. — Et moi, je suis venu pour recevoir le paiement du costume que je vous ai loué; mais je ne veux point de sang.

ULYSSE. — Dites-moi, chevalier, quelles nouvelles m'apportez-vous d'Ithaque!

SALOMON. — Monsieur, je n'ai pas le temps de raconter des histoires; je veux que vous me rendiez mon costume.

ULYSSE. — Quoi, misérable, oserais-tu mettre ta main roturière sur mon corps divin?

SALOMON. — Si vous n'ôtez pas mon costume, j'irai me plaindre chez le commissaire. Viens, Isaac, aide-moi à le lui prendre. (Les deux juifs ôtent le costume d'Ulysse.)

ULYSSE. — Et dire qu'après avoir erré quarante années et entrepris tant de merveilleux exploits, je dois subir un pareil affront.

SALOMON. — Si vous avez été absent quarante ans, il faut aussi que vous nous payiez le loyer de notre costume pour quarante ans. Nous allons vous envoyer notre compte... A revoir. (Les juifs sortent.)

ULYSSE. — Hélas! pourquoi n'ai-je pas détruit la ville de Jérusalem avant la ville de Troie. C'eût été, pour moi, un grand exploit de plus à ajouter aux autres.

(Il s'adresse aux spectateurs.)

« Nous espérons que désormais personne ne se plaindra plus d'avoir à digérer des comédies qui durent deux jours [1].

---

1. Ces strophes sont en vers dans le texte. On jouait quelquefois à l'époque de Holberg des pièces allemandes qui duraient deux soirées.

ACTE V, SCÈNE VII.

« Personne dorénavant ne se plaindra, nous l'espérons, d'avoir à digérer une comédie qui dure deux jours;

« L'on ne dira pas non plus : c'est trop court. Autrefois, tout en se conformant à la scène, aux règles prescrites, on ne donnait presque rien aux spectateurs pour leur argent.

« Mais ici nous donnons *quarante ans* pour le même prix, et le voyage de Grèce à Troie ne prend qu'une journée de la vie d'un homme.

« On admire des héros ; on assiste à des guerres, à des sièges, à des enlèvements, à des sortilèges, et l'on traverse plusieurs contrées.

« Tantôt un personnage désespéré veut se donner la mort; tantôt les gens sont métamorphosés en porcs, en arbres. Un dragon flamboyant traverse les airs.

« Et l'indispensable n'est pas négligé pour ceux qui goûtent particulièrement ce détail : une sorte d'Arlequin tourmente ses maîtres de son verbiage.

« Quarante ans se déroulent avec rapidité; voilà ce que l'on peut appeler : passer le temps. Du reste, le sujet abordé ne suffit-il pas à lui seul à faire perdre la tête ?

« Si la rue des Paveurs peut représenter une meilleure farce allemande, appelez-moi Jean [1] ! »

---

1. Une troupe d'acteurs allemands donnait, à cette époque, des représentations, rue des Paveurs, au cercle des tailleurs.

FIN

TABLE DES MATIÈRES

ŒHLENSCHLÆGER

Notice sur Œhlenschlæger III

HAKON JARL.

Notice.. 3
HAKON JARL, tragédie en cinq actes........................ 12

AXEL ET VALBORG.

Notice.. 105
AXEL ET VALBORG, tragédie en cinq actes................ 115

LE CORRÈGE.

Notice.. 187
LE CORRÈGE, comédie en cinq actes........................ 191

HOLBERG

Notice sur Holberg.. 277

LE POTIER D'ÉTAIN.

Notice.. 317
LE POTIER D'ÉTAIN, comédie en cinq actes................ 319

L'AFFAIRÉ.

Notice.. 383
L'AFFAIRÉ, comédie en trois actes....................... 387

ULYSSE D'ITHAQUE.

Notice.. 445
ULYSSE D'ITHAQUE, comédie en cinq actes avec prologue.... 447

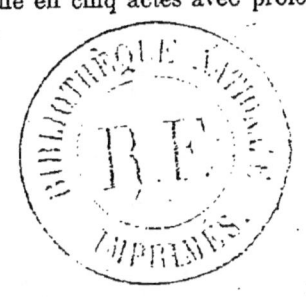

Le Puy. — Imprimerie de Marchessou fils, boulevard Saint-Laurent, 23.

www.ingramcontent.com/pod-product-compliance
Lightning Source LLC
Chambersburg PA
CBHW051351230426
43669CB00011B/1604